s et littéraires

n manuel de 6e

Le Coran
VIIe s.

La Völuspa
Xe- XIe s.

Roman de Renart
XIIe - XIIIe s.

1500

Découverte de l'Amérique

Invention de l'imprimerie

MOYEN ÂGE

Charlemagne sacré Empereur

Règne de Louis IX (dit Saint-Louis)

XVIe SIÈCLE

RENNAISSANCE

Règne de François Ier

Lucas Cranach l'Ancien
Le Paradis
(peinture)
1530

Le Caravage,
Méduse
(peinture)
1598

1600

Règne de Henri IV

Guillaume Apollinaire,
Poèmes à Lou
1947

Antoine de Saint-Exupéry,
Le Petit Prince
1943

Jean Muzi,
30 contes du Maghreb
2003

Stuart Hill,
Thirrin
2005-2006

Umberto Eco,
Baudolino
2000

Timothée de Fombelle,
Tobie Lolness
2006

2000

Rémi Chayé,
Tout en haut du monde
2015

XXe SIÈCLE

Première Guerre mondiale

Seconde Guerre mondiale

Union européenne

XXIe SIÈCLE

Clide Staples Lewis,
Les Chroniques de Narnia
1950-1956

Germaine Beaumont,
« Avec l'encre couleur du temps »
1954

Joseph Paul Schneider,
Entre l'arbre et l'écorce
1965

Jacques Charpentreau,
Poèmes pour les amis
1963

Gudule,
Après vous, M. de La Fontaine… Contrefables
1995

Marie-Hortense Lacroix,
«Le poète et la tache »
1999

Lemony Snicket,
Les Désastreuses Aventures des orphelins Baudelaire
1999-2006

Suzanne Lebeau,
L'Ogrelet
1997

Katarina Mazetti,
Les Cousins Karlsson
2012

LES RESSOURCES NUMÉRIQUES

Flashez-moi pour accéder à toutes les ressources élève !

SPÉCIAL ÉLÈVES

▶ En accès direct et gratuit sur hatier-clic.fr et dans le manuel numérique élève

Lectures d'images animées

▶ Des **animations** pour comprendre **pas à pas** les **images artistiques** : gravure de Grandville, *Tête de Méduse* (Le Caravage), *Le Paradis* (Lucas Cranach l'Ancien)...

Textes

▶ **Les textes du manuel lus** par des comédiens pour entendre une **lecture expressive des œuvres** : poèmes ; l'*Odyssée* (Homère) ; Le Déluge (Ovide) ; « Le géant Ymir » (conte scandinave) ; « Le Renard et la Cigogne » (J. de La Fontaine) ; *Sans Famille* (H. Malot) ; *Les Aventures de Tom Sawyer* (M. Twain) ; *Le Médecin malgré lui* (Molière)...

▶ Des **scènes** ou des **chapitres** en prolongement de ceux du manuel, en **audio** ou en **PDF**, pour poursuivre la découverte des **œuvres intégrales** : *Le Médecin malgré lui* (Molière), *L'Ogrelet* (S. Lebeau), l'*Odyssée* (Homère), *Les Aventures de Tom Sawyer* (M. Twain)...

Vidéos

▶ **Cinéma** : *Tout en haut du monde* (R. Chayé), *Le Petit Prince* (M. Osborne), *Les Trois Frères* (D. Bourdon et B. Campan)...

▶ **Théâtre** : mises en scène du *Médecin malgré lui* et de *L'Ogrelet*, spectacle slam de M. Tillet sur Ulysse et le Cyclope...

▶ **Biographies d'auteurs** : J. Verne, A. de Saint-Exupéry

▶ **Documentaires** : Gilgamesh et l'écriture cunéiforme, le *Roman de Renart*, Louis XIV...

Supports à imprimer

▶ Schémas, cartes mentales, frises, tableaux de bord pour **s'approprier les activités**

Préparations aux dictées

▶ 8 fiches élève pour un travail approfondi sur l'**orthographe**

SPÉCIAL ENSEIGNANTS

▶ Signalé par +PROF, à retrouver dans le manuel numérique enseignant

Fiches clés en main à imprimer

Dans les parcours et dossiers

▶ Les **sujets et barèmes** de notation pour les ateliers d'expression écrite, des **conseils et exemples** pour les projets, les **évaluations modifiables**...

Pour l'étude de la langue

▶ Des **bilans** à la fin de chaque grande section (classes grammaticales ; fonctions ; conjugaison ; vocabulaire)

▶ 8 fiches professeur de **préparation aux dictées** pour un travail approfondi sur l'**orthographe**

L'Attrape-livre

Français 6e

Ouvrage réalisé sous la direction d'**Edwige Honnet**
Partie Étude de la langue coordonnée par **Bettina Bolle-Nicolas**

Marion Arnaud
Agrégée de lettres classiques,
professeure de français à Colombes (92)

Bettina Bolle-Nicolas
Certifiée de lettres classiques,
professeure de français à Épinal (88)

Nathalie Cambon
Certifiée de Lettres modernes,
professeure de français à Le Puy-Sainte-Réparade (13)

Edwige Honnet
Agrégée de lettres modernes,
professeure de français à Charmes (88)

Céline Lecœur
Certifiée de lettres modernes,
professeure de français à Golbey (88)

Céline Ormond
Certifiée de lettres modernes,
professeure de français à Charmes (88)

Hatier

Dans ton manuel

- ▸ tu vas travailler seul/seule, en binôme, dans un groupe ou en classe entière
- ▸ tu vas répondre à l'écrit ou à l'oral
- ▸ tu vas écrire dans ton carnet de lecture
- INTERDISCIPLINARITÉ ARTS PLASTIQUES ▸ tu vas travailler en français et dans une autre discipline
- Carte mentale à imprimer hatier-clic.fr/ ▸ tu vas pouvoir consulter et imprimer des documents (tableaux, cartes mentales, frises...)
- ▸ tu vas poursuivre ta lecture des œuvres intégrales du manuel avec des extraits supplémentaires
- ▸ tu vas écouter des extraits lus par un comédien ou une comédienne
- ▸ tu vas visionner un extrait vidéo
- Lecture d'image animée hatier-clic.fr/ ▸ tu vas découvrir sous forme animée une image artistique

ÉDITION : Laurence Gautré, Florence de Boissieu, Isabelle Stiégler,
avec la collaboration de Laure Bigot

CORRECTION : Christine Ligonie

CONCEPTION GRAPHIQUE (INTÉRIEUR ET COUVERTURE) : Marc Henry

MISE EN PAGE : Marc Henry, Sabine Beauvallet, Sophie Duclos

ILLUSTRATIONS : da-fanny (p. 33, 73, 115, 170, 219, 225, 227, 245, 272, 330, 363), Nicolas Grebil (p. 133)
Valentine Choquet (p. 297), Clémence Célérier (p. 251)

FRISE : Vincent Landrin (GARDE AVANT)

CARTES : Légendes Cartographiques (p. 155 ET 209)

ICONOGRAPHIE : Brigitte Célérier, Julie Sirdey / Hatier illustration

ISBN : 978-2-401-07710-2

Sommaire général

Parcours 1

Créatures monstrueuses dans les contes

Pourquoi les héros de contes sont-ils confrontés à des monstres ?

➡ Le monstre, aux limites de l'humain

Dossier 2

L'Ogrelet ŒUVRE PAR EXTRAITS
de Suzanne Lebeau

Comment apprivoiser sa part d'ombre pour bien vivre avec les autres ?

➡ Le monstre, aux limites de l'humain

Parcours 3

Le Médecin malgré lui de Molière

ŒUVRE INTÉGRALE

Comment les faibles résistent-ils aux plus forts ?

Résister au plus fort : ruses, mensonges et masques

Parcours 4

Des animaux pas si bêtes !

Quelles leçons les animaux rusés enseignent-ils au lecteur ?

Résister au plus fort : ruses, mensonges et masques

Parcours 5

L'Odyssée d'Homère

ŒUVRE INTÉGRALE

Qu'est-ce qui distingue l'être humain du monstre ?

Le monstre, aux limites de l'humain
Récits d'aventures

Dossier 6

Monstres antiques et modernes

Pourquoi les monstres de l'Antiquité ont-ils traversé le temps ?

Le monstre, aux limites de l'humain

Parcours 7

La création du monde dans les récits fondateurs

Comment les récits de création répondent-ils aux questions que se pose l'être humain ?

Récits de création ; création poétique

Textes & Images

Méthode | Étude de la langue

Parcours 8

Un monde dans l'œil du poète

Comment le poète réinvente-t-il le monde ?

Récits de création ; création poétique

Textes & Images

Méthode | Étude de la langue

Parcours 9 — Des aventures qui font grandir

Quelles valeurs le roman d'aventures transmet-il ?

Récits d'aventures

Parcours 10 — *Les Aventures de Tom Sawyer* de Mark Twain (ŒUVRE INTÉGRALE)

Comment un enfant ordinaire devient-il un héros ?

Récits d'aventures

Dossier 11

Voyage avec *Le Petit Prince* d'Antoine de Saint-Exupéry

ŒUVRE PAR EXTRAITS

Comment grandir sans oublier l'enfant qu'on est ?

➜ Récits d'aventures
➜ Création poétique

Dossier 12

Tout en haut du monde de Rémi Chayé

ŒUVRE CINÉMATOGRAPHIQUE

Comment ce film d'animation mêle-t-il aventure et poésie ?

➜ Récits d'aventures
➜ Création poétique

Stratégies de lecture & lecture fluide

Stratégies de lecture pour comprendre les textes

→ comprendre un texte littéraire et se l'approprier

→ comprendre des textes, des documents et des images et les interpréter

→ contrôler sa compréhension et devenir un lecteur autonome

Construire une représentation mentale

- construire une image mentale du texte, dessiner pour comprendre ▶ Parcours 1, 4, 5, 8, 10
- mettre en voix, mettre en scène pour comprendre ▶ Parcours 1, 3, 8, 10, dossiers 2, 11
- se remémorer ce qui précède ▶ Parcours 1, 3, 10
- réorganiser les événements pour mieux comprendre (reconstituer la chronologie) ▶ Parcours 1, 5

Comprendre le vocabulaire

- « traduire », reformuler pour comprendre ▶ Parcours 1, 3, 4
- utiliser des stratégies pour comprendre un texte malgré les difficultés de vocabulaire ▶ Parcours 3, 8, 9 ▶ Encarts vocabulaire de l'ensemble des parcours
- enrichir son vocabulaire ▶ Ensemble des parcours

Contrôler sa compréhension

- répondre à des questions ▶ Évaluations différenciées + ensemble des parcours et dossiers + lectures accompagnées des parcours 9, 10, dossiers 6, 11
- se poser des questions clés sur le texte pour vérifier sa compréhension ▶ Parcours 1 + ensemble des parcours
- faire évoluer sa représentation mentale (être flexible) ▶ Parcours 5, 8
- résumer (écrit), raconter (oral) ▶ Parcours 1, 3, 5, 7, 9, 10
- rédiger une synthèse, créer une carte mentale ▶ Parcours 10, dossier 6 + ensemble des parcours

Enrichir sa culture

- utiliser ses connaissances sur le monde pour comprendre les textes ▶ Parcours 4, 7, 8
- acquérir des repères culturels, construire une culture littéraire ▶ Ensemble des parcours et dossiers, pages Repères culturels, pages Histoire des arts, bilans

Comprendre l'implicite - Interpréter

- remplir les blancs du texte ▶ Parcours 5, 8, 9, 10, dossier 11
- s'interroger sur les motivations, les pensées et les sentiments des personnages ▶ Parcours 3, 5, 9, 10, dossier 2
- faire des hypothèses de lecture, anticiper, se poser des questions ▶ Parcours 3, 5, 9, dossier 2
- s'interroger sur les motivations de l'auteur ▶ Parcours 5, dossiers 2, 11

Inspiré des stratégies proposées par **Sylvie Cèbe** et **Roland Goigoux** dans Lector & Lectrix collège, Retz, 2012.

Lire à voix haute de façon fluide et expressive

→ **Dans tous les parcours et dossiers**

S'entraîner à la lecture fluide et expressive : proposition de démarche

- Deux par deux : le texte est partagé en plusieurs parties qui sont attribuées à chaque binôme.
- À tour de rôle, **l'un lit son extrait tandis que l'autre écoute**, relève les erreurs et hésitations de son camarade. Chacun partage ensuite ses **conseils**.
- Chacun s'entraîne une seconde fois pour améliorer la **fluidité** de la lecture, tout en étant **expressif**, c'est-à-dire en choisissant le ton adapté pour faire sentir dans sa lecture le sens du texte, montrer les sentiments des personnages.
- Une fois les binômes prêts, **la classe procède à la lecture fluide et expressive du texte intégral** : un élève de chaque binôme prend en charge sa partie ; le texte est lu sans interruption. On recommence avec le deuxième élève de chaque binôme.

Comment préparer son travail ?

Comment organiser son texte ?

Comment améliorer son texte ?

Comment enrichir son expression ?

Comment s'exprimer à l'oral ?

Étude de la langue

+PROF Dictées et bilans

Les classes de mots

L'organisation de la phrase

Les fonctions

La phrase

Les conjugaisons

Le vocabulaire

Proposition de progression en langue

1 La construction des phrases : le verbe et le sujet

2 Autour du groupe nominal

3 La construction des phrases : les compléments

4 Conjugaisons : temps simples et temps composés

5 La construction des phrases : phrase simple et phrase complexe

La clé d'or

Un jour d'hiver, comme le sol était recouvert d'une épaisse couche de neige, un pauvre garçon dut sortir avec son traîneau pour aller chercher du bois.

Une fois le bois ramassé et chargé sur son traîneau, il était transi de froid. Il se dit qu'avant de rentrer chez lui, il allait d'abord allumer un bon feu pour se réchauffer.

Il balaya un peu la neige et, en dégageant ainsi le sol, il trouva une petite clé d'or.

Il se dit que là où se trouve une clé, la serrure n'est peut-être pas loin.

Alors il chercha et trouva un petit coffre de fer.

« Pourvu que la clé aille, pensa-t-il, car le coffre contient sûrement des trésors ».

Il chercha la serrure, mais n'en trouva aucune.

Il chercha encore et finit enfin par en trouver une, mais le trou était si petit qu'on pouvait à peine le voir.

Il essaya la clé : elle allait parfaitement.

Alors il tourna la clé dans la serrure.

Et maintenant, il nous faut attendre qu'il finisse d'ouvrir la serrure, et qu'il soulève le couvercle du coffre…

Alors nous saurons quelles merveilleuses choses il contenait.

✦ **Jacob et Wilhelm Grimm**, « La Clé d'or », traduit de l'allemand par Raphaël Baud, éditions Chocolat ! Jeunesse (2016).

Comprendre

- Que raconte ce texte ?
- À ton avis, quel effet les auteurs ont-ils voulu produire sur le lecteur ?

▶ On **analyse** le texte, on cherche des **indices**, pour comprendre l'histoire racontée et les intentions de l'auteur (émouvoir, faire rire, créer du suspense, faire réfléchir...).

▶ On **découvre** et on **utilise** des **stratégies de lecture** pour mieux comprendre les textes.

▶ Stratégies de lecture p. 10

Imaginer

- Comment te représentes-tu le personnage de l'histoire ? Dessine-le rapidement.
- Invente ce que contient le coffre.

▶ On **imagine** les personnages du texte, les lieux, on se met à leur place, pour mieux entrer dans l'histoire et **apprécier** notre lecture. Parfois, on cherche à **anticiper**, à deviner ce qui va se produire ensuite.

Exprimer son avis, son ressenti

- Qu'as-tu ressenti à la fin de ta lecture ? As-tu aimé ce texte ? Pourquoi ?

▶ On **donne son avis** sur le texte, à l'oral et à l'écrit : **on dit ce qu'on ressent** en le lisant.

▶ On échange, on discute, on justifie ce qu'on pense.

▶ On **crée des liens** avec d'autres histoires, d'autres œuvres qu'on connaît, pour enrichir sa culture littéraire et artistique.

Tu peux avoir un carnet de lecture pour garder la trace de ce que tu as pensé de tes lectures.

Dire, jouer, raconter

- Lis le texte silencieusement.
- Lis le texte à voix haute de manière **fluide** et **expressive** ▶ Démarche p. 10
- Mime le texte.

▶ On lit silencieusement et à voix haute, pour améliorer sa **fluence** (sa rapidité de lecture).

▶ On apprend à lire de façon expressive : on met le ton.

▶ Parfois, on **joue** le texte, on le met en scène.

Pour toutes ces activités, on travaille parfois à **l'oral**, parfois à **l'écrit**.
On réfléchit tous **ensemble**, ou **en groupes**, pour s'entraider, ou bien on travaille **seul**, pour devenir plus **autonomes**.

Écrire

• Rédige un texte de quelques lignes pour résumer cette histoire.

▶ On rédige des textes pour garder la trace de ce qu'on a appris sur le texte. C'est une **synthèse**, ou une **trace écrite**.

• Invente une suite de quelques lignes pour ce texte.

▶ On crée des histoires en s'inspirant des textes lus et en apprenant des **méthodes d'écriture**. Ce sont des **expressions écrites** ou rédactions.

▲ Illustration de **Joseph Vernot** pour « La Clé d'or », éditions Chocolat ! Jeunesse (2016)

Analyser les phrases

• Relis cette phrase : *Le coffre contient sûrement des trésors.* (l. 13) Peux-tu identifier le verbe et le sujet de cette phrase ?

▶ On analyse les phrases : on les **observe**, on les **manipule** pour comprendre comment les mots s'articulent de façon logique pour créer du sens.

▶ Cela s'appelle l'**étude de la langue**, ou la **grammaire**.

▶ Comprendre la grammaire nous permet ensuite de construire, à l'écrit et à l'oral, des phrases correctes pour mieux **communiquer** avec les autres.

Enrichir son vocabulaire

• Sais-tu ce que signifie *transi de froid* (l. 5) ? Peux-tu le deviner ? Comment t'y es-tu pris ?
▶ *Transi* vient du latin *trans* (au-delà) et *ire* (aller) et signifie à l'origine « mourir ».

• Relève dans le texte tous les mots qui font référence à l'hiver. Proposez ensemble d'autres mots que vous connaissez en rapport avec l'hiver.

▶ Dans les textes, on découvre des mots inconnus : on apprend des stratégies pour comprendre ces mots, puis on les **apprend**, on les **réutilise**, pour les intégrer à son vocabulaire.

▶ On enrichit aussi son vocabulaire en cherchant tous les mots autour d'un thème : on peut les organiser dans une corolle lexicale.

Améliorer son orthographe

• *Une fois le bois ramassé et chargé sur son traîneau* (l. 4) : justifie la terminaison de ces mots.

▶ Dans toutes les activités, on est attentif à **l'orthographe** :

– on revoit et on apprend les règles d'orthographe ;

– on construit des stratégies pour mieux corriger ses erreurs d'orthographe.

Parcours

1

Créatures monstrueuses dans les contes

Pourquoi les héros de contes sont-ils confrontés à des monstres ?

Objectifs

→ Créer une première définition du monstre à partir de ses connaissances et d'un travail sur le vocabulaire

→ Compléter la définition du monstre par un travail sur l'image

Définir le monstre

1. a. Imagine un monstre et dessine-le.

Ensuite, décris-le à tes camarades : quelle est son apparence physique ? Qu'imagines-tu au sujet de ses habitudes, de son comportement ?

b. En groupes. Proposez une définition du mot *monstre*, puis écrivez tous les mots qui vous viennent à l'esprit à propos du mot *monstre*.

2. En classe entière. Ensemble, rassemblez vos connaissances et vos idées sur le monstre dans la carte mentale ci-dessous.

Carte mentale à imprimer
hatier-clic.fr/21luf16

MONSTRE

Mots de la même famille
....

L'origine du mot
Le mot vient du latin *monstrum*, lui-même dérivé du verbe *monere* : « montrer », « attirer l'attention sur ». Il désigne un « être hors du commun, extraordinaire ».
Le mot *monstre* a la même origine que le verbe *montrer*.

Notre définition
....

Caractéristiques
....

Quelques monstres célèbres
....

Effets produits par le monstre
....

Visages de monstres

1. Observe le document 1.
a. Décris l'œuvre : que ressens-tu en la regardant ?
b. Le personnage représenté est-il un monstre selon toi ? Justifie ta réponse.
c. Connais-tu ce personnage ?

2. Observe les documents 2 et 3. En quoi les personnages représentés sont-ils des monstres ?

3. **En classe entière**, intégrez vos découvertes à votre carte mentale.

1 **Sébastien Mourrain**, illustration pour *Barbe-Bleue* de Jean-Pierre Kerloc'h et Sébastien Mourrain © éditions Glénat (2007)

2 Illustration de **Lucienne Loyeux** pour *La Belle et La Bête* (vers 1920)

3 Illustration d'**Arthur Rackham** pour le conte *Les deux sœurs* (1927)

Compétences
→ Comprendre des textes, des documents, des images
→ Construire une culture littéraire

Les contes à travers le temps

J'enquête

Place sur la frise chronologique les éléments suivants, après avoir cherché les informations dans les documents de la page 18.

- transmission orale
- première mise à l'écrit des contes
- tradition vivante
- Charles Perrault
- les frères Grimm

Antiquité	XVIIe siècle	XIXe siècle	aujourd'hui
....	....	....	

....

◄ Illustration d'**Arthur Rackham** pour *La Belle au bois dormant* (1920)

Une tradition orale très ancienne

- Autrefois, lors des **veillées**, les familles, enfants comme adultes, **se rassemblaient** autour d'un conteur ou d'une conteuse pour l'écouter **raconter une histoire**.
- Ces contes **se transmettaient oralement** de génération en génération, depuis la nuit des temps : le conteur ou la conteuse les entendait, puis les répétait, à sa manière, en les modifiant parfois.

▲ Portrait de Charles Perrault

▲ Portrait d'Hans Christian Andersen

L'écriture des contes

- Au XVIIe siècle, **Charles Perrault** est le premier écrivain à mettre les contes populaires par écrit. Artiste protégé par Louis XIV, il met à la mode les contes à la Cour. On retrouve dans ses recueils *La Belle au bois dormant*, *Le Petit Poucet*, *Le Chat botté*, *Le Petit Chaperon rouge*...
- Au XIXe siècle, les frères **Jacob et Wilhelm Grimm** sillonnent les campagnes allemandes pour recueillir les contes traditionnels. Ils préservent ainsi la mémoire de plus de deux cents contes, parmi lesquels *Cendrillon*, *Blanche Neige*...
- À la même époque, le Danois **Hans Christian Andersen** écrit des contes de sa propre invention, notamment *La Petite Sirène*.
- Aujourd'hui encore, la tradition orale du conte est bien vivante : les conteurs proposent des spectacles qui réjouissent les petits comme les grands. ► **Histoire des arts p. 34**

▲ Portrait de Jacob et Wilhelm Grimm

Sagesses du monde

J'enquête

Lis les documents de la page 19 afin de trouver les réponses aux questions suivantes.

1. Pourquoi les contes plaisent-ils à tous ?
2. Quels sont les pouvoirs des contes abordés dans cette page ?
3. Qui est Shéhérazade ?

▲ **Paul Benichou**, *Palabre* (2015)

Des histoires qui voyagent

• La tradition des contes existe dans **toutes les régions du monde**. Ces contes ont **circulé entre les pays**. On retrouve ainsi différentes versions d'une même histoire ou un même personnage, comme celui de la sorcière, dans des pays très éloignés.

• Les *Contes des Mille et Une Nuits* constituent un exemple de contes ayant traversé le temps et les frontières. Nés en Perse et écrits sur plusieurs siècles, du VIIIe au XVIIIe siècle, on les découvre en France au XVIIe siècle grâce au traducteur Antoine Galland. Les histoires de **Sindbad le marin**, d'**Aladdin** ou encore d'**Ali Baba** deviennent célèbres et le sont encore aujourd'hui.

Le pouvoir des contes

• Les contes nous plongent dans des **univers merveilleux**, mettant en scène des **créatures magiques**, des fées, des lutins, des génies, mais aussi des **créatures effrayantes** : des ogres, des sorcières, ou encore des animaux doués de parole.

• Certains contes ne font pas appel à la magie : ils **racontent les ruses** d'un personnage, et **enseignent une leçon de sagesse** ou tout simplement **font rire**.

Les *Contes des Mille et Une Nuits*

• L'histoire des *Contes des Mille et Une Nuits* met en lumière le pouvoir des contes : chaque nuit, la jeune **Shéhérazade captive le sultan en lui racontant une histoire**, sauvant ainsi sa vie et celle des autres jeunes femmes du royaume.

• Les **univers** de ces contes sont **variés** : dans l'histoire d'Aladdin, la magie d'un génie qui sort d'une lampe à huile permet au personnage d'améliorer son sort, tandis que dans d'autres contes les ruses de Nasreddine nous divertissent et nous enseignent comment survivre lorsque la vie est dure.

◄ Shéhérazade et le sultan, illustration de **Léon Carré** pour *Les Mille et Une Nuits* (1926)

Je mémorise

Quelles sont les trois informations principales que tu retiens de tes recherches ?

Conte traditionnel russe

Objectif
→ Découvrir un début de conte et la rencontre d'une héroïne avec un personnage monstrueux

Compétence Lecture
→ Construire une image mentale du texte

Vassilissa la belle

Il y a bien longtemps vivaient, en Russie, un marchand et sa femme. Ils avaient une fille, belle comme le jour, qui s'appelait Vassilissa.

Quand la petite fille eut huit ans, sa mère tomba gravement malade. Avant de mourir, elle lui remit une poupée et lui dit :

« Ma fille, je te bénis. Garde toujours cette poupée près de toi. Ne la montre à personne et interroge-la quand tu auras de la peine. »

Quelque temps plus tard, le marchand se remaria avec une veuve qui avait deux filles de l'âge de la sienne. Hélas, cette femme et ses filles n'aimaient pas Vassilissa qui était beaucoup plus jolie qu'elles. Elles la frappaient et l'obligeaient à travailler sans arrêt pendant qu'elles se reposaient.

La petite fille acceptait tout sans dire un mot car sa poupée la consolait.

Quelques années passèrent ainsi. Vassilissa grandit et devint la plus belle jeune fille du pays.

Un soir d'hiver, en l'absence du marchand, la méchante mère voulut se débarrasser de Vassilissa. Elle savait que la baba-yaga vivait au milieu de la forêt voisine. C'était une vieille sorcière qui habitait une chaumière montée sur pattes de poule. Une vieille sorcière qui ne laissait approcher personne et qui mangeait les hommes comme des poulets.

La méchante mère éteignit donc tous les feux de la maison et ordonna :

« Vassilissa, va dans la forêt chercher du feu chez la baba-yaga !

– Mais elle me mangera, protesta la jeune fille.

– Obéis ! gronda la marâtre. C'est la maison la plus proche et le temps presse ! »

Vassilissa monta à sa chambre, glissa la poupée dans sa poche, puis sortit dans l'obscurité. La poupée lui indiquait la route à suivre… C'était une nuit sans lune. Le vent agitait les branches des arbres et la jeune fille tremblait de peur. Enfin, le jour commença à poindre et le soleil lentement se leva.

Vassilissa continua à marcher pendant une nuit et une journée entières.

Le deuxième soir, elle atteignit enfin la clairière où vivait la baba-yaga. Une palissade[1] d'os et de crânes humains entourait la chaumière montée sur pattes de poule. Les yeux des crânes scintillaient dans le noir, éclairant le jardin et les environs.

Vassilissa s'approcha et frissonna. La serrure de la porte était une mâchoire d'homme, grande ouverte ! Elle aurait voulu s'enfuir, mais elle restait immobile, incapable de faire le moindre geste.

Bientôt, un bruit terrible se fit entendre : les arbres grondèrent, les feuilles sèches craquèrent et la vieille sorcière apparut. Elle renifla et demanda :

« Ça sent la chair humaine. Qui est là ?

– C'est moi, Vassilissa, grand-mère. Je suis venue chercher du feu.

– D'accord, fit la baba-yaga. Mais il faut que tu restes quelque temps à mon service. Si je ne suis pas contente de toi, je te mangerai. »

✦ *Vassilissa la belle*, conte de Russie dans *Contes du monde*, par Ann Rocard © Lito (2020)

Vocabulaire

Autour du mot *marâtre*

Le mot *marâtre* (l. 22) a la même origine que le mot *mère*. Explique comment il est formé. Trouve d'autres mots formés de la même manière. Déduis-en ce qu'est une *marâtre*, en t'appuyant aussi sur le texte.

Impressions de lecture

- As-tu aimé cette histoire ? Justifie.
- Que penses-tu des personnages ?
- As-tu pensé à une autre histoire que tu connais ?

1. **Palissade :** clôture

Lecture d'image

1. Décris le personnage de la baba-yaga et le décor.

2. Quels sentiments cette image suscite-t-elle ?

▲ **Ivan Bilibine**, « Baba Yaga volant dans son mortier », dessin à l'aquarelle et à l'encre illustrant le conte *Vassilissa la-très-belle* (1899)

Stratégie de lecture

Construire une image mentale du texte

Lorsque tu lis un texte, imaginer les personnages et les lieux te permet de vérifier que tu comprends l'histoire. C'est comme voir se dérouler le film de l'histoire dans sa tête. Cela s'appelle « construire une représentation mentale ».

→ Imagine les personnages, fais-toi le film du moment où Vassilissa avance dans la forêt.

→ Dessine la maison de la baba-yaga d'après les indices du texte.

Comprendre le texte

1. Quel type de texte reconnais-tu ? Quels indices t'ont permis de répondre ?

2. Explique ce que tu as compris de l'histoire.

3. a. À ton avis, que ressent Vassilissa à chaque étape du texte ?

b. Relève trois expressions qui montrent ce qu'elle ressent au moment de se rendre chez la baba-yaga.

4. Explique qui est la baba-yaga. Quel effet provoque-t-elle sur le lecteur ?

5. Quelle impression les éléments de description des lieux créent-ils ?

6. Penses-tu que Vassilissa s'en sortira ? Quelle aide pourrait-elle recevoir ?

Rédiger la synthèse

• Résume en trois phrases ce qu'il se passe dans ce texte.

• Écris une autre phrase pour présenter la baba-yaga.

• Enfin, rédige une dernière phrase pour expliquer en quoi il s'agit d'un début de conte.

Activité

Lecture fluide et expressive

En binôme, entraînez-vous à lire chacun une partie du texte à voix haute. Celui qui écoute conseille celui qui lit, puis les rôles sont inversés. Ensuite, la classe se partage la lecture expressive du texte complet.

▶ Démarche p. 10

Pour poursuivre la découverte du conte
Écoute le conte en entier.

hatier-clic.fr/21luf21

XIXe siècle | **Conte**

Objectif
→ Étudier le début d'un conte et la présentation des personnages de l'histoire

Compétence Lecture
→ Se poser des questions clés sur le texte pour vérifier sa compréhension

Jeannot et Margot (partie 1)

À l'orée d'une grande forêt vivaient un pauvre bûcheron, sa femme et ses deux enfants. Le garçon s'appelait Jeannot et la fille Margot. La famille ne mangeait guère. Une année que la famine régnait dans le pays et que le pain lui-même vint à manquer, le bûcheron ruminait ses idées noires, une nuit, dans son lit, et remâchait ses soucis. Il dit à sa femme :

« Qu'allons-nous devenir ? Comment nourrir nos pauvres enfants, quand[1] nous n'avons plus rien pour nous-mêmes ?

– Eh bien, mon homme, dit la femme, sais-tu ce que nous allons faire ? Dès l'aube, nous conduirons les enfants au plus profond de la forêt ; nous leur allumerons un feu et leur donnerons à chacun un petit morceau de pain. Puis nous irons à notre travail et les laisserons seuls. Ils ne retrouveront plus leur chemin et nous en serons débarrassés.

– Non, femme, dit le bûcheron. Je ne ferai pas cela ! Comment pourrais-je me résoudre à laisser nos enfants tout seuls dans la forêt ! Les bêtes sauvages ne tarderaient pas à les dévorer.

– Oh ! fou, répliqua-t-elle, tu préfères donc que nous mourions de faim tous les quatre ? Alors, il ne te reste qu'à raboter les planches de nos cercueils. »

Elle n'eut de cesse qu'il n'acceptât[2] ce qu'elle proposait. « Mais j'ai quand même pitié de ces pauvres enfants », dit le bûcheron.

Les deux petits n'avaient pas pu s'endormir tant ils avaient faim. Ils avaient entendu ce que la marâtre disait à leur père. Margot pleura des larmes amères et dit à son frère : « C'en est fait de nous !

– Du calme, Margot, dit Jeannot. Ne t'en fais pas ; je trouverai un moyen de nous en tirer. »

Quand les parents furent endormis, il se leva, enfila ses habits, ouvrit la porte et se glissa dehors. La lune brillait dans le ciel et les graviers blancs, devant la maison, étincelaient comme des diamants. Jeannot se pencha et en mit dans ses poches autant qu'il put. Puis il rentra dans la maison et dit à Margot : « Aie confiance, chère petite sœur, et dors tranquille. Dieu ne nous abandonnera pas. » Et lui-même se recoucha.

Quand vint le jour, avant même que le soleil ne se levât, la femme réveilla les deux enfants : « Debout, paresseux ! Nous allons dans la forêt pour y chercher du bois. » Elle leur donna un morceau de pain à chacun et dit : « Voici pour le repas de midi ; ne mangez pas tout avant, car vous n'aurez rien d'autre. » Comme les poches de Jeannot étaient pleines de cailloux, Margot mit le pain dans son tablier. Puis, ils se mirent tous en route pour la forêt.

✦ **Jacob et Wilhelm Grimm**, *Jeannot et Margot* (1812), dans *Contes merveilleux*, traduit de l'allemand par Pierre Durand, Livre de poche Classiques (1987), D. R.

Vocabulaire

Autour du mot *famine*
- Que signifie le mot *famine* (l. 3) ?
- Donne deux mots de la même famille.

Impressions de lecture
- Que ressens-tu à la lecture de ce texte ?
- Quel personnage te semble le plus intéressant ? Explique.

1. **Quand :** alors que
2. **N'avoir de cesse que :** continuer jusqu'à ce que

Lecture d'image

1. Que représente ce dessin ?

2. Observe les techniques de dessin utilisées par l'artiste. Quel effet créent-elles ?

▲ **Lorenzo Mattotti**, illustration pour *Hänsel et Gretel (Jeannot et Margot)* © Gallimard Jeunesse (2009)

Stratégie de lecture

Se poser des questions clés sur le texte pour vérifier sa compréhension

Quand tu lis une histoire, tu dois toujours te poser ces questions afin de vérifier que tu as bien compris :

a. **Quand** et **où** cette histoire a-t-elle lieu ?
b. **Qui** sont les personnages principaux ?
c. **Que** leur arrive-t-il ?
d. **Pourquoi** ?

Comprendre le texte

1. À l'aide des questions de la stratégie de lecture, explique ce que tu as compris de l'histoire.

2. Propose deux ou trois adjectifs pour décrire la mère. Relève dans le texte ce qui t'a aidé(e) à choisir.

3. Comment le père se comporte-t-il ?

4. Comment les enfants réagissent-ils à ce qui leur arrive ? Développe ta réponse.

Rédiger la synthèse

En groupes.

• Résumez l'histoire en deux phrases.

• Chaque groupe écrit une ou deux phrases sur un des personnages : la mère, le père, Margot, Jeannot.

En classe entière.

Les phrases écrites sont mises en commun.

Activité

Écrire la suite du texte

Activité préparatoire à l'atelier d'expression écrite.

Jeannot et Margot se retrouvent seuls dans la forêt. Écris huit lignes pour raconter ce qu'ils font, ce qu'ils ressentent.

D'un texte à l'autre

Quels sont les points communs entre les enfants des contes *Jeannot et Margot* et *Vassilissa la belle* ?

Pour poursuivre la découverte du conte

Lis la suite du conte puis, dans ton carnet de lecture, résume en quelques phrases ce que tu as compris.

hatier-clic.fr/21luf23

Objectif
- Étudier la description d'un lieu enchanteur et le portrait d'une sorcière

Compétences Lecture
- Se remémorer ce qui précède pour comprendre
- Anticiper, se poser des questions

Jeannot et Margot (partie 2)

Précédemment...

Jeannot et Margot ont retrouvé le chemin de leur maison. Quelque temps plus tard, le bûcheron et sa femme décident d'emmener leurs enfants plus loin encore dans la forêt. N'ayant pas pu sortir chercher des cailloux, Jeannot a semé des miettes de pain sur le chemin, mais les oiseaux les ont mangées. Jeannot et sa sœur sont perdus.

Trois jours s'étaient déjà passés depuis qu'ils avaient quitté la maison paternelle. Ils continuaient à marcher, s'enfonçant toujours plus avant dans la forêt. Si personne ne leur venait en aide, ils ne tarderaient pas à mourir.

À midi, ils virent un joli oiseau sur une branche, blanc comme neige. Il chantait si bien que les enfants s'arrêtèrent pour l'écouter. Quand il eut fini, il déploya ses ailes et vola devant eux. Ils le suivirent jusqu'à une petite maison sur le toit de laquelle le bel oiseau blanc se percha.

Quand ils s'en furent approchés tout près, ils virent qu'elle était faite de pain et recouverte de gâteau. Les fenêtres étaient en sucre. « Nous allons nous mettre au travail, dit Jeannot, et faire un repas béni de Dieu. Je mangerai un morceau de toit ; ça a l'air d'être bon ! » Jeannot grimpa sur le toit et en arracha un petit morceau pour goûter. Margot se mit à croquer les carreaux. On entendit alors une voix suave[1] qui venait de la chambre :

« Croque, croque, grignote !
Qui donc ma maison croque ? »

Les enfants répondirent :

« C'est le vent, c'est le vent,
Ce céleste[2] enfant. »

Et ils continuèrent à manger sans se laisser détourner de leur tâche. Jeannot, qui trouvait le toit fort bon, en fit tomber un gros morceau par terre et Margot découpa une vitre entière, s'assit sur le sol et se mit à manger.

La porte, tout à coup, s'ouvrit et une femme, vieille comme les pierres, s'appuyant sur une canne, sortit de la maison. Jeannot et Margot eurent si peur qu'ils laissèrent tomber tout ce qu'ils tenaient dans leurs mains. La vieille secoua la tête et dit : « Eh ! chers enfants, qui vous a conduits ici ? Entrez, venez chez moi ! Il ne vous sera fait aucun mal. »

Elle les prit tous les deux par la main et les fit entrer dans la maisonnette. Elle leur servit un bon repas, du lait et des beignets avec du sucre, des pommes et des noix. Elle prépara ensuite deux petits lits. Jeannot et Margot s'y couchèrent. Ils se croyaient au paradis.

Impressions de lecture
- Quel est ton moment préféré dans ce texte ? Pourquoi ?
- Que va-t-il se produire ensuite, d'après toi ?

Vocabulaire

Autour de la gourmandise

Relève toutes les mentions de nourriture et les indications du plaisir que prennent les enfants à manger. Ces mots forment le **champ lexical** de la gourmandise dans le texte.

Mais l'amitié de la vieille n'était qu'apparente. En réalité, c'était une méchante sorcière à l'affût[3] des enfants. Elle n'avait construit la maison de pain que pour les attirer. Quand elle en prenait un, elle le tuait, le faisait cuire et le mangeait. Pour elle, c'était alors jour de fête. La sorcière avait les yeux rouges et elle ne voyait pas très clair. Mais elle avait un instinct[4] très sûr, comme les bêtes, et sentait venir de loin les êtres humains. Quand Jeannot et Margot s'étaient approchés de sa demeure, elle avait ri méchamment et dit d'une voix mielleuse : « Ceux-là, je les tiens ! Il ne faudra pas qu'ils m'échappent ! »

✦ **Jacob et Wilhelm Grimm**, *Jeannot et Margot* (1812), dans *Contes merveilleux*, traduit de l'allemand par Pierre Durand, Livre de poche Classiques (1987), D. R.

1. **Suave :** doux
2. **Céleste :** qui vient du ciel, divin
3. **Être à l'affût :** guetter, épier en se cachant
4. **Instinct :** ici, flair

▲ « Hansel et Gretel rencontrent la sorcière dans la forêt », illustration d'**Alexander Zick** (1845-1907)

Stratégie de lecture

Se remémorer ce qui précède pour comprendre

Pour comprendre un texte qu'on lit en plusieurs étapes, il est utile de se rappeler ce qui s'est produit avant : cela permet de bien comprendre les nouvelles informations et l'avancée de l'histoire.

→ Rappelle-toi les événements et informations lus dans le texte précédent.

Comprendre le texte

1. Où les enfants se trouvent-ils ? Pourquoi ? Aide-toi de la stratégie de lecture.

2. Où arrivent-ils et que font-ils ?

3. La classe se répartit en **plusieurs groupes**. Chacun choisira la proposition de travail 1 ou 2.

Proposition de travail 1

Relevez tous les éléments de description du lieu et les mots qui montrent les sentiments des enfants. Choisissez un adjectif pour décrire ce lieu : « Ce lieu est ... » Aidez-vous du travail sur le vocabulaire.

Proposition de travail 2

Relevez tous les éléments qui concernent la vieille femme pour expliquer qui elle est : éléments de description, attitude, paroles...

En classe entière

4. Mettez en commun les idées trouvées dans chaque groupe pour répondre à la question suivante : quelles sont les véritables intentions de la sorcière ?

5. Que penses-tu du comportement des enfants dans ce passage ? Aide-toi de la stratégie de lecture.

Rédiger la synthèse

Rédige un texte en deux paragraphes, chacun axé sur l'une des idées suivantes :

- Un lieu qui piège les enfants
- Une sorcière inquiétante

Activité

Décrire une maison effrayante

Activité préparatoire à l'atelier d'expression écrite.

Par groupes de trois ou quatre. Imaginez que la maison de la sorcière est un lieu très effrayant. Décrivez ce lieu en une dizaine de lignes.

Pour poursuivre la découverte du conte

Lis la suite du conte et prends des notes pour raconter à l'oral ce que tu as compris.

hatier-clic.fr/21luf25

XIXe siècle | Conte

Objectif
→ Comprendre l'évolution des enfants et la fin du conte

Compétence Lecture
→ Se remémorer ce qui précède pour comprendre

Jeannot et Margot (partie 3)

▲ « Hansel et Gretel retrouvent leur père », illustration de **Frank Adams** (1871-1944)

Précédemment...
La sorcière a fait prisonnier Jeannot, qu'elle engraisse pour le dévorer, tandis qu'elle fait de Margot sa servante. Trompée pendant un temps par Jeannot, qui lui donne à tâter un petit os au lieu de son doigt, elle perd patience et décide de le faire cuire.

De bon matin, Margot fut chargée de remplir la grande marmite d'eau et d'allumer le feu. « Nous allons d'abord faire la pâte, dit la sorcière. J'ai déjà fait chauffer le four et préparé ce qu'il faut. » Elle poussa la pauvre Margot vers le four, d'où sortaient de grandes flammes. « Faufile-toi dedans ! ordonna-t-elle, et vois s'il est assez chaud pour la cuisson. » Elle avait l'intention de fermer le four quand la petite y serait pour la faire rôtir. Elle voulait la manger, elle aussi. Mais Margot devina son projet et dit :

« Je ne sais comment faire ; comment entre-t-on dans ce four ?

– Petite oie, dit la sorcière, l'ouverture est assez grande, vois, je pourrais y entrer moi-même. »

Et elle y passa la tête. Alors Margot la poussa vivement dans le four, claqua la porte et la verrouilla. La sorcière se mit à hurler épouvantablement. Mais Margot s'en alla et cette abominable sorcière n'eut plus qu'à rôtir.

Margot, elle, courut aussi vite qu'elle le pouvait chez Jeannot. Elle ouvrit la petite étable et dit :

« Jeannot, nous sommes libres ! La vieille sorcière est morte ! » Jeannot bondit hors de sa prison, aussi rapide qu'un oiseau dont on vient d'ouvrir la cage.

Vocabulaire

Autour du mot *sorcière*
- Que signifie le mot *sorcière* (l. 2) ?
- Quel mot de la même famille se trouve dans le texte ? En connais-tu d'autres ?

Comme ils étaient heureux ! Comme ils se prirent par le cou, dansèrent et s'embrassèrent ! N'ayant plus rien à craindre, ils pénétrèrent dans la maison de la sorcière. Dans tous les coins, il y avait des caisses pleines de perles et de diamants. « C'est encore mieux que mes petits cailloux ! » dit Jeannot en en remplissant ses poches. Et Margot ajouta : « Moi aussi, je veux en rapporter à la maison ! » Et elle en mit tant qu'elle put dans son tablier. « Maintenant il nous faut partir, dit Jeannot, si nous voulons fuir cette forêt ensorcelée. » Au bout de quelques heures, ils arrivèrent sur les bords d'une grande rivière.

« Nous ne pourrons pas la traverser, dit Jeannot, je ne vois ni passerelle ni pont.

– On n'y voit aucune barque non plus, dit Margot. Mais voici un canard blanc. Si je le lui demande, il nous aidera à traverser. » Elle cria :

« Petit canard, petit canard,
Nous sommes Jeannot et Margoton.
Il n'y a ni barque, ni gué[1], ni pont,
Fais-nous passer avant qu'il ne soit tard. »

Le petit canard s'approcha et Jeannot se mit à califourchon sur son dos. Il demanda à sa sœur de prendre place à côté de lui. « Non, répondit-elle, ce serait trop lourd pour le canard. Nous traverserons l'un après l'autre. » La bonne petite bête les mena ainsi à bon port. Quand ils eurent donc passé l'eau sans dommage[2], ils s'aperçurent au bout de quelque temps que la forêt leur devenait de plus en plus familière. Finalement, ils virent au loin la maison de leur père. Ils se mirent à courir, se ruèrent dans la chambre de leurs parents et sautèrent au cou de leur père.

L'homme n'avait plus eu une seule minute de bonheur depuis qu'il avait abandonné ses enfants dans la forêt. Sa femme était morte. Margot secoua son tablier et les perles et les diamants roulèrent à travers la chambre. Jeannot en sortit d'autres de ses poches, par poignées. C'en était fini des soucis. Ils vécurent heureux tous ensemble.

✦ **Jacob et Wilhelm Grimm**, *Jeannot et Margot* (1812), dans *Contes merveilleux*, traduit de l'allemand par Pierre Durand, Livre de poche Classiques (1987), D. R.

Impressions de lecture

- Quelle impression le personnage de Margot te donne-t-il dans ce passage ?
- Que penses-tu de la fin du conte ?

1. **Gué :** endroit peu profond d'une rivière, où l'on peut traverser à pied
2. **Sans dommage :** sans difficulté

Comprendre le texte

1. En groupes, faites la liste de tous les événements qui se produisent dans ce texte, dans l'ordre chronologique.

2. En quoi la situation de Jeannot et de Margot a-t-elle évolué par rapport au début du conte ?
▶ Stratégie de lecture p. 25

3. Grâce à qui les enfants s'en sortent-ils dans ce texte ? Explique.

4. Penses-tu que la fin de ce conte est juste ? Justifie ta réponse.

5. Rappelle-toi le conte entier : quelles leçons pourrait-on en retenir ?

Rédiger la synthèse

- Résume en deux ou trois phrases la fin du conte.
- Explique en une ou deux phrases en quoi Jeannot et Margot ont grandi au cours de cette aventure.

Activité

Corolle lexicale à imprimer
hatier-clic.fr/21luf27

Vocabulaire : Exprimer la joie

Relève dans le texte tout ce qui montre la joie des enfants et du père. Crée une corolle lexicale sur la joie en ajoutant au lexique relevé : une définition, des synonymes du nom *joie*, des verbes, des adjectifs, des adverbes, des expressions. Quelle forme de phrase permet d'exprimer la joie (l. 18-19) ?

Objectif
→ Étudier la rencontre avec un personnage monstrueux

Compétences Lecture
→ Reformuler pour comprendre
→ Mettre en scène pour comprendre

Le Petit Poucet : chez l'ogre

▲ **Gustave Doré**, « L'ogre trouve le Petit Poucet », illustration pour *Le Petit Poucet* (1867), gravure colorisée

Lecture d'image

1. Observe chacun des personnages.

2. Quelles caractéristiques sont mises en valeur chez chacun d'eux ? Comment ?

Le petit Poucet et ses frères ont été abandonnés par leurs parents dans la forêt. Malgré leurs efforts, les enfants ne parviennent pas à retrouver leur chemin. Ils arrivent alors devant une maison.

Ils heurtèrent à la porte, et une bonne femme vint leur ouvrir. Elle leur demanda ce qu'ils voulaient.

Le petit Poucet lui dit qu'ils étaient de pauvres enfants qui s'étaient perdus dans la forêt, et qui demandaient à coucher par charité. Cette femme les voyant tous si jolis se mit à pleurer, et leur dit : « Hélas, mes pauvres enfants, où êtes-vous venus ? Savez-vous bien que c'est ici la maison d'un ogre qui mange les petits enfants ? »

« – Hélas ! madame, lui répondit le petit Poucet, qui tremblait de toute sa force aussi bien que ses frères, que ferons-nous ? Il est bien sûr que les loups de la forêt ne manqueront pas de nous manger cette nuit, si vous ne voulez pas nous retirer[1] chez vous. Et cela étant, nous aimons mieux que ce soit Monsieur qui nous mange ; peut-être qu'il aura pitié de nous, si vous voulez bien l'en prier. »

La femme de l'ogre, qui crut qu'elle pourrait les cacher à son mari jusqu'au lendemain matin, les laissa entrer et les mena se chauffer auprès d'un bon feu ; car il y avait un mouton tout entier à la broche pour le souper de l'ogre.

Comme ils commençaient à se chauffer, ils entendirent heurter trois ou quatre grands coups à la porte : c'était l'ogre qui revenait.

Aussitôt sa femme les fit cacher sous le lit et alla ouvrir la porte. L'ogre demanda d'abord si le souper était prêt, et si on avait tiré du vin[2], et aussitôt se mit à table. Le mouton était encore tout sanglant, mais il ne lui en sembla que meilleur. Il flairait à droite et à gauche, disant qu'il sentait la chair fraîche.

« Il faut, lui dit sa femme, que ce soit ce veau que je viens d'habiller[3] que vous sentez. »

« Je sens la chair fraîche, te dis-je encore une fois, reprit l'ogre, en regardant sa femme de travers, et il y a ici quelque chose que je n'entends[4] pas. »

En disant ces mots, il se leva de table, et alla droit au lit.

« Ah, dit-il, voilà donc comme tu veux me tromper, maudite femme ! Je ne sais à quoi il tient que je ne te mange aussi ; bien t'en prend[5] d'être une vieille bête. Voilà du gibier qui me vient bien à propos pour traiter[6] trois ogres de mes amis qui doivent me venir voir ces jours-ci. »

Il les tira de dessous le lit l'un après l'autre.

Ces pauvres enfants se mirent à genoux en lui demandant pardon ; mais ils avaient affaire au plus cruel de tous les ogres, qui bien loin d'avoir de la pitié les dévorait déjà des yeux, et disait à sa femme que ce serait là de friands[7] morceaux lorsqu'elle leur aurait fait une bonne sauce.

Il alla prendre un grand couteau, et, en approchant de ces pauvres enfants, il l'aiguisait sur une longue pierre qu'il tenait à sa main gauche.

Il en avait déjà empoigné un, lorsque sa femme lui dit : « Que voulez-vous faire à l'heure qu'il est ? N'aurez-vous pas assez de temps demain ? »

✦ **Charles Perrault**, *Le Petit Poucet* dans *Contes de ma mère l'Oye* (1697)

Impressions de lecture

- À la place du petit Poucet, aurais-tu pris la même décision ? Justifie.
- Que ressentirais-tu face à l'ogre ? Ressemble-t-il à d'autres ogres que tu connais ? Explique.

1. **Retirer :** accueillir
2. **Tirer du vin :** prélever le vin d'un tonneau
3. **Habiller un veau :** préparer un veau
4. **Entendre :** comprendre
5. **Bien t'en prend :** tu as de la chance
6. **Traiter :** recevoir
7. **Friand (adj.) :** délicieux

Stratégie de lecture

Reformuler pour comprendre

Lorsqu'un texte est difficile à comprendre, il est utile de le reformuler, phrase par phrase, avec des mots plus simples. Cela permet de vérifier que l'on parvient à construire une représentation mentale de l'histoire qu'il raconte.

Comprendre le texte

1. Dans quel lieu le petit Poucet et ses frères arrivent-ils ?
2. Pourquoi le petit Poucet insiste-t-il pour y entrer ? Donne deux raisons.
3. Que représentent les enfants pour l'ogre ? Relève les mots qui le montrent dans les lignes 29 à 37.
4. L'ogre ressemble-t-il plutôt à un monstre ou à un humain ? Justifie à l'aide des éléments du texte.
5. Que peux-tu dire de la femme de l'ogre ?
6. Penses-tu que le petit Poucet et ses frères s'en sortiront ? Justifie.

Rédiger la synthèse

En groupes. Rédigez :

– un premier paragraphe pour résumer la situation du petit Poucet et de ses frères ;

– un second paragraphe pour récapituler ce qui a été dit sur l'ogre.

Activité

Mettre en scène le conte

En groupes, jouez la scène. Improvisez les paroles des personnages avec vos propres formulations. Mettez en évidence les émotions de chaque personnage.

Atelier d'expression écrite

Compétences Écriture
- → Écrire un texte cohérent
- → Écrire un texte qui réponde aux consignes
- → Faire évoluer son texte
- → Prendre en compte les normes de l'écrit

+PROF Sujet et barème de notation

Décrire un lieu de conte et un personnage monstrueux

SUJET Un jeune enfant se perd dans la forêt et se retrouve devant une maison effrayante. Il fait la rencontre du personnage monstrueux qui y vit. Décris ce lieu, le personnage monstrueux et exprime les sentiments ressentis par l'enfant. Écris ton texte au passé.

Besoin d'aide ? Pour apprendre à bien comprendre un sujet d'expression écrite et à chercher tes idées au brouillon, tu peux te reporter aux fiches MÉTHODE 1 p. 256 et MÉTHODE 2 p. 258.

Critères de réussite

- ▶ Décrire un lieu et un personnage monstrueux de manière à ce que le lecteur puisse les imaginer
  - Relis les descriptions des lieux et des personnages p. 20, 24 et 28 pour t'inspirer des techniques utilisées par les auteurs.
  - Entraîne-toi avec les exercices p. 31.
  - ▶ MÉTHODE 17 Décrire un lieu p. 280 et MÉTHODE 18 Rédiger un portrait p. 281
- ▶ Exprimer les sentiments de l'enfant
  - Relis le texte p. 20 et relève tout ce qui exprime la peur de Vassilissa.
  - Entraîne-toi avec les exercices p. 31.
- ▶ Employer l'imparfait de l'indicatif
  - ▶ EDL 23 Conjuguer l'imparfait de l'indicatif p. 338
- ▶ Veiller à la construction des phrases, à l'orthographe et au soin
  - ▶ MÉTHODE 8 Construire un outil pour corriger ses erreurs p. 266

▲ *Les Contes de la nuit*, film d'animation de **Michel Ocelot** (2011)

Exercices Entraîne-toi à décrire des univers de contes

1 Choisis, dans la liste, les lieux qui paraissent hostiles ou effrayants.

l'antre sombre • le château du chevalier • une route • une riante vallée • le palais d'une princesse • la forêt noire • une clairière cachée au plus profond de la forêt • la montagne de l'oubli • un pré verdoyant • une masure en ruine

2 Classe les mots suivants selon le(s) sens au(x)-quel(s) ils font référence.

le vent • s'illuminer • la pénombre • le froid • la pourriture • les larmes salées • le silence • l'éclat des étoiles • la terre mouillée • l'humidité • la poussière • la pluie • s'assombrir • les ténèbres

Vue	
Toucher	
Ouïe	
Odorat	
Goût	

3 Pour rendre l'atmosphère de ce texte encore plus effrayante, ajoute à trois endroits du texte un groupe de mots ou une phrase qui exprime les sensations ou les sentiments du personnage. Tu peux modifier la construction des phrases si nécessaire.

Marthe avançait sur le chemin, par une nuit sans lune. Le vent soufflait, les branches des arbres s'avançaient vers elle, puis reculaient, revenaient sans cesse. Un cri perçant retentit dans le silence. Puis une sorte de chuchotement se fit entendre.

4 Décris oralement la maison de l'image ci-dessous ainsi que ses alentours, imagine à qui elle appartient, ce qu'il s'y passe, l'ambiance qui y règne. Exprime aussi ce que tu ressentirais si tu te trouvais devant elle.

5 Ajoute un adjectif à chaque nom pour le rendre effrayant.

un monstre • une créature • une femme • un chat • un géant • la peau • des yeux • un nez • une attitude • un air • des vêtements • une taille • des griffes

6 Choisis l'image ci-dessous qui t'inspire le plus, et décris le personnage. Imagine qui il est, quels sont ses pouvoirs, ses intentions, comment lui échapper. Écris dix lignes.

Cartes extraites du jeu *Dixit*, créé par Jean-Louis Roubira, et de ses extensions *Origins* et *Odyssey*

À lire, à voir en autonomie

Pour poursuivre tes découvertes sur le thème du monstre dans les contes, observe les premières de couverture et lis les extraits suivants.

Conte

Apprentis lecteurs

Praline Gay-Para

Aïcha et l'ogre

Aïcha, petite voisine !
Je suis l'ogre,
Mes yeux sont des yeux d'ogre
Et mes dents, des dents d'ogre.

La petite fille, effrayée, comprend que l'ogre ne l'a pas oubliée.
Aïcha se dirige vers le petit trou de la muraille et y glisse le doigt.
Pendant que l'Ogre suce goulûment le doigt de la petite fille, elle lui dit de sa voix la plus douce :

– Tu es un ogre beau
comme une gazelle.
– Tes yeux sont doux
comme des yeux de gazelle.

Roman

Roald Dahl

Sacrées sorcières

Dans les contes de fées, les sorcières portent toujours de ridicules chapeaux et des manteaux noirs, et volent à califourchon sur des balais.

Mais ce livre n'est pas un conte de fées.

Nous allons parler des *vraies sorcières,* qui vivent encore de nos jours. Ouvrez grand vos oreilles, et n'oubliez jamais ce qui va suivre. C'est d'une importance capitale. Voici ce que vous devez savoir sur les vraies sorcières :

Les vraies sorcières s'habillent normalement, et ressemblent à la plupart des femmes. Elles vivent dans des maisons, qui n'ont rien d'extraordinaire, et elles exercent des métiers tout à fait courants.

Voilà pourquoi elles sont si difficiles à repérer !

Recueil de contes

Françoise Rachmühl

15 récits de sorcières et de revenants

Madgy Figgy de Raftra était sorcière en Cornouailles. À l'extrémité de la Grande-Bretagne, la Cornouailles, on le sait bien, est la patrie des sorcières. Dans ce pays, on se transmet de mère en fille son savoir-faire en sorcellerie.

À seize ans Madgy avait déjà le nez crochu et trois poils au menton. Pourtant, grâce à ses yeux de malice, à son teint lisse, à sa taille souple qui pliait volontiers dans les bras des garçons, elle ne manquait pas de galants. Elle s'en moquait. Le seul à qui elle aurait voulu plaire, c'était John Knill, le fils d'un gros fermier du village. Or celui-ci n'avait d'yeux que pour ses vaches.

Théâtre

Lecteurs experts

Catherine Anne

Ah la la ! quelle histoire

POUCE-POUCE. Premièrement, le dernier. Je suis né le dernier. Mais j'ai pas peur pas peur pas peur de vous, ombres rôdeuses. Deuxièmement, tout petit. Petit, comme un pouce. On m'appelle Pouce-Pouce. Mais j'ai pas peur pas peur pas peur de vous, ombres sournoises. Troisièmement, hyperpauvre. Je suis né hyperpauvre. Dans une famille de trois sous. Toujours la course à la pitance, entre mes six-gros-grands-frères, mon-père-ma-mère, et moi, pauvre petit dernier. Mais j'ai pas peur pas peur pas peur de vous, ombres têtues. Tapies toutes dans le noir tout noir. Tenez-vous coites, les ombres ! Moi, Pouce-Pouce, un jour, je serai grand comme un pouce de géant. J'avance, malin-malin, je ne cède pas d'un pouce. Même si je suis perdu. Vous ne m'attraperez pas, ombres rôdeuses.

Activité Commence à tenir un carnet de lecture

– À ton avis, quel est le sujet de chaque livre ? Quelles questions te poses-tu sur la suite de chaque histoire ?

– Quel livre vas-tu choisir ? Explique.

– Au fil de ta lecture, remplis ton carnet de lecture (aide-toi de l'exemple et des conseils ci-dessous).

– À la fin de ta lecture, écris quelques lignes (au moins cinq) pour donner ton avis et partage celui-ci à l'oral avec tes camarades.

Qu'est-ce qu'un carnet de lecture ?

Ton carnet de lecture te permet de garder la trace de tes lectures. C'est un objet personnel, décoré à ton goût, illustré, dans lequel tu soignes la présentation et l'écriture.

Tu pourras y prendre des notes sur tes lectures en classe, mais aussi sur tes lectures personnelles, tes découvertes de films, d'œuvres d'art, de spectacles...

Tes notes pourront aussi t'aider à préparer un travail sur le livre lu (le film ou le spectacle vus) : exposé oral, affiche, enregistrement d'une présentation du livre...

Inspire-toi de cet exemple :

Date du jour :
Titre de l'œuvre :
Auteur :
Époque :
Genre :

Pages ou chapitres lus :
Résumé :

Mes impressions de lecture :

« .... »

Quand le texte a-t-il été écrit ?

Roman ? conte ? BD ? poésie ?...

Je peux ajouter une illustration : dessin, collage, photographie...

J'écris, en quelques lignes, ce que j'ai compris.

J'écris ce que j'ai ressenti en lisant le texte, j'explique pourquoi j'ai aimé, ou non.

▶ Méthode 24 p. 290

Je peux citer une phrase du texte, entre guillemets.

Objectifs
- → Enrichir sa culture littéraire
- → Rencontrer une artiste et découvrir un métier artistique

Rencontre avec la conteuse Anne Borlée

Anne Borlée est une conteuse belge qui vit loin de l'agitation des villes. Elle a créé avec son compagnon, musicien, la compagnie Renard Noire.

▲ **Anne Borlée** dans le spectacle *Baba Yaga, territoire sacré*

Que signifie, pour vous, être conteuse ?

« C'est une des plus anciennes formes d'art, qui existe depuis la nuit des temps. Conter, c'est transmettre oralement des histoires liées au rêve et à l'imaginaire que l'on a reçues d'une tradition ancestrale[1].

Aujourd'hui, alors que notre société moderne occidentale s'est éloignée de cette pratique, il s'agit de rendre à nouveau vivant le conte, de mille façons différentes.

Car le conte a un rôle bien actuel, celui de montrer que tout est récit, et d'autoriser ainsi à inventer ses propres récits, se relier à des racines. Enfin, le conte donne une voix au peuple, propose des clés aux humains pour mieux vivre. »

1. **Ancestral :** lié aux ancêtres, très ancien

Pourquoi avez-vous choisi ce métier ?

« Le conte s'est invité dans ma vie, au hasard de rencontres avec d'autres conteuses et conteurs. J'ai d'abord été musicienne, je jouais de la harpe, mais je pratiquais aussi le théâtre, le dessin et la danse. La liberté que l'art du conte offre m'a plu, car je peux y laisser libre cours à mon imagination, sans contraintes.

Le rapport au public est aussi important : c'est une façon d'être en lien avec les autres, de partager, qui me convient.

Je crée des spectacles longtemps mûris, avec une équipe, un travail de scénographie[2] et de régie[3]. Mais j'ai aussi un répertoire d'histoires, de chants, de musiques, pour des spectacles plus improvisés, spontanés. »

2. **Scénographie :** organisation de l'espace de la scène
3. **Régie :** tout ce qui concerne la lumière et le son pendant le montage, le déroulé du spectacle et le démontage (projecteurs, table de mixage, micro...)

Le spectacle *Baba Yaga*

Audio
Extrait du spectacle
hatier-clic.fr/21luf35

Comment l'idée de raconter l'histoire de *Vassilissa la belle* est-elle venue ?

« Cette histoire s'est insinuée[4] en moi, sa force m'a percutée. J'ai voulu redonner vie à un récit ancien, mystérieux. Ce n'est pas un « gentil » conte. La baba-yaga est un être extraordinaire, fascinant, une figure féminine puissante. Elle appartient à l'univers de la nuit, de la mort, et des esprits. Vassilissa aussi est une figure importante, courageuse, aidée de sa poupée qui lui transmet les forces de toute une lignée de femmes. »

4. **S'insinuer :** s'imposer

Quelles ont été les étapes de la création du spectacle ?

« La création du spectacle a représenté deux ans de travail. J'ai d'abord exploré l'univers de la baba-yaga, cherché plusieurs versions de l'histoire, pour trouver sa trame, son squelette (ce qui est indispensable à l'histoire). Je l'ai ensuite faite mienne, j'ai donné toute sa place à l'imaginaire, pour « rencontrer » les lieux, les personnages, leur donner chair.

Puis, c'est devenu un travail d'équipe : regard extérieur, musique, scénographie, régie. »

Quel rôle la musique joue-t-elle dans votre spectacle ?

« La voix et le corps créent une présence, ce sont des vibrations. Le conte se communique aussi par ces vibrations et cette présence, il ne s'adresse pas à la raison. La musique facilite l'ouverture à des univers, des atmosphères, elle fait ressentir plutôt que comprendre. »

Quels sont vos projets actuels ?

« Nous venons de créer un nouveau spectacle, *Brume*, dans lequel je reprends des récits inuits. Parallèlement, nous avons un projet de roulotte itinérante menée par une jument, avec l'idée d'aller raconter des histoires aux gens, au gré des chemins. »

▲ **Anne Borlée** dans le spectacle *Baba Yaga, territoire sacré*

Conseils d'Anne Borlée pour bien raconter une histoire

- Pour raconter une histoire, pas besoin d'apprendre un texte par cœur. Cela peut être aussi naturel que raconter un souvenir.
- Une fois que vous connaissez le squelette de l'histoire, faites confiance à votre imaginaire, laissez naître les images en vous, apparaître les personnages, pour les transmettre à votre public. Le conteur n'est que le témoin d'une histoire qu'il voit se dérouler et qu'il partage.

→ Pour imaginer ses personnages, leur donner de l'épaisseur, on peut par exemple imaginer trois caractéristiques visibles et trois caractéristiques invisibles de ces personnages.

→ On cherche à sentir, à percevoir les univers de ce conte : odeurs, sons, lumières, froid ou chaleur...

- Ensuite, on peut travailler son aisance corporelle et sa voix, pour avoir une présence sur scène.

Compétence Oral
→ Utiliser les techniques de mise en voix des textes littéraires

Raconter un conte à plusieurs : *Vassilissa la belle* EN GROUPES

Activité Vous allez raconter en groupes l'histoire de *Vassilissa la belle*.

ÉTAPE 1 Découvrez l'histoire et rédigez-en le squelette

Vassilissa la belle
hatier-clic.fr/21luf21

- Écoutez l'histoire complète de *Vassilissa la belle*.
- Retrouvez ensemble le squelette de l'histoire, c'est-à-dire les étapes importantes : la situation au début, l'événement qui déclenche l'action, les aventures, l'événement qui conduit à la situation finale, la situation à la fin. Écrivez une ou deux phrases pour chaque étape.

Situation au début .... → **Événement qui déclenche l'action** .... → **Aventures** .... → **Événement qui conduit à la situation finale** .... → **Situation à la fin** ....

ÉTAPE 2 Travaillez l'imaginaire du conte

▶ Conseils pour bien raconter une histoire p. 35

Mettre en route l'imaginaire	Imaginer les lieux	Imaginer les personnages
→ En cercle, un élève propose un mot, son voisin dit le mot auquel cela lui fait penser, le troisième rebondit sur le deuxième mot, etc.	→ Un élève imagine la forêt : « Je vois... » Son voisin enchaîne : « Je sens... » Un troisième : « J'entends... » On fait de même à propos de la maison de la baba-yaga. Recommencez l'exercice plusieurs fois pour proposer des idées différentes.	→ Imaginez Vassilissa, la belle-mère, le père, la baba-yaga : pour chacun des personnages, proposez trois caractéristiques visibles et trois caractéristiques invisibles.

ÉTAPE 3 Préparez votre conte

- Réfléchissez à la manière dont vous décidez de raconter l'histoire et répartissez-vous la parole : allez-vous raconter uniquement sous forme de récit, comme dans l'enregistrement ? Voulez-vous faire parler les personnages ? Allez-vous jouer, faire des gestes ? Aurez-vous besoin d'accessoires ?

ÉTAPE 4 Racontez l'histoire en groupes

Entraînez-vous, puis racontez votre histoire devant la classe.

Bilan

- As-tu aimé cette activité ? Développe ta réponse.
- Quelles compétences as-tu développées ?

Compétences
- → Rédiger un écrit long
- → Coopérer pour réaliser un projet
- → Maîtriser les bases du traitement de texte

Réécrire un conte à plusieurs EN GROUPES

+PROF Barème d'évaluation

ACTIVITÉ Vous allez écrire, en groupes, votre propre version du conte *Jeannot et Margot*. Pour cela, vous devrez utiliser tout le travail mené lors du parcours de lecture.

ÉTAPE 1 Retrouver le squelette de l'histoire (15 min)

- Retrouvez ensemble les grandes étapes de l'histoire de *Jeannot et Margot*, en supprimant tous les détails (par exemple, Jeannot et Margot seront simplement « deux enfants »). ▶ Étape 1 p. 36
- Écrivez les étapes. Elles devront être respectées dans votre conte.

ÉTAPE 2 Imaginer une autre version de l'histoire (30 min)

- Imaginez des personnages et des lieux différents. Utilisez les techniques décrites page 36 pour trouver des idées et notez-les au brouillon. ▶ Étape 2 p. 36
- Vous pouvez aussi réutiliser les textes écrits pendant le parcours.
- Aidez-vous du tableau pour organiser vos idées.

Tableau à imprimer
hatier-clic.fr/21luf37

▲ Illustration de **Charles Robinson** pour *Hansel et Gretel* (1911)

ÉTAPE 3 Écrire le premier jet (45 min - 1 h)

- Une fois le groupe d'accord sur tous les éléments du conte, faites un plan d'écriture : que racontera la première partie, la deuxième, la troisième... ?
- Décidez quels temps vous emploierez pour raconter : imparfait-passé simple ? présent ?
- Partagez-vous l'écriture des différentes parties, puis rédigez individuellement, de façon lisible et en sautant des lignes.
- Relisez l'ensemble à voix haute pour en vérifier la cohérence, faites les premières corrections.

ÉTAPE 4 Améliorer les textes (1 h - 1 h 30)

- Chaque groupe lit son texte à la classe, qui propose des conseils pour l'améliorer.
- Corrigez votre texte ensemble en suivant les conseils de vos camarades.
- Échangez-vous les parties rédigées pour vérifier l'orthographe. ▶ Méthode 8 p. 266
- Saisissez votre texte définitif à l'ordinateur (répartissez-vous le travail).

ÉTAPE 5 Illustrer les textes (30 min)

INTERDISCIPLINARITÉ ARTS PLASTIQUES

- Réalisez quelques dessins sur papier canson pour illustrer votre conte, en vous appuyant sur les éléments imaginés à l'étape 2. Veillez à ce qu'ils soient colorés et soignés, ne laissez pas de blanc. Vos dessins seront numérisés et intégrés à vos textes.

Bilan

Écris un court texte pour expliquer :
– ce que tu as pensé de ce projet et de son résultat ;
– ce que tu as appris.

Bilan

Je construis le bilan

1 Identifier les auteurs et l'origine des contes

a. Associe chaque conte à son auteur et/ou à son origine.

- *Le Petit Poucet*
- *Jeannot et Margot*
- *Vassilissa la belle*

- les frères Grimm
- Charles Perrault

- France
- Russie
- Allemagne

b. Place les œuvres étudiées dans ce parcours sur la frise de ton carnet de lecture.

Frise à imprimer hatier-clic.fr/21luf01

2 Identifier les caractéristiques du conte

a. En groupes, choisissez des mots qui évoquent les contes. Présentez-les dans un nuage de mots.

b. À l'oral, propose la trame d'un conte que tu connais.

3 Je donne mon avis

a. Quel conte as-tu préféré ? Pourquoi ?

b. As-tu envie de lire d'autres contes ? d'en raconter ? Développe ta réponse.

4 Comprendre le rôle des monstres dans les contes

Monstres du parcours :
– ....
– ....
– ....

→ Caractéristiques communes : ....

→ Effets sur les personnages et les lecteurs : ....

→ Qualités des héros/héroïnes pour les combattre : ......

Carte mentale à imprimer hatier-clic.fr/21luf38

5 Réfléchir aux héros de contes

a. Quels sont les points communs entre les héros et les héroïnes des contes lus dans le chapitre ?

b. Dans les contes *Jeannot et Margot* et *Vassilissa la belle*, quelle est la situation à la fin ?

c. Quelles leçons les contes peuvent-ils nous enseigner ?

6 Je fais le point sur mes apprentissages

a. Quelles connaissances ai-je acquises dans ce parcours ?

b. Quelles compétences ai-je développées (en lecture, en écriture, en étude de la langue, à l'oral) ?

Compétences travaillées dans le parcours

Lecture (D1, 1, D2)	→ **Comprendre un texte littéraire et se l'approprier :** lire et comprendre des contes traditionnels → **Devenir un lecteur autonome :** – répondre en autonomie à des questions sur un texte – lire seul(e) une œuvre associée au parcours	→ p. 20-29 → p. 40 → p. 32
Écriture (D1, 1, D2)	→ **Rédiger des écrits variés :** – écrire un extrait de conte – écrire un conte long à plusieurs → **Faire évoluer son texte :** revoir son brouillon → **Recourir à l'écriture pour réfléchir et pour apprendre :** rédiger des synthèses de lecture	→ p. 23, 25, 30, 37 → p. 30, 37 → p. 20-29, 36-38
Oral (D1, 1 et 4)	→ **Comprendre et s'exprimer à l'oral :** – écouter des textes lus – participer à des échanges sur les textes → **Comprendre, s'exprimer en utilisant les langages des arts et du corps :** raconter un conte à plusieurs	→ p. 20-29 → p. 36
Étude de la langue (D1, 1)	→ **Enrichir le lexique :** le monstre, la peur, la joie, qualités et défauts	→ p. 16, 20, 26, 38
Culture littéraire et artistique (D1, 1)	→ **Connaître les genres littéraires :** le conte → **Parcours d'éducation artistique et culturelle :** découvrir le conte, rencontrer une conteuse, pratiquer l'art du conte	→ p. 16-41 → p. 34-36
Compétences transversales (D3)	→ **Formuler son opinion :** exprimer et écrire un avis personnel sur un texte, sur une œuvre → **Développer la confiance en soi et le respect des autres :** raconter ensemble / écrire à plusieurs	→ p. 32-33 → p. 36, 37

Je retiens

Contes et monstres

Le conte

Des contes très anciens

- **Charles Perrault** au XVIIe siècle (*Le Petit Poucet*) et les **frères Grimm** au XIXe siècle (*Jeannot et Margot*) sont les premiers à **mettre par écrit les contes populaires**, autrefois transmis oralement.

La structure des contes

- Les contes reposent sur une **structure simple**, qui aide les conteurs à improviser à partir de la trame.

Situation initiale	→	Événement qui crée un problème	→	Actions des personnages	→	Résolution du problème	→	Situation finale
Jeannot et Margot sont pauvres.		Ils sont abandonnés par leurs parents.		Une sorcière-ogresse veut les manger.		Margot se débarrasse de la sorcière.		Jeannot et Margot rentrent chez eux riches.

L'univers imaginaire des contes

- Les contes mettent en scène des **créatures imaginaires** (l'ogre, la sorcière), font intervenir le **merveilleux**, la **magie** (la poupée bénie de Vassilissa, la maison de pain d'épices).

Les monstres dans les contes

Caractéristiques physiques

- Le plus souvent, les monstres des contes **ressemblent à des humains**. Mais ils ont aussi des **caractéristiques animales** (un flair très développé chez les sorcières et l'ogre) ou **extraordinaires** (ogre à la taille gigantesque, sorcières d'une laideur épouvantable). Ils provoquent ainsi la **terreur des enfants**.

Comportement

- Ces créatures vivent dans des **endroits isolés**, au cœur de la forêt. Leurs habitations peuvent être **faussement merveilleuses** (la maison de pain d'épices dans *Jeannot et Margot*) ou **effrayantes** (la maison sur pattes de poule dans *Vassilissa la belle*).
- Ce sont des **créatures cruelles**, qui cachent parfois leur véritable nature, et qui dévorent les enfants.

Héros et héroïnes face aux monstres

- Les héros ou héroïnes des contes sont souvent des **enfants** dans une **situation difficile** : abandonnés par leurs parents, maltraités, orphelins…
- Ils **résistent** aux monstres, font face à la mort, et s'en sortent grâce à leurs **qualités** : l'**intelligence** (Jeannot et Margot rusent), mais aussi le **courage** face aux épreuves (Vassilissa accomplit la tâche imposée par la baba-yaga).
- Ils sont **récompensés** par une **fin heureuse** : ils retrouvent leurs proches, améliorent leur situation, devenant autonomes (Jeannot et Margot sont riches, Vassilissa épouse le roi).

Des histoires pour grandir

- L'attitude des héros et des héroïnes face aux épreuves, les qualités qu'ils montrent pour surmonter leurs difficultés offrent un **modèle**, un **exemple aux enfants** qui écoutent ou lisent ces contes.

Le petit Poucet face à l'ogre

Le petit Poucet et ses frères, que leurs parents avaient abandonnés dans la forêt, ont été cachés par la femme de l'ogre, mais ce dernier les a trouvés. Sa femme l'a convaincu d'attendre le lendemain pour manger les sept garçons.

+PROF
Évaluation modifiable

L'ogre avait sept filles, qui n'étaient encore que des enfants. Ces petites ogresses avaient toutes le teint fort beau, parce qu'elles mangeaient de la chair fraîche comme leur père ; mais elles avaient de petits yeux gris et tout ronds, le nez crochu et une fort grande bouche avec de longues dents fort aigües[1] et fort éloignées l'une de l'autre. Elles n'étaient pas encore fort méchantes ; mais elles promettaient beaucoup, car elles mordaient déjà les petits enfants pour en sucer le sang.

On les avait fait coucher de bonne heure, et elles étaient toutes sept dans un grand lit, ayant chacune une couronne d'or sur la tête.

Il y avait dans la même chambre un autre lit de même grandeur ; ce fut dans ce lit que la femme de l'ogre mit coucher les sept petits garçons ; après quoi, elle s'alla coucher auprès de son mari.

Le petit Poucet, qui avait remarqué que les filles de l'ogre avaient des couronnes d'or sur la tête, et qui craignait qu'il ne prit à l'ogre quelque remords[2] de ne pas les avoir égorgés dès le soir même, se leva vers le milieu de la nuit, et prenant les bonnets de ses frères et le sien, il alla tout doucement les mettre sur la tête des sept filles de l'ogre, après leur avoir ôté leurs couronnes d'or qu'il mit sur la tête de ses frères et sur la sienne, afin que l'ogre les prît pour ses filles, et ses filles pour les garçons qu'il voulait égorger.

La chose réussit comme il l'avait pensé ; car l'ogre s'étant réveillé sur le minuit[3] eut le regret d'avoir différé[4] au lendemain ce qu'il pouvait exécuter la veille ; il se jeta donc brusquement hors du lit, et prenant son grand couteau : « Allons voir, dit-il, comment se portent nos petits drôles[5] ; n'en faisons pas à deux fois[6]. »

Il monta donc à tâtons à la chambre de ses filles et s'approcha du lit où étaient les petits garçons, qui dormaient tous, excepté le petit Poucet, qui eut bien peur lorsqu'il sentit la main de l'ogre qui lui tâtait la tête, comme il avait tâté celles de tous ses frères.

L'ogre, qui sentit les couronnes d'or : « Vraiment, dit-il, j'allais faire là un bel ouvrage ; je vois bien que je bus trop hier au soir. »

Il alla ensuite au lit de ses filles, où ayant senti les petits bonnets des garçons : « Ah ! les voilà, dit-il, nos gaillards ! travaillons hardiment. En disant ces mots, il coupa sans balancer[7] la gorge à ses sept filles.

Fort content de cette expédition, il alla se recoucher auprès de sa femme.

1. **Aigu :** pointu
2. **Remords :** regret
3. **Sur le minuit :** vers minuit
4. **Différer :** reporter
5. **Un drôle :** un voyou
6. **N'en faisons pas à deux fois :** ne nous y reprenons pas à deux fois, allons-y
7. **Sans balancer :** sans hésiter

Aussitôt que le petit Poucet entendit ronfler l'ogre, il réveilla ses frères, et leur dit de s'habiller promptement et de le suivre. Ils descendirent doucement dans le jardin, et sautèrent par-dessus les murailles. Ils coururent presque toute la nuit, toujours en tremblant et sans savoir où ils allaient.

✦ **Charles Perrault**, *Le Petit Poucet* dans *Contes de ma mère l'Oye* (1697)

Parcours A

Tableau à imprimer
hatier-clic.fr/21luf41

Réponds aux questions ci-dessous à l'aide de phrases complètes et remplis au fur et à mesure le tableau pour réfléchir à la manière dont tu trouves tes réponses.

1. Où le petit Poucet et ses frères se trouvent-ils ? Explique précisément leur situation. (2 points)

2. Que penses-tu des petites ogresses ? Justifie ta réponse en citant le texte. (2 points)

3. a. Explique précisément ce que le petit Poucet fait pendant que ses frères et les ogresses dorment. (2 points)
b. Quel est son objectif ? (1 point)

4. Que fait l'ogre pendant la nuit ? (2 points)

5. a. Que ressent l'ogre une fois sa tâche accomplie ? (1 point)
b. Pourquoi ? (1 point)

6. Que font le petit Poucet et ses frères à la fin de l'extrait ? (2 points)

7. a. De quelles qualités le petit Poucet fait-il preuve dans cet extrait ? (2 points)
b. Cite un autre personnage de conte qui lui ressemble. (1 point)

8. Que penses-tu du sort réservé aux ogresses ? Développe ta réponse. (2 points)

9. À ton avis, le petit Poucet et ses frères sont-ils sauvés ? Justifie ta réponse. (2 points)

Parcours B

Réponds aux questions ci-dessous par des phrases complètes en t'aidant du code couleur.

Comment trouver les réponses ?

- Je trouve la réponse dans le texte (vert)
- Je devine la réponse à l'aide des indices du texte (orange)
- Je me sers de mes connaissances pour répondre (rose)
- Je donne mon avis : *Je pense que...* (bleu)

■ **1.** Où le petit Poucet et ses frères se trouvent-ils ? Explique avec tes propres mots comment ils sont arrivés là. (2 points)

■ **2.** Comment les petites ogresses sont-elles décrites ? Formule ta réponse avec tes propres mots, puis recopie entre guillemets les mots du texte qui le prouvent. (2 points)

■ **3. a.** Explique précisément, avec tes propres mots, ce que le petit Poucet fait pendant que ses frères et les ogresses dorment. (2 points)
■ **b.** Quel est son objectif ? Formule ta réponse avec tes propres mots. (1 point)

■ **4.** Que fait l'ogre pendant la nuit ? Développe ta réponse avec tes propres mots. (2 points)

■ **5. a.** Que ressent l'ogre une fois sa tâche accomplie ? Formule ta réponse avec tes propres mots. (1 point)
■ **b.** Pourquoi ? Justifie ta réponse à la question 5. a. : « Il ... car ... ». (1 point)

■ **6.** Que font le petit Poucet et ses frères à la fin de l'extrait ? Formule ta réponse avec tes propres mots. (2 points)

■ **7. a.** Trouve les deux qualités dont le petit Poucet fait preuve dans cet extrait. Formule ta réponse avec tes propres mots. (2 points)
■ **b.** Donne le nom d'un autre personnage de conte qui lui ressemble. (1 point)

■ **8.** Trouves-tu que le sort réservé aux ogresses est juste ? Développe ta réponse. (2 points)

■ **9.** À ton avis, le petit Poucet et ses frères sont-ils sauvés ? Justifie ta réponse. (2 points)

Dossier

2 *L'Ogrelet* de Suzanne Lebeau

Comment apprivoiser sa part d'ombre pour bien vivre avec les autres ?

Objectif
→ Faire des hypothèses de lecture à partir de la première de couverture

Le titre et la première de couverture

1. Vocabulaire Connais-tu le mot *ogrelet* ? Explique sa formation.
▶ EDL 42 p. 370. À partir de ce que tu viens de découvrir, quelle définition peux-tu proposer pour ce mot ?

2. À ton avis, à quel genre littéraire l'œuvre appartient-elle ? Explique ton raisonnement.

3. À ton avis, que représente cette image ?

4. Observe l'image de la page 43. Te permet-elle d'avoir une idée plus précise de l'œuvre ?

▲ Première de couverture de *L'Ogrelet* de Suzanne Lebeau
© éd. Théâtrales, coll. « Théâtrales Jeunesse » (2003)

Objectif
→ Découvrir l'ouverture d'une scène de théâtre

Compétence Lecture
→ Faire des hypothèses de lecture

Entrée dans l'œuvre

Voici la didascalie initiale, c'est-à-dire la présentation des personnages et les indications de décor qui figurent avant le début de la pièce.

PERSONNAGES :

L'OGRELET, un garçon de six ans, trop grand pour son âge.
LA MÈRE DE L'OGRELET, une femme dans la quarantaine.

LIEUX :

UNE MAISON, dans le bois, comme on les imagine dans les contes, fruste[1], inconfortable. La mère et le fils y vivent.

UNE ÉCOLE de village dont on parle souvent. Elle peut être au loin dans une forme miniaturisée. Dans cette école, des ombres ou des sons.

LE CHEMIN entre les deux, toujours le même à l'aller et au retour.

UNE CABANE de chasseurs abandonnée et la forêt comme un étau[2], tout autour.

L'Ogrelet a été créée par Le Carrousel le 6 octobre 1997 à l'Espace Malraux, scène nationale de Chambéry et de la Savoie, dans une mise en scène de Gervais Gaudreault, avec Mireille Thibault (la Mère) et François Trudel (l'Ogrelet) ; scénographie : Francine Martin, lumières : Dominique Gagnon, son : Diane Lebœuf.

1. **Fruste :** simple, sans confort
2. **Étau :** mâchoire de métal qui permet de tenir fermement un objet

✦ **Suzanne Lebeau**, *L'Ogrelet*, didascalie initiale © éd. Théâtrales, coll. « Théâtrales Jeunesse » (2003)

◄ Affiche de la pièce *L'Ogrelet* de Suzanne Lebeau par la **compagnie 9Thermidor**. Affiche réalisée par Vincent Aboucaya (studio Nagra Littoral)

Comprendre le texte

1. Quel est le genre littéraire de cette œuvre ? Justifie ta réponse. Cela correspond-il à ce que tu avais imaginé d'après le titre et la première de couverture ? ► p. 42
2. Dessine les lieux de l'histoire dans ton carnet de lecture.
3. À ton avis, quel est le héros de cette histoire ? Qu'est-ce que ce personnage a de spécial ?

Besoin d'aide ? Appuie-toi sur ce que tu viens de découvrir en dessinant les lieux de l'histoire.

Rédiger la synthèse

Écris quelques phrases sur le genre littéraire et sur le héros de ce livre. Ton texte pourra commencer par *Au début, on pense que le livre est…*

Objectif
→ Lire et interpréter un texte de théâtre

Compétence Lecture
→ S'interroger sur les pensées et les sentiments des personnages

La rentrée

Texte lu
hatier-clic.fr/21luf44

MÈRE DE L'OGRELET. — (*lui tendant son sac d'école*) Tu ne mets pas les doigts dans ton nez, tu écoutes la maîtresse, tu réponds « oui madame », « non, madame » et tu regardes le tableau.

L'OGRELET. – C'est quoi un tableau ?

MÈRE DE L'OGRELET. — Tu le reconnaîtras en le voyant. Voilà ton goûter et ton déjeuner, mon Ogrelet. Demande à la maîtresse de manger seul dans la classe… les premiers jours. Dis-lui que ce serait mieux pour toi.

L'OGRELET. — Tu me l'as déjà dit, maman. Je ne pourrai pas jouer au ballon comme les enfants du livre que tu me lis le soir pour m'endormir ?

MÈRE DE L'OGRELET. — Attends de connaître les jeux et la fragilité des enfants pour jouer avec eux. Tu es tellement fort et tellement grand. Tu pourrais les blesser sans le vouloir.

L'OGRELET. — À ce soir, maman.

MÈRE DE L'OGRELET. — Ne t'attarde pas après la classe, ni dans le village, ni dans la forêt.

L'OGRELET. — Pour aller, je marche droit devant et je regarde le soleil monter dans le ciel.
Pour revenir, je marche encore droit devant mais je regarde le soleil se coucher derrière la montagne.

MÈRE DE L'OGRELET. — Tu seras un bon élève, mon petit. Va vite maintenant si tu ne veux pas être en retard le jour de la rentrée.

L'Ogrelet et sa mère s'embrassent tendrement. Elle le regarde partir. L'Ogrelet revient sur ses pas.

L'OGRELET. — J'oubliais les fleurs pour la maîtresse.

MÈRE DE L'OGRELET. — Bonne journée, mon Ogrelet.

▲ La Mère de l'Ogrelet, projet de mise en théâtre de **Jean Perrochaud**

Stratégie de lecture

S'interroger sur les pensées et les sentiments des personnages

Dans un texte, l'auteur n'exprime pas tout. Le lecteur doit souvent se mettre à la place des personnages pour imaginer ce qu'ils pensent et ce qu'ils ressentent.

Lecture d'image

1. Que porte la mère dans la poche de son tablier ?
2. À quel passage du texte ce costume fait-il référence ?
3. Que nous apprend ce costume sur les sentiments de la mère pour l'Ogrelet ? Explique ta réponse.

Le petit part seul sur la route, sa mère, sur le pas de la porte, agite la main.

Mon petit Ogrelet,
je l'ai nourri de lait
gavé de carottes et de navets
de bleuets sauvages
de gelée de roses.
Jamais il n'a senti l'odeur du sang frais.
Jamais il n'a tenu un os dans ses mains
pas même les petits os de poulet.
Jamais il n'a goûté à de la viande crue.
Il est prêt pour l'école
et son envie de lire est si grande.

L'OGRELET. — Je saurai lire et compter
les jours et les années.
J'irai au marché du village avec maman. Je porterai
les paquets encombrants
parce que je suis grand
d'avoir eu six ans à la première neige.

✦ **Suzanne Lebeau**, *L'Ogrelet*, scène 1 « La rentrée » (extrait)

▲ L'Ogrelet, projet de mise en théâtre de **Jean Perrochaud**

Impressions de lecture

- As-tu envie de lire la suite de ce texte ? Pourquoi ?
- À ton avis, pourquoi la mère donne-t-elle autant de consignes à l'Ogrelet ?

Comprendre le texte

1. Qui sont les personnages ? Que se passe-t-il dans cette scène ?

2. Que penses-tu du comportement de l'enfant et de sa mère ? Propose un ou deux adjectif(s) pour décrire l'attitude de chacun. Justifie tes choix en citant le texte.

3. Pourquoi l'Ogrelet doit-il manger seul ? Que dit le texte à ce sujet ? Qu'imagines-tu ?

4. a. À qui la mère parle-t-elle dans sa dernière réplique (l. 30 à 40) ? Comment le sais-tu ?
b. Que ressent-elle, à ton avis ?

5. L'Ogrelet sait-il pourquoi il doit manger seul ?

6. Comment les acteurs doivent-ils jouer les deux dernières répliques (l. 30 à 46), selon toi ? Imagine leur position sur scène, les échanges de regards…

Activité

Lecture chorale

- Répartissez-vous en trois groupes.
- Les élèves du premier groupe prononcent, ensemble et lentement, en projetant leur voix, le texte de la mère de l'Ogrelet, lignes 30 à 40.
- Les élèves du second groupe prononcent, ensemble et lentement, le texte de l'Ogrelet lignes 41 à 46, en projetant leur voix.
- Les élèves du troisième groupe ferment les yeux et écoutent.
- On inverse ensuite les rôles, pour que chacun des groupes tienne les trois rôles.

Note dans ton carnet de lecture ce que tu ressens en écoutant tes camarades lire en chœur les répliques de la fin de la scène. Quels sont les sentiments des personnages l'un pour l'autre ?

Rédiger la synthèse

Écris deux courts paragraphes dont les titres seront :

- Le début de l'histoire
- Le secret

Compétence Oral
→ S'exprimer en utilisant les langages des arts et du corps
Compétence Lecture
→ Mettre en voix, mettre en scène pour comprendre
Compétence Écriture
→ Recourir à l'écriture pour réfléchir

Jouer une scène de *L'Ogrelet* EN GROUPES

Activité 1 Mettez en voix différentes répliques de la scène 3 prononcées par l'Ogrelet.

Répliques A

- Le rouge des volets de l'école brillait dans le soleil. En trois pas, j'étais à la porte et je sentais mon cœur battre très fort dans ma poitrine.
- Elle portait une robe rouge comme les volets et cela m'a rendu heureux.
- Ses lèvres aussi étaient rouges et brillantes, et ses ongles sur ma feuille et sur le tableau étaient rouges [...].

Répliques B

- Elle a dit : « Tu es trop grand pour avoir six ans » avec un sourire et la voix douce.
- Pourquoi, moi, je suis si grand, maman ?
- La maîtresse a dit, de sa voix douce encore : « Qu'est-ce que je vais faire avec toi, tu es tellement différent des autres enfants ? »
- « Tu es grand comme mon père » ont dit les enfants et ils sont partis jouer dans la cour.

▲ Loup, projet de mise en théâtre de **Jean Perrochaud**

ÉTAPE 1 Mémorisez une réplique

- Formez deux groupes dans la classe : un groupe prend en charge les répliques A, l'autre groupe, les répliques B.
- À l'intérieur de chaque groupe, chaque élève mémorise la phrase de son choix.

ÉTAPE 2 Proférez votre réplique

- Chacun leur tour, les groupes se présentent devant la classe comme s'ils étaient sur scène.
- Chaque élève du groupe A profère sa réplique bien fort en l'adressant au groupe qui l'écoute. Puis c'est au tour des élèves du groupe B de proférer leurs répliques.

Besoin d'aide ? Pour proférer votre réplique comme au théâtre, tenez-vous bien droit et fixez un point au loin.

- Une réplique peut être proférée plusieurs fois par des élèves différents.

ÉTAPE 3 Trouvez un titre commun aux répliques

- **Individuellement**. Chacun propose un titre pour chaque ensemble de répliques et formule ce qu'il a envie de savoir sous la forme d'une question, dans son carnet de lecture.
- **En classe entière**. Choisissez les meilleurs titres.

Pour découvrir la scène 3 en entier
hatier-clic.fr/21luf46

Activité 2 Mettez en scène un extrait de la scène 3.

Après avoir raconté à sa mère sa première journée d'école et avoir mangé, l'Ogrelet se met à ses devoirs. Il doit écrire son nom dix fois sur la première page. Mais il n'a pas d'autre nom que le surnom que lui a donné sa mère : l'Ogrelet. Il réfléchit donc à un nom.

L'Ogrelet. — Je peux écrire « Simon » ?

Mère de l'Ogrelet. — Simon ?

L'Ogrelet. – C'est un nom que tu dis parfois dans ton sommeil.

Mère de l'Ogrelet. — Simon est un joli prénom.

L'Ogrelet. — J'écrirai Simon, c'est court et ça sonne bien. La maîtresse a dit que tu dois le faire une fois.

La mère de l'Ogrelet écrit.

Mère de l'Ogrelet. — S-I-M-O-N. Simon te va comme un gant. C'est doux comme de la soie… (*pour elle-même*)… chargé de souvenirs. Je ne sais pas si j'aurai du plaisir à le dire tous les jours...

Elle s'assoit à côté de son fils et écrit une lettre pour la maîtresse.

« Le 6 septembre

Mademoiselle,

Mon fils semble heureux de sa première journée d'école et du pupitre à sa taille. Je suis certaine que Simon vous donnera satisfaction car il aime apprendre. Ne le disputez pas pour sa taille surprenante, il la tient de son père qui était un homme très robuste. En terminant, j'oserai vous demander, comme une faveur, de garder pour les fins de semaine votre robe rouge qui semble si jolie. Je me méfie tant des effets de cette couleur sur l'esprit fantasque[1] de mon fils que je n'ai gardé autour de la maison que des arbres qui ne rougissent pas à l'automne.

Votre toute dévouée, Anne Chaffaut. »

(pour elle-même) J'ai banni du jardin les fraises, les framboises, les tomates qui poussent toutes seules et même les melons d'eau qui cachent leur couleur éclatante sous une épaisse peau de printemps.

1. **Fantasque :** bizarre, imprévisible

✦ **Suzanne Lebeau**, *L'Ogrelet*, scène 3 (extrait) © éd. Théâtrales, coll. « Théâtrales Jeunesse » (2003)

Étape 1 Faites des choix de mise en scène

- **Par groupes de quatre**, répondez aux questions :

– Quelle émotion mettrez-vous dans la répétition du prénom *Simon* par la mère, à la deuxième réplique ?

– Que verra-t-on sur scène au moment de l'écriture de la lettre ? Comment ferez-vous pour que les spectateurs sachent ce que la mère écrit dans la lettre ?

– Comment mettrez-vous en scène et prononcerez-vous la troisième réplique de la mère (l. 8-10) ?

Étape 2 Jouez la scène

- Jouez la scène devant les autres groupes.
- Expliquez ensuite aux autres élèves ce que vous avez voulu montrer.

Étape 3 Réfléchissez au sens de chaque mise en scène

- **Individuellement.** Parmi toutes les mises en scène proposées, note dans ton carnet de lecture celle que tu as préférée et justifie ton choix.
- **En classe entière.** Échangez vos idées.

Bilan

- Qu'apprend-on dans cette scène ?
- En quoi jouer la scène nous a-t-il aidés à la comprendre ?

Objectif
→ Étudier une mise en scène

Compétence Lecture
→ S'interroger sur les sentiments des personnages

Le père de l'Ogrelet

Début de la scène 6

Mise en scène de la scène 6
Visionne la vidéo.
hatier-clic.fr/21luf48

▲ *L'Ogrelet*, par la compagnie 9Thermidor. Mise en scène de **Stéphane Boireau**, création marionnette de **Tamara Incekara**. Avec **Pierre Burette** (composition et interprétation violoncelle), **Stéphane Boireau** (l'Ogrelet) et **Sarah Darnault** (rôle de la mère créé par Tamara Incekara). Créé en mars 2015 au Foulon de Graulhet (Tarn)

Premières impressions

- Qu'as-tu ressenti lorsque tu as visionné la scène ?
- Est-ce ainsi que tu imaginais l'Ogrelet ? le décor ? Explique.
- Que penses-tu du père de l'Ogrelet ?
- Le père de l'Ogrelet te fait-il penser à un autre personnage d'un livre, d'un film, d'un tableau... ?

Comprendre la mise en scène

1. Que découvre l'Ogrelet dans cette scène ?

2. Quels sont les sentiments et émotions de l'Ogrelet ? Comment le jeu de l'acteur les exprime-t-il (pense aux gestes, aux déplacements, à la voix...) ?

3. À ton avis, pourquoi la mère de l'Ogrelet ne lui a-t-elle rien dit ?

4. Comment les sentiments contradictoires de la mère sont-ils mis en lumière par la voix, le ton employés par la comédienne ? Quels sont ces sentiments ?

5. Quel est l'instrument de musique sur scène ? Quel effet la musique produit-elle ?

6. Quel sens donnes-tu à l'ombre de la main de l'Ogrelet ?

7. Qu'apporte selon toi l'utilisation de marionnettes ?

Suite de la scène 6

Précédemment…

La mère raconte à l'Ogrelet la disparition de son mari. Elle lit une lettre qu'il lui a écrite et dans laquelle il parle d'un remède.

▸ Illustration de **Francis Buchet** pour *L'Ogrelet* de Suzanne Lebeau

MÈRE DE L'OGRELET. — « Je dois m'enfermer d'un lever de soleil à l'autre avec un coq blanc et de l'eau. Si au matin du deuxième jour, le coq chante, la première épreuve est réussie. »

L'OGRELET. — Tu crois que mon père n'a pas réussi ?

MÈRE DE L'OGRELET. — C'est peut-être la deuxième épreuve qu'il n'a pas réussie… « Je dois vivre durant sept jours dans un lieu clos avec un loup… »

L'OGRELET. — Un loup !

MÈRE DE L'OGRELET. — « … un loup, des fruits, des légumes et quelques cruches d'eau. Si à la fin des sept jours, le loup affamé s'enfuit dans la forêt, l'épreuve est réussie. »

L'OGRELET. — C'est peut-être le loup qui a mangé mon père ?

MÈRE DE L'OGRELET. — Ou la troisième épreuve qu'il n'a pas réussie. « L'ogre doit passer la course d'une lune avec un enfant. »

L'OGRELET. — J'aurais aimé mieux que tu ne me dises rien, maman !

MÈRE DE L'OGRELET. — Si, au terme des vingt-huit jours, l'enfant chante en passant le seuil de la porte, la dernière épreuve est réussie et l'ogreté est guérie. Allons dormir, mon petit, la nuit porte conseil.
Nous verrons demain ce qu'il faut faire…

La mère plie la lettre soigneusement, y replace les pétales de rose blanche qui en étaient tombés.

Bonne nuit, Simon.

L'OGRELET. — Je veux dormir pour toujours.

✦ **Suzanne Lebeau**, *L'Ogrelet*, scène 6 « Où l'Ogrelet apprend qui est son père et le sang qui coule dans ses veines moitié-moitié » (extrait) © éd. Théâtrales, coll. « Théâtrales Jeunesse » (2003)

Comprendre le texte

1. Qui s'exprime dans les passages entre guillemets ? Justifie ta réponse.

2. Quels sont les différents sentiments de l'Ogrelet ? Appuie-toi sur le texte mais aussi sur ce que tu ressentirais à la place de l'Ogrelet.

3. Raconte les trois épreuves auxquelles le père de l'Ogrelet devait se confronter.

4. À ton avis, que va décider l'Ogrelet ?

Rédiger la synthèse

Crée une carte mentale pour garder une trace de ce que tu as appris dans cette scène.

Activité

Imaginer la suite de *L'Ogrelet*

L'Ogrelet décide de suivre les traces de son père en se confrontant aux mêmes épreuves.

Par groupes de trois, imaginez précisément ce qu'il se passe dans chacune des trois épreuves. Chacun de vous imagine une épreuve.

- Prenez le temps de vous faire une image mentale des personnages, des lieux, des émotions des personnages au fil de l'histoire.
- Racontez entre vous ces épreuves.
- Racontez ensemble la suite de la pièce que vous avez imaginée au reste de la classe.

Objectif
→ Lire et interpréter un monologue

La première épreuve de l'Ogrelet

Précédemment...
L'Ogrelet décide d'entreprendre lui-même les trois épreuves décrites par son père. Pendant qu'il est enfermé avec le coq lors de la première épreuve, il se souvient de ce que lui a dit sa maîtresse.

L'OGRELET. — « [...]
Pour lutter contre le désir brutal,
occupe tes mains et ton esprit. »
J'ai un coq imprudent pour occuper mon esprit et *(reprenant le couteau et dépliant la lame qu'il caresse longuement)* un couteau qui tue pour occuper mes mains.

L'Ogrelet replie la lame et se promène de long en large, serrant le couteau dans son poing.

Je ne peux pas te garder sur moi, ta présence est une brûlure sur ma cuisse.
Pourquoi j'ai pris ce couteau avec moi ?

Il déplie encore une fois la lame et, obsédé, se dirige vers le coq, puis il se détourne brusquement et plante le couteau dans une bûche.

Reste prisonnier du bois !

Il prend la bûche dans les bras, il la caresse.

« Occuper les mains et l'esprit », a dit la maîtresse.

Il retire le couteau et l'enfonce dans le bois avec une grande délicatesse.

Je ferai le corps
autour du nœud[1] qui va servir de cœur...

Il regarde le coq attentivement, sans malaise cette fois, et se met à sculpter un coq dans la bûche...

De la crête aux ergots[2],
je te ferai en érable[3],
petit coq blanc.
Je dessinerai tes plumes dans le bois dur
et je te mettrai sur mon chapeau pour m'indiquer la direction du vent
et de mes sentiments.
D'abord la crête d'un rouge si vif...

✦ **Suzanne Lebeau**, *L'Ogrelet*, scène 8 « Où l'Ogrelet entreprend et réussit la première épreuve » (extrait) © éd. Théâtrales, coll. « Théâtrales Jeunesse » (2003)

1. **Nœud :** forme ronde dessinée dans le bois, qui marque l'emplacement d'une ancienne branche
2. **Ergot :** ongle du coq
3. **Érable :** arbre dont on peut sculpter le bois

▲ *L'Ogrelet*, mise en scène de **Christophe Laparra**, avec Christophe Laparra dans le rôle de l'Ogrelet, compagnie Théâtre de Paille (2017)

Impressions de lecture

Recopie dans ton carnet de lecture la phrase ou le passage qui t'a le plus marqué(e). Écris une phrase pour expliquer ton choix.

Comprendre le texte

1. Qu'est-ce que l'Ogrelet est tenté de faire ?

2. Qui vient en aide à l'Ogrelet dans ce passage ? Comment ?

3. Observe la mise en page des lignes 21 à 27. À quel genre littéraire ces lignes font-elles penser ?

4. Par quels moyens l'Ogrelet résiste-t-il à la tentation ?

5. Penses-tu qu'il a trouvé une bonne solution ? Et toi, comment occuperais-tu tes mains et ton esprit à la place de l'Ogrelet ?

Rédiger la synthèse

Écris un paragraphe de quelques phrases dont le titre sera : « Pour ne pas céder à la tentation, occuper ses mains et son esprit. »

Activité

Lecture fluide et expressive

En binôme. Le texte est partagé entre les binômes de la classe.

Entraînez-vous deux par deux à lire votre partie du texte à voix haute. L'un lit, tandis que l'autre l'écoute et le conseille, puis inversez les rôles.

En classe entière. La classe se partage la lecture expressive du texte complet. ▶ Démarche p. 10

Besoin d'aide ? Repérez les sentiments de l'Ogrelet dans votre passage. À la lecture partagée, on devra sentir l'évolution de ses sentiments.

Compétences Écriture
→ Écrire un texte cohérent
→ Écrire un texte qui réponde aux consignes
→ Prendre en compte les normes de l'écrit

Imaginer la troisième épreuve de l'Ogrelet

+PROF Sujet et barème de notation

SUJET Imagine la troisième épreuve de l'Ogrelet. Ton récit racontera en quoi elle consiste et comment l'Ogrelet la réussit. Tu montreras la difficulté du combat de l'Ogrelet contre son envie de dévorer.
Ton texte pourra commencer par *L'Ogrelet arriva dans la cabane de chasseurs au milieu de la forêt...*

Critères de réussite

- **Écrire un récit :**
  - **Écrire à la 3e personne**
  - **Utiliser le passé simple et l'imparfait**
- **Raconter les différents moments de l'épreuve**
- **Imaginer les stratégies utilisées pour ne pas céder à la tentation**
- **Raconter la même épreuve que dans la pièce de théâtre**
- **Décrire les sentiments de l'Ogrelet**
- **Veiller à l'orthographe et à la construction des phrases**

▶ **MÉTHODE 6** Organiser un récit p. 262

• Utilise la carte mentale que tu as réalisée sur les épreuves p. 49.

▶ **MÉTHODE 8** Construire un outil pour corriger ses erreurs p. 266

▶ **MÉTHODE 14** Utiliser les bons temps dans un récit au passé p. 274

▶ **MÉTHODE 2** Chercher ses idées au brouillon p. 258

▶ **MÉTHODE 21** Exprimer les sentiments d'un personnage p. 285

▲ Illustration de **Guillaume Laigle** pour *L'Ogrelet* de Suzanne Lebeau

Petite histoire du théâtre

J'enquête

Place sur la frise chronologique les éléments suivants, après avoir cherché les informations dans les documents des pages 56 et 57.

- Molière
- Farce
- Naissance du théâtre
- *Commedia dell'arte*
- Comédie classique

Antiquité	Moyen Âge	XVIe siècle	XVIIe siècle
....	....	....	....

L'Antiquité : les débuts du théâtre

- Le théâtre naît en **Grèce** au VIe siècle avant J.-C. Les acteurs, **uniquement des hommes**, portent des costumes et des masques.
- Les spectacles se jouent à ciel ouvert, dans des amphithéâtres.
- La **comédie** se moque des **défauts humains** et fait **rire** les spectateurs.

► Masque de comédie, mosaïque antique

Le Moyen Âge et la Renaissance : farce et *commedia dell'arte*

- Au Moyen Âge, en France, on joue de **petits spectacles de rue comiques** appelés **farces**, dans lesquels les personnages usent de **ruses** et de **coups de bâton**.
- Au XVIe siècle, en Italie, la ***commedia dell'arte*** fait rire les spectateurs par des procédés proches de ceux de la farce : des personnages bien reconnaissables, un **scénario simple**, un jeu d'acteur qui s'appuie sur l'**exagération**, et beaucoup d'**improvisation** !
- Molière s'est inspiré des procédés de la farce et de la *commedia dell'arte* pour créer ses comédies.

◄ Arlequin, *commedia dell'arte*

Le théâtre au XVIIe siècle en France

- Le théâtre se joue désormais dans des **salles**. En **1680**, Louis XIV crée la **Comédie-Française** en réunissant deux troupes d'acteurs et en leur attribuant une salle permanente. Elle existe encore aujourd'hui.
- Le XVIIe siècle est un âge d'or pour le théâtre en France : de nombreuses pièces écrites à cette époque sont encore jouées de nos jours.

▲ Intérieur de la Comédie-Française en 1790, aquarelle d'**Antoine Meunier**

Je mémorise

Quelles sont les trois informations principales que tu retiens de ta recherche ?

Objectif

→ Découvrir la première scène d'une pièce de théâtre et la mise en place de l'intrigue

Compétence Lecture

→ Reformuler pour comprendre

Martine et Sganarelle

Acte I, scène 1

MARTINE et SGANARELLE

La scène se passe à la campagne.

SGANARELLE, MARTINE, *paraissant sur le théâtre en se querellant.*

SGANARELLE. — Non, je te dis que je n'en veux rien faire ; et que c'est à moi de parler et d'être le maître.

MARTINE. — Et je te dis, moi, que je veux que tu vives à ma fantaisie : et que je ne me suis point mariée avec toi, pour souffrir tes fredaines[1]. [...]

Martine et Sganarelle se plaignent tous deux de s'être mariés, Sganarelle affirme que Martine a eu bien de la chance de le trouver.

MARTINE. — Qu'appelles-tu bien heureuse de te trouver ? Un homme qui me réduit à l'hôpital[2], un débauché, un traître qui me mange tout ce que j'ai ?

SGANARELLE. — Tu as menti, j'en bois une partie.

MARTINE. — Qui me vend, pièce à pièce, tout ce qui est dans le logis. [...]

MARTINE. — Et qui du matin jusqu'au soir, ne fait que jouer, et que boire.

SGANARELLE. — C'est pour ne me point ennuyer.

MARTINE. — Et que veux-tu pendant ce temps, que je fasse avec ma famille ?

SGANARELLE. — Tout ce qu'il te plaira.

MARTINE. — J'ai quatre pauvres petits enfants sur les bras.

SGANARELLE. — Mets-les à terre.

MARTINE. — Qui me demandent à toute heure du pain.

SGANARELLE. — Donne-leur le fouet. Quand j'ai bien bu, et bien mangé, je veux que tout le monde soit saoul dans ma maison.

MARTINE. — Et tu prétends ivrogne, que les choses aillent toujours de même ?

SGANARELLE. — Ma femme, allons tout doucement, s'il vous plaît.

MARTINE. — Que j'endure éternellement, tes insolences, et tes débauches ?

Vocabulaire

Autour du mot *traître*

- Que signifie le mot *traître* (l. 6) ?
- Quels sont ses synonymes dans la longue liste d'insultes données par Martine à Sganarelle (l. 39-40) ?
- Connais-tu des mots de la même famille que *traître* ?

Lecture d'image

1. Observe l'expression du visage et la position du corps des deux comédiens.
2. Quelle impression l'homme donne-t-il ?
3. Comment la femme semble-t-elle réagir ?

◀ *Le Médecin malgré lui*, mise en scène de **Jean-Yves Lenoir**, interprétée par la Compagnie Le Valet de Cœur de Clermont-Ferrand (2018)

SGANARELLE. — Ne nous emportons point, ma femme.

MARTINE. — Et que je ne sache pas trouver le moyen de te ranger à ton devoir ?

SGANARELLE. — Ma femme, vous savez que je n'ai pas l'âme endurante : et que j'ai le bras assez bon.

MARTINE. — Je me moque de tes menaces.

SGANARELLE. — Ma petite femme, ma mie, votre peau vous démange, à votre ordinaire.

MARTINE. — Je te montrerai bien que je ne te crains nullement.

SGANARELLE. — Ma chère moitié, vous avez envie de me dérober quelque chose.

MARTINE. — Crois-tu que je m'épouvante de tes paroles ?

SGANARELLE. — Doux objet de mes vœux, je vous frotterai les oreilles.

MARTINE. — Ivrogne que tu es !

SGANARELLE. — Je vous battrai.

MARTINE. — Sac à vin !

SGANARELLE. — Je vous rosserai.

MARTINE. — Infâme !

SGANARELLE. — Je vous étrillerai.

MARTINE. — Traître, insolent, trompeur, lâche, coquin, pendard, gueux, belître, fripon, maraud, voleur... !

SGANARELLE. (*Il prend un bâton, et lui en donne.*) — Ah ! Vous en voulez, donc ?

Martine. — Ah ! ah, ah, ah !

SGANARELLE. — Voilà le vrai moyen de vous apaiser.

✦ **Molière**, *Le Médecin malgré lui* (1666), I, 1

Impressions de lecture

- Choisis une phrase que tu as aimée ou qui t'a intéressé(e) et recopie-la dans ton carnet de lecture.
- De quel personnage prendrais-tu la défense ? Pourquoi ?

1. **Fredaines :** écart de conduite
2. **Réduire à l'hôpital :** forcer à vivre dans la misère, à être recueilli dans un hospice, un asile

Stratégie de lecture

Reformuler pour comprendre

Quand un texte est difficile à comprendre, il faut le « traduire » : tu peux t'appuyer sur les notes de vocabulaire, demander de l'aide à ton professeur, chercher certains mots dans le dictionnaire. Les encadrés Vocabulaire t'aident à comprendre les mots.

Comprendre le texte

1. De quel type de texte s'agit-il ? Relève tout ce qui t'a aidé(e) à répondre.

2. Propose un titre pour ce texte.

3. Explique ce que tu as compris de l'histoire : qui sont les personnages ? quelle est leur relation ? que ressentent-ils ? que font-ils ?

4. Propose deux adjectifs pour décrire le caractère de chaque personnage. Justifie tes choix.

5. Selon toi, quel personnage domine ? Pourquoi ?

Rédiger la synthèse

Rédige un texte en trois paragraphes. Chaque paragraphe abordera une idée principale de cette étude :

- Une scène de théâtre
- Une dispute entre deux personnages
- Qui est le plus fort ?

Activité

Reformuler et jouer la scène pour mieux la comprendre

En binôme, choisissez une partie de la scène et jouez-la, à votre façon, avec vos propres mots :

Partie 1. de « Qu'appelles-tu... » à « saoul dans ma maison » (l. 5 à 17)

Partie 2. de « Et tu prétends, ivrogne » (l. 18) à la fin

Pour poursuivre la découverte de l'œuvre

Visionne les scènes 2 à 4 de l'acte I.
Écris dans ton carnet de lecture :
– ce que tu as compris ;
– ce que tu n'as pas compris, sous forme de questions.

hatier-clic.fr/21luf59

Objectifs
- Comprendre la mise en place de la ruse
- Étudier une mise en scène

Compétence Lecture
- Comprendre un texte difficile : repérer les idées clés

Sganarelle médecin

Précédemment…

Martine a fait semblant de faire la paix avec Sganarelle, mais elle a décidé de se venger de lui. Or, Lucas et Valère cherchent un médecin pour la fille malade de leur maître. Ils croisent Martine, qui leur fait croire que son mari est médecin, mais qu'il ne l'avoue que lorsqu'on lui donne des coups de bâton. Lucas et Valère partent à la recherche de Sganarelle.

Mise en scène de l'acte I, scène 5

Visionne la vidéo. Les questions (p. 63) portent sur la mise en scène et sur le texte.

hatier-clic.fr/21luf60

Acte I, scène 5

SGANARELLE, VALÈRE, LUCAS

SGANARELLE *entre sur le théâtre en chantant, et tenant une bouteille.* — La, la, la.

VALÈRE. — J'entends quelqu'un qui chante, et qui coupe du bois.

SGANARELLE. — La, la, la… ma foi, c'est assez travaillé pour boire un coup : prenons un peu d'haleine. (*Il boit, et dit après avoir bu.*) Voilà du bois qui est salé, comme tous les diables.

Qu'ils sont doux
Bouteille jolie,
Qu'ils sont doux
Vos petits glougloux ! […]

VALÈRE. — Le voilà lui-même. […] Monsieur, n'est-ce pas vous qui vous appelez Sganarelle ?

SGANARELLE. — Eh quoi ?

VALÈRE. — Je vous demande, si ce n'est pas vous, qui se nomme Sganarelle.

SGANARELLE, *se tournant vers Valère, puis vers Lucas.* — Oui, et non, selon ce que vous lui voulez.

VALÈRE. — Nous ne voulons que lui faire toutes les civilités que nous pourrons.

SGANARELLE. — En ce cas, c'est moi, qui se nomme Sganarelle.

VALÈRE. — Monsieur, nous sommes ravis de vous voir. On nous a adressés à vous, pour ce que nous cherchons ; et nous venons implorer votre aide, dont nous avons besoin.

SGANARELLE. — Si c'est quelque chose, messieurs, qui dépende de mon petit négoce[1], je suis tout prêt à vous rendre service.

VALÈRE. — Monsieur, c'est trop de grâce que vous nous faites : mais, monsieur, couvrez-vous, s'il vous plaît, le soleil pourrait vous incommoder[2].

LUCAS. — Monsieur, boutez dessus[3].

SGANARELLE, *bas.* — Voici des gens bien pleins de cérémonie.

VALÈRE. — Monsieur, il ne faut pas trouver étrange que nous venions à vous : les habiles gens sont toujours recherchés, et nous sommes instruits de votre capacité.

1. **Négoce :** commerce
2. **Incommoder :** gêner, déranger
3. **Bouter dessus :** mettre son chapeau

Lecture d'image

Dans quelle situation le personnage du milieu se trouve-t-il ? Justifie ta réponse en observant sa position, l'expression de son visage et les accessoires.

▲ *Le Médecin malgré lui*, mise en scène de **Dario Fo**, Comédie-Française (1990)

SGANARELLE. — Il est vrai, messieurs, que je suis le premier homme du monde pour faire des fagots.

VALÈRE. — Ah ! Monsieur…

SGANARELLE. — Je n'y épargne aucune chose, et les fais d'une façon qu'il n'y a rien à dire.

VALÈRE. — Monsieur, ce n'est pas cela, dont il est question.

SGANARELLE. — Mais, aussi, je les vends cent dix sols, le cent. […]

VALÈRE. — Faut-il, monsieur, qu'une personne comme vous s'amuse à ces grossières feintes ? S'abaisse à parler de la sorte ? Qu'un homme si savant, un fameux médecin, comme vous êtes, veuille se déguiser aux yeux du monde, et tenir enterrés les beaux talents qu'il a ?

SGANARELLE, *à part.* — Il est fou.

VALÈRE. — De grâce, monsieur, ne dissimulez point avec nous.

SGANARELLE. — Comment ?

LUCAS. — Tout ce tripotage ne sart de rian, je savons ce que je savons.

SGANARELLE. — Quoi donc ? Que me voulez-vous dire ? Pour qui me prenez-vous ?

VALÈRE. — Pour ce que vous êtes, pour un grand médecin.

SGANARELLE. — Médecin vous-même : je ne le suis point, et ne l'ai jamais été. […]

Valère et Lucas insistent, Sganarelle continue d'affirmer qu'il n'est pas médecin.

VALÈRE, *bas.* — Je vois bien qu'il faut se servir du remède. (*Haut.*) Monsieur, encore un coup, je vous prie d'avouer ce que vous êtes.

LUCAS. — Et testigué ! ne lantiponez point davantage, et confessez à la franquette, que v'êtes médecin.

SGANARELLE. — J'enrage.

VALÈRE. — À quoi bon nier ce qu'on sait ?

LUCAS. — Pourquoi toutes ces fraimes-là ? À quoi est-ce que ça vous sart ?
SGANARELLE. — Messieurs, en un mot, autant qu'en deux mille, je vous dis que je ne suis point médecin.
VALÈRE. — Vous n'êtes point médecin ?
SGANARELLE. — Non.
LUCAS. — V'n'êtes pas médecin ?
SGANARELLE. — Non, vous dis-je.
VALÈRE. — Puisque vous le voulez, il faut s'y résoudre.
Ils prennent un bâton, et le frappent.
SGANARELLE. — Ah ! ah ! ah ! Messieurs, je suis tout ce qu'il vous plaira.
VALÈRE. — Pourquoi, monsieur, nous obligez-vous à cette violence ?
LUCAS. — À quoi bon nous bailler[4] la peine de vous battre ?
VALÈRE. — Je vous assure que j'en ai tous les regrets du monde.
LUCAS. — Par ma figué ! j'en sis fâché, franchement.
SGANARELLE. — Que diable est-ce ci, messieurs, de grâce, est-ce pour rire, ou si tous deux, vous extravaguez[5], de vouloir que je sois médecin ?
VALÈRE. — Quoi ? Vous ne vous rendez pas encore, et vous vous défendez d'être médecin ?
SGANARELLE. — Diable emporte, si je le suis !
LUCAS. — Il n'est pas vrai qu'vous sayez médecin ?
SGANARELLE. — Non, la peste m'étouffe ! (*Là ils recommencent de le battre.*) Ah ! ah ! Hé bien, messieurs, oui, puisque vous le voulez, je suis médecin, je suis médecin, apothicaire encore, si vous le trouvez bon. J'aime mieux consentir à tout, que de me faire assommer.
VALÈRE. — Ah ! Voilà qui va bien, monsieur, je suis ravi de vous voir raisonnable. […] Enfin, monsieur, vous aurez contentement avec nous ; et vous gagnerez ce que vous voudrez, en vous laissant conduire où nous prétendons vous mener.
SGANARELLE. — Je gagnerai ce que je voudrai ?
VALÈRE. — Oui.
SGANARELLE. — Ah ! Je suis médecin, sans contredit : je l'avais oublié, mais je m'en ressouviens. De quoi est-il question ? Où faut-il se transporter ? […]

✦ **Molière**, *Le Médecin malgré lui* (1666), I, 5

4. **Bailler :** donner 5. **Extravaguer :** délirer, rêver

Vocabulaire

Autour du verbe *consentir*
Connais-tu le sens du verbe *consentir* ? Peux-tu le deviner dans la réplique ligne 80 ? Le préfixe *co-* vient de *cum* en latin, qui signifie « avec » : explique comment est formé le mot *consentir*.

Impressions de lecture

- Choisis une phrase que tu as aimée ou qui t'a intéressé(e) et recopie-la dans ton carnet de lecture.
- Y a-t-il beaucoup de mots ou de phrases que tu n'as pas compris ? Relèves-en quelques-uns. Cela te gêne-t-il pour comprendre le texte ?
- As-tu aimé la scène que tu viens de voir ? Donne quelques exemples.

Stratégie de lecture

Comprendre un texte difficile : repérer les idées clés

Quand tu ne comprends pas un mot dans un texte, cela ne doit pas bloquer ta lecture : parfois, on n'a pas besoin de tout comprendre.

- Les éléments importants sont souvent répétés, reformulés, et le titre est souvent un indice. Par exemple, la réplique « Vous n'êtes point médecin ? » revient sous la forme « V'n'êtes pas médecin ? » ou encore « vous vous défendez d'être médecin ? »
- Souvent, tu comprends suffisamment d'éléments pour saisir l'essentiel. Relis les répliques surlignées dans le texte. Si tu les comprends, tu as saisi le sens global du texte.

▲ *Le Médecin malgré lui*, mise en scène de **Colette Roumanoff**, théâtre Fontaine (2011)

Comprendre le texte et la mise en scène

Lis la scène et visionne la mise en scène. hatier-clic.fr/21luf60

1. Que se passe-t-il dans cette scène ?

2. Explique maintenant le titre de la pièce.

3. Qui ruse ? Qui ment ?

4. Relis les dernières répliques (l. 77 à 88). Comment Sganarelle se comporte-t-il dans ce passage ? À ton avis, que va-t-il se passer ensuite ?

5. Qui semble le plus fort ? Pourquoi ?

6. Pour toi, quelle différence y a-t-il entre lire une scène de théâtre et voir sa mise en scène ? Utilise des exemples précis de la scène visionnée pour répondre.

Besoin d'aide ? Pense aux costumes et aux accessoires, au jeu des comédiens (voix, expressions du visage, gestes, déplacements), au décor.

Parcours différenciés

Parcours A

7. Relève trois éléments de la scène qui t'ont fait rire (dans le texte ou la mise en scène).

Parcours B

7. Explique comment Molière fait rire les spectateurs dans cette scène : les paroles sont-elles comiques ? la situation ? les gestes des personnages ? leur caractère ? Développe ta réponse à l'aide d'au moins quatre exemples.

En classe entière

8. Mettez en commun les idées trouvées dans chaque groupe.

9. Quel est l'effet produit par l'ensemble de ces éléments sur les spectateurs ?

Activité

Lecture fluide et expressive

Par groupes de deux ou trois. Partagez-vous la lecture du texte : chaque groupe prend en charge un extrait et se répartit les répliques. À tour de rôle, entraînez-vous.

En classe entière. La classe procède à la lecture intégrale du texte. ▶ Démarche p. 10

Rédiger la synthèse

- Explique la vengeance de Martine en une ou deux phrases.
- Comment Molière fait-il rire ses spectateurs dans cette scène ? Donne au moins trois exemples.

Pour poursuivre la découverte de l'œuvre

Visionne la fin de l'acte I et les scènes 1 à 3 de l'acte II.

Raconte dans ton carnet de lecture un moment que tu as aimé dans ces scènes.

hatier-clic.fr/21luf63

Objectif
→ Étudier une scène de ruse comique

Compétence Lecture
→ S'interroger sur les pensées des personnages
→ Se remémorer ce qui précède

La consultation

Précédemment...
Sganarelle est conduit par les valets Lucas et Valère auprès de la fille de Géronte, Lucinde. Celle-ci, que son père veut marier à Horace alors qu'elle aime Léandre, est devenue muette.

Mise en scène de l'acte II, scène 4
Visionne la vidéo.
hatier-clic.fr/21luf64

Acte II, scène 4

LUCINDE, VALÈRE, GÉRONTE, LUCAS, SGANARELLE, JACQUELINE

SGANARELLE. — […] Eh bien ! de quoi est-il question ? qu'avez-vous ? quel est le mal que vous sentez ?

LUCINDE, *répond par signes, en portant sa main à sa bouche, à sa tête, et sous son menton.* — Han, hi, hom, han. […]

SGANARELLE, *la contrefaisant.* — Han, hi, hom, han, ha. Je ne vous entends point : quel diable de langage est-ce là ?

GÉRONTE. — Monsieur, c'est là sa maladie. Elle est devenue muette, sans que jusques ici on en ait pu savoir la cause : et c'est un accident qui a fait reculer son mariage.

SGANARELLE. — Et pourquoi ?

GÉRONTE. — Celui qu'elle doit épouser veut attendre sa guérison, pour conclure les choses.

SGANARELLE. — Et qui est ce sot-là qui ne veut pas que sa femme soit muette ? Plût à Dieu que la mienne eût cette maladie ! je me garderais bien de la vouloir guérir.

▲ *Le Médecin malgré lui*, mise en scène d'**Yves Le Guillochet**, théâtre Déjazet (2001)

[…] *Se tournant vers la malade.* — Donnez-moi votre bras. Voilà un pouls qui marque que votre fille est muette.

GÉRONTE. — Eh ! oui, Monsieur, c'est là son mal : vous l'avez trouvé tout du premier coup.

SGANARELLE. — Ah, ah !

JACQUELINE. — Voyez, comme il a deviné sa maladie.

SGANARELLE. — Nous autres grands médecins, nous connaissons d'abord, les choses. Un ignorant aurait été embarrassé, et vous eût été dire : « C'est ceci, c'est cela » ; mais moi, je touche au but du premier coup, et je vous apprends que votre fille est muette.

GÉRONTE. — Oui, mais je voudrais bien que vous me pussiez dire d'où cela vient.

SGANARELLE. — Il n'est rien plus aisé : cela vient de ce qu'elle a perdu la parole.

GÉRONTE. — Fort bien ; mais la cause, s'il vous plaît, qui fait qu'elle a perdu la parole ?

SGANARELLE. — Tous nos meilleurs auteurs vous diront que c'est l'empêchement de l'action de sa langue. […] je tiens que cet empêchement de l'action de sa langue, est causé par de certaines humeurs qu'entre nous autres, savants, nous appelons humeurs peccantes, peccantes, c'est-à-dire… humeurs peccantes : d'autant que les vapeurs formées par les exhalaisons des influences qui s'élèvent dans la région des maladies, venant… pour ainsi dire… à… Entendez-vous le latin ?

GÉRONTE. — En aucune façon. […]

SGANARELLE, *en faisant diverses plaisantes postures.* — *Cabricias arci thuram, catalamus, singulariter, nominativo hæc Musa,* « la Muse », *bonus, bona, bonum, Deus sanctus, estne oratio latinas ? Etiam,* « oui », *Quare,* « pourquoi ? » *Quia substantivo et adjectivum concordat in generi, numerum, et casus.*

GÉRONTE. — Ah ! que n'ai-je étudié ?

✦ **Molière,** *Le Médecin malgré lui* (1666), II, 4

Impressions de lecture

- Relève une réplique que tu as aimée.
- Lequel des personnages te semble le plus intéressant dans cette scène ? Justifie ta réponse.

Vocabulaire

Du latin au français
Repère quelques mots latins qui ressemblent au français.

Comprendre le texte

1. Qui sont les trois personnages principaux ? Que fait chacun d'eux ?

2. Explique quel est le problème de Géronte.

3. Qui ruse dans cette scène ? Explique comment et pourquoi.

4. À ton avis, quelles sont les pensées de Lucinde ? ▶ Stratégie de lecture p. 44

5. **En groupes**, relevez tout ce qui est comique dans cette scène.

6. De qui Molière se moque-t-il ?

Rédiger la synthèse

Rédige deux courts paragraphes :

- dans le premier, explique ce que fait chaque personnage, qui est le plus fort, et qui ruse ;
- dans le second, montre que la scène est comique, en citant plusieurs exemples précis.

Activité

Raconter une ruse

Imagine la ruse d'un enfant qui ne veut pas aller à l'école. Raconte la ruse et rapporte la conversation de l'enfant avec ses parents.

Besoin d'aide ? Tu peux créer une corolle lexicale sur la ruse.

Corolle lexicale à imprimer
hatier-clic.fr/21luf65a

Pour poursuivre la découverte de l'œuvre
Visionne la scène 5 de l'acte II.
Qu'apprend-on dans cette scène ?
hatier-clic.fr/21luf65b

Atelier d'expression écrite

Compétences Écriture
- → Écrire un texte cohérent
- → Écrire un texte qui réponde aux consignes
- → Faire évoluer son texte
- → Prendre en compte les normes de l'écrit

Rédiger une scène de dispute

+PROF Sujet et barème de notation

SUJET Devenu médecin parce qu'on l'a roué de coups, Sganarelle est très en colère ! Il rentre chez lui et la dispute reprend avec Martine, qui finit par avouer sa ruse, plutôt fière d'elle... Le ton monte.
Écris la scène de dispute. Ta scène se terminera par une bastonnade pour le plus grand plaisir des spectateurs.

Besoin d'aide ? Pour savoir comment organiser tes idées sur ton brouillon, tu peux te reporter à la fiche MÉTHODE 3 p. 259.

Critères de réussite

- ▶ **Écrire une scène de théâtre en présentant correctement les répliques et les didascalies**
  - ▶ MÉTHODE 19 Écrire une scène de théâtre p. 282
  - ▶ EDL 17 Les types de phrase p. 328
  - ▶ EDL 19 L'exclamation p. 331
- ▶ **Exprimer la colère des personnages**
  - Entraîne-toi à exprimer la colère avec les exercices p. 67.
  - Relis la scène 1 de l'acte I p. 58 pour t'inspirer des techniques utilisées par Molière.
- ▶ **Faire rire les spectateurs**
  - Relis les scènes 1 et 5 de l'acte I p. 58 et p. 60 pour t'inspirer des techniques utilisées par Molière.
  - ▶ MÉTHODE 19 Écrire une scène de théâtre p. 282
- ▶ **Conjuguer correctement les verbes au présent et au passé composé**
  - ▶ EDL 25 Conjuguer le présent de l'indicatif p. 342
  - ▶ EDL 30 Conjuguer le passé composé de l'indicatif p. 348
  - ▶ EDL 32 Accorder le participe passé employé avec *être* p. 352
- ▶ **Veiller à la construction des phrases, à l'orthographe et au soin**
  - ▶ MÉTHODE 8 Construire un outil pour corriger ses erreurs p. 266

▲ *Le Médecin malgré lui*, mise en scène de **Colette Roumanoff**, théâtre Fontaine (2011)

EXERCICES Entraîne-toi à exprimer la colère

1 Enrichis ton vocabulaire !

a. Classe ces mots selon leur intensité, du plus faible au plus fort : agacé • irrité • furieux • exaspéré • furibond • fâché • indigné • mécontent.

b. Dans chaque phrase, remplace l'expression *en colère* par un terme plus précis choisi dans la liste précédente.

1. Comme d'habitude, tu as oublié d'acheter le pain, je suis **en colère** !

2. Il m'a menti : il n'est pas allé faire du sport, il est allé au cinéma, je suis **en colère** !

3. Je suis **en colère** contre Yann, il a cassé ma tasse préférée !

4. Après cette dispute avec Sganarelle, Martine est **en colère**.

2 Quel sentiment le personnage exprime-t-il dans chaque réplique ? Explique ce qui t'a aidé(e) à répondre.

1. HÉLÉNA. – Oh ! Quelle surprise de te voir ici !

2. JOHN, *pleurant*. – Par pitié, ne me tapez pas !

3. MAYA, *toute rouge*. – Tu vas me le payer, abruti !

4. ASTRID, *d'une toute petite voix*. – Je suis toute seule, maintenant. Les enfants sont partis.

5. TOM, *d'un ton vif*. – Je suis tout seul maintenant ! Les enfants sont enfin partis !

3 Invente quatre didascalies qui expriment la colère des personnages :
- une didascalie précisera l'expression du visage du personnage ;
- une didascalie indiquera un déplacement ;
- une didascalie indiquera un geste ;
- une didascalie précisera le ton de la voix.

4 Complète le schéma à l'aide de mots qui expriment la colère.

Corolle lexicale à imprimer
hatier-clic.fr/21luf67

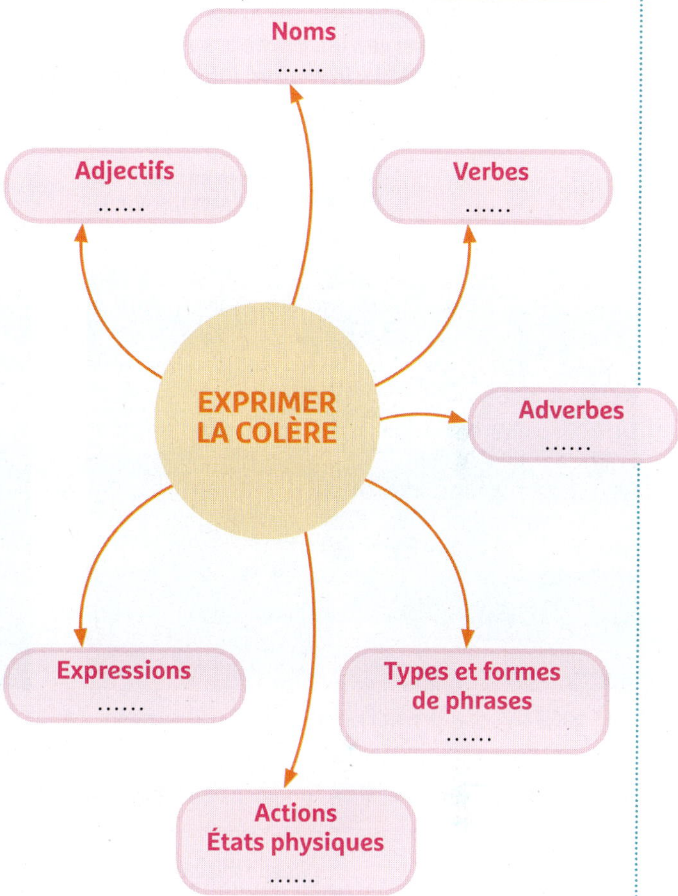

5 Écris une courte scène de quatre répliques : un frère et une sœur cassent par mégarde un objet qui a beaucoup de valeur pour leurs parents. Ils s'accusent l'un l'autre d'être responsables, se disputent, et se lancent des insultes.

> ⚠ Tu dois utiliser un **niveau de langue correct** (grossièretés interdites) et les **insultes** ne doivent **pas** être **cruelles**. Le but est de faire rire les spectateurs !
> Tu peux relire la scène 1 de l'acte I pour t'en inspirer. ▶ p. 58

6 Écris quatre répliques de théâtre qui s'enchaînent : deux parents se disputent à propos du repas de Noël. Montre leur colère de différentes manières, dans les répliques et dans les didascalies.

Compétences
- Comprendre des images et les interpréter
- Développer sa sensibilité, exprimer ses émotions et ses goûts
- Analyser le langage théâtral

Comparer deux mises en scène du *Médecin malgré lui* EN GROUPES

Observez les photographies et visionnez les deux extraits de la scène 1 de l'acte I du *Médecin malgré lui*, dans deux mises en scène différentes.

Mises en scène de l'acte I, scène 1
hatier-clic.fr/21luf68

1 Mise en scène de **Dario Fo**, Comédie-Française (1990)

2 Mise en scène de **Jean Liermier**, théâtre des Amandiers (2007)

Premières impressions

- Quelle mise en scène as-tu préférée ? Justifie ta réponse.
- Donne un exemple de ce qui t'a frappé(e) dans chaque mise en scène et explique ce que tu as ressenti.

Comprendre les mises en scène

Groupe 1

1. Que pensez-vous des déplacements et des gestes des personnages dans la mise en scène 1 ?

2. À quel autre art de la scène le jeu des acteurs peut-il faire penser ?

Groupe 2

1. À quelle époque situez-vous l'action dans la mise en scène 2 ? Expliquez en détail.

2. Quelle atmosphère le metteur en scène Jean Liermier a-t-il choisie pour le début de la pièce ? Pensez au décor, aux lumières, aux sons.

3. Quel message le metteur en scène a-t-il voulu faire passer, à votre avis ?

Groupe 3

Comparez le jeu des actrices incarnant Martine dans les mises en scène 1 et 2 : montrez que ce sont deux « personnages » différents.

En classe entière

Mettez en commun ce que vous avez découvert dans chaque groupe.

Rédiger la synthèse

Rédige une phrase pour chaque idée à retenir :
- Le rôle du metteur en scène au théâtre
- Les choix de Dario Fo dans la mise en scène 1
- Les choix de Jean Liermier dans la mise en scène 2

Compétence Oral
→ Parler en prenant en compte son auditoire
Compétence Lecture
→ Mettre en scène pour comprendre
Compétence Écriture
→ Recourir à l'écriture pour réfléchir et pour apprendre

Jouer la scène 6 de l'acte III EN GROUPES

ACTIVITÉ Vous allez jouer un extrait de la scène 6 de l'acte III, de *LUCINDE. – Non, je ne suis point capable du tout…* à *GÉRONTE. – Serait-il possible, monsieur, que vous puissiez aussi guérir cette maladie d'esprit ?*

Acte III, scène 6
hatier-clic.fr/21luf69

ÉTAPE 1 Découvrez le texte et répartissez-vous les rôles

• **Répartissez-vous** les rôles de façon provisoire, puis **lisez le texte ensemble**, à voix haute : chacun lit les **répliques d'un personnage**. L'un ou l'une d'entre vous lit les **didascalies**.

ÉTAPE 2 Devenez acteurs en herbe

Développer sa concentration

→ **Marchez** tous dans l'espace de la classe, librement, en variant le rythme, en silence.

→ Lorsque le professeur frappe dans ses mains, **immobilisez-vous**.

→ **Déplacez-vous** à nouveau au signal du professeur.

Développer l'écoute entre acteurs

→ Deux par deux, en silence, **promenez-vous** dans la classe : l'un a les yeux fermés, l'autre le guide, en silence.

→ Par groupes de quatre, un des couples **continue**, l'autre **s'immobilise**, toujours en silence. Puis le couple immobile reprend, l'autre couple doit alors s'immobiliser immédiatement, et ainsi de suite.

Porter sa voix sur scène

→ **Choisis** une réplique.

→ **Apprends**-la par cœur, entraîne-toi à la **prononcer** en mettant le ton.

→ Un par un, chacun va prononcer sa réplique.

– Premier passage : **parle très fort**, comme devant un public nombreux.

– Deuxième passage : **chuchote** mais on doit tout de même t'entendre.

Exprimer des émotions avec son corps

→ **Choisis** une expression du visage qui exprimera une émotion.

→ Propose-la à tes camarades qui doivent **identifier** cette émotion.

ÉTAPE 3 Soyez les metteurs en scène

• **Réfléchissez** à la manière dont vous voulez jouer la scène : déplacements, gestes, expressions du visage, voix, tons, accessoires, décors.

• Quel **effet** voulez-vous provoquer chez les spectateurs ?

• Rédigez une **note d'intention** (un petit texte expliquant vos choix de mise en scène).

ÉTAPE 4 Jouez

Répétez, apprenez vos textes et jouez devant la classe.

Bilan

• Qu'avez-vous appris lors de cette séance ?

• Pouvez-vous expliquer simplement ce qui se passe dans la scène ?

• Construisez ensemble le barème d'évaluation pour le passage sur scène.

Objectif
→ Étudier le dénouement d'une comédie

Compétence Lecture
→ Mettre en scène pour comprendre

Le dénouement

Précédemment...

Sur les conseils de Sganarelle, Lucinde, qui n'a jamais été muette, et son amant Léandre se sont enfuis pour se marier en secret. Mais les ruses de Sganarelle et de Lucinde sont découvertes.

Mise en scène de l'acte III, scènes 9, 10 et 11
Visionne la vidéo.
hatier-clic.fr/21luf70

Vocabulaire

Autour du mot *dénouement*
Le nom *dénouement* appartient à la famille du nom *nœud*. D'après cette étymologie et ta lecture des deux scènes finales, que signifie le mot *dénouement* au théâtre ?

Acte III, scène 9

Martine, Sganarelle, Lucas

Martine. — Ah ! mon Dieu ! que j'ai eu de peine à trouver ce logis : dites-moi un peu des nouvelles du médecin que je vous ai donné.

Lucas. — Le velà, qui va être pendu.

Martine. — Quoi ? mon mari pendu ! Hélas ! et qu'a-t-il fait pour cela ?

Lucas. — Il a fait enlever la fille de notte maître.

Martine. — Hélas ! mon cher mari, est-il bien vrai qu'on te va pendre ?

Sganarelle. — Tu vois. Ah !

Martine. — Faut-il que tu te laisses mourir en présence de tant de gens ?

Sganarelle. — Que veux-tu que j'y fasse ?

Martine. — Encore, si tu avais achevé de couper notre bois, je prendrais quelque consolation.

Sganarelle. — Retire-toi de là, tu me fends le cœur.

Martine. — Non, je veux demeurer pour t'encourager à la mort : et je ne te quitterai point, que je ne t'aie vu pendu.

Sganarelle. — Ah !

Acte III, scène 11 et dernière

Léandre, Lucinde, Jacqueline, Lucas, Géronte, Sganarelle, Martine

Léandre. — Monsieur, je viens faire paraître Léandre à vos yeux, et remettre Lucinde en votre pouvoir. Nous avons eu dessein de prendre la fuite nous deux, et de nous aller marier ensemble ; mais cette entreprise a fait place à un procédé plus honnête. Je ne prétends point vous voler votre fille, et ce n'est que de votre main que je veux la recevoir. Ce que je vous dirai, Monsieur, c'est que je viens tout à l'heure de recevoir des lettres, par où j'apprends que mon oncle est mort, et que je suis héritier de tous ses biens.

Géronte. — Monsieur, votre vertu[1] m'est tout à fait considérable, et je vous donne ma fille, avec la plus grande joie du monde.

Sganarelle. — La médecine l'a échappé belle !

Martine. — Puisque tu ne seras point pendu, rends-moi grâce d'être médecin ; car c'est moi qui t'ai procuré cet honneur.

1. **Vertu :** qualité morale

Impressions de lecture

- Cette fin te plaît-elle ? Justifie ta réponse.
- Recopie dans ton carnet une phrase qui t'a plu ou intéressé(e).

SGANARELLE. — Oui, c'est toi qui m'as procuré je ne sais combien de coups de bâton.

LÉANDRE. — L'effet en est trop beau, pour en garder du ressentiment.

SGANARELLE. — Soit : je te pardonne ces coups de bâton, en faveur de la dignité où tu m'as élevé ; mais prépare-toi désormais à vivre dans un grand respect avec un homme de ma conséquence, et songe que la colère d'un médecin est plus à craindre qu'on ne peut croire.

✦ **Molière**, *Le Médecin malgré lui* (1666), III, 9 et 11

▲ *Le Médecin malgré lui*, mise en scène d'**Yves Le Guillochet**, théâtre Déjazet (2001)

Comprendre le texte

1. Propose un titre pour chaque scène.

2. Comment cette pièce se termine-t-elle pour Sganarelle ? pour Martine ? pour Léandre et Lucinde ? pour Géronte ?

3. Pourquoi Géronte accepte-t-il de marier sa fille à Léandre ? Qu'est-ce que cela nous apprend sur son caractère ?

4. Que penses-tu de la réaction de Martine dans la scène 9 ?

5. À ton avis, la situation de Martine est-elle meilleure maintenant qu'au début de la pièce ? Justifie ta réponse.

Rédiger la synthèse

Sous forme de carte mentale, montre l'évolution de la situation des personnages principaux (Sganarelle, Martine, Lucinde, Léandre, Géronte) entre le début et la fin de la pièce.

Activité

Incarner un personnage pour mieux comprendre la scène

Par groupes, proposez une image vivante de la scène 11. Chacun de vous incarne un personnage présent dans cette scène : chaque acteur adopte une posture immobile et une expression du visage qui expriment sa situation, ses sentiments et son lien avec les autres personnages à la fin de la pièce.

Les autres groupes doivent identifier vos personnages et ce que vous avez voulu montrer.

Projet final collaboratif

Compétences
- Parler en prenant en compte son auditoire
- Lire avec fluidité
- Construire une culture littéraire
- Coopérer pour réaliser un projet

+PROF Conseils de mise en œuvre

Enregistrer une présentation du *Médecin malgré lui*

EN GROUPES

ACTIVITÉ Vous allez tous ensemble écrire une présentation de la pièce *Le Médecin malgré lui* et l'enregistrer comme une chronique littéraire.

Pour cela, vous devrez utiliser tout le travail mené lors du parcours de lecture.

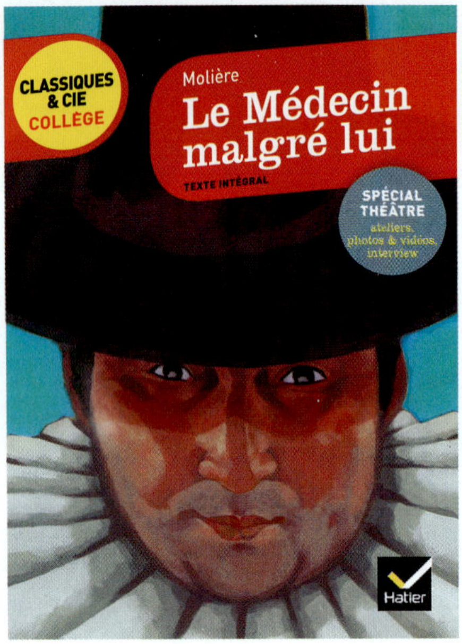

Qu'est-ce qu'une chronique littéraire ?

C'est une **présentation** écrite ou orale **d'un livre** dans laquelle le chroniqueur **partage son avis** sur ce livre. Il présente brièvement l'œuvre et l'auteur, développe son interprétation du livre, son opinion. Il lit parfois un extrait ou partage une citation de l'œuvre pour donner envie à ses lecteurs, lectrices ou à ses auditeurs, auditrices de le lire.

ÉTAPE 1 Constituer les groupes (10 min)

Groupe 1 ▸ 3-4 élèves
Présenter Molière

Objectif : présenter en quelques phrases le personnage de Molière.

▸ Repères culturels p. 56

Groupe 2 ▸ 3-4 élèves
Résumer la pièce

Objectif : résumer en quelques phrases *Le Médecin malgré lui* (présenter les personnages et l'histoire).

Groupe 3 ▸ 3-4 élèves
Expliquer la pièce

Objectif : présenter les thématiques importantes de la pièce, les éléments comiques, le point de vue de Molière.

Groupe 4 ▸ nombre d'élèves au choix
Interpréter un extrait

Objectif : choisir et mettre en voix quelques citations et extraits de la pièce, seul(e) ou à plusieurs.

Groupe 5 ▸ nombre d'élèves au choix
Exprimer un avis sur la pièce

Objectif : exprimer un court avis justifié sur un aspect précis de la pièce (un passage, un personnage, une thématique...).

ÉTAPE 2 Écrire et coordonner toutes les parties de la chronique 1 h

Écriture

Groupes 1 à 3 : Écrivez en groupe, puis partagez-vous la lecture.

Groupe 4 : Choisissez les citations et les extraits ensemble, puis partagez-vous la mise en voix.

Groupe 5 : Écrivez individuellement, puis confrontez les phrases écrites, choisissez ensemble les meilleures en veillant à ce que chacun ait une phrase à dire.

Chaque élève doit écrire au moins deux phrases, par exemple sur le modèle : « J'ai aimé... parce que... »/« Je n'ai pas aimé... parce que... »

Besoin d'aide ? ▶ Méthode 24 p. 290

Coordination

Tableau de bord à imprimer
hatier-clic.fr/21luf73

- Créez ensemble un document qui réunisse l'ensemble des textes et qui établisse un ordre.
- Vérifiez la cohérence d'ensemble, modifiez des éléments si besoin.
- Remplissez un tableau de bord de l'ordre de passage des élèves qui sera affiché lors de l'enregistrement.

ÉTAPE 3 S'entraîner à lire et à mettre en voix 20 min

D'après vous, quels sont les ingrédients pour une bonne lecture à voix haute ? ▶ Méthode 25 p. 291

Entraîne-toi à lire ton texte de façon expressive devant un camarade qui te donnera des conseils. ▶ Démarche p. 10

ÉTAPE 4 Enregistrer la chronique

30 min

- Votre professeur va maintenant vous enregistrer.
- La classe entière doit suivre le tableau de bord, être silencieuse, et concentrée !

Bilan

Écris un court texte pour expliquer :

– ce que tu as pensé de ce projet et de son résultat ;

– quel a été ton rôle précis, si tu es satisfait(e) ou non de ton travail et pourquoi, éventuellement les difficultés que tu as rencontrées ;

– ce que tu as appris grâce à ce projet.

À lire, à voir en autonomie

Si tu as envie de poursuivre seul(e) tes découvertes sur le thème « Ruses, mensonges et masques », voici des propositions de lectures et de films.

Complète ton **carnet de lecture** au fur et à mesure de ta lecture ou après avoir regardé le film.

▶ « Tenir son carnet de lecture », p. 33

Conte

Léopold Sédar Senghor

La Belle Histoire de Leuk-le-Lièvre

L'histoire des nombreuses ruses de Leuk-le-Lièvre, personnage traditionnel africain.

Conte — Apprentis lecteurs

Jihad Darwiche

Sagesses et malices de Nasreddine, le fou qui était sage

Les célèbres contes de Nasreddine Hodja : histoires courtes de ruses et malices pour rire et réfléchir.

Fables/BD — Apprentis lecteurs

Bruno Heitz

Les Fables de La Fontaine

Les fables de Jean de La Fontaine adaptées avec humour en bande dessinée.

Roman — Apprentis lecteurs

Luc Blanvillain

Mes parents sont dans ma classe

Fanny se plaint tous les jours du collège, mais ses parents ne semblent pas l'écouter : ils aimeraient tellement avoir à nouveau son âge ! Et elle voudrait bien les y voir ! Mais lorsqu'elle découvre qu'ils sont redevenus des enfants, c'est la panique... Toute la famille va devoir trouver des trésors d'ingéniosité pour s'adapter à la situation !

Roman

Lemony Snicket

Les Désastreuses Aventures des orphelins Baudelaire, Tout commence mal (tome 1)

Un début tragique, une situation qui empire de jour en jour, un récit haletant : pour échapper aux terribles machinations du comte Olaf, les orphelins Violette, Klaus et Prunille vont devoir faire preuve d'inventivité et de sang-froid.

Roman — Lecteurs experts

Jean-Philippe Arrou-Vignod

Mimsy Pocket et les enfants sans nom

D'un côté, une sombre histoire d'enlèvement d'enfants. Mimsy Pocket, bien que rusée, tombe dans le piège ! De l'autre, la signature d'un traité de paix entre deux royaumes. Magnus Million, chargé de la protection du prince Nikklas, va devoir déjouer les ruses d'un sinistre individu... Magnus et Mimsy réussiront-ils à le démasquer ?

Théâtre

Annette Béguin

Le petit chat Miroir

Le chat Miroir, à la rue depuis la mort de sa maîtresse, vend sa graisse à un sorcier en échange de nourriture. Mais c'est un pacte avec le diable : arrive le jour où il faut payer ! Les ruses du petit chat Miroir seront les bienvenues pour échapper au sorcier...

Film d'animation

Wes Anderson

Fantastic Mr. Fox

Mister Fox, renard et ancien voleur, s'est rangé, car il a maintenant une famille. Mais c'est plus fort que lui, il ne peut s'empêcher d'aller piller trois fermiers très riches ! Les trois compères vont s'unir contre lui pour se venger : l'intelligent Mr. Fox parviendra-t-il à protéger les siens ?

ACTIVITÉ Crée une affiche pour présenter à la classe le livre ou le film que tu as choisi page 74.

Elle comportera :

– le titre et le nom de l'auteur / de l'auteure ou du réalisateur / de la réalisatrice ;
– quelques phrases de résumé, qui ne dévoilent pas la fin ;
– ton avis personnel sur le livre ou le film ;
– une phrase du livre ou une réplique du film qui t'a plu ;
– une illustration personnelle.

Inspire-toi de cet exemple

Écris quelques lignes pour expliquer ce que raconte le livre / le film, sans dévoiler la fin.
Précise s'il s'agit d'un roman, d'un conte, d'une pièce de théâtre, d'un film...

Recopie une phrase ou quelques phrases qui t'a / ont plu.
Si c'est un film, écris une réplique.

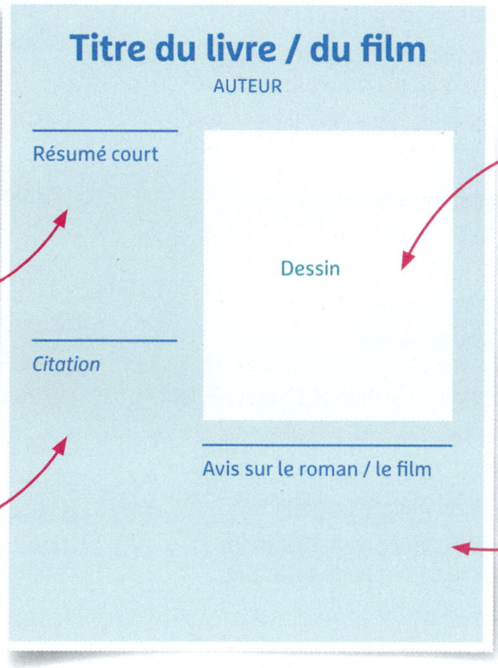

Réalise un dessin qui illustre le livre / le film.

Donne ton avis.

CONSEILS

✔ Pour rédiger le résumé et ton avis, aide-toi de ce que tu as écrit dans ton carnet de lecture.

✔ Veille à l'orthographe.

✔ Soigne la mise en page, délimite bien les différents éléments de l'affiche.

✔ Utilise des couleurs vives.

✔ Ne laisse aucun vide sur l'affiche afin qu'elle soit agréable à regarder.

POUR DONNER TON AVIS

▸ Méthode 24 p. 290

✔ J'ai aimé parce que... / Je n'ai pas aimé parce que... c'était facile / difficile à comprendre, il y avait des mots compliqués, c'était long / rapide à lire, le thème était intéressant / passionnant, l'histoire était amusante / drôle / triste / émouvante..., il y a du suspense / de l'action...

✔ Le personnage principal était drôle / cruel / gentil / intelligent / courageux...

✔ Cela m'a fait penser à une autre histoire / un tableau / un film...

✔ Je pense que l'auteur a voulu montrer... / Cette lecture m'a appris...

Bilan

Je construis le bilan

1 Identifier l'œuvre

a. Propose la carte d'identité de l'œuvre étudiée dans le chapitre.
• Titre ...... • Auteur ...... • Siècle ...... • Genre ......

b. Place l'œuvre étudiée dans ce parcours sur la frise de ton carnet de lecture.

Frise à imprimer
hatier-clic.fr/21luf01

2 Connaître le vocabulaire du théâtre

Relie chaque mot à sa définition.

Réplique •	• Indications pour jouer la scène
Didascalie •	• Petite partie d'une pièce OU Plateau où jouent les acteurs
Metteur en scène •	• Paroles des personnages
Acte •	• Grande partie d'une pièce
Scène •	• Celui ou celle qui dirige les acteurs, choisit la mise en scène

3 Caractériser une comédie

a. Comment la pièce se termine-t-elle pour Lucinde et Léandre ? pour Sganarelle ?

b. De qui l'auteur se moque-t-il avec le personnage de Sganarelle ?

c. Donne un exemple extrait du *Médecin malgré lui* pour :
✔ le comique de gestes ✔ le comique de situation
✔ le comique de mots ✔ le comique de caractère

4 Comprendre le thème de la pièce

a. Explique les ruses de :
✔ Sganarelle ✔ Martine
✔ Lucinde ✔ Léandre

b. Qui sont les plus faibles ?

c. Qui sont les plus forts ?

d. À qui la ruse profite-t-elle ?

5 Je donne mon avis

a. Quel personnage du *Médecin malgré lui* as-tu préféré ? Pourquoi ?

b. As-tu aimé lire et regarder cette pièce ? Justifie ton point de vue en quelques lignes.

6 Je fais le point sur mes apprentissages

a. Quelles connaissances ai-je acquises dans ce parcours ?

b. Quelles compétences ai-je développées (en lecture, en écriture, en étude de la langue, à l'oral) ?

Compétences travaillées dans le parcours

Lecture (D1, 1, D2)	→ **Comprendre un texte littéraire et se l'approprier :** lire et comprendre une pièce de théâtre → **Devenir un lecteur autonome :** – répondre en autonomie à des questions sur un texte – lire seul(e) une œuvre associée au parcours	→ p. 58-65, 69-71 → p. 78 → p. 74
Écriture (D1, 1, D2)	→ **Rédiger des écrits variés :** – écrire une scène de théâtre – écrire un texte narratif → **Faire évoluer son texte :** revoir son brouillon → **Recourir à l'écriture pour réfléchir et pour apprendre**	→ p. 65 – p. 66-67 → p. 66-67 → p. 58-65, 69, 73, 76
Oral (D1, 1 et 4)	→ **Comprendre et s'exprimer à l'oral :** participer à des échanges sur les textes et mises en scène → **Comprendre, s'exprimer en utilisant les langages des arts et du corps :** mettre en scène une scène de théâtre	→ p. 58-65, 68-73 → p. 59, 69, 71
Étude de la langue (D1, 1)	→ **Enrichir le lexique :** – la ruse – la colère	→ p. 65 – p. 67
Culture littéraire et artistique (D1, 1)	→ **Situer un auteur dans son époque :** Molière → **Connaître les genres littéraires :** le théâtre	→ p. 56 → p. 54-79
Compétences transversales (D3)	→ **Formuler son opinion :** exprimer et écrire un avis personnel sur un texte, sur une œuvre → **Développer la confiance en soi et le respect des autres :** travailler en groupes, jouer une scène à plusieurs, créer une chronique littéraire collective	→ p. 68, 72, 74, 76 → p. 54, 68, 69, 72

Je retiens

Le Médecin malgré lui

Carte d'identité

L'œuvre et l'auteur

- *Le Médecin malgré lui* est une **pièce de théâtre**, jouée pour la première fois en **1666**.
- La pièce a été écrite par **Molière**, un dramaturge (auteur de théâtre), mais aussi acteur, metteur en scène et directeur de sa troupe.

L'époque

- Molière a vécu au **XVIIe siècle**, sous le règne de **Louis XIV**.

Une comédie

Faire rire en se moquant

- *Le Médecin malgré lui* est une **comédie**, une pièce destinée à **faire rire** les spectateurs.
- Molière **se moque** des médecins à travers le personnage de Sganarelle, faux médecin qui s'en sort tout aussi bien qu'un vrai !
- La **fin** est **heureuse** : Lucinde épouse Léandre qu'elle aime, et Sganarelle est pardonné.

Les types de comique

- Molière utilise quatre techniques pour faire rire :

– le **comique de mots**, créé par les paroles des personnages (jurons, faux latin, jeux de mots) ;

– le **comique de situation** (Sganarelle que l'on prend pour un médecin) ;

– le **comique de caractère** (Sganarelle ivrogne rusé, Géronte naïf) ;

– le **comique de gestes** (coups de bâton).

Les mots du théâtre

Acte
Partie d'une pièce

Scène
Partie d'un acte, marquée par l'entrée ou la sortie d'un personnage

Réplique
Paroles d'un personnage

Dialogue
Enchaînement de répliques

Didascalies
Indications destinées au metteur en scène, précisant les noms des personnages, leurs gestes, les intonations, les décors et les costumes

Une intrigue fondée sur la ruse

Dans *Le Médecin malgré lui*, les plus faibles rusent pour s'en sortir face aux plus forts.

Les plus forts

– Sganarelle est **physiquement plus fort** que Martine. De plus, la société de cette époque encourage la **domination** de l'homme sur la femme.

– Géronte est **plus fort financièrement** (plus riche) que Sganarelle.

– Géronte **a autorité** sur Lucinde : la loi autorise les pères à choisir le mari de leur fille.

Les rusés

– Martine ruse pour **se venger** de Sganarelle qui la bat.

– Sganarelle ruse pour **ne plus être battu**, puis pour **soutirer de l'argent** à Géronte.

– Lucinde fait semblant d'être muette pour **échapper au mariage** décidé par son père.

– Léandre se déguise pour **approcher celle qu'il aime** malgré l'interdiction du père.

Évaluation différenciée

Compétence Lecture
→ Devenir un lecteur autonome

La révolte de Lucinde

+PROF Évaluation modifiable

Léandre, déguisé en apothicaire[1], accompagne Sganarelle qui vient examiner Lucinde, accompagnée de sa nourrice Jacqueline. Sganarelle détourne l'attention de Géronte par un discours farfelu, pendant que Léandre parle à Lucinde.

Acte III, scène 6

JACQUELINE, LUCINDE, GÉRONTE, LÉANDRE, SGANARELLE

LUCINDE. — Non, je ne suis point du tout capable de changer de sentiment.

GÉRONTE. — Voilà ma fille qui parle ! Ô grande vertu du remède ! Ô admirable médecin ! Que je vous suis obligé, monsieur, de cette guérison merveilleuse ! et que puis-je faire pour vous, après un tel service ?

SGANARELLE, *se promenant sur le théâtre, et s'essuyant le front.* — Voilà une maladie qui m'a bien donné de la peine !

LUCINDE. — Oui, mon père, j'ai recouvré la parole ; mais je l'ai recouvrée pour vous dire que je n'aurai jamais d'autre époux que Léandre, et que c'est inutilement que vous voulez me donner Horace.

GÉRONTE. — Mais...

LUCINDE. — Rien n'est capable d'ébranler[2] la résolution[3] que j'ai prise.

GÉRONTE. — Quoi... ?

LUCINDE. — Vous m'opposerez en vain de belles raisons.

GÉRONTE. — Si...

LUCINDE. — Tous vos discours ne serviront de rien.

GÉRONTE. — Je...

LUCINDE. — C'est une chose où je suis déterminée.

GÉRONTE. — Mais...

LUCINDE. — Il n'est puissance paternelle qui me puisse obliger à me marier malgré moi.

GÉRONTE. — J'ai...

LUCINDE. — Vous avez beau faire tous vos efforts.

GÉRONTE. — Il...

LUCINDE. — Mon cœur ne saurait se soumettre à cette tyrannie.

GÉRONTE. — Là...

LUCINDE. — Et je me jetterai plutôt dans un couvent que d'épouser un homme que je n'aime point.

GÉRONTE. — Mais...

LUCINDE, *parlant d'un ton de voix à étourdir.* — Non. En aucune façon. Point d'affaires. Vous perdez le temps. Je n'en ferai rien. Cela est résolu.

GÉRONTE. — Ah ! quelle impétuosité de paroles ! Il n'y a pas moyen d'y résister. Monsieur, je vous prie de la faire redevenir muette.

SGANARELLE. — C'est une chose qui m'est impossible. Tout ce que je puis faire pour votre service, est de vous rendre sourd, si vous voulez.

✦ **Molière**, *Le Médecin malgré lui* (1666), III, 6

1. **Apothicaire :** pharmacien
2. **Ébranler :** faire changer
3. **Résolution :** décision

Parcours A

Réponds aux questions ci-dessous à l'aide de phrases complètes et remplis au fur et à mesure le tableau pour réfléchir à la manière dont tu trouves tes réponses.

Tableau à imprimer
hatier-clic.fr/21luf79

1. Rappelle en deux phrases la situation au début de la scène : qui est Géronte ? qui est Lucinde ? quel est le problème ? (2 points)

2. a. À qui Géronte attribue-t-il le mérite de la guérison de sa fille ? (1 point)

b. Est-ce justifié ? Explique. (2 points)

3. Qu'annonce Lucinde à son père ? Réponds avec tes propres mots, puis justifie en citant le texte. (2 points)

4. *Il n'est puissance paternelle qui me puisse obliger à me marier malgré moi* (l. 19) : explique cette réplique de Lucinde. (2 points)

5. Observe l'enchaînement des répliques : qui domine l'échange ? Justifie en citant le texte. (2 points)

6. Relis la réplique de Lucinde aux lignes 28-29 :

a. Quelle est la particularité des phrases ? (1 point)

b. Dans quel état d'esprit Lucinde se trouve-t-elle ? Justifie ta réponse. (2 points)

7. Que peux-tu dire du caractère de Lucinde ? Aide-toi de tes réponses aux questions précédentes. (2 points)

8. Relève un exemple de comique et explique précisément ce qui crée le comique. (2 points)

9. Tu es le metteur en scène. Propose un conseil aux acteurs qui jouent Lucinde et Géronte. (2 points)

Parcours B

Réponds aux questions ci-dessous par des phrases complètes en t'aidant du code couleur.

Comment trouver les réponses ?

- Je trouve la réponse dans le texte (vert)
- Je devine la réponse à l'aide des indices du texte (orange)
- Je me sers de mes connaissances pour répondre (rose)
- Je donne mon avis : *Je pense que...* (bleu)

[orange] **1. a.** Selon Géronte, qui a guéri sa fille ? (1 point)

[rose] **b.** Est-ce vrai ? Justifie en expliquant la ruse de Lucinde : pour cela, souviens-toi des scènes précédentes. (1 point)

[vert] **2.** Qu'annonce Lucinde à son père ? Réponds d'abord avec tes propres mots, puis cite le texte (recopie les mots du texte entre guillemets). (2 points)

3. Observe les répliques des lignes 7 à 29.

[orange] **a.** Qui parle le plus ? (1 point)

[orange] **b.** Qui est privé de la parole ? Cite deux exemples pour justifier ta réponse. (2 points)

[orange] **c.** Qui domine le dialogue ? (1 point)

4. Relis la réplique de Lucinde aux lignes 28 et 29.

[rose] **a.** Que peux-tu dire sur la longueur des phrases ? (1 point)

[vert] **b.** De quelle manière l'actrice doit-elle prononcer cette réplique ? Réponds avec tes propres mots, puis cite ce qui t'a permis de répondre. (2 points)

[orange] [bleu] **c.** Que ressent Lucinde ? Utilise tes réponses aux questions a. et b. pour répondre. (2 points)

[orange] **5.** Que révèle cette scène sur le caractère de Lucinde ? Utilise tes réponses précédentes pour répondre. (2 points)

[vert] **6. a.** Quelle demande surprenante Géronte fait-il à Sganarelle dans sa dernière réplique ? Formule ta réponse avec tes propres mots. (1 point)

[vert] **b.** Que répond Sganarelle ? Formule ta réponse avec tes propres mots. (1 point)

[rose] **c.** En quoi ces répliques sont-elles comiques ? (1 point)

[bleu] **7. BONUS** Tu dois aider les acteurs à jouer cette scène. Quel conseil proposerais-tu à l'acteur qui joue Géronte, ou à l'actrice qui joue Lucinde ? Pense aux gestes, déplacements, tons, expressions du visage... Justifie ton choix. (2 points)

[bleu] **8.** À ton avis, Lucinde obtiendra-t-elle ce qu'elle désire à la fin de la pièce ? Justifie ta réponse. (2 points)

Parcours

4 Des animaux pas si bêtes !

Quelles leçons les animaux rusés enseignent-ils au lecteur ?

Un animal, un portrait

Objectif
→ Partir de ses connaissances pour décrire un animal

En groupes.

1. Dressez le portrait moral de deux animaux choisis parmi les images : attribuez à chacun un caractère et une personnalité.
2. Où avez-vous puisé vos idées pour répondre à la question 1 : dans des livres, des proverbes, des films, des jeux vidéo ?
3. Présentez vos idées au reste de la classe.

1 Kaa le python, dans le film *Le Livre de la jungle* de **Wolfgang Reitherman** pour le studio Disney (1967)

2 Illustration de **Félix Lorioux** pour le conte de Charles Perrault *Le Petit Chaperon rouge* (1927), collection privée

3 *Le Roi Lion*, film d'animation 3D de **Jon Favreau** (2019)

4 *Le Renard et l'Enfant*, film de **Luc Jacquet** (2007)

5 Détail d'une illustration d'**Auguste Vimar** pour la fable de Jean de La Fontaine « L'Aigle et la Pie » (1897)

6 Détail d'une gravure de **Gustave Doré** pour le conte de Charles Perrault *Le Chat botté* (1867), collection privée

Lecteurs en herbe

Objectif
→ Faire des hypothèses de lecture

1. Le thème de ce parcours est la ruse : choisis l'un des animaux représentés et imagine quelle ruse il pourrait inventer.
2. À ton avis, quel genre de textes vas-tu lire dans ce parcours sur les animaux rusés ?

Objectif
→ Lire un conte de ruse
Compétence Lecture
→ Utiliser ses connaissances sur le monde pour comprendre les textes

« La mauvaise haleine »

▲ Enluminure (détail) du manuscrit arabe *Kalila wa Dimna* (vers 1220), BnF (Paris)

Stratégie de lecture

Utiliser ses connaissances sur le monde pour comprendre les textes

Pour comprendre ce qu'on lit, on s'appuie toujours sur ses propres connaissances (sur le monde, les arts et la littérature). Ces connaissances permettent d'anticiper la suite du texte. Les auteurs se servent aussi parfois de clichés : des idées toutes faites, très répandues.

→ Lis le début de ce conte jusqu'à *en ouvrant la gueule* (l. 6) et essaie de deviner la suite. Utilise tes connaissances des clichés : comment parle-t-on du lion, de l'âne et du chacal dans les histoires que tu connais ? D'après toi, comment l'histoire va-t-elle se terminer ?

Le lion avait été malade. Dès qu'il fut rétabli, il convoqua le dromadaire, l'âne et le chacal.

– J'ai entendu dire que vous aviez tous les trois un excellent odorat.

– C'est vrai, s'empressa d'acquiescer[1] l'âne.

– Alors, approche et dis-moi si j'ai bonne haleine, lui ordonna le roi des animaux en ouvrant la gueule.

L'âne respira l'haleine fétide du fauve et eut un mouvement de recul.

– Tu pues ! J'ai failli suffoquer[2] !

– Comment oses-tu me calomnier[3] ? rugit le lion.

Et d'un coup de patte, il lui brisa la nuque. Puis il se tourna vers le dromadaire en lui faisant signe d'avancer.

– Dis-moi si j'ai bonne haleine.

Le dromadaire réprima une grimace mais ne put contenir un haut-le-cœur[4].

– Ton haleine a une odeur agréable : c'est un mélange d'ambre et de jasmin.

– Tu te moques de moi, dit le fauve avant de lui briser le cou.

Une vive inquiétude commençait à s'emparer du chacal.

– À ton tour de donner ton avis, lui ordonna le lion.

Le chacal s'approcha. Il huma son haleine et fit semblant d'éternuer.

– Je suis enrhubé, s'excusa-t-il d'une voix enrouée, et je ne sens braiment rien.

– Tu parviens toujours à t'en tirer, sourit le roi des animaux.

Et le chacal put regagner tranquillement sa tanière.

✦ **Jean Muzi**, « La mauvaise haleine », dans *30 contes du Maghreb* © Flammarion (2016)

1. S'empresser d'acquiescer : se dépêcher d'approuver **2. Suffoquer :** étouffer **3. Calomnier :** accuser faussement **4. Haut-le-cœur :** envie de vomir

Vocabulaire

Autour de l'odorat

- Que signifie l'adjectif *fétide* (l. 7) ? Aide-toi du contexte pour répondre.
- Le chacal *huma* l'haleine du lion (l. 18) : trouve un synonyme de ce verbe dans le texte.

Impressions de lecture

- Propose un adjectif pour décrire chacun des quatre animaux.
- Choisis un animal. Dans ton carnet de lecture, écris ce que tu penses de son attitude.

Texte 2 : Ésope (VIe siècle av. J.-C.)

« Le renard et la grue »

Le renard avait versé sur une pierre plate une sorte de purée claire, pour se moquer de la grue, car la purée liquide échappait à la longueur de son bec. À son tour donc la grue, ayant adressé au renard une invitation à dîner, servit le repas dans une bouteille à col mince et étroit, de sorte qu'elle y introduisait facilement son bec et savourait le repas, tandis que le renard ne put en attraper un seul morceau.

✦ Fable d'**Ésope** rapportée par Plutarque, *Les Propos de table*, Livre I, chapitre 1, d'après la traduction du grec de Victor Bétolaud

Impressions de lecture

- As-tu éprouvé des difficultés à comprendre l'histoire racontée par La Fontaine ? Explique ce qui t'a posé problème.
- Le texte d'Ésope te paraît-il plus simple à comprendre ?
- Quel texte préfères-tu ? Pourquoi ?

Stratégie de lecture

Reformuler un texte difficile pour le comprendre

Pour mieux comprendre un texte, tu peux le reformuler avec tes propres mots. Imagine que tu racontes ou que tu expliques le texte à une autre personne qui ne l'a pas lu. Cherche comment tu peux lui dire, de manière simple et claire, quel est le sujet, qui sont les personnages, ce qu'ils disent et ce qu'ils font.

Comprendre les textes

1. En groupes, reformulez avec vos propres mots :
- **Groupe 1 :** la fable d'Ésope
- **Groupe 2 :** la fable de La Fontaine, vers 1 à 8
- **Groupe 3 :** la fable de La Fontaine, vers 9 à 17
- **Groupe 4 :** la fable de La Fontaine, vers 18 à 26

Lisez votre reformulation à la classe.

2. Indique les éléments communs aux deux récits.

3. Quelles différences observes-tu entre les deux récits ?

4. Pourquoi La Fontaine a-t-il ajouté des détails ? Qu'apportent-ils à l'histoire ?

5. Qui parle, dans les deux derniers vers de la fable de La Fontaine ? À quoi ces vers servent-ils ?

Rédiger la synthèse

Dans un paragraphe de cinq lignes environ, explique en quoi le texte de La Fontaine est plus plaisant pour le lecteur que la fable d'Ésope.

Emploie les expressions suivantes : développe l'histoire • détails • gourmandise du renard • souligne sa déception • morale

Activité

Développer une fable

Développe la fable d'Ésope en ajoutant cinq lignes environ. Donne des détails sur l'humiliation du renard et les difficultés qu'il rencontre pour manger le repas. Imagine les paroles prononcées par la cigogne.

D'un texte à l'autre

En quoi le renard de la fable de La Fontaine est-il différent de celui du *Roman de Renart* ? Pour répondre, demande-toi ce qui pousse l'animal à utiliser la ruse dans chaque cas.

Objectif
→ Repérer l'alliance de la ruse et de la force dans une fable

Compétences Lecture
→ Reformuler pour comprendre
→ S'interroger sur les intentions de l'auteur

Le Loup et l'Agneau

La raison du plus fort est toujours la meilleure :
Nous l'allons montrer tout à l'heure[1].

Un Agneau se désaltérait
Dans le courant d'une onde[2] pure.
Un Loup survient à jeun, qui cherchait aventure[3],
Et que la faim en ces lieux attirait.
« Qui te rend si hardi[4] de troubler mon breuvage ?
Dit cet animal plein de rage :
Tu seras châtié[5] de ta témérité[6].
– Sire, répond l'Agneau, que Votre Majesté
Ne se mette pas en colère ;
Mais plutôt qu'elle considère
Que je me vas désaltérant[7]
Dans le courant,
Plus de vingt pas au-dessous d'Elle ;
Et que par conséquent, en aucune façon,
Je ne puis troubler sa boisson.
– Tu la troubles, reprit cette bête cruelle ;
Et je sais que de moi tu médis l'an passé.
– Comment l'aurais-je fait si[8] je n'étais pas né ?
Reprit l'Agneau ; je tette encor ma mère.
– Si ce n'est toi, c'est donc ton frère.
– Je n'en ai point. – C'est donc quelqu'un des tiens ;
Car vous ne m'épargnez guère,
Vous, vos bergers, et vos chiens.
On me l'a dit : il faut que je me venge. »
Là-dessus, au fond des forêts
Le Loup l'emporte, et puis le mange,
Sans autre forme de procès.

✦ **Jean de La Fontaine**, *Fables* (1668), Livre I, fable 10

1. **Tout à l'heure :** tout de suite 2. **Onde :** eau 3. **Chercher aventure :** chercher une bonne occasion 4. **Hardi :** courageux 5. **Châtier :** punir 6. **Témérité :** courage excessif, audace, imprudence 7. **Je me vas désaltérant :** je me désaltère 8. **Si :** puisque

Vocabulaire

Autour du mot *médire*

Le verbe *médire* est formé à l'aide du préfixe *mé-* (qui signifie « mal, mauvais ») et du verbe *dire*. Que signifie alors *tu médis de moi* (v. 19) ?

Impressions de lecture

- Donne un adjectif pour qualifier le Loup et un autre pour qualifier l'Agneau.
- Qu'est-ce qui t'a plu ou déplu dans le comportement des personnages ?

Lecture d'image

1. Identifie le lieu où se trouvent les animaux.

2. Décris leur attitude.

3. Le tableau est-il fidèle au texte de La Fontaine ?

▲ **Jean-Baptiste Oudry**, *Le Loup et l'Agneau* (1751), huile sur toile (86 x 145 cm), musée de La Cour d'Or (Metz)

Stratégie de lecture — S'interroger sur les intentions de l'auteur

Une fois que tu as construit une image mentale du texte, reformulé le texte avec tes propres mots, tu peux t'interroger sur les intentions de l'auteur : qu'a-t-il voulu montrer ? Quelle leçon veut-il transmettre à ses lecteurs ?

Comprendre le texte

Parcours différenciés

Parcours A

1. Résume chaque reproche du Loup et chaque réponse de l'Agneau. Qui a raison, à chaque fois ?
▶ **Stratégie de lecture p. 87**

2. Pourquoi le Loup veut-il manger l'Agneau, en réalité ? Cite les vers qui t'ont permis de répondre.

3. Pour parvenir à son but, le Loup avait-il besoin de ruser et d'accuser l'Agneau ? À ton avis, pourquoi le fait-il ?

4. À quels vers peux-tu lire la morale de cette fable ? Reformule-la avec tes propres mots. Es-tu d'accord avec cette morale ? Aide-toi de la stratégie de lecture.

Parcours B

1. a. Retrouve les quatre reproches que le Loup adresse à l'Agneau. ▶ **Stratégie de lecture p. 87**

b. Que répond l'Agneau à chacun des trois premiers reproches ?

c. Selon toi, l'Agneau est-il coupable ? Pourquoi ?

2. Que se passe-t-il à la fin de l'histoire ?

3. Relis les vers 3 à 6 : quelle est l'intention du Loup depuis le début ? Pourquoi ?

4. À ton avis, pourquoi le Loup a-t-il inventé ces reproches ?

5. Relis les vers 1 et 2 et reformule cette morale. Es-tu d'accord avec elle ? Aide-toi de la stratégie de lecture.

Rédiger la synthèse

Pour résumer les idées à retenir de ce texte, complète les phrases suivantes :

- Dans cette fable, le Loup prétend d'abord ...... Ensuite, il prétend ...... , puis ...... , et enfin ......
- À chaque fois, l'Agneau répond et prouve ......
- Pourtant, à la fin, ...
- La Fontaine a voulu montrer ......

Activité — Inventer une autre fin pour la fable

Écris une dizaine de lignes pour raconter une fin différente, dans laquelle tout se termine bien pour l'Agneau. Invente une solution qui lui permet de s'en sortir.

D'un texte à l'autre

Connais-tu d'autres histoires dans lesquelles un innocent est accusé ?

Pour poursuivre la découverte de la fable
Écoute la réécriture de la fable de La Fontaine par Gudule.
hatier-clic.fr/21luf89

Compétences Écriture
→ Écrire un texte cohérent
→ Respecter les principales caractéristiques d'un genre littéraire
→ Prendre en compte les normes de l'écrit

Écrire une fable

+PROF Sujet et barème de notation

SUJET Écris une fable qui raconte la rencontre entre deux animaux : l'un est plus fort que l'autre et a de mauvaises intentions. Le faible invente une ruse et réussit à échapper à son adversaire. Fais dialoguer les deux personnages et conclus ta fable par une morale qui contient une leçon pour le lecteur.

Critères de réussite

▶ **Écrire une fable :**
- mêler des caractéristiques animales et humaines
- rédiger une morale

▶ **Écrire un récit :**
- raconter l'aventure des deux animaux
- insérer un dialogue dans un récit
- choisir un système de temps cohérent

▶ **Inventer une ruse**

▶ **Veiller à la construction des phrases, à l'orthographe et au soin**

• Entraîne-toi avec les exercices p. 91.

• Relis la morale dans les fables de La Fontaine pour t'en inspirer. ▶ p. 86, 88
• Entraîne-toi avec les exercices p. 91.

▶ MÉTHODE 8 Construire un outil pour corriger ses erreurs p. 266

▶ MÉTHODE 6 Organiser un récit p. 262

▶ MÉTHODE 20 Insérer un dialogue dans un récit p. 284

▶ MÉTHODE 14 Utiliser les bons temps dans un récit au passé p. 274
▶ EDL 25 Conjuguer le présent de l'indicatif p. 342

• Retrouve les différentes ruses des animaux dans les textes du parcours.
• Entraîne-toi avec les exercices p. 91.

◀ Illustration de **Marcel Jeanjean** pour le livre de lecture *La Belle Histoire de Leuk-le-lièvre* de Léopold Sédar Senghor et Abdoulaye Sadji (1953)

EXERCICES Entraîne-toi à écrire une fable

1 Décris les animaux et leur personnalité.

a. Associe ces animaux à une caractéristique morale. À l'oral, justifie tes choix. Plusieurs réponses sont possibles.

– Animaux : lion • loup • agneau • renard • vautour • ours • chien • aigle • âne • chacal • rat

– Caractéristiques morales : ruse • fidélité • stupidité • force • cruauté • noblesse • intelligence • faiblesse • convoitise • innocence • agressivité • gourmandise

b. Associe ces noms de parties d'animaux à un adjectif qui exprime le danger ou l'agressivité. N'oublie pas d'accorder les adjectifs.

– Noms : pelage • bec • babines • griffes • gueule • dents

– Adjectifs : acéré • pointu • béant • hérissé • crochu • retroussé

c. Utilise deux groupes nominaux formés dans l'exercice **1 b** pour rédiger une phrase qui décrit un animal agressif.

2 Identifie et imagine différents types de ruses.

a. Associe chaque type de ruse au scénario qui lui correspond.

- attirer son adversaire dans un piège
- inventer un danger imaginaire pour faire fuir son adversaire
- se servir d'un autre personnage plus fort que son adversaire
- pousser son adversaire à commettre une erreur

1. L'agneau est dans la gueule du loup ; il demande au loup comment il va le cuisiner. Ce dernier ouvre la gueule pour répondre ; l'agneau s'échappe.

2. Pour échapper à l'ours, la souris se réfugie dans un tronc d'arbre. L'ours se coince le museau en essayant de la croquer.

3. Le renard s'approche du coq. Ce dernier prétend qu'il voit arriver deux chiens derrière lui. Le renard s'enfuit.

4. Pendant une course-poursuite, le lièvre attire le renard dans une ferme ; les fermiers chassent le renard à grands coups de bâton.

b. Choisis un couple d'adversaires ci-dessous. Imagine en deux ou trois phrases de quelle manière le faible échappe au fort. Utilise le type de ruse indiqué entre parenthèses.

- un aigle et un petit oiseau (*piège*)
- un requin et un petit poisson (*danger imaginaire*)
- un chien et une poule (*personnage plus fort*)
- un lion et une tortue (*erreur commise par l'adversaire*)

c. Choisis un animal fort et exprime en une phrase sa déception à la fin de l'histoire. Tu peux utiliser :

– des adjectifs exprimant son émotion : déçu, dépité, honteux, humilié, ridicule, abattu, triste, sombre, résigné...

– des groupes nominaux indiquant son attitude : les oreilles basses, le regard vide, les nageoires tombantes, la démarche lourde...

3 Lis ces morales extraites des *Fables* de La Fontaine.

a. À quel temps les verbes sont-ils conjugués ?

b. Choisis une de ces morales et explique-la.

Je conclus qu'il faut qu'on s'entr'aide.
(« L'Âne et le Chien », Livre VIII, fable 17)

Rien ne sert de courir ; il faut partir à point.
(« Le Lièvre et la Tortue », Livre VI, fable 10)

Chacun se dit ami ; mais fol qui s'y repose :
Rien n'est plus commun que ce nom,
Rien n'est plus rare que la chose.
(« Parole de Socrate », Livre IV, fable 17)

4 Lis ces deux résumés de fables de La Fontaine. Invente une morale, au présent, pour expliquer au lecteur quelle leçon il peut en tirer.

Tu peux commencer ta phrase par : « Cette fable enseigne que ... » ou « Il faut toujours ... / Il ne faut jamais ... ».

- Un rat se retrouve entre les pattes d'un lion, qui lui laisse la vie sauve. Plus tard, le lion se retrouve piégé dans un filet. Le rat ronge les mailles et délivre le lion.
- Une belette entre, par un petit trou, dans un grenier où se trouvent des provisions. Là, elle mange tellement qu'elle grossit et ne peut plus ressortir.

Projet final **collaboratif**

Compétences
- → Comprendre un texte littéraire et se l'approprier
- → Parler en prenant en compte son auditoire
- → Participer à des échanges
- → Coopérer pour réaliser un projet

Mettre en scène et jouer le procès d'un animal EN GROUPES

ACTIVITÉ Vous allez mettre en scène et jouer le procès d'un animal qui a causé du tort à une ou plusieurs victimes. À la fin, l'animal sera soit condamné, soit acquitté. Pour cela, vous devrez utiliser le travail mené lors du parcours de lecture.

+PROF Conseils de mise en œuvre

Comment se déroule un procès ?

Un procès est arbitré par un juge. Celui-ci rappelle les faits commis par l'accusé, puis distribue la parole aux autres participants. Deux camps s'affrontent : d'un côté, l'accusé essaie de se défendre, avec l'aide de son avocat. De l'autre côté, la victime et son avocat tentent de faire condamner l'accusé. À la fin, le juge prononce sa sentence : l'accusé est acquitté ou condamné.

ÉTAPE 1 Choisir un animal du parcours et répartir les rôles (10 min)

- **Formez des groupes** de cinq élèves.
- **Choisissez un animal** parmi ceux du parcours :
  - le lion dans « La mauvaise haleine » p. 82
  - Renart dans le *Roman de Renart* p. 84
  - le Renard dans « Le Renard et la Cigogne » p. 86
  - le Loup dans « Le Loup et l'Agneau » p. 88
- Rappelez-vous qui est la victime et ce qu'elle subit.

- **Désignez un élève pour chaque rôle :**

Le juge

DÉFENSE : L'animal accusé + L'avocat de l'accusé

ACCUSATION : La victime (si elle est vivante) ou sa famille + L'avocat de la victime ou de sa famille

ÉTAPE 2 Préparer des arguments pour accuser et pour défendre (30 min)

- Dans le parcours, retrouvez des **informations** utiles sur :
  – **l'accusé** : ses actions, ses intentions, les raisons qui l'ont poussé à agir, la situation dans laquelle il se trouvait ;
  – **la victime** : ce qu'elle a subi, sa situation, ses torts éventuels.
- Faites un tableau à deux colonnes. À partir des informations trouvées, écrivez à gauche les **arguments de l'accusation**, et à droite les **arguments de la défense**.
- Complétez le tableau avec des **arguments** et des **détails de votre invention**.
- Vous pouvez préparer des **accessoires** dont vous parlerez dans vos arguments : un témoignage écrit, une lettre, un objet...
- Décidez quelle sera la **sentence du juge**, si l'animal sera condamné ou acquitté.

ÉTAPE 3 Organiser le déroulement du procès (1 h)

- Organisez vos arguments dans un **ordre cohérent**. Écrivez-les l'un après l'autre, sous forme de notes ou dans un texte entièrement rédigé.
- Décidez qui prononcera chaque argument : l'accusé, la victime, un avocat ?
  Vous pouvez **faire dialoguer les participants** : les avocats peuvent interroger la victime et/ou l'accusé, pour qu'ils exposent les informations importantes (leurs actions, leurs intentions, leurs raisons d'agir, leur situation au moment des faits).
- Au fil de vos notes ou de votre texte, **insérez les paroles du juge** :
  – au début, il présente les participants ;
  – au milieu, il intervient pour donner ou retirer la parole à un participant, pour l'interroger ;
  – à la fin, il prononce sa sentence.

▲ Détail d'une illustration de H. H. Harris pour la comptine anglaise *Qui a tué Cock Robin ?* (vers 1920), collection privée

ÉTAPE 4 Répéter et jouer le procès (1 h)

- D'après vous, comment chaque participant peut-il rendre son **intervention vivante et convaincante** ?
  ▶ Méthode 26 p. 292
- Construisez ensemble le **barème d'évaluation**.
- **Entraînez-vous** à jouer le procès. Soignez votre ton, votre posture et vos gestes. Vos répliques doivent s'enchaîner avec fluidité.
- **Jouez** devant la classe.

Bilan

Écris un court texte pour expliquer :
– ce que tu as pensé du projet, s'il t'a plu ou non ;
– quel rôle tu avais et de quelle manière tu as voulu le jouer ;
– ce que tu as appris à faire grâce à ce projet.

À lire, à voir en autonomie

Pour poursuivre tes découvertes sur les aventures de Renart le goupil, choisis un livre parmi ces propositions.

Récit

Roman de Renart

Un recueil de quelques aventures du célèbre goupil. On y retrouve les principaux épisodes de l'histoire de Renart, qui est tour à tour bourreau et victime des autres animaux : Chanteclerc le coq, Tibert le chat, Tiécelin le corbeau, Hersent la louve, Ysengrin le loup...

Bande dessinée

Apprentis lecteurs

Jean-Marc Mathis et Thierry Martin

Le Roman de Renart, tome 1

Un album dans lequel la célèbre aventure de Renart, « Les jambons d'Ysengrin », est adaptée sous forme de bande dessinée.

Bande dessinée

Apprentis lecteurs

Bruno Heitz

Le Roman de Renart, volume 1

Une adaptation des aventures de Renart sous forme de bande dessinée. Dans le premier volume, Renart affronte son meilleur ennemi, le loup Ysengrin.

Théâtre

Robert Boudet

Le Roman de Renart

Une adaptation du *Roman de Renart*, sous forme de pièce de théâtre.

Complète ton **carnet de lecture** à l'aide du questionnaire suivant.

Qui est Renart ?

✔ Fais son portrait physique et son portrait moral (qualités et défauts).

✔ Note les autres informations que tu as trouvées sur lui au cours de ta lecture : membres de sa famille, lieu où il habite, activités, occupations favorites.

Vainqueur ou vaincu ?

✔ Pour chaque aventure de Renart, compte un point pour Renart lorsqu'il gagne face à son adversaire, en lui échappant ou en lui jouant un mauvais tour. Compte un point pour l'équipe adverse, lorsque c'est un autre animal qui l'emporte sur Renart.

✔ À la fin de ta lecture, compte les points : qui a gagné ?

Les amis et les ennemis de Renart

✔ Au fil de ta lecture, note le nom des personnages que Renart rencontre.

✔ Classe-les en deux colonnes : les amis et les ennemis. Précise qui ils sont.

Donne ton avis

✔ Résume l'aventure de Renart que tu as préférée et justifie.

Activité Renart est en fuite ! Crée un avis de recherche pour le retrouver.

Inspire-toi de ce modèle :

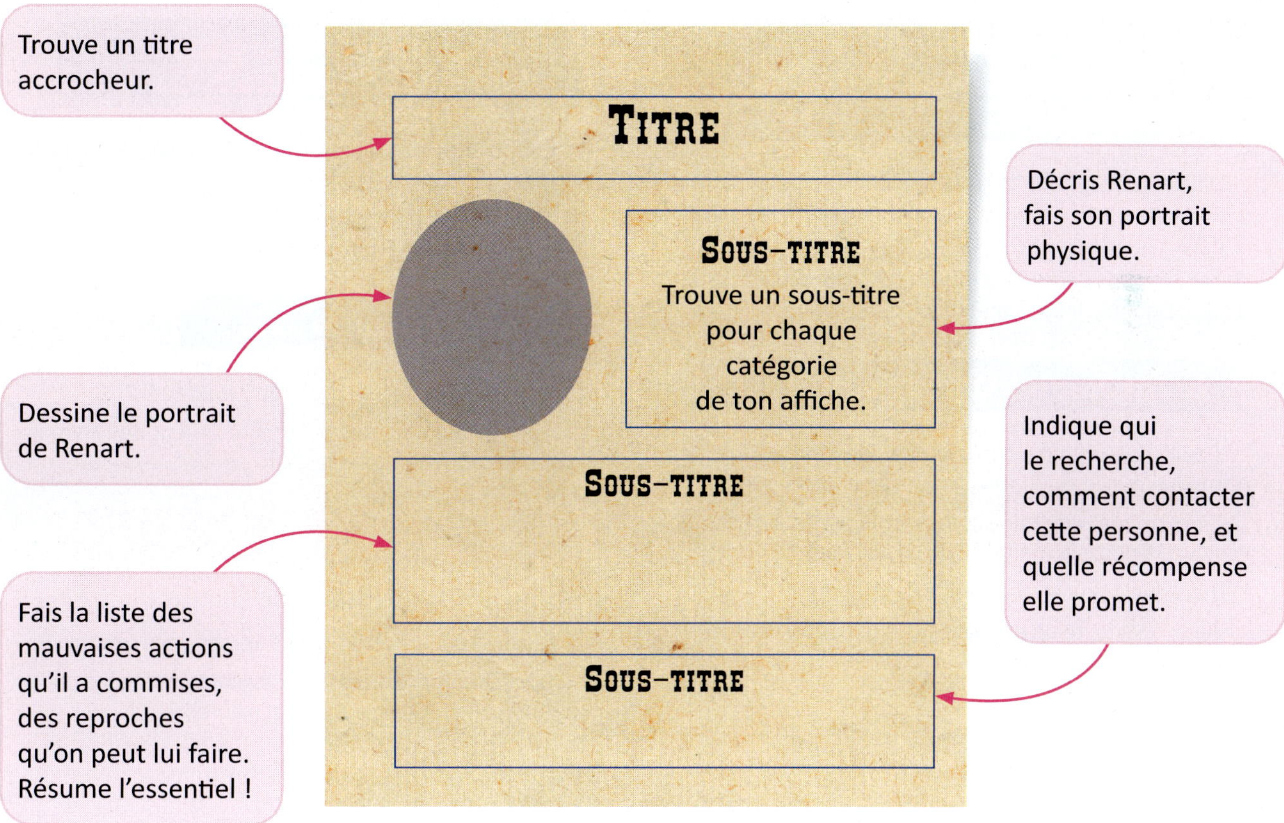

Conseils

✔ Pour trouver des informations sur Renart, aide-toi de ce que tu as écrit dans ton carnet de lecture.

✔ Pour bien délimiter les différents éléments de l'affiche, tu peux tracer des cadres de différentes tailles.

✔ Utilise des couleurs, des tailles d'écriture différentes.

✔ Tu peux utiliser un titre et des sous-titres qui frappent, sous forme de question (« Qui a vu Renart ? ») ou d'ordre (« Contactez-nous ! »).

✔ Soigne l'orthographe. Veille à copier sans erreur les noms des personnages.

Bilan

Je construis le bilan

1 Situer les œuvres dans le temps

Frise à imprimer
hatier-clic.fr/21luf01

a. Complète la frise suivante avec les textes de ce parcours.

Antiquité	Moyen Âge	XVIIe siècle	XXe siècle
Texte : .... Auteur :	Texte :	Textes : ..... et ..... Auteur :	Texte : ....

b. Place également les œuvres étudiées dans ce parcours sur la frise de ton carnet de lecture.

2 Identifier le mélange de caractéristiques animales et humaines

a. Les personnages du parcours te font-ils penser plutôt à des animaux ou à des humains ? Pourquoi ?

b. Retrouve les qualités ou les défauts associés à chacun de ces animaux dans les textes étudiés : lion, chacal, âne, renard, cigogne, loup, agneau.

3 Identifier les types de ruse

a. Pour chaque texte du parcours, identifie qui est le trompeur, quelle est la ruse employée et dans quel but.

b. Quel animal emploie de faux arguments ? fait une esquive ? endort la méfiance de l'adversaire ?

c. Dans quel texte le trompeur est-il trompé ?

d. Dans quel texte un animal est-il à la fois fort et rusé ?

4 Comprendre les leçons destinées au lecteur

a. Retrouve au moins deux leçons de morale. Formule-les avec tes propres mots.

b. Quel temps verbal emploie-t-on pour exprimer une leçon de morale ? Pourquoi ?

5 Je donne mon avis

a. Quelle histoire as-tu préférée ? Pourquoi ?

b. Approuves-tu ou non le comportement des animaux rusés ? Justifie ta réponse.

6 Je fais le point sur mes apprentissages

a. Quelles connaissances ai-je acquises dans ce parcours ?

b. Quelles compétences ai-je développées (en lecture, en écriture, en étude de la langue, à l'oral) ?

Compétences travaillées dans le parcours

Lecture (D1, 1, D2)	→ **Comprendre un texte littéraire et se l'approprier :** lire et comprendre des récits courts → **Devenir un lecteur autonome :** – répondre en autonomie à des questions sur un texte – lire seul(e) une œuvre associée au parcours	→ p. 82-89 → p. 98 → p. 94
Écriture (D1, 1, D2)	→ **Rédiger des écrits variés :** écrire une fable ; alterner récit et dialogue	→ p. 87, 89, 90
Oral (D1, 1 et 4)	→ **Comprendre et s'exprimer à l'oral :** participer à des échanges sur les textes → **Parler en prenant en compte son auditoire :** – lire de façon expressive – mettre en scène un procès → **Comprendre, s'exprimer en utilisant les langages des arts et du corps :** – transformer un récit en une scène de théâtre – mettre en scène un procès	→ p. 82-89, 92 → p. 85 → p. 92 → p. 83 → p. 92
Étude de la langue (D1, 1)	→ **Enrichir le lexique :** qualités et défauts	→ p. 91
Culture littéraire et artistique (D1, 1)	→ **Connaître les genres littéraires :** la fable	→ p. 80-99
Compétences transversales (D3)	→ **Formuler son opinion :** exprimer et écrire un avis personnel sur un texte, sur une œuvre → **Coopérer pour réaliser un projet :** jouer un procès à plusieurs	→ p. 94, 96 → p. 92

Je retiens

Animaux rusés

D'une époque à l'autre

Les auteurs et leur époque

- Le thème des animaux rusés est présent dans des œuvres d'époques et d'origines diverses.
- Dans l'**Antiquité**, le fabuliste grec Ésope met déjà en scène des animaux qui trompent leurs semblables.
- En France, au **Moyen Âge**, des auteurs anonymes écrivent le *Roman de Renart* ; au **XVIIe siècle**, Jean de La Fontaine écrit des *Fables*.
- Les animaux rusés apparaissent aussi dans des contes, par exemple dans le conte tunisien « La mauvaise haleine ».

D'une œuvre à l'autre

- Les auteurs **s'inspirent** des **œuvres de leurs prédécesseurs**. Par exemple, La Fontaine a réécrit certaines fables d'Ésope en leur ajoutant des détails, pour rendre la lecture plus plaisante.

Différents types de ruse

Faibles et forts

- Pour les faibles, la **ruse** est le **moyen de compenser** leur **faiblesse** face à un personnage plus fort qu'eux : le chacal doit lutter contre le lion, Renart, qui a besoin de se nourrir, affronte les humains.
- Parfois, la **ruse et** la **force** se retrouvent dans le même personnage : pour le loup de la fable, la ruse n'est qu'un moyen de justifier l'usage de sa force.

Des ruses variées

- Les auteurs mettent en scène **différents types de ruses** :
  – le chacal esquive la question du lion ;
  – Renart fait semblant d'être mort ;
  – le loup utilise de faux arguments pour justifier ses actions.
- La ruse permet d'imaginer un **récit comique**. On **se moque** de ceux qui sont trompés mais aussi, parfois, du trompeur lorsque la situation se retourne contre lui, comme dans « Le Renard et la Cigogne ».

Des animaux humains

- Les animaux sont **personnifiés** : ils parlent et se comportent comme des êtres humains. On leur attribue des **qualités** et des **défauts** propres aux humains.
- Souvent, l'association entre un animal et une caractéristique morale repose sur des **clichés** : le lion représente la force et la noblesse, le loup incarne la cruauté, l'âne est associé à la bêtise...

Une leçon pour le lecteur

- Les fables et les récits qui mettent en scène des animaux rusés ont pour objectif d'**instruire** le lecteur tout en le **divertissant**. Ils **enseignent** qu'il faut éviter la naïveté face aux trompeurs, mais aussi parfois ruser face à plus fort que soi, enfin, ne pas tromper autrui si l'on ne veut pas être trompé à son tour.
- Cette **morale** peut être exprimée de manière **explicite**, généralement **au présent**, à la fin du texte. Parfois, elle est **implicite** : le lecteur doit la deviner tout seul.

Évaluation différenciée

Compétence Lecture
→ Devenir un lecteur autonome

« Renart et la mésange »

Renard aperçoit une mésange perchée sur un chêne et cherche un moyen de l'attraper.

+PROF
Évaluation modifiable

« Bonjour, chère amie, dit Renart, descendez donc m'embrasser.

– Il n'en est pas question, Renart. On ne peut être l'ami d'un brigand de votre espèce. Vous avez fait tant de mauvais coups à tant d'oiseaux et à tant de biches qu'il est impossible de vous faire confiance.

– Aussi vrai que, depuis son baptême, votre fils est mon filleul, je ne songe pas à mal, je vous assure. Savez-vous pourquoi je veux vous embrasser ? Il est normal que je vous le dise. Monseigneur Noble le lion a fait jurer la paix. Dans tout son royaume, il a fait promettre à ses vassaux[1] de la respecter et de veiller à son maintien. Voilà qui réjouit le cœur des petites gens. C'en sera fini des disputes, des procès, des guerres meurtrières à droite et à gauche ! Les bêtes, grandes et petites, vivront tranquilles !

– Vous cherchez à me tromper, Renart. Allez donc voir ailleurs, car vous aurez beau dire et beau faire, vous ne me convaincrez pas de vous embrasser. »

Renart voit que sa commère[2] ne veut pas le croire, lui qui est son compère. Il ajoute :

« Écoutez, dame, puisque vous avez peur de moi, je garderai les yeux fermés pour vous embrasser.

– Dans ces conditions, j'accepte. Fermez les yeux. »

Il obéit, mais la mésange, qui ne veut pas se risquer à l'embrasser, se saisit d'une poignée de mousse et de feuilles avec laquelle elle se met à lui chatouiller le museau. Et Renart, croyant la saisir, n'attrape que la feuille restée accrochée à sa moustache.

« Eh bien ! Renart, s'écrie-t-elle, de quel accord parliez-vous ? Vous auriez eu vite fait de rompre la trêve[3] si je ne m'étais pas écartée à temps. Et vous prétendiez que la paix était chose faite et jurée ! »

Mais le goupil lui répond en glapissant de rire :

« Allons, c'était une plaisanterie pour vous faire peur. Recommençons, je fermerai de nouveau les yeux.

– Alors, restez sans bouger. »

Le trompeur s'exécute et la mésange va jusqu'à lui frôler le mufle, mais sans le toucher vraiment. Nouveau coup de dent de Renart dans l'espoir de l'attraper ! Peine perdue.

« Jamais plus je ne vous croirai, Renart. Le diable m'emporte si j'ai encore confiance en vous.

– Vous êtes bien peureuse ! [...] Essayez encore une fois. Jamais deux sans trois. [...] »

1. **Vassal :** chevalier qui a juré fidélité à un seigneur plus puissant
2. **Commère et compère :** marraine et parrain d'un enfant (ici, Renart est le parrain du fils de la mésange)
3. **Trêve :** arrêt provisoire des combats pendant une guerre

Mais la mésange, ni folle ni sotte, fait la sourde oreille et ne bouge pas de la branche sur laquelle elle est perchée. Tandis que Renart poursuit son discours, voici que des chasseurs, avec valets de chiens et sonneurs de cor, lui tombent sur le poil. À cette vue, il détale apeuré, tandis que la mésange lui crie : « La paix dont vous parliez est donc déjà rompue, Renart ? Où fuyez-vous ? Revenez. »

✦ « Renart et la mésange », dans *Le Roman de Renart*, Branche II, vers 469-664, traduit de l'ancien français par Jean Subrenat, Micheline de Combarieu et Jean Frappier, version adaptée et modernisée par Catherine Mory © Larousse, « Petits Classiques » (2015)

Parcours A

Tableau à imprimer
hatier-clic.fr/21luf99

Réponds aux questions ci-dessous à l'aide de phrases complètes et remplis au fur et à mesure le tableau pour réfléchir à la manière dont tu trouves tes réponses.

1. Que demande Renart à la mésange ? (1 point)

2. a. Comment la mésange réagit-elle à cette demande ? Justifie en citant le texte. (2 points)
b. A-t-elle raison de réagir ainsi ? Explique. (2 points)

3. a. Quel mensonge Renart invente-t-il pour essayer de la convaincre ? Justifie en citant le texte. (2 points)
b. Quelle est la véritable intention de Renart ? Cite deux passages du texte qui la révèlent. (3 points)

4. a. Pour lire la première réplique de la mésange (l. 2 à 4), quel ton emploierais-tu ? (1 point)
b. *Fermez les yeux* (l. 18), *Restez sans bouger* (l. 29) : quel type de phrase la mésange emploie-t-elle ? (1 point)
c. Comment la mésange échappe-t-elle aux deux attaques de Renart ? Réponds avec tes propres mots. (2 points)

5. Que peux-tu dire du caractère de la mésange ? Aide-toi de tes réponses à la question 4. (1 point)

6. a. Qui trompe qui, au bout du compte ? (1 point)
b. À quel autre texte du parcours cette situation peut-elle faire penser ? (1 point)

7. Pourquoi Renart s'enfuit-il, à la fin de l'histoire ? (1 point)

8. À ton avis, sur quel ton la mésange prononce-t-elle ses dernières paroles ? Explique. (1 point)

9. Pour quel animal prendrais-tu parti ? Pourquoi ? (1 point)

Parcours B

Réponds aux questions ci-dessous par des phrases complètes en t'aidant du code couleur.

Comment trouver les réponses ?

- Je trouve la réponse dans le texte
- Je devine la réponse à l'aide des indices du texte
- Je me sers de mes connaissances pour répondre
- Je donne mon avis : *Je pense que...*

1. Que demande Renart à la mésange ? Formule ta réponse avec tes propres mots. (1 point)

2. D'après Renart, le roi Noble a pris une décision : laquelle ? Formule ta réponse avec tes propres mots, puis justifie en citant le texte. (2 points)

3. La mésange croit-elle Renart ? Pourquoi ? Réponds avec tes propres mots, puis justifie en citant le texte. (2 points)

4. Quelle promesse Renart fait-il à la mésange ? Réponds avec tes propres mots, puis justifie en citant le texte. (2 points)

5. En réalité, que fait Renart lorsque la mésange fait semblant de s'approcher ? Réponds avec tes propres mots, puis justifie ta réponse en citant deux expressions du texte. (3 points)

6. a. Pour lire la première réplique de la mésange (l. 2 à 4), quel ton emploierais-tu ? Sur quels mots insisterais-tu en particulier ? (2 points)
b. *Fermez les yeux* (l. 18), *Restez sans bouger* (l. 29) : quel type de phrase la mésange emploie-t-elle ? (1 point)

7. Que peux-tu dire du caractère de la mésange ? Aide-toi de ta réponse à la question 6. (1 point)

8. a. Quel animal cherche à tromper l'autre, dans la première moitié du texte (l. 1 à 18) ? (1 point)
b. Qui trompe qui, dans la seconde moitié du texte (l. 19 à 40) ? (1 point)
c. À quel autre texte du parcours cette situation peut-elle faire penser ? (1 point)

9. Pourquoi Renart s'enfuit-il, à la fin de l'histoire ? (1 point)

10. La mésange est-elle sincère quand elle dit à Renart : *Revenez* (l. 40) ? Justifie ta réponse. (1 point)

11. Lequel des deux animaux préfères-tu ? Pourquoi ? (1 point)

Parcours

5 L'*Odyssée* d'Homère

Qu'est-ce qui distingue l'être humain du monstre ?

Prêt pour le voyage ?

Objectifs

→ Comprendre qu'on lit une traduction

→ Comprendre que l'*Odyssée* est une œuvre poétique

Observe le document 1, puis lis le document 2, pour répondre aux questions suivantes :

1. Dans quelle langue l'*Odyssée* a-t-elle été écrite ?
2. Comment faisons-nous pour lire cette œuvre si nous ne maîtrisons pas cette langue ?
3. À quel genre de textes cet extrait te fait-il penser ? Justifie ta réponse.
4. À qui Homère s'adresse-t-il dans ce texte ? Que demande-t-il ?

Ἄνδρα μοι ἔννεπε, Μοῦσα, πολύτροπον, ὃς μάλα πολλὰ
πλάγχθη, ἐπεὶ Τροίης ἱερὸν πτολίεθρον ἔπερσε,
πολλῶν δ' ἀνθρώπων ἴδε ἄστεα καὶ νόον ἔγνω·
πολλὰ δ' ὅ γ' ἐν πόντῳ πάθεν ἄλγεα ὃν κατὰ θυμὸν,
ἀρνύμενος ἥν τε ψυχὴν καὶ νόστον ἑταίρων,
ἀλλ' οὐδ' ὣς ἑτάρους ἐρρύσατο, ἱεμενός περ·
[...]
Τῶν ἁμόθεν γε, θεά, θύγατερ Διός, εἰπὲ καὶ ἡμῖν.

1 **Homère**, poète grec du VIIIe siècle avant J.-C., premiers vers de l'*Odyssée*, chant I, invocation

Parle-moi, Muse, de l'homme aux mille ruses,
Celui qui tant erra, après qu'il pilla Troie,
La citadelle sacrée, protégée des dieux,
Celui qui visita les cités de tant d'hommes
Celui qui apprit à connaître leur esprit,
Celui qui, sur les mers, subit tant de souffrances,
Luttant pour sa vie et pour ramener ses hommes,
Mais qui, malgré son désir, ne put les sauver.
[…]
Allez, déesse, fille de Zeus, conte-nous
Certains des exploits de cet homme aux mille ruses.

2 **Homère**, poète grec du VIIIe siècle avant J.-C., premiers vers de l'*Odyssée*, chant I, invocation, traduit du grec ancien par Bettina Bolle-Nicolas © Hatier

Qu'est-ce qu'une muse ?

Une muse est une **déesse**, envoyée par le dieu de la poésie Apollon pour **inspirer les poètes**, les aider à écrire.

'Οδυσσεύς, *Odusseus* en grec ancien, signifie « Ulysse ».

3 **Homère**, *L'Odyssée*, traduit du grec ancien par Isabelle Pandazopoulos © Gallimard Jeunesse, coll. « Folio Junior » (1982) www.gallimard-jeunesse.fr

4 « L'épreuve de l'arc » (Ve siècle av. J.-C.), vase à figures rouges, (détail) Altes Museum (Berlin, Allemagne)

Que raconte l'*Odyssée* ?

Objectif
→ Faire des hypothèses de lecture

Observe les documents 3 et 4 ainsi que les explications du document 3, puis réponds aux questions suivantes :

1. Explique qui est *l'homme aux mille ruses* dont parle Homère.
2. À ton avis, que vas-tu lire dans l'*Odyssée* ?

Compétences
- → Comprendre des textes, des documents, des images
- → Construire une culture littéraire
- → S'exprimer à l'oral

Homère et l'épopée

▶ **Philippe-Laurent Roland**, *Homère* (1812), sculpture en marbre blanc (h. : 2,12 m), musée du Louvre (Paris)

J'enquête

En binôme. Observez et lisez les différents documents de ces pages 102-103 pour trouver les informations qui vous permettront de compléter la fiche d'identité d'Homère.

Fiche d'identité

Nom : HOMÈRE
Époque : ....
Pays : ....
Signe particulier : ....
Profession : ....
Œuvres les plus connues : 2 épopées
Titre 1 : ....
Que raconte cette œuvre ? ....
Titre 2 : ....
Que raconte cette œuvre ? ....
Définition de l'épopée : ....

Qui était Homère ?

• Homère est un **aède** aveugle qui a vécu, pense-t-on, au **VIIIe siècle avant J.-C.** Les Grecs anciens affirment qu'il serait l'auteur de l'*Iliade* et de l'*Odyssée*, deux poèmes épiques de plus de 12 000 vers !

• Il a contribué à mettre par écrit le récit de la **guerre de Troie** et l'histoire d'**Ulysse**, racontés oralement depuis longtemps dans la Grèce antique et le monde méditerranéen.

Un aède

Un **aède** est un **poète grec** de l'Antiquité. Ce nom vient du verbe grec ancien ᾄδω (*adô*) : « chanter ». L'aède compose ses propres œuvres, des **épopées**, qu'il chante lors des banquets, en s'inspirant de thèmes bien connus (comme la guerre de Troie) et en s'accompagnant d'un instrument de musique. Il est l'équivalent d'un barde celte.

▲ Assurancetourix, le barde celte bien connu de la bande dessinée *Astérix*

Documentaire
L'épisode du cheval de Troie
hatier-clic.fr/21luf102

▲ Jeu vidéo inspiré de l'*Odyssée* © Cryo Interactive (2000)

Des textes fondateurs

Les œuvres d'Homère sont des **textes fondateurs** car elles évoquent les beautés et les difficultés de la vie des êtres humains. Considérées comme des modèles de sagesse dès l'Antiquité, elles ont inspiré au fil du temps et inspirent encore aujourd'hui de nombreux artistes.

L'épopée

- Une **épopée** est un **long poème** racontant les exploits d'un héros et d'un peuple. Elle s'inspire de faits réels qu'elle mêle à d'autres éléments merveilleux, formant ainsi un mythe, une légende.
- Le nom « épopée » vient du grec ancien ἔπος (*épos*) : « parole », car ces poèmes sont destinés à être **racontés oralement**, à être chantés en public.

▲ **Homère**, *L'Iliade*, 1re de couverture et extrait de la 4e de couverture © Hatier, coll. « Classiques & Cie Collège » (2014)

« Partout des cris, des hennissements, le bruit incessant des chars, des boucliers qui s'entrechoquent. La troisième journée de bataille est terrible, et les chefs des deux armées adverses combattent héroïquement. Le fossé et le large rempart que les Achéens ont construits suffiront-ils à protéger leurs navires ? Pourront-ils résister longtemps à l'attaque de leurs ennemis ? »

Cela fait presque dix ans que les Grecs assiègent la ville de Troie quand Achille se met en colère contre Agamemnon, qui lui a ravi l'esclave qu'il avait gagnée au combat. Quelles seront les conséquences de sa colère sur cette guerre interminable ?

▲ **Homère**, *L'Odyssée*, 1re de couverture et extrait de la 4e de couverture © Hatier, coll. « Œuvres & thèmes - Classiques Hatier » (2015)

« Raconte-moi, Muse, l'histoire d'Ulysse, l'homme aux mille tours, qui erra si longtemps sur les mers... »

Poursuivi par la colère de Poséidon, Ulysse, le vaillant guerrier grec, de retour de la guerre de Troie, va errer dix ans sur les mers, affrontant les tempêtes et les monstres. Retrouvera-t-il son épouse à Ithaque ? Une fabuleuse épopée contée par le poète Homère.

Je mémorise

À l'aide de la fiche d'identité, qui synthétise tes recherches, tu dois être capable de présenter oralement Homère et ses épopées les plus connues.

Entraîne-toi ! ▶ Méthode 26 p. 292

Œuvre intégrale

VIIIe siècle av. J.-C.
Épopée grecque

Objectifs
→ Lire un épisode de l'*Odyssée*
→ Définir l'humain par rapport aux dieux immortels

Compétence Lecture
→ S'interroger sur les sentiments et les intentions des personnages pour comprendre le texte
→ Résumer pour vérifier sa compréhension

Ulysse quitte l'île de Calypso

Naufragé sur l'île de la nymphe Calypso, Ulysse pleure sa patrie et sa femme Pénélope qu'il n'a pas revues depuis près de vingt ans. Le roi des dieux, Zeus, ordonne à Calypso de laisser partir le héros.

La Nymphe[1] va rejoindre Ulysse au grand cœur pour obéir à Zeus. Elle le trouve assis sur le rivage, les yeux baignés de larmes. Il vient ici chaque jour et toute la douceur de sa vie coule avec ses larmes. [...]

La Nymphe s'approche et lui dit :

– Malheureux, ce n'est plus la peine de pleurer, je veux bien te laisser partir. Va avec ta hache couper de longues poutres, fabrique-toi un radeau. Moi, je ferai souffler un bon vent pour que tu regagnes sain et sauf ton pays, si tel est le désir des dieux !

Mais Ulysse peine à la croire. Alors il dit à Calypso ces paroles ailées :

– C'est à autre chose que tu penses, déesse, quand tu m'invites à partir en barque sur cette mer dangereuse alors que les vaisseaux les plus rapides ne peuvent la traverser ! Je ne partirai pas tant que tu ne m'auras pas juré que ce n'est pas un piège que tu me tends.

Calypso sourit et lui saisit la main :

– Ce que tu dis est très injuste mais tu le dis si bien, tu es tellement malin ! Je jure donc, les dieux m'en sont témoins, que je ne veux pas ta perte ! Ce que je te conseille, c'est ce que je ferais moi si j'étais en danger. Si tu pouvais imaginer tous les malheurs qui t'attendent jusqu'au jour du retour, tu resterais ici, tu serais immortel malgré ton désir de revoir cette épouse après qui tu soupires tous les jours. Pourtant, je ne crois pas être moins belle qu'elle puisque aucune femme ne peut rivaliser avec une Immortelle.

L'ingénieux Ulysse lui fait cette réponse :

– Déesse vénérée, ne te fâche pas ! La très sage Pénélope n'a ni ta grandeur ni ta beauté ; ce n'est qu'une mortelle et tu ne connaîtras ni la vieillesse ni la mort. Mais mon unique désir est de me retrouver chez moi. Sur la mer, si l'un des dieux veut encore m'accabler[2], je ferai face, mon âme a l'habitude du malheur, je suis prêt à en affronter d'autres s'il le faut, j'ai déjà tant souffert. [...]

En quatre jours, Ulysse construit son radeau. Calypso lui apporte du tissu pour faire la voile, de la nourriture, du vin et de l'eau, puis elle fait lever un vent doux et favorable. Ulysse, fou de joie, déploie les voiles au vent et s'en va.

✦ **Homère**, *L'Odyssée*, traduit du grec ancien par Isabelle Pandazopoulos, chapitre I

Vocabulaire

Autour du mot *mortel*
• Que signifie l'adjectif *mortel* dans les expressions *un danger mortel* et *un être mortel* ?
• Relève son antonyme dans le texte ▶ EDL 38 p. 362. Propose d'autres mots formés avec le même préfixe.

Impressions de lecture

Si tu étais à la place d'Ulysse, aurais-tu pris la décision de partir ? Pourquoi ?

1. **Nymphe :** divinité de la nature qui a l'apparence d'une jeune femme
2. **Accabler :** faire souffrir

Lecture d'image

1. Dans quelle direction les deux personnages regardent-ils ?
2. Observe les couleurs des corps. Peux-tu expliquer leur différence ?
3. À ton avis, à quel moment de l'épisode se trouve-t-on ?

▲ **Newell Convers Wyeth**, *Ulysse et Calypso* (1929), lithographie, collection privée

Stratégie de lecture

Construire un résumé

Pour bien comprendre un texte, il faut repérer et mémoriser les informations importantes, les idées clés. Ainsi, construire un résumé t'aide à vérifier que tu as compris et cela améliore en même temps ta compréhension.

1. Lis le texte et fabrique un film dans ta tête.
2. Relis en repérant les idées clés du texte.
3. Reformule ces idées avec tes propres mots.
4. Rédige des phrases à partir des idées clés reformulées.
   - Conjugue les verbes au présent.
   - Relie tes phrases par des mots de liaison.
   - Pense à varier la façon de désigner les personnages.

Tu obtiens un résumé du texte !

Comprendre le texte

1. Où Ulysse se trouve-t-il au début du texte ? Que fait-il ? Pourquoi ?
2. Pourquoi Ulysse est-il *fou de joie* à la fin du texte ?
3. Que lui annonce Calypso, lignes 5-6 ? Est-elle heureuse ? Pourquoi ?
4. Quelles différences y a-t-il entre Calypso et Pénélope ? Qu'ont-elles à offrir chacune à Ulysse ?
5. Selon toi, de quels défauts ou qualités Ulysse fait-il preuve dans cet extrait ?

Rédiger la synthèse

Voici les étapes clés du texte :

annonce de Calypso • sa proposition • réponse d'Ulysse • départ d'Ulysse

1. Reformule-les avec tes propres mots de manière plus précise.
2. Construis un résumé du texte en écrivant une phrase pour chaque étape et en reliant tes phrases par des mots de liaison.

Activité

Lecture fluide et expressive

- **En binôme.** Partagez la lecture du texte : chaque binôme prend en charge un extrait. À tour de rôle, entraînez-vous à lire votre extrait à voix haute. L'un lit, tandis que l'autre l'écoute et le conseille. ▶ **Démarche p. 10**

Besoin d'aide ? Pensez aux intentions d'Ulysse, faites sentir les sentiments de Calypso.

- **En classe entière.** La classe procède à la lecture intégrale du texte.

Pour poursuivre la découverte de l'œuvre

Lis l'épisode de la tempête p. 18 à 21 de l'édition Folio Junior.
Note dans ton carnet de lecture :
- ce que tu ressentirais si tu étais à la place d'Ulysse au cours de cette aventure ;
- les personnages qui aident Ulysse et ceux qui s'opposent à lui.

hatier-clic.fr/21luf105

Œuvre intégrale

VIIIe siècle av. J.-C.
Épopée grecque

Objectif
→ Comprendre la structure narrative de l'*Odyssée*
Compétence Lecture
→ Réorganiser les événements : distinguer l'ordre chronologique et l'ordre du récit

Chez Alkinoos

Ulysse s'échoue sur les terres d'Alkinoos. Ce roi l'accueille et organise un banquet durant lequel un aède vient chanter la ruse du cheval de Troie...

Texte lu
hatier-clic.fr/21luf106

Documentaire
L'épisode du cheval de Troie
hatier-clic.fr/21luf102

1 Mais tandis que chante l'aède, Ulysse s'attriste et de lourdes larmes coulent le long de ses joues. Il parvient à cacher ses larmes à toute l'assistance. Seul Alkinoos s'en rend compte, ils sont assis côte à côte. Alors il dit :

– C'est assez, l'aède ! Écoutez, conseillers et gouverneurs de Phéacie ! Depuis que nous dînons et que l'aède s'est levé, notre hôte n'a pu retenir ni ses larmes ni ses soupirs ; un deuil sans doute accable son esprit. Alors arrêtons, c'est mieux ainsi. Mais toi, ne nous cache rien ! Dis-nous ton nom, celui que te donnaient chez toi tes parents. Dis-nous quels sont ta terre, ta cité, ton peuple et à quel endroit nos vaisseaux[1] devront te conduire ! Dis-nous maintenant pourquoi tu pleures quand tu entends chanter les malheurs des Grecs et de Troie. [...]

L'ingénieux Ulysse alors lui répond :

– Puissant Alkinoos, honneur de tout ce peuple, tu veux savoir pourquoi je verse des pleurs : par où commencer, par où finir ?

Je vais commencer par vous dire mon nom. Je suis Ulysse, fils de Laërte, connu du monde entier pour ses ruses ; ma gloire atteint le ciel. J'habite Ithaque l'ensoleillée, dominée par le mont Nérite et entourée de nombreuses îles. [...] Je ne connais rien de plus doux que cette terre. [...]

Mais puisque tu le veux, je vais te raconter tous les maux que Zeus m'a envoyés depuis mon départ de Troie.

Quittant la ville où nous avions fait la guerre pendant dix ans, nous avons navigué au pays des Kikones[2]. J'ai pillé leur cité et tué tous ceux qui la défendaient. [...] Alors j'ai donné l'ordre à mes compagnons de se replier d'un pied rapide, mais ces fous ne m'ont pas écouté. On a bu beaucoup de vin, on a égorgé de nombreux moutons et des vaches. Les Kikones entretemps sont allés chercher leurs voisins qui vivaient à l'intérieur des terres. Ils sont arrivés de bon matin, plus nombreux que les feuilles et les fleurs au printemps. Alors Zeus nous a accablés de souffrances. Ils se sont mis en ligne et le combat s'est engagé à coups de javelots[3] de bronze. Nous avons résisté malgré leur nombre jusqu'à l'Aurore et le début du jour. Mais quand le soleil s'est penché vers l'heure où l'on dételle les bœufs, les Kikones, vainqueurs, ont fait céder mes hommes. Nous en avons perdu six par bateau et nous autres, nous avons réussi à fuir la mort.

Puis nous avons repris la mer, le cœur plein de tristesse, heureux d'être vivants mais pleurant nos compagnons morts.

✦ Chapitres IV-V

Vocabulaire

Autour du mot *maux*

maux (l. 20) est un nom pluriel. Retrouve son singulier et tu comprendras ce qu'il signifie.

1. **Vaisseaux :** bateaux
2. **Les Kikones :** peuple légendaire
3. **Javelots :** sorte de lances

Lecture d'image

1. Montre Ulysse, Alkinoos et l'aède sur l'image. Comment les as-tu reconnus ?

2. a. Pourquoi le personnage assis à gauche porte-t-il une couronne de laurier, selon toi ?

Besoin d'aide ? Fais une recherche sur le dieu Apollon.

b. Comment s'appelle l'instrument de musique, à gauche ?

▲ **Tommaso Piroli et John Flaxman**, *Démodocos, l'aède des Phéaciens, chante la gloire des héros* (1793), gravure, BnF (Paris)

Stratégie de lecture

Reconstituer la chronologie

Dans un texte, un livre, les événements ne sont pas forcément racontés dans l'ordre où ils se sont passés. C'est à toi de remettre dans l'ordre chronologique les événements racontés (il faut reconstituer la chronologie dans ta tête).

Comprendre le texte

1. Où Ulysse se trouve-t-il dans ce passage ? D'où vient-il ?

2. Pourquoi Ulysse pleure-t-il ?

3. Pourquoi Alkinoos veut-il savoir son nom ?

4. a. Qui raconte l'histoire jusqu'à la ligne 11 ?

b. Qui raconte à partir de la ligne 13 ?

c. Explique précisément ce qui t'a aidé à répondre.

5. a. Quelle aventure est racontée dans l'avant-dernier paragraphe ?

b. Quand cette aventure a-t-elle eu lieu ?

Rédiger la synthèse

• **Complète :**

Ulysse devient...... : il raconte lui-même dans un long...... les aventures qu'il a vécues...... d'arriver chez le roi Alkinoos.

• **Relis ce passage (l. 21 à 35), puis rédige un résumé** de cette aventure en quatre phrases. ▶ **Stratégie de lecture p. 105**

Activité

Reconstituer l'organisation du récit

• Trace un axe chronologique en bleu, sur toute la longueur de ta feuille.

• Sur cet axe du temps, place les étapes du voyage d'Ulysse que tu connais déjà, en les remettant dans l'**ordre chronologique**.

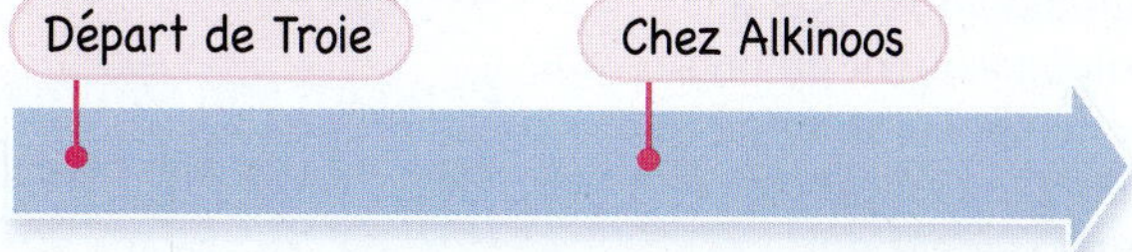

• Trace en rouge une flèche qui montre l'**ordre du récit** (dans quel ordre vont être racontées les étapes du voyage d'Ulysse) et indique qui raconte.

Frise à imprimer
hatier-clic.fr/21luf107

ŒUVRE INTÉGRALE

VIIIe siècle av. J.-C.
Épopée grecque

Objectifs
- → Découvrir un épisode célèbre qui structure l'*Odyssée*
- → Définir l'humain par opposition au monstre sauvage

Compétence Lecture
- → Construire une image mentale du texte : dessiner pour comprendre

Ulysse et le Cyclope

Précédemment...

Ulysse raconte ses aventures à Alkinoos et aux Phéaciens : il évoque l'épisode du Cyclope Polyphème, qui a un unique œil rond comme les autres Cyclopes. Ce dernier surprend Ulysse et ses compagnons dans sa grotte, alors qu'ils sont à la recherche de nourriture.

Il est rentré, portant un énorme morceau de bois sec qu'il a jeté à terre à grand fracas : effrayés, d'un seul bond, nous nous sommes réfugiés dans le fond de la grotte. Il a fait entrer tout le troupeau de grasses brebis qu'il avait à traire, laissant les mâles, boucs et béliers, dans l'enclos. Puis il a bloqué l'entrée avec un gigantesque bloc de pierre [...].

Il a bondi, jetant les bras en avant, a saisi d'un coup deux de mes compagnons et les a fracassés contre terre comme des chiots. La cervelle gicle et mouille le sol. Il les découpe membre à membre et en fait son repas. Comme l'aurait fait un lion, il les dévore sans rien laisser : entrailles[1], chair et os pleins de moelle. Nous autres, en pleurant, tendons les mains vers Zeus, désarmés, impuissants, condamnés à regarder cette atrocité ! Quand le Cyclope a bien rempli son énorme panse[2], mangé la chair humaine et bu du lait par-dessus, il s'est allongé au fond de la grotte au milieu de ses bêtes.

Le lendemain, pendant que le géant sort son troupeau, les hommes taillent un pieu[3] en bois. À son retour, le Cyclope dévore deux compagnons, puis il parle à Ulysse.

Je lui ai reversé du vin de feu ; trois fois je l'ai servi, et trois fois l'imprudent l'a bu. Puis, une fois que le vin a troublé ses esprits, je lui ai dit ces paroles mielleuses :

– Tu veux savoir mon nom le plus connu, Cyclope ? Je vais te le dire, mais n'oublie pas le cadeau que tu m'as promis ! Je m'appelle Personne. Personne est le nom que mon père et ma mère et tous mes compagnons me donnent.

À ces mots, ce cœur impitoyable répond :

– Je mangerai donc Personne en dernier, après ses compagnons. Voilà mon présent d'hospitalité !

Pendant son sommeil, Ulysse et ses compagnons lui percent l'œil avec le pieu. Alertés par les cris de douleur, d'autres Cyclopes accourent devant la caverne fermée et demandent ce qui se passe.

Du fond de la caverne, le grand Polyphème a répondu :

– Mes amis, on me tue par ruse et non par force. Et qui me tue ? Personne !

En réponse, on lui a fait ces paroles ailées[4] :

– Personne ? Sans violence ? Et seul comme tu l'es ? Ton mal doit venir du grand Zeus et nous n'y pouvons rien ! Implore donc plutôt Poséidon, ton père !

Vocabulaire

Autour du mot *hospitalité*

- Que signifie le mot *hospitalité* (l. 22) ?
- Dans la même famille de mots, connais-tu un nom qui désigne à la fois celui qui offre et celui qui reçoit l'hospitalité ? un nom de lieu où on peut être accueilli la nuit ?

L'hospitalité grecque

Dans la société grecque antique, l'hospitalité est un **devoir religieux.** Les dieux exigent qu'on offre de quoi dormir et manger à l'étranger ou au voyageur qui se présente dans une maison. Dans plusieurs légendes, ils se déguisent en mortels pour vérifier que les hommes respectent les lois de l'hospitalité.

Sur ces mots, ils se sont éloignés et j'ai ri en moi-même de les avoir abusés par ma ruse.

Les hommes fuient la grotte cachés sous le ventre des béliers. Ulysse révèle alors son identité au géant qui s'écrie :

– Ah, voilà que s'accomplit ce qu'on m'avait prédit ! Que par les mains d'Ulysse je perdrais la vue ! [...] Écoute-moi, Poséidon aux cheveux bleus, maître de la terre ! Si je suis vraiment ton fils, retiens loin de chez lui ce pilleur de cités ou, du moins, si son destin est de revoir les siens et de retourner dans sa demeure, sur le sol de son pays, que ce soit après bien des malheurs, sans ses compagnons et sur un vaisseau d'emprunt !

✦ **Homère**, *L'Odyssée*, traduit du grec ancien par Isabelle Pandazopoulos, chapitre V

1. **Entrailles :** organes contenus dans le bas du ventre (intestins, boyaux, tripes…)
2. **Panse :** estomac
3. **Pieu :** morceau de bois dont l'un des bouts est pointu
4. **Ces paroles ailées :** Homère utilise une métaphore ; les paroles sont aussi rapides que des oiseaux.

◀ Cratère à colonnettes attique à figures noires (525-500 av. J.-C), J. Paul Getty Museum (Los Angeles, États-Unis)

Impressions de lecture

- Que ressens-tu quand tu lis la scène du repas du Cyclope (l. 6 à 13) ?
- Si cette scène était filmée, quelle couleur verrais-tu beaucoup à l'écran, selon toi ? Pourquoi ?
- Que penses-tu du comportement d'Ulysse dans cette scène ?

Lecture d'image

1. De quel objet s'agit-il ? Dans quelle matière est-il fabriqué ? Quelles couleurs sont utilisées ?

2. Quelle scène de l'épisode du Cyclope est représentée ? Raconte-la en quelques mots.

Comprendre le texte

1. Résume en trois phrases ce qui se passe dans l'épisode.

2. a. Quel est le mode de vie de Polyphème (habitat, nourriture...) ?
b. Pourquoi peut-on dire que ce Cyclope est un monstre ?

3. a. Dans quel but Ulysse prétend-il s'appeler Personne ?
b. Pourquoi ne tue-t-il pas son adversaire ? De quelle qualité fait-il preuve ?

4. À ton avis, pourquoi révèle-t-il sa véritable identité à la fin ?

5. En relisant la fin du texte, explique en quoi cet épisode est important pour comprendre l'ensemble des aventures d'Ulysse.

Rédiger la synthèse

Rédige trois courts paragraphes :

- Explique dans le premier ce qui fait du Cyclope un monstre sauvage.
- Montre dans le deuxième en quoi Ulysse est différent.
- Précise dans le troisième quelle conséquence lourde a cette aventure sur le retour d'Ulysse.

Activités

Dessiner pour mieux comprendre

Par groupes de cinq. Répartissez-vous les différents éléments de la ruse d'Ulysse : chacun dessine une étape. Puis remettez les dessins dans l'ordre, comme une bande dessinée.

▶ **Stratégie de lecture p. 21**

Reconstituer l'organisation du récit

Place l'aventure que tu viens de découvrir sur l'axe chronologique commencé ▶ p. 107.

Histoire des arts

Compétence Oral
→ Participer à des échanges dans un groupe
Compétences Lecture
→ Construire une image mentale
→ Faire évoluer sa représentation mentale (être flexible)

Les monstres de l'*Odyssée*

EN GROUPES

Vous allez comparer des œuvres d'art à des extraits pour mieux comprendre les monstres et le rôle qu'ils jouent dans l'*Odyssée*.

ÉTAPE 1 Découvrir les monstres

Observez le document qui vous a été attribué, selon votre groupe, puis répondez aux questions.

Groupe 1 Les Sirènes

Circé m'avait raconté que les Sirènes étaient des monstres à forme humaine envoûtant tous les hommes qui s'approchaient d'elles. Assises dans un pré, elles charment et ensorcellent les humains d'un chant limpide[1], tandis que traînent autour d'elles les os des corps décomposés dont les peaux se dessèchent. L'imprudent qui prête l'oreille à leurs voix enchanteresses ne reverra jamais sa femme et ses enfants. Mes compagnons se sont levés, ont amené les voiles et les ont rangées au fond du navire. Moi, j'ai bouché les oreilles de mes compagnons avec de la cire amollie sous mes doigts et à la chaleur du soleil. Ils m'ont lié les pieds et les mains avec des cordes et ils m'ont attaché au mât. Je voulais goûter au charme de leurs voix enchanteresses sans danger.

✦ **Homère**, *L'Odyssée*, traduit du grec ancien par Isabelle Pandazopoulos, chapitre VIII
© Gallimard Jeunesse, coll. « Folio Junior » (1982)

1. **Limpide :** clair

Groupe 2 Dangers marins

La magicienne Circé prévient Ulysse : il va rencontrer de terribles monstres lors de son voyage en mer.

– Scylla a la voix d'un petit chien qui vient de naître mais c'est un monstre affreux et personne, pas même un dieu, n'aurait envie de la rencontrer. Ses pieds – elle en a douze – sont aussi difformes qu'inutiles et chacun de ses six énormes cous porte une tête effrayante, avec trois rangs de dents serrées, pleins des ombres de la mort. [...] Aucun homme ne peut se vanter d'être passé par là sans avoir subi des pertes : avec chacune de ses têtes elle arrache toujours une proie à un navire. L'autre rocher qui est tout près du premier porte un grand figuier sauvage. Juste en dessous, la divine Charybde engloutit le flot noir, qu'elle avale et revomit trois fois par jour. Ne passe pas au moment où elle engouffre l'eau sombre, car alors même Poséidon ne pourrait rien pour toi. Dirige plutôt ton navire vers l'écueil de Scylla, filant à toute allure ; car il vaut mieux perdre six de tes hommes que de les perdre tous.

✦ **Homère**, *L'Odyssée*, traduit du grec ancien par Isabelle Pandazopoulos, chapitre VIII
© Gallimard Jeunesse, coll. « Folio Junior » (1982)

Comprendre les textes

Groupes 1 et 2

1. Qui sont les monstres dans cette aventure ? Dessinez-les.
2. Quel danger représentent-ils ?
3. Comment Ulysse leur échappera-t-il ?

Groupe 3

▲ « Ulysse et les Sirènes » (IIIe siècle), mosaïque romaine, musée du Bardo (Tunis, Tunisie)

L'art de la mosaïque

La **mosaïque** est un art dans lequel on utilise des fragments de pierres colorées assemblées pour former un dessin.

Groupe 4

▲ **Roger Payne**, *Scylla attaquant Ulysse* (1980) aquarelle (29 x 43 cm), collection privée

Comprendre les images

Groupes 3 et 4

1. Quelle technique a été utilisée pour réaliser chaque œuvre ? De quelle époque date-t-elle ?

2. Où sont les monstres sur chaque image ? Décrivez-les.

3. Quel(s) danger(s) Ulysse affronte-t-il ? Imaginez comment ses compagnons et lui échappent à ces monstres.

ÉTAPE 2 Comprendre le rôle des monstres

En classe entière

- Un élève du groupe 3 présente le travail du groupe : description de l'image et récit de l'aventure imaginée.
- Ensuite un élève du groupe 1 confirme ou non les hypothèses du groupe 3. Puis il présente le dessin préparé, que l'on compare au document du groupe 3.
- On procède de même avec le groupe 4 et le groupe 2.
- Avez-vous été surpris par certains monstres ? Expliquez.
- À quoi les monstres servent-ils dans l'*Odyssée* ? N'oubliez pas Polyphème le Cyclope !

ÉTAPE 3 Faire le bilan

Individuellement

Rédige une phrase pour chaque idée à retenir :

- ce qui fait d'un personnage un monstre ;
- ce que gagne et perd le héros ;
- ce que ressent le lecteur.

Activité

Reconstituer l'organisation du récit

Place les aventures que tu viens de découvrir sur l'axe chronologique commencé ▶ **p. 107**.

Stratégie de lecture

Modifier sa représentation mentale (être flexible)

Quand tu découvres de nouvelles informations, il faut accepter de modifier ton image mentale. Il est donc important de savoir à quelle culture appartient l'artiste et quelle confiance tu peux accorder aux représentations que tu as en tête.

→ À quoi t'attendais-tu lorsqu'il a été question de Sirènes ? Que sont les Sirènes en réalité ?

Compétences
→ Contrôler sa compréhension et devenir un lecteur autonome
→ Raconter pour vérifier sa compréhension

Lire une aventure de l'*Odyssée*

Chapitres V, VI, VIII

ÉTAPE 1 Choisis une aventure d'Ulysse parmi celles qui sont proposées

- Lis l'extrait choisi et prends des notes dans ton carnet de lecture.
- Ton objectif est de bien comprendre cette aventure pour en proposer un résumé et faire une synthèse de ta lecture que tu présenteras à l'oral.
- Tu trouveras page 114 des questions pour guider ta compréhension du texte et préparer ta présentation orale.

Texte 1 : Les Lotophages

EXTRAIT COURT

Chez Alkinoos, Ulysse raconte ses aventures. Après le combat contre les Kikones, ses hommes et lui débarquent chez les Lotophages[1]...

Mais voilà qu'à peine doublé le cap Malée, la houle[2] nous a détournés de Cythère. Dès lors, et pendant neuf jours, des vents mauvais m'ont emporté sur la mer poissonneuse. Le dixième enfin, nous sommes arrivés au pays des mangeurs de fleurs, les Lotophages. Nous sommes descendus à terre, nous avons refait provision d'eau fraîche et nous nous sommes empressés de manger près de nos bateaux rapides. Une fois que nous avons eu satisfait la soif et l'appétit, j'ai envoyé trois de mes hommes en éclaireurs. Ils ont rencontré les Lotophages qui ne leur voulaient aucun mal mais leur ont offert du lotus, un fruit doux comme le miel, au cours de leur repas. Or quiconque goûte au fruit à la douceur de miel ne rêve que de rester parmi ce peuple, à se gorger de lotus au point d'oublier son pays natal. J'ai dû les ramener de force, malgré leurs larmes, les traîner jusqu'aux vaisseaux et les attacher sous les bancs ; j'ai ordonné qu'on embarque en hâte, craignant que le lotus n'égare d'autres hommes.

Ils montent, s'assoient en ordre sur les bancs et frappent de leurs rames la mer qui blanchit sous les coups.

✦ **Homère**, *L'Odyssée*, traduit du grec ancien par Isabelle Pandazopoulos, chapitre V © Gallimard Jeunesse, coll. « Folio Junior » (1982)

1. **Lotophages :** peuple imaginaire qui aime manger du lotus
2. **Houle :** mouvement de la mer

▲ « Les compagnons d'Ulysse chez les Lotophages », école anglaise (XXe siècle), lithographie, collection privée

EXERCICES Entraîne-toi à raconter une scène de combat

1 Invente un monstre effrayant !

a. Comme tu l'as remarqué, les monstres antiques sont souvent constitués de plusieurs parties d'animaux assemblées. Choisis des éléments dans cette liste :

aile • gueule • pied • tête • patte • yeux • queue • nageoire

b. Écris le portrait de ton monstre en associant les éléments que tu as choisis. Évite les répétitions.

▶ MÉTHODE 15 p. 276

c. Enrichis ton portrait en précisant :

– la taille : gigantesque, énorme, minuscule, long, court, haut...

– la matière : couvert de poils, d'écailles, de plumes, mou, dur, musclé...

– la couleur des différents éléments.

2 Enrichis ton vocabulaire !

a. Classe ces verbes dans l'ordre pour reconstituer une bataille :

affronter • attaquer • terrasser • découvrir • esquiver • frapper • jauger son adversaire • porter un coup fatal

b. Dans chaque phrase, remplace l'expression soulignée par un terme plus précis choisi dans la liste précédente.

1. Hercule <u>voit</u> le lion.
2. Il le <u>combat</u> avec son épée.
3. Il le <u>tue</u> en l'étouffant avec son bras.

3 Corrige ces phrases d'élèves qui ont mal utilisé les verbes.

1. « Je me combats avec lui. »
2. « Je bats contre le monstre. »
3. « Je m'affronte un adversaire féroce. »
4. « Je m'enfuis du monstre. »

4 Complète le schéma à l'aide de verbes, comme dans l'exemple à gauche.

Schéma à imprimer
hatier-clic.fr/21luf117

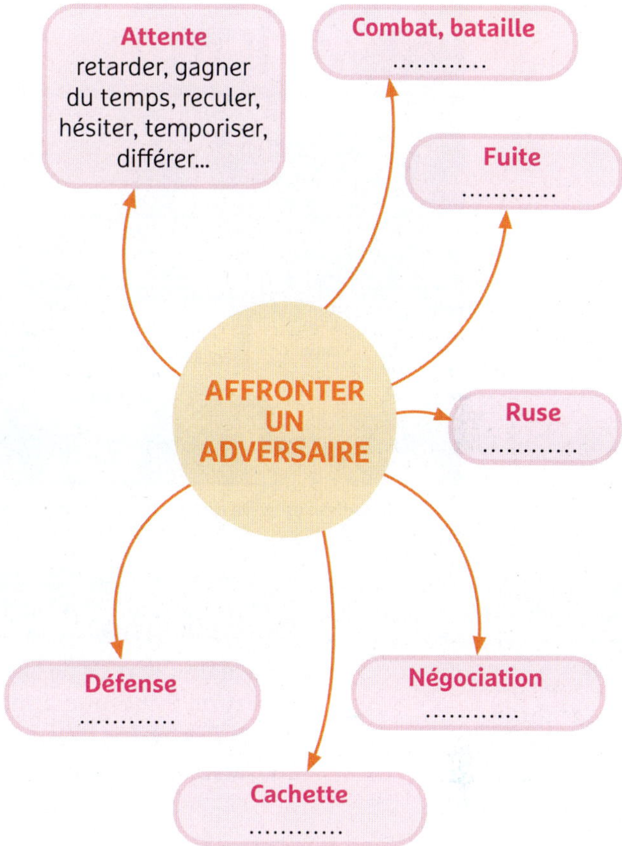

5 Observe ces deux récits de combat : lequel te semble le meilleur ? Pourquoi ? Souligne les verbes d'action.

1. Thésée voit devant lui un monstre mi-homme mi-taureau. Le héros le frappe de son épée et le tue.

2. Un monstre mi-homme mi-taureau se dresse devant Thésée. Celui-ci se saisit de son épée et affronte son adversaire avec courage. Il frappe à gauche, pare à droite, esquive d'un pas sur le côté. Il vise le cœur de la créature : il le transperce de son épée. Du sang jaillit et le monstre s'effondre.

6 Tu es un aventurier. En chassant dans la forêt, tu rencontres un loup. Imagine le combat en essayant d'utiliser des verbes d'action et de rythmer ton récit.

Œuvre intégrale

VIIIe siècle av. J.-C.
Épopée grecque

Objectif
→ S'interroger sur les limites entre l'humain et le monstre

Compétences Lecture
→ Anticiper, se poser des questions
→ Réorganiser les événements

L'épreuve de l'arc

« Ulysse et l'épreuve de l'arc », école anglaise (XXe siècle), lithographie, collection privée

Précédemment...

Ulysse finit le récit de ses aventures et Alkinoos le fait conduire à Ithaque en bateau. À la cour, Pénélope annonce qu'elle épousera celui qui réussira à traverser d'une seule flèche les anneaux alignés de douze haches. Les prétendants échouent. Déguisé en mendiant par Athéna, Ulysse demande à tenter sa chance.

Texte lu
hatier-clic.fr/21luf118

Ulysse retourne l'arc dans tous les sens, vérifiant qu'en son absence les vers n'ont pas rongé la corne. Alors les prétendants se disent les uns aux autres :

– Cet homme doit être un grand amateur d'arcs : regarde comme il sait le manier !

Il a la même aisance qu'un homme qui connaît parfaitement la cithare[1] et le chant et qui tend avec aisance une corde sur une cheville[2] neuve : comme lui, il tend l'arc sans la moindre peine. De la main droite ensuite, il fait vibrer la corde, elle sonne aussi juste qu'un cri d'hirondelle. Saisis d'effroi, les prétendants blêmissent. Zeus déclenche un coup de tonnerre, c'est un signe clair et Ulysse se réjouit de ce présage favorable. Il prend la flèche posée sur la table à côté du carquois où se trouvent toutes les autres destinées aux Grecs. Il l'ajuste et tire en visant droit, sans même se lever de son siège. Il ne manque pas une hache, depuis la première et jusqu'à la dernière. Alors Ulysse dit à Télémaque :

– Tu n'auras pas à rougir de cet hôte assis dans ton palais ! Je n'ai pas manqué mon but et je n'ai aucune peine à tendre l'arc : ma force est toujours là ! C'est l'heure maintenant de préparer le repas tant qu'il fait jour !

Vocabulaire

Autour du mot *prétendant*
- Que signifie *prétendre quelque chose* ?
- Que signifie *prétendre à quelque chose* ? À quoi les hommes prétendent-ils dans le texte ?
- Quel synonyme du nom *prétendant* (l. 2) connais-tu ?

Il dit, et fait un signe à Télémaque qui met son épée à l'épaule, saisit sa lance et se tient non loin de lui à côté de son siège flamboyant.

Alors l'ingénieux Ulysse enlève ses haillons, bondit sur le seuil avec son arc et son carquois et dit aux prétendants :

– La voilà terminée, cette dangereuse épreuve ! Je vais maintenant viser une autre cible que j'espère toucher si Apollon m'en accorde la gloire. Il dit, et lance l'amère flèche sur Antinoos[3] alors que celui-ci s'apprête à lever une belle coupe d'or à deux anses pour la vider. Il était bien loin de penser à la mort. La flèche l'atteint à la gorge et traverse de part en part son cou délicat. Antinoos bascule, la coupe lui tombe des mains, un épais flot de sang jaillit de ses narines. D'un brusque mouvement de pied, il renverse la table ; tous les mets, pain et viandes rôties, tombent à terre.

Les prétendants se lèvent, courant dans tous les sens, cherchant du regard des boucliers et des lances. Puis ils prennent Ulysse à partie :

– Étranger, tu tires sur des hommes ! C'est un crime et ce sera ton dernier jeu, ta mort est certaine. Tu viens de tuer le meilleur des jeunes gens d'Ithaque et les vautours te mangeront sur place !

Ils croient qu'Ulysse a tué cet homme par accident. Leur jetant un regard plein de mépris, Ulysse leur dit :

– Chiens ! Vous n'imaginiez pas qu'un jour je reviendrais du pays des Troyens ! Vous pillez ma maison ! Vous couchez par la force avec mes servantes ! Et moi vivant, vous courtisez ma femme, ne craignant ni les dieux ni le vaste ciel ni la vengeance qui plus tard pourrait venir des hommes ! Maintenant, pour vous, c'est l'heure de la mort !

Ainsi dit-il, et ils deviennent verts de peur.

✦ **Homère**, *L'Odyssée*, traduit du grec ancien par Isabelle Pandazopoulos, chapitres XIV-XV © Gallimard Jeunesse, coll. « Folio Junior » (1982)

Impressions de lecture

- Choisis une phrase qui frappe ton esprit et recopie-la dans ton carnet de lecture.
- De quel personnage prendrais-tu la défense ? Pourquoi ?

1. **Cithare :** instrument de musique à cordes
2. **Cheville :** ici, partie d'un instrument de musique qui sert à tendre les cordes
3. **Antinoos** est le chef des prétendants, les hommes qui voudraient se marier avec Pénélope.

Stratégie de lecture

Anticiper, se poser des questions

Pour bien comprendre les actions des personnages, imagine ce qui se passerait s'ils agissaient autrement.

→ Pourquoi Ulysse ne révèle-t-il pas son identité dès qu'il arrive à Ithaque ?

Essaie de prévoir ce qui se passera ensuite. Tu auras le plaisir d'avoir deviné juste, ou bien celui d'être surpris par l'auteur.

→ Imagine comment vont réagir les autres prétendants.

→ Après l'étude de ce texte, lis la suite aux pages 122 à 129 de l'édition Folio Junior pour vérifier tes hypothèses.

Comprendre le texte

1. Qui raconte l'histoire ? Explique ce qui t'a permis de répondre.

2. Quels indices permettent aux prétendants de reconnaître Ulysse ?

3. Quelles émotions les prétendants ressentent-ils au cours de l'extrait ? Justifie en t'appuyant sur le texte.

4. Que tient Ulysse dans ses mains ? Télémaque ? Antinoos ? Que peux-tu en conclure ?

5. a. Pourquoi Ulysse tue-t-il Antinoos ?
b. Que ressens-tu à la lecture de sa mort (l. 23 à 29) ? À quelle autre scène de l'*Odyssée* ce passage peut-il faire penser ?

6. Qu'a l'intention de faire ensuite Ulysse ? Qu'en penses-tu ?

Rédiger la synthèse

Écris un paragraphe pour expliquer comment Ulysse retrouve sa place de chef et de roi d'Ithaque dans cet extrait.

Activité

Reconstituer l'organisation du récit

Place l'aventure que tu viens de découvrir sur l'axe chronologique commencé ▶ **p. 107**.

Objectif
→ Découvrir le personnage de Pénélope

Compétence Lecture
→ S'interroger sur les intentions des personnages pour remplir les blancs du texte

Les retrouvailles avec Pénélope

Précédemment…
Après vingt ans d'absence, Ulysse est de retour auprès de Pénélope, déguisé en vieux mendiant par Athéna. Mais la reine ne veut pas se réjouir trop vite car elle redoute une ruse des dieux.

La reine descend alors de l'étage. Elle hésite : doit-elle interroger de loin son mari ou doit-elle courir pour lui embrasser la tête et les mains ? Elle franchit le seuil de pierre et s'assied en face du héros. Lui, adossé au pilier, reste les yeux baissés en attendant qu'elle parle. Mais elle demeure silencieuse, stupéfaite, tantôt reconnaissant Ulysse dans ce visage, tantôt doutant, ne voyant plus que ses haillons[1]. Alors il s'assoit sur son fauteuil, en face de sa femme, et lui dit :

– Malheureuse, c'est toi qui entre toutes les femmes a reçu des dieux le cœur le plus indifférent ! Aucune autre que toi ne pourrait rester loin de son mari qui revient dans sa patrie après vingt ans d'absence ! Allons, nourrice, prépare-moi un lit et que j'y dorme seul. Car elle, c'est un cœur de fer qu'elle a !

La sage Pénélope lui fait cette réponse :

– Ce n'est chez moi ni indifférence ni mépris. Je sais très bien ce que tu étais quand tu es parti d'Ithaque sur ton navire aux longues rames. Allons, Euryclée, apporte de la grande chambre le lit qu'il avait fait lui-même et couvre-le de toisons, de manteaux et de draps chatoyants[2] !

Elle parle ainsi pour le mettre à l'épreuve. Alors Ulysse, indigné, dit à sa fidèle compagne :

– Femme, ce que tu dis me fait mal. Qui donc a déplacé mon lit ? L'homme le plus habile n'aurait pu le faire sans l'aide d'un dieu car il y a un secret dans sa construction : je l'ai bâti tout seul. Dans la cour poussait un olivier, un arbre vigoureux aussi épais qu'une colonne. J'ai bâti autour de lui les murs de notre chambre, je l'ai recouverte d'un toit et l'ai fermée de portes solides. Puis j'ai taillé le tronc à la racine, je l'ai poli et j'en ai fait le socle de notre lit, en l'incrustant d'argent, d'ivoire et d'or. Pour finir, j'ai tendu dessus des sangles de cuir rouge. Je ne sais si le lit est toujours en place, femme, ou si pour le déplacer un homme a scié le tronc à la racine.

À ces mots, Pénélope sent son cœur défaillir car elle reconnaît les signes décrits par Ulysse. En pleurant, elle se précipite sur lui, jette ses bras autour de son cou, embrasse son visage et lui dit :

– Ne m'en veux pas, Ulysse, tu es toujours le plus sensé des hommes ! Au fond de moi, mon cœur redoutait toujours qu'un homme vienne m'abuser[3] par ses discours. Maintenant que tu m'as décrit notre lit qu'aucun autre mortel n'a vu, mon cœur est convaincu.

Vocabulaire

Autour du mot *indifférent*
- Connais-tu le sens de l'adjectif *indifférent* (l. 9) ? Devine-le en t'aidant de l'attitude de Pénélope.
- Quelle expression imagée Ulysse utilise-t-il (l. 11-12) pour exprimer la même idée ?

1. **Haillons :** vieux habits déchirés. Athéna a déguisé Ulysse pour qu'il puisse entrer sans être reconnu de ses ennemis.
2. **Chatoyants :** qui ont de belles couleurs
3. **Abuser quelqu'un :** le tromper

Le désir de pleurer envahit le cœur d'Ulysse. Il pleure, serrant dans ses bras sa femme fidèle. L'Aurore aux doigts de roses va paraître, mais Athéna arrête la nuit et retient l'Aurore au trône d'or près de l'Océan, sans lui permettre d'atteler ses chevaux aux sabots rapides pour porter de la lumière aux hommes.

✦ **Homère**, *L'Odyssée*, traduit du grec ancien par Isabelle Pandazopoulos, chapitre XVI

Impressions de lecture

Si tu étais à la place de Pénélope, comment réagirais-tu à l'annonce du retour d'Ulysse après une si longue absence ?

▲ **John William Waterhouse**, *Pénélope et les prétendants* (1912), huile sur toile (130 x 188 cm), Aberdeen Art Gallery and Museums (Grande-Bretagne)

Lecture d'image

1. Où Pénélope se trouve-t-elle sur l'image ? Où sont les prétendants ?

2. Que fait Pénélope ?

3. Comment réagit-elle aux avances des prétendants ?

Comprendre le texte

Parcours différenciés

Parcours A

1. Quelle est l'attitude de Pénélope au début du texte ? À la fin du texte ? Qu'est-ce qui explique ce changement ?

2. Quel est le but de Pénélope quand elle demande d'apporter le lit ? Explique précisément.

Parcours B

1. Quel reproche Ulysse fait-il à sa femme au début du texte ? Trouves-tu ce reproche justifié ?

2. a. Que demande Pénélope à la nourrice Euryclée ?
b. Pourquoi ce qu'elle demande est-il impossible ?
c. Qui connaît les secrets de fabrication du lit ? Pourquoi ?
d. L'erreur de Pénélope était-elle volontaire ou involontaire ?

En classe entière

3. a. Que font Ulysse et Pénélope à la fin du texte ?
b. Comment Homère rend-il ces retrouvailles émouvantes ?

4. De quelles qualités Pénélope fait-elle preuve dans cet extrait ?

Rédiger la synthèse

Raconte l'épisode du lit en quelques phrases pour montrer que Pénélope est la digne épouse d'Ulysse. Insiste bien sur ses intentions.

Stratégie de lecture

Remplir les blancs du texte

Parfois, les personnages ne disent pas la vérité ou une partie de l'histoire est volontairement cachée par l'auteur. Elle est révélée ensuite pour créer un effet de surprise ou un rebondissement. Pour bien comprendre, le lecteur doit deviner ce que l'auteur ne précise pas.

→ Que cache Homère au lecteur sur Pénélope (l. 14-17) ?

Texte-écho
Ovide, *Les Héroïdes*
hatier-clic.fr/21luf121

À lire, à voir en autonomie

Si tu as envie d'explorer seul(e) la mythologie antique ou de découvrir des odyssées modernes, voici des propositions de lectures et de films.

Complète ton **carnet de lecture** au fur et à mesure de ta lecture.

▸ « Tenir son carnet de lecture », p. 33

Conte mythologique

Christian Grenier

Les douze travaux d'Hercule

Pour expier le meurtre de sa femme, le demi-dieu Hercule doit accomplir douze exploits : tuer l'hydre de Lerne, le lion de Némée, dompter Cerbère, le chien des Enfers à trois têtes...

Contes mythologiques

Annie Collognat

25 métamorphoses d'Ovide

Dans la mythologie gréco-romaine, nombreux sont les personnages qui se transforment : Arachné, Écho et Narcisse, Dédale et Icare, Orphée et Eurydice...

Roman

Claude Merle

Les Secrets de l'Olympe, « Le sang de Méduse » (tome 1)

Enquête policière au cœur de la mythologie grecque. Dans cet épisode, des nymphes sont retrouvées pétrifiées : le héros Phildémon est chargé de résoudre le mystère de ces attaques effrayantes.

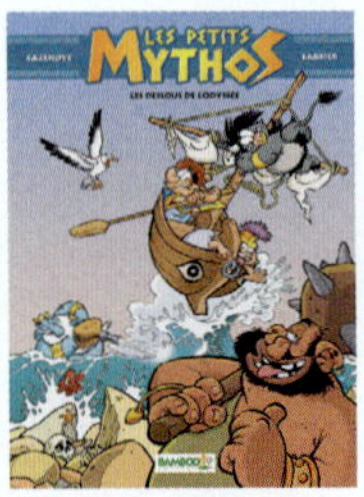

Bande dessinée

Apprentis lecteurs

Christophe Cazenove, Philippe Larbier

Les petits Mythos, « Les dessous de l'*Odyssée* » (tome 6)

Un album très drôle, comme toute la série. Dans sa jeunesse, Ulysse n'est pas encore celui qu'on connaît. Il voyage avec son ami Totor le Minotaure et accumule les aventures plus loufoques les unes que les autres.

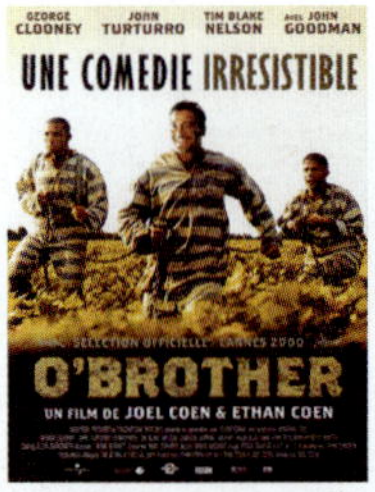

Film

Cinéphiles

Ethan et Joel Coen

O'Brother

Dans le Missisipi des années 1930, trois prisonniers s'évadent du bagne. Ils essaient de retourner chez eux et font des rencontres qui évoquent les aventures d'Ulysse.

Film

Ang Lee

L'Odyssée de Pi

Pi Patel raconte son incroyable aventure : jeune indien de dix-sept ans, il se retrouve seul sur un canot de sauvetage après le naufrage du cargo qui le transportait. Seul... avec un tigre nommé Richard Parker. Tous les deux vont devoir cohabiter et faire preuve d'un grand courage pour survivre.

Activité Speedbooking

- Tu as deux minutes pour donner envie à ton voisin de lire le livre ou voir le film que tu as choisi. Explique-lui ce qui t'a plu : ambiance, personnages, rebondissements... Puis c'est à lui de te présenter son œuvre.
- Ensuite, l'un des deux change de table ; l'autre reste à sa place et accueille un nouveau voisin, à qui il présente son livre, et ainsi de suite. Le professeur surveille le temps.
- Au bout de six ou sept rotations, chacun vote pour l'élève qu'il a préféré écouter.
- Pour finir, les trois meilleurs présentent leur œuvre à toute la classe.

Besoin d'aide ?

Pour bien préparer ce travail, utilise la fiche Méthode 24 « Donner son avis sur un texte, un livre, une œuvre d'art » ▸ p. 290.

Projet final collaboratif

Compétences
- → Se construire une image mentale pour mieux comprendre
- → Construire une culture littéraire
- → Coopérer pour réaliser un projet

+PROF Conseils de mise en œuvre

Représenter les aventures d'Ulysse sur une carte

EN GROUPES

ACTIVITÉ 1 h 30 Par groupes de quatre, vous allez retracer le long voyage d'Ulysse raconté par Homère dans l'*Odyssée* et le dessiner sur une carte, à la manière des portulans. Pour cela, vous devrez utiliser tout le travail mené lors du parcours de lecture.

Carte vierge à imprimer
hatier-clic.fr/21luf123

INTERDISCIPLINARITÉ ARTS PLASTIQUES-HISTOIRE-GÉOGRAPHIE

◄ **François Ollive,** carte (portulan) de la mer Méditerranée (1662) (117 x 195 cm), BnF (Paris)

Qu'est-ce qu'un portulan ?

C'est une **carte marine** richement décorée, utilisée du XIIIe au XVIIIe siècle. Elle représente les côtes qui bordent la mer, les ports, mais aussi des dessins qui figurent ou symbolisent les habitants, les lieux, les végétaux des pays tout autour.

ÉTAPE 1 Identifier les points de départ et d'arrivée

Identifiez sur votre fond de carte le lieu de départ et le lieu d'arrivée d'Ulysse et **repérez-les clairement** par des symboles dessinés sur une feuille blanche et collés ensuite sur le lieu (par exemple : cheval de Troie...).

ÉTAPE 2 Récapituler les épisodes

- Faites la liste de toutes les aventures d'Ulysse et **vérifiez leur ordre chronologique** à l'aide de la frise complétée à la fin de chaque lecture. ▶ p. 107
- **Préparez des étiquettes** numérotées pour ces lieux.

ÉTAPE 3 Finaliser la carte

- **Placez provisoirement ces étiquettes sur la carte** selon votre imagination, en respectant les indications de l'*Odyssée*. Représentez ces aventures et ces lieux par des dessins et des symboles : monstres, personnages... que vous collerez ensuite sur votre carte.
- Écrivez aussi sur la carte les noms des lieux, des aventures, des personnages.
- **Décorez votre carte** par des symboles de l'univers de l'*Odyssée* : bateau, dieux grecs...

ÉTAPE 4 Présenter la carte à la classe

Bilan

Écris un court texte pour expliquer si le projet t'a plu et ce que tu as appris grâce à lui.

Je construis le bilan

1 Identifier l'œuvre

a. Propose la carte d'identité de l'œuvre étudiée dans le chapitre.
• Titre : ...... • Auteur : ...... • Siècle : ...... • Genre : ......

b. Place l'œuvre étudiée dans ce parcours sur la frise de ton carnet de lecture.

Frise à imprimer hatier-clic.fr/21luf01

2 Comprendre l'organisation du récit

a. En binôme. Grâce aux étiquettes-événements, organisez d'abord les aventures d'Ulysse selon l'ordre chronologique, puis selon l'ordre du récit.

Étiquettes à imprimer hatier-clic.fr/21luf124

b. Complète cette synthèse :

Dans l'*Odyssée* d'Homère, les aventures ne sont pas racontées dans l'ordre ....

L'épopée commence au .... de l'histoire (chez Calypso), puis Ulysse ...... lui-même les aventures vécues ...... dans un long ...... (chez Alkinoos).

Enfin, dans les derniers chapitres, le narrateur est à nouveau .....: il raconte les ...... aventures d'Ulysse quand il rentre à Ithaque.

3 Caractériser une épopée

Choisis dans la liste suivante les mots qui permettent de caractériser une épopée, puis écris une définition de l'épopée en utilisant ces mots : héros • poème • inconnu • aventures • extraordinaires • dieux • mythique • banalité

4 S'interroger sur l'être humain et le monstre

Prépare le débat qui sera fait en classe : réfléchis à ce qui différencie l'être humain du monstre dans l'*Odyssée*.

✔ Fais la liste des êtres humains et des êtres monstrueux dans l'*Odyssée*. Explique sur quels critères tu t'es appuyé(e) pour faire ton classement.

✔ Précise si certains êtres peuvent passer d'une catégorie à l'autre selon les moments.

✔ Que penses-tu d'Ulysse ?

✔ Appuie-toi sur des exemples du récit.

5 Je donne mon avis

a. Quelle aventure d'Ulysse as-tu préférée ? Pourquoi ?

b. As-tu aimé lire l'*Odyssée* ? Justifie ton point de vue en quelques lignes.

6 Je fais le point sur mes apprentissages

a. Quelles connaissances ai-je acquises dans ce parcours ?

b. Quelles compétences ai-je développées (en lecture, en écriture, en étude de la langue, à l'oral) ?

Compétences travaillées dans le parcours

Lecture (D1, 1, D2)	→ **Comprendre un texte littéraire et se l'approprier :** lire et comprendre un texte fondateur → **Devenir un lecteur autonome :** – répondre en autonomie à des questions sur un texte – lire seul(e) une œuvre associée au parcours	→ p. 100-121 → p. 126 → p. 114, 122
Écriture (D1, 1, D2)	→ **Rédiger des écrits variés :** – écrire une description – écrire un texte narratif → **Faire évoluer son texte :** revoir son brouillon	→ p. 116 → p. 116 → p. 116
Oral (D1, 1 et 4)	→ **Comprendre et s'exprimer à l'oral :** – participer à des échanges sur les textes et débattre – déclamer un texte littéraire appris par cœur	→ p. 110-114, 124 → p. 115
Étude de la langue (D1, 1)	→ **Enrichir le lexique :** – décrire un monstre – utiliser des verbes du combat	→ p. 117 → p. 117
Culture littéraire et artistique (D1, 1)	→ **Situer un auteur dans son époque :** Homère → **Connaître les genres littéraires :** l'épopée → **Comprendre, s'exprimer en faisant des liens entre les arts et les cultures :** – mettre en lien textes et représentations iconographiques – Travailler en interdisciplinarité (français-arts plastiques-histoire-géographie)	→ p. 102 → p. 100-121 → p. 110 → p. 123
Compétences transversales (D3)	→ **Formuler son opinion :** exprimer un avis personnel sur un texte, sur une œuvre → **Développer la confiance en soi et le respect des autres :** réfléchir ensemble à ce qui civilise l'être humain	→ p. 122, 124 → p. 100-125

L'Odyssée d'Homère

Carte d'identité

L'œuvre et l'auteur

- L'*Odyssée* est une **épopée**. Elle a d'abord été récitée à travers la Grèce et le monde méditerranéen, puis écrite en grec ancien par l'aède Homère, au **VIIIe siècle avant J.-C.**
- L'*Odyssée* est un **long poème** qui raconte les aventures extraordinaires d'un **héros** dans un monde où les **dieux** interviennent souvent.

Un héros humain

- L'*Odyssée* raconte les aventures d'**Ulysse**, qui après sa victoire à Troie, s'efforce de rentrer chez lui. Il navigue durant dix années, ballotté d'**épreuve en épreuve** par le dieu Poséidon qui ne lui pardonne pas d'avoir aveuglé son fils, le Cyclope Polyphème. Et une fois arrivé à **Ithaque**, il doit encore se battre pour reconquérir son royaume.
- Chacun peut s'identifier à ce glorieux héros car Homère propose une **vision juste de l'être humain**, de ses qualités et ses défauts. Ainsi, Ulysse est un guerrier courageux, qui se décourage parfois et commet des erreurs : il est trop curieux chez le Cyclope, s'attarde chez Circé et Calypso…

Le monstre aux limites de l'humain

- L'être humain a en lui une certaine **sauvagerie** qu'il doit apprendre à contrôler.
- Ce qui différencie l'être humain du monstre, c'est sa capacité à **respecter des règles de conduite** : hospitalité (le Cyclope ne la respecte pas), respect de la parole donnée et sens des responsabilités (Ulysse doit rentrer chez lui), prévoyance et actes raisonnés (Ulysse prépare un plan pour échapper au Cyclope, aux Sirènes…), contrôle de ses émotions (peur, colère…).
- Cela lui permet de créer des **relations** avec les autres.

L'organisation du récit

- Dans un texte, un livre, les événements ne sont pas forcément racontés dans l'ordre où ils se sont passés (l'ordre chronologique).
- L'*Odyssée* commence **au milieu** de l'histoire, chez Calypso, puis Ulysse **raconte** lui-même les aventures vécues **auparavant** dans un long **retour en arrière**, chez Alkinoos. Enfin, dans les derniers chapitres, le narrateur est à nouveau **Homère** : il raconte les **dernières** aventures d'Ulysse quand il rentre à Ithaque.

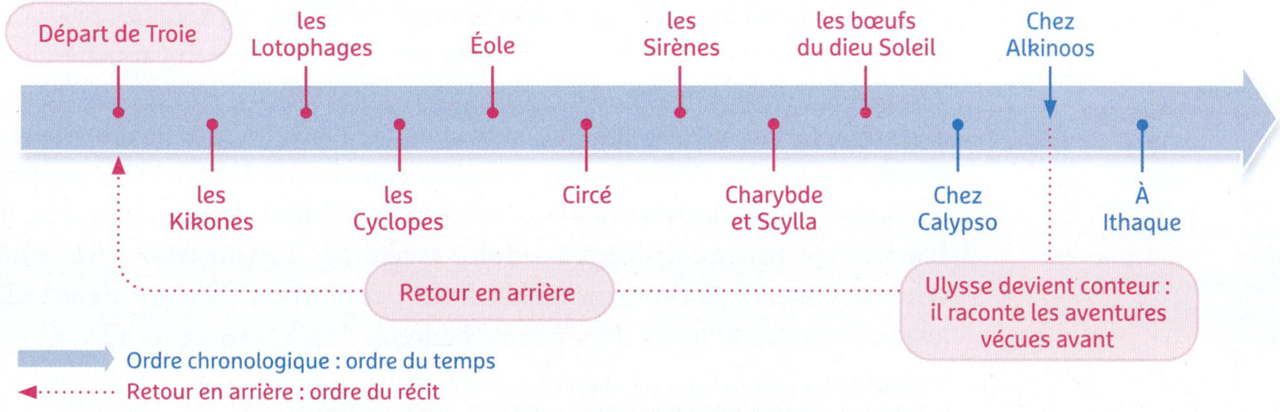

Le pays des morts

La déesse Circé conseille à Ulysse d'aller voir le devin Tirésias : lui seul pourra lui dire comment regagner Ithaque. Malheureusement, Tirésias est mort. Ulysse suit les indications de la magicienne : il se rend aux Enfers, où se réunissent les âmes des morts, et sacrifie des animaux. En faisant boire leur sang au devin, il obtiendra les renseignements souhaités.

+PROF
Évaluation modifiable

Arrivés à destination, nous avons fait échouer le bateau, nous avons sorti le bétail[1] et longé les eaux de l'Océan jusqu'à l'endroit désigné par Circé.

J'ai alors accompli les rites[2] dictés par la déesse. Et du fond des Enfers, les âmes des morts ont afflué : jeunes femmes, jeunes gens, vieillards usés par la vie, jeunes vierges portant au cœur leur premier chagrin, guerriers blessés par des lances de bronze, recouverts de leurs armes sanglantes. Ils arrivaient en foule autour du trou, poussant d'étranges cris ; et une peur glacée m'a envahi. Tirant mon épée, j'ai empêché les têtes sans force des morts de s'approcher du sang avant que n'ait parlé Tirésias.

La première à venir, c'était l'âme d'Anticlée, ma mère défunte que j'avais laissée vivante en partant d'Ithaque. En la voyant, je me suis mis à pleurer mais, malgré ma tristesse, j'ai empêché qu'elle s'approche du sang, Tirésias n'avait pas encore parlé.

Or, voici qu'apparaît, tenant un sceptre doré, l'ombre du devin. Il me reconnaît et me dit :

– Pourquoi donc, malheureux, quitter la lumière du soleil et venir ici dans ce lieu sans douceur rendre visite aux défunts ? Écarte-toi du trou, que je boive du sang et te dise la vérité !

Le devin irréprochable boit le sang et me dit :

– Tu désires un doux retour, illustre Ulysse. Mais j'ai peur que Poséidon, l'Ébranleur de sol, n'oublie pas sa colère contre toi ; il te garde rancune d'avoir aveuglé l'un de ses fils. Pourtant, si tu restes maître de toi et de tes marins, il se peut que vous aboutissiez malgré de longues souffrances. Dès que ton navire approchera de l'île du Trident, tu verras paître les vaches et les moutons du dieu Soleil, celui qui voit et entend tout. Si tu n'y touches pas, si tu ne songes qu'au retour, alors tu rentreras à Ithaque. Mais si tu y touches, je te garantis la perte de ton bateau et de ton équipage. Et tu rentreras seul, vieux et misérable, sur le vaisseau d'un autre peuple. Dans ton pays, tu verras des hommes insolents dévorer tes richesses et courtiser ta femme. Car ces prétendants veulent prendre ta place sur le trône. Depuis bien des années, ils écartent ton fils et cherchent à séduire ta femme. Tu leur feras payer leurs crimes. Alors la mer t'enverra la plus douce des morts après une longue vieillesse où tu seras entouré d'un peuple heureux. Voilà l'exacte vérité.

✦ **Homère**, *L'Odyssée*, racontée par Isabelle Pandazopoulos, chapitre VII

1. **Le bétail :** un agneau et une brebis qu'Ulysse doit offrir en sacrifice pour faire apparaître les morts
2. **Rites :** gestes religieux, symboliques, qui sont toujours les mêmes

Parcours A

Réponds aux questions ci-dessous à l'aide de phrases complètes et remplis au fur et à mesure le tableau pour réfléchir à la manière dont tu trouves tes réponses.

Tableau à imprimer hatier-clic.fr/21luf127

1. a. Qui raconte cet épisode ? Explique précisément ce qui t'a aidé à répondre. (2 points)
b. En te servant de tes connaissances, rappelle à qui il raconte ses aventures. (2 points)

2. Relève quatre noms communs qui désignent les habitants des Enfers. (2 points)

3. a. Quelle impression se dégage à l'arrivée des morts (l. 3 à 9) ? (2 points)
b. Quel conseil donnerais-tu à quelqu'un qui doit lire ce passage à voix haute ? (2 points)

4. a. Quelles sont les deux émotions ressenties par Ulysse à la vue des morts ? Justifie ta réponse. (2 points)
b. De quelle qualité fait-il preuve ? (1 point)

5. Résume en trois ou quatre phrases ce qui se passe dans cet extrait. (2 points)

6. Ce que Tirésias annonce se réalise-t-il dans l'*Odyssée* ? Justifie à l'aide de trois exemples. (3 points)

7. Qu'est-ce qui fait d'Ulysse un héros dans tout ce texte ? (2 points)

Parcours B

Réponds aux questions ci-dessous par des phrases complètes en t'aidant du code couleur.

Comment trouver les réponses ?

- Je trouve la réponse dans le texte (vert)
- Je devine la réponse à l'aide des indices du texte (orange)
- Je me sers de mes connaissances pour répondre (rose)
- Je donne mon avis : *Je pense que...* (bleu)

[orange] **1.** Qui raconte dans ce texte ? Explique précisément ce qui t'a aidé à répondre en citant le texte. (2 points)

[vert] **2. a.** Quels personnages Ulysse rencontre-t-il dans ce texte ? Qu'ont-ils d'extraordinaire ? Réponds avec tes propres mots. (2 points)

[orange] **b.** Que ressent Ulysse ? Justifie en citant le texte et explique pourquoi, avec tes propres mots. (3 points)

[rose] **3.** Selon toi, de quelle qualité Ulysse fait-il preuve dans cet épisode ? Justifie avec tes propres mots. (2 points)

4. Lignes 20 à 33 :

[vert, rose] **a.** D'après Tirésias, quelle est la cause des malheurs d'Ulysse ? Réponds en citant le texte. (2 points)

[orange, rose] **b.** Quelles sont les deux grandes étapes de l'avenir d'Ulysse annoncées par Tirésias ? Formule ta réponse avec tes propres mots. (2 points)

[rose] **c.** Penses-tu que Tirésias soit un bon devin ? Explique ta réponse, avec tes propres mots. (2 points)

[orange] **5.** Relis bien le texte pour en voir le film dans ta tête, puis résume en trois ou quatre phrases ce qui se passe dans cet extrait. (3 points)

[bleu] **6.** Qu'est-ce qui fait d'Ulysse un héros dans tout ce texte ? Réponds en t'aidant des réponses précédentes. (2 points)

Dossier

6

Monstres antiques et modernes

Pourquoi les monstres de l'Antiquité ont-ils traversé le temps ?

J'enquête

Les univers imaginaires des romans actuels regorgent de monstres !

- Peux-tu en **citer** quelques-uns ?
- Nous allons **mener l'enquête** pour découvrir où les auteurs sont allés chercher toutes leurs idées !

Vocabulaire

- **Étymologie :** le mot *mythe* vient du grec ancien *muthos* (μῦθος) qui signifie « parole, récit... ».
- Les **mythes** sont des récits légendaires qui se sont transmis oralement de génération en génération.

1 Amphore chalcidienne à figures noires (vers 560-540 av J.-C.), musée du Louvre (Paris)

Créatures marines

1. Observe l'image 1 et rappelle-toi les Sirènes de l'*Odyssée* ▶ p. 110. Quel est leur pouvoir ? Sont-elles bénéfiques ou maléfiques ?

2. Observe l'image 2. Quelle forme ont les Sirènes dans la mythologie scandinave ? Quel auteur de conte s'est inspiré de ce personnage au XIXe siècle ?

3. Après avoir lu le texte ci-dessous extrait des *Chroniques de Narnia*, explique en quoi les « gens de la mer » sont inspirés de ces deux Sirènes.

2 *Sirène*, créature de la mythologie scandinave, détail d'une enluminure du manuscrit *Le Bestiaire divin* (vers 1270), Bibliothèque nationale de France (Paris)

À bord d'un navire dans les mers par-delà le bout du monde, la jeune Lucy observe les « gens de la mer » qui approchent, à la surface de l'eau.

Il y avait des hommes et des femmes. […] Ils ne portaient aucun vêtement. Leur corps était couleur vieil ivoire, leurs cheveux violet foncé. […]

– Pas question que les marins voient tout ça, dit le capitaine. Sinon, il y aura des hommes qui tomberont amoureux d'une femme de la mer, ou même du pays sous la mer, et qui sauteront par-dessus bord. J'ai entendu parler de semblables événements. C'est toujours mauvais signe de voir ces gens-là. […] À en juger par leur allure, s'ils le pouvaient, ils auraient depuis longtemps fait surface pour nous attaquer. Ils paraissent vraiment féroces.

✦ **C. S. Lewis**, *Les Chroniques de Narnia, L'Odyssée du Passeur d'Aurore* (1952), traduit de l'anglais par Philippe Morgaut

Textes & Images

Le lycanthrope

Compétences du dossier
→ Comprendre des textes, des documents, des images
→ Construire une culture littéraire

Objectif
→ Découvrir l'origine lointaine et mythique de monstres modernes

ÉTAPE 1 **Lis cette traduction d'un texte latin : relève dans le texte les indices qui te permettent de comprendre en quoi le personnage est transformé.**

Lycaon est puni par Zeus parce qu'il lui a servi de la chair humaine au repas. Sa maison s'écroule et le roi subit une terrible transformation.

Effrayé, le roi Lycaon s'enfuit et, après avoir gagné la campagne silencieuse, se met à hurler. C'est en vain qu'il tente de parler ; de sa bouche pleine de crocs ne sort que sa rage. Cet être déjà habitué à faire couler le sang se jette sur les troupeaux, et maintenant encore, il se complaît dans le sang. Ses vêtements sont changés en poils, et ses bras en pattes. Lycaon devient ....

✦ **Ovide**, *Les Métamorphoses* (Ier s. ap. J.-C.), livre I, v. 232 à 237, traduit du latin par Bettina Bolle-Nicolas © Hatier

▲ *L'espion troyen Dolon* (vers 460 av. J.-C.), détail d'un lécythe (vase grec, 16,5 x 6 cm), musée du Louvre (Paris)

Comprendre le texte

1. Lycaon ne porte pas son nom au hasard : que signifie *lukos* (λύκος en grec ancien) à ton avis ?

2. Sachant que *anthropos* (ἄνθρωπος en grec ancien) signifie « homme », explique ce qu'est un « lycanthrope ».

3. Quel trait de caractère du roi Lycaon cette transformation met-elle en évidence ?

ÉTAPE 2 **Lis ensuite cet extrait du roman *Thirrin, Princesse des glaces*.**

La princesse Thirrin et son garde du corps sont sur la piste d'une créature monstrueuse…

Un animal énorme surgit brusquement des épais taillis qui bordaient le sentier. De forme vaguement humaine, recouvert de poils, il avait une tête bizarre, celle d'un homme et d'une bête à la fois. Son regard chargé de haine se posa sur eux une seconde, puis il chargea.

Lors d'un combat féroce contre le monstre, elle le blesse, mais elle est désarmée ; elle se prépare à mourir.

[Il] poussa un hurlement, sa voix montant dans les aigus pour ne plus former qu'une seule note haut perchée, à faire froid dans le dos, avant de retomber doucement et de se dissoudre dans le silence. […] Elle vit le loup-garou ramasser l'épée qu'il lui avait arrachée et l'enfoncer la pointe la première dans l'épais limon[1] de la forêt. […] Puis il fit une chose qui la stupéfia : l'énorme animal s'inclina.

✦ **Stuart Hill**, *Thirrin, Princesse des glaces* (2005), traduit de l'anglais par Philippe Morgaut © Gallimard Jeunesse 2006

1. **limon :** boue

Comprendre le texte

1. Quel nom moderne est donné au lycanthrope dans l'extrait de *Thirrin* ?

2. a. Quelles sont ses caractéristiques ?

b. Que fait-il de surprenant ? Explique en quoi son caractère diffère de celui de Lycaon (texte de l'étape 1).

3. Connais-tu un autre monstre de ce type dans la littérature ou au cinéma ?

Rédiger la synthèse

Explique de quel mythe l'auteur Stuart Hill s'est inspiré en imaginant le monstre que Thirrin affronte.

Impressions de lecture

Quel extrait te fait le plus peur ? Pourquoi ?

Le basilic

ÉTAPE 1 **Lis le texte 1 et devine de quelle créature il est question.**

Texte 1

Tout son corps s'allonge ; Cadmus sent sa peau durcir et se couvrir d'écailles, et sa chair noire s'émailler de taches bleues comme l'azur : il tombe sur sa poitrine et rampe ; ses jambes, réunies en une seule, se recourbent insensiblement pour finir en pointe fine. [...] Il veut parler encore, mais tout à coup sa langue se fend et se divise en deux parties ; il veut parler, mais les paroles lui manquent, et quand il essaie de faire entendre des plaintes, il siffle : c'est la seule voix que lui laisse la nature.

Cadmus est devenu ....

✦ **Ovide**, *Les Métamorphoses* (Ier s. ap. J.-C.), livre IV, v. 576-587, traduit du latin par Bettina Bolle-Nicolas © Hatier

ÉTAPE 2 **Lis le texte 2 et décris les caractéristiques du basilic.**

Texte 2

Le serpent appelé basilic n'est pas doué d'une moindre puissance. [...] Il met en fuite tous les serpents par son sifflement. Il ne s'avance pas comme les autres en se repliant sur lui-même, mais il marche en se tenant dressé sur la partie moyenne de son corps. Il tue les arbrisseaux, non seulement par son contact, mais encore par son haleine ; il brûle les herbes, il brûle les pierres, tant son venin est actif. On a cru jadis que, tué d'un coup de lance porté du haut d'un cheval, il causait la mort non seulement du cavalier, mais du cheval lui-même, le venin se propageant le long de la lance...

✦ **Pline l'Ancien**, *Histoire naturelle* (Ier s. ap. J.-C.), livre VII, 33, traduit du latin par Émile Littré

ÉTAPE 3 **Observe l'image, lis les explications sur Méduse, puis réponds aux questions.**

Méduse, monstre de la mythologie grecque, a le pouvoir de pétrifier les êtres vivants par un simple regard. Même morte, la tête tranchée par Persée, elle conserve son pouvoir de pétrification.

Lecture d'image animée
hatier-clic.fr/21luf130

▲ **Le Caravage**, *Tête de Méduse* (1598), huile sur toile de lin fixée sur bouclier en bois de peuplier (60 x 55 cm), galerie des Offices (Florence, Italie)

Vocabulaire

D'après l'histoire de ce personnage, à ton avis que signifie « être médusé » ?

Comprendre l'image

1. Décris l'œuvre.
2. Que ressens-tu lorsque tu l'observes ?
3. Le pouvoir de Méduse est-il le même que celui du basilic du texte 2 ? Explique.

ÉTAPE 4 **Lis le texte 3, puis réponds aux questions.**

Texte 3

Baudolino est un adolescent qui vit au XIIe siècle. Adopté par l'empereur Frédéric Barberousse, il parcourt le monde et les champs de bataille, et en rapporte le récit d'aventures mêlant réel et invention…

Une autre fois, ils le rencontrèrent vraiment, le basilic, et il était juste comme l'avaient transmis tant de récits, indubitablement[1] véridiques. Il était sorti d'un bloc de pierre en fendant la roche, comme avait bien averti Pline. Il avait une tête et des serres de coq, et au lieu de la crête une excroissance rouge, en forme de couronne, des yeux jaunes et globuleux comme ceux du crapaud, et un corps de serpent. Il était d'un vert émeraude, avec des reflets argentés, à première vue il semblait presque beau, mais on savait que son haleine pouvait empoisonner un animal ou un être humain, et déjà à une certaine distance on percevait son horrible puanteur.

« Ne vous approchez pas, cria Solomon[2], et surtout ne le regardez pas dans les yeux parce qu'eux aussi exhalent[3] un pouvoir vénéfique[4] ! » Le basilic rampait vers eux, son odeur se faisait encore plus insupportable, jusqu'à l'instant où vint à l'esprit de Baudolino qu'il y avait une manière de le tuer. « Le miroir, le miroir ! » cria-t-il à Abdul[2]. Qui lui tendit le miroir de métal offert par les gymnosophistes[5]. Baudolino le prit, et de la dextre[6] il le tenait devant lui, tel un écu[7] précisément tourné vers le monstre, tandis que de la sénestre[8] il se couvrait les yeux de façon à se soustraire à ce regard, et il mesurait ses pas selon ce qu'il voyait par terre. Il s'arrêta devant la bête, tendit encore le miroir. Attiré par ces reflets, le basilic leva la tête et fixa ses propres yeux de batracien[9] juste sur la surface brillante, exhalant son souffle on ne peut plus atroce. Mais aussitôt il trembla tout entier, battit de ses paupières violettes, poussa un cri terrible et s'affaissa, mort. Tous alors se rappelèrent que le miroir renvoie au basilic aussi bien la puissance de son regard que le flux de l'haleine qu'il exhale, et de ces deux prodiges il reste victime lui-même.

✦ **Umberto Eco**, *Baudolino* (2000), chap. 82, traduit de l'italien par Jean-Noël Schifano © Grasset

1. **Indubitablement :** sans aucun doute
2. **Solomon, Abdul :** compagnons de route de Baudolino
3. **Exhaler :** dégager de soi une odeur
4. **Vénéfique :** qui produit du venin
5. **Gymnosophiste :** philosophe d'une ancienne secte hindoue
6. **Dextre :** main droite
7. **Écu :** bouclier
8. **Sénestre :** main gauche
9. **Batracien :** amphibien, comme le crapaud, la grenouille…

Comprendre le texte

1. Quelle impression produit le monstre dans le texte 3 ?

2. Quelles sont ses caractéristiques inspirées du basilic décrit par Pline (texte 2, p. 130) ? Quelles sont celles qui font allusion au personnage de Méduse ci-contre (p. 130) ?

3. Que raconte le texte ? De quelles qualités Baudolino fait-il preuve ?

4. Connais-tu un autre basilic dans la littérature moderne ?

Rédiger la synthèse

Explique en une phrase de quels mythes Umberto Eco s'est inspiré dans ce texte.

+PROF

Minutage de la séquence du basilic dans le film *Harry Potter et la Chambre des Secrets*

Trois monstres antiques…

ÉTAPE 1 **Découvre trois monstres antiques.**

Le griffon

Comprendre l'image

Observe cette statue.

Décris le griffon : identifie les animaux qui le composent.

◄ Sculpture en bronze représentant un griffon devant le Parlement de Vienne (Autriche)

Cerberus

Cerberus haec ingens latratu regna trifauci personat aduerso recubans immanis in antro.

► Le gigantesque .... fait résonner le royaume des Enfers par son aboiement à trois gorges, couché et monstrueux dans son antre.

✦ **Virgile**, *Énéide* (Ier s. ap. J.-C.), livre VI, 417 sqq, traduit du latin par Bettina Bolle-Nicolas © Hatier

Comprendre le texte

Complète la phrase en t'aidant du texte latin pour nommer cet autre monstre.

▲ *Héraclès et Cerbère* (vers 525 av. J.-C.), détail d'une hydrie à figures noires de la cité étrusque de Cerveteri (43 cm de hauteur), musée du Louvre (Paris)

Canidie et Sagana

Une statue en bois du dieu Priape, dieu qui protège des démons, plantée dans un cimetière, raconte un épisode étonnant !

J'ai vu de mes propres yeux, marcher d'un pas ferme, dans sa robe noire retroussée, Canidie, pieds nus et les cheveux hirsutes, hurlant avec la grande Sagana, si pâles toutes deux qu'elles faisaient peur à voir ! Pourquoi venaient-elles ? Pour évoquer les âmes des morts, les esprits et obtenir d'eux des réponses.

Dois-je dire en détail comment les ombres qui parlaient avec Sagana faisaient résonner le cimetière d'un chant triste et aigu ? Et comment je me vengeai, écœuré par les paroles et agissements de ces deux femmes?

Soit : par mes fesses en bois de figuier fendu, je lâchai un pet aussi sonore qu'un ballon qui explose : vous les auriez vues courir vers la ville, vous en auriez bien ri et vous seriez moqués d'elles !

✦ **Horace**, *Satires* (Ier s. apr. J.-C.), Livre I, 8, 23-50, traduit du latin par Bettina Bolle-Nicolas © Hatier

Comprendre le texte

1. Ce texte te fait-il plutôt peur ou plutôt rire ? Pourquoi ?

2. Décris les femmes présentées dans ce texte.

3. Que font-elles dans le cimetière ?

4. Comment appelle-t-on les femmes qui ont ce pouvoir ?

EXERCICES Entraîne-toi à jouer avec l'étymologie

1 Retrouve l'origine d'espèces animales

Comme dans l'exemple, relie chaque nom de classe animale aux deux racines grecques qui le composent, et tu devineras comme par magie de quelles espèces d'animaux il s'agit !

Classes animales	Racines grecques	Espèces animales
Coléoptères	ποδός, ***podos*** = pied	▶ araignées, mille-pattes, crabes…
Arthropodes	κολεός, ***coléo*** = fourreau, protection	▶ scarabées, coccinelles, hannetons…
Céphalopodes	δεινός, ***deinos*** = terrible	▶ tyrannosaures, plésiosaures, archéoptéryx…
Dinosaures	ἄρθρον, ***arthron*** = articulation	▶ pieuvres, calmars, vampires des abysses, seiches…
	κεφαλή, ***céphalè*** = tête	
	σαύρα, ***saura*** = lézard	
	πτερόν, ***ptère*** = aile	

(Exemple : Coléoptères → κολεός, coléo + πτερόν, ptère → scarabées, coccinelles, hannetons…)

2 Invente plusieurs noms composés de créatures imaginaires à l'aide de cette réserve de mots latins.

Ex : Le nom de l'*Aquilasaurus Giganteus* est formé à partir des mots latins *aquila*, *saurus* et *giganteus* : c'est donc un aigle-poisson de mer géant.

Animaux	Autres mots
vulpes = renard	*rex* = roi
caper = bouc, chèvre	*veneficus* = sorcier
saurus = poisson de mer, lézard	*furia* = furie, diablesse
canis = chien	*homo* = homme
arachnea = araignée	*bellum* = la guerre
leo = lion	*caelestis* = céleste
bufo = crapaud	*magicus* = magique
nepa = scorpion	*giganteus* = gigantesque
cochlea = escargot, limaçon	*nanus* = nain
testudo = tortue	*aliger* = ailé
aquila = aigle	*sordidus* = sale, repoussant
pediculus = pou	*furiosus* = furieux
gallus = coq	suffixe *-tor* / *-trix* = qui fait

Bilan

En binôme, posez-vous ces questions sur l'ensemble du dossier.

1. Qu'est-ce qu'un mythe ?
2. Quelle culture antique influence beaucoup les auteurs des romans modernes pour la jeunesse ?
3. Qu'est-ce qu'un lycanthrope ? Un cerbère ?
4. À toutes les époques, les monstres peuplent les œuvres d'art. Pourquoi ? Que symbolisent-ils selon toi ?

Parcours

7

La création du monde dans les récits fondateurs

Comment les récits de création répondent-ils aux questions que se pose l'être humain ?

Objectifs
→ Partager les histoires que l'on a vues ou entendues sur l'origine du monde
→ Découvrir des images liées à ces histoires

1 **Diego Rivera**, *Création* (1931), aquarelle et crayon sur papier (47,5 x 61,5 cm), collection privée

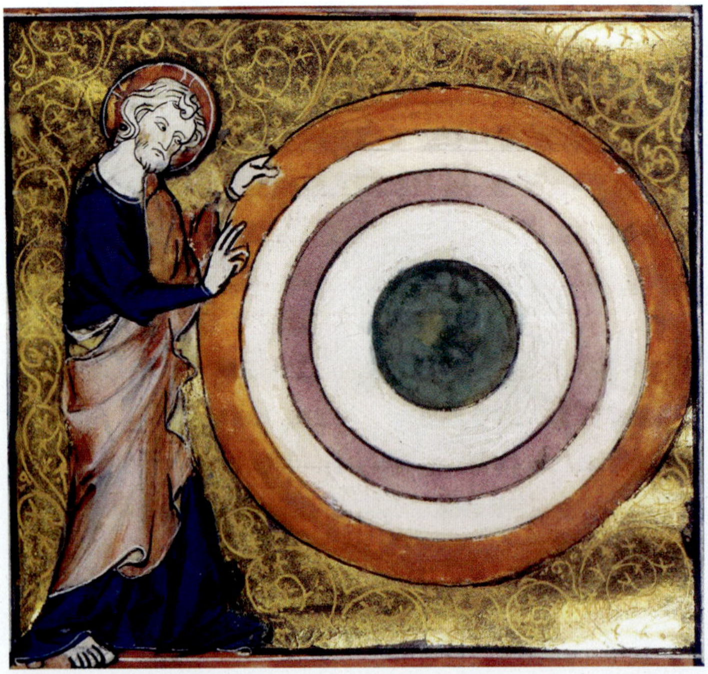

2 **Maître de Fauvel**, « Création du ciel », enluminure extraite de la *Bible Historiale* de Guyart des Moulins (première moitié du XIVe siècle), BnF (Paris)

Partageons nos visions du monde

En classe entière, échangez vos idées :

1. Selon vous, quelle est l'origine du monde ?

2. Connaissez-vous d'autres explications que la vôtre sur l'origine du monde ?

3 « Prométhée crée le premier homme en présence de diverses divinités », détail d'un sarcophage romain en marbre (IIIe siècle), musée du Louvre (Paris)

4 « Adam honoré par les anges », manuscrit persan (vers 1575), pigments et or sur papier, BnF (Paris)

La création du monde en images

1. **En classe entière.** Quelle image est liée à la mythologie gréco-romaine ? à la mythologie maya ? à la religion chrétienne ? à l'islam ?

2. **Par groupes,** indiquez tous les détails (lieux, êtres vivants, objets) que vous pouvez identifier.

3. **Individuellement.** Quelle image préfères-tu ? En cinq lignes environ, décris-la et explique pourquoi elle te plaît.

Repères culturels

Compétences
→ Comprendre des textes, des documents, des images
→ Acquérir des repères culturels

Les premières civilisations et la mythologie

J'enquête

Lis les documents de cette page 140 afin de trouver les réponses aux questions suivantes.

1. Quand les premières civilisations sont-elles apparues ?
2. Quand l'écriture a-t-elle été inventée ?
3. Dans quelles civilisations trouve-t-on des mythes ?
4. À quoi les mythes servent-ils ?
5. Comment les mythes ont-ils circulé ?

Les premières civilisations

- Elles apparaissent environ 5 000 ans avant notre ère, en **Mésopotamie**, l'Irak actuel, et en **Égypte**. L'**écriture** naît environ 3 000 ans avant notre ère. En Mésopotamie, on trace des signes sur des tablettes d'argile, à l'aide de calames (morceaux de roseau) : c'est l'écriture **cunéiforme**. En Égypte, on utilise des **hiéroglyphes**.
- L'écriture, au départ, sert à tenir le compte du bétail et des marchandises ou à rédiger des textes administratifs. Par la suite, elle sert à conserver des **œuvres littéraires** qui, jusque-là, ne circulaient que de manière **orale**.

▲ Cartouche en hiéroglyphes, tombe du roi Horemheb (qui régna en 1323-1295 av. J.-C.), Vallée des Rois (Thèbes, Égypte)

Les religions polythéistes et les mythes

- Les civilisations antiques sont **polythéistes** : elles croient en l'existence de **plusieurs dieux**. En Égypte, on voue un culte à Geb (la terre), Rê (le soleil)... En Grèce, on honore Ouranos (le ciel), Gaïa (la terre), Zeus (dieu du tonnerre)...
- On parle des dieux dans les **mythes**, des récits légendaires qui répondent à des **questions fondamentales** : quelle est l'origine du monde ? D'où viennent les catastrophes naturelles ? Que se passe-t-il après la mort ?
- D'abord diffusés **oralement**, ces récits sont ensuite **mis par écrit** : l'épopée de Gilgamesh, qui circule oralement depuis 3 500 avant J.-C. en Mésopotamie, est rédigée à partir des XVIIIe-XVIIe siècles avant notre ère.
- Ailleurs dans le monde, d'**autres civilisations** ont leurs propres mythes, comme les Mayas ou les peuples scandinaves.

◄ « Zeus lançant un éclair », statuette en bronze (Ve siècle av. J.-C.), musée national archéologique (Athènes, Grèce)

Les religions monothéistes

J'enquête

Complète la frise chronologique à l'aide des éléments suivants, après avoir cherché les informations dans les documents des pages 140 et 141 :

Coran • Épopée de Gilgamesh • Ancien Testament • Nouveau Testament

XVIIIe-XVIIe s.	VIIIe-IIe s.	0	Ier-IIe s.	VIIe s.
....	....		....	....

Les trois grandes religions monothéistes

Le **judaïsme**, le **christianisme** et l'**islam** sont des religions monothéistes, du grec signifiant « un seul Dieu ».

La Torah, l'Ancien et le Nouveau Testament, la Bible

• La **Torah** est l'ensemble des cinq livres sacrés du **judaïsme** ; elle contient des récits sur l'histoire du peuple hébreu et de ses prophètes (comme Moïse). Elle a été mise par écrit entre le VIIIe et le IIe siècle avant notre ère.

• Les **chrétiens** ont ensuite repris ces récits dans l'**Ancien Testament**. De nouveaux textes sur la vie et les enseignements de **Jésus**, considéré par les chrétiens comme le fils de Dieu, ont été mis par écrit aux Ier et IIe siècles de notre ère ; ils forment le **Nouveau Testament**. Ensemble, ces deux livres forment la **Bible**.

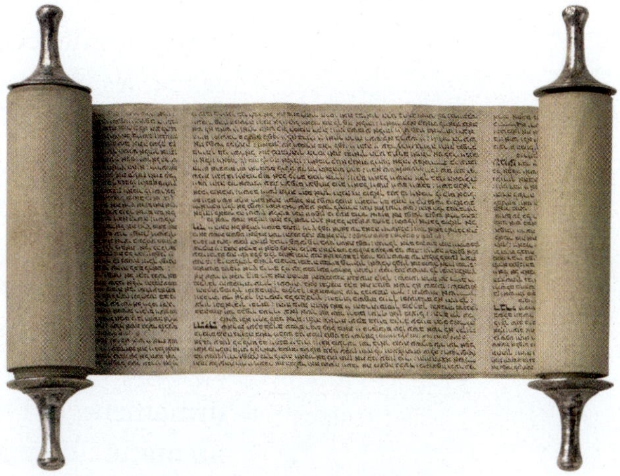

▲ Rouleau de Haftarot (XVIIIe siècle), vélin, argent, musée d'Art et d'Histoire du Judaïsme (Paris)

◄ Double page d'un Coran (1867)

Le Coran

• Le **Coran** (en arabe, *al-Qur'an* : « récitation ») est le livre sacré de l'**islam**, la religion des musulmans. Il a été mis par écrit au VIIe siècle de notre ère dans la péninsule arabique et est divisé en chapitres appelés « sourates ». Il affirme l'existence d'un Dieu unique, **Allah**, qui a envoyé comme dernier messager le prophète **Mahomet**.

• Il comporte des épisodes et des personnages communs avec ceux des textes juifs et chrétiens.

Des récits fondateurs

• Ces récits évoquent la relation entre un **Dieu unique** et les hommes ; comme les mythes, ils proposent eux aussi des **réponses à des questions fondamentales**.

• Ils sont **fondateurs** parce qu'ils ont guidé la vie des hommes et ont inspiré des **écrivains** et des **artistes** jusqu'à nos jours.

Je mémorise

Récapitule sous forme de carte mentale ce que tu as retenu de tes recherches.

VIIIe-IIe siècle av. J.-C.
Texte fondateur

Objectifs
→ Découvrir la création du monde selon la Bible
→ Analyser le style de l'écriture biblique

Compétence Lecture
→ Raconter pour vérifier sa compréhension

La création du monde (Ancien Testament)

Le premier livre de l'Ancien Testament s'appelle « La Genèse », mot qui signifie « création ».

Au commencement, Dieu créa le ciel et la terre. Or la terre était vide et vague, les ténèbres[1] couvraient l'abîme[2] et un souffle de Dieu agitait la surface des eaux.

Dieu dit : « Que la lumière soit » et la lumière fut. [...] Dieu appela la lumière « jour » et les ténèbres « nuit ». Il y eut un soir et il y eut un matin : premier jour.

Dieu dit : « Qu'il y ait un firmament[3] au milieu des eaux et qu'il sépare les eaux d'avec les eaux » et il en fut ainsi. Dieu fit le firmament, qui sépara les eaux qui sont sous le firmament d'avec les eaux qui sont au-dessus du firmament, et Dieu appela le firmament « ciel ». Il y eut un soir et il y eut un matin : deuxième jour.

Dieu dit : « Que les eaux qui sont sous le ciel s'amassent en un seul endroit et qu'apparaisse le continent » et il en fut ainsi. Dieu appela le continent « terre » et la masse des eaux « mers », et Dieu vit que cela était bon.

Dieu dit : « Que la terre verdisse de verdure : des herbes portant semence[4] et des arbres fruitiers donnant sur la terre selon leur espèce des fruits contenant leur semence » et il en fut ainsi. [...] Il y eut un soir et il y eut un matin : troisième jour.

Dieu dit : « Qu'il y ait des luminaires au firmament du ciel pour séparer le jour et la nuit ; qu'ils servent de signes, tant pour les fêtes que pour les jours et les années ; qu'ils soient des luminaires au firmament du ciel pour éclairer la terre » et il en fut ainsi. Dieu fit les deux luminaires majeurs : le grand luminaire comme puissance du jour et le petit luminaire comme puissance de la nuit, et les étoiles. [...] Il y eut un soir et il y eut un matin : quatrième jour.

Dieu dit : « Que les eaux grouillent d'un grouillement d'êtres vivants et que des oiseaux volent au-dessus de la terre contre le firmament du ciel » et il en fut ainsi. Dieu créa les grands monstres marins et tous les êtres vivants qui glissent : les eaux les firent grouiller selon leur espèce, et toute la gent ailée[5] selon son espèce, et Dieu vit que cela était bon. [...] Il y eut un soir et il y eut un matin : cinquième jour.

Dieu dit : « Que la terre produise des êtres vivants selon leur espèce : bestiaux, bestioles, bêtes sauvages selon leur espèce » et il en fut ainsi. [...]

Vocabulaire

Autour du mot *luminaire*

En latin, le radical *lumin-* signifie « lumière ».

- Donne un adjectif formé à partir de ce radical.
- Qu'est-ce que le *grand luminaire* du jour et le *petit luminaire* de la nuit (l. 23) ?

Impressions de lecture

- Dans ton carnet de lecture, écris ce que tu as trouvé difficile ou ce que tu n'as pas compris.
- Ce texte ressemble-t-il à d'autres textes que tu connais ? Justifie ta réponse.

Dieu dit : « Faisons l'homme à notre image, comme notre ressemblance, et qu'ils dominent sur les poissons de la mer, les oiseaux du ciel, les bestiaux, toutes les bêtes sauvages et toutes les bestioles qui rampent sur la terre. » [...] Dieu vit tout ce qu'il avait fait : cela était très bon. Il y eut un soir et il y eut un matin : sixième jour. [...]

Au septième jour Dieu avait terminé tout l'ouvrage qu'il avait fait et, le septième jour, il chôma[6], après tout l'ouvrage qu'il avait fait.

✦ La Bible de Jérusalem, « La Genèse » I, 1-31 et II, 1-2 © éditions du Cerf (1973)

1. **Ténèbres :** obscurité 2. **Abîme :** gouffre 3. **Firmament :** voûte du ciel 4. **Semence :** graines
5. **Gent ailée :** ensemble des oiseaux 6. **Chôma :** ne travailla pas

Lecture d'image

1. À quelle étape du récit correspond chacune des six premières vignettes ? Justifie en t'appuyant sur des détails précis de l'image.
2. Les trois dernières vignettes illustrent la suite du récit : sais-tu déjà ce qui va se passer ?

▲ Scènes de « La Genèse », page enluminée extraite du Psautier de Canterbury (détail, XIIIe-XIVe siècle), BnF (Paris)

Stratégie de lecture

Raconter le texte en s'appuyant sur la chronologie

Pour mieux comprendre un récit, tu peux raconter le texte à une personne que tu connais, avec tes propres mots, en précisant bien le moment où se déroule chaque action ou événement. Pour que la chronologie des événements soit bien claire, commence chaque phrase par une indication de temps ou un mot de liaison :
tout d'abord • le premier jour • puis • ensuite...
▶ MÉTHODE 7 p. 264.

Comprendre le texte

1. Que raconte ce texte ? Fais la liste des actions racontées, jour par jour.
2. a. Par quel moyen Dieu crée-t-il de nouvelles choses ?
b. Quel type de phrase emploie-t-il ?
c. Comment le récit met-il en valeur le pouvoir de Dieu ?
3. Que fait Dieu le septième jour ? À quoi cette période de sept jours fait-elle penser ?

Rédiger la synthèse

Pour résumer les idées essentielles de cette étude, rédige des phrases qui commenceront ainsi :
- Dans l'Ancien Testament, Dieu crée...
- Pour cela, il lui suffit de...
- Il emploie des phrases...

Activités

Poursuivre la création du monde

Activité préparatoire à l'atelier d'expression écrite.

Dieu a encore cinq autres ordres à donner, pour créer cinq choses. Rédige ces ordres ; tes phrases commenceront par « Que... », comme dans le texte. Tu peux utiliser les verbes suivants :

s'élever • tomber • briller • marcher • nager • surgir • apparaître

Lecture fluide et expressive

En binôme. ▶ Démarche p. 10

VIIIe-IIe siècle av. J.-C.
Texte fondateur

Objectif
→ Lire un récit fondateur qui explique la condition humaine

Compétence Lecture
→ S'interroger sur les motivations des personnages

Adam et Ève

◄ **Lucas Cranach l'Ancien**, *Le Paradis* (1530), huile sur bois (81 x 114 cm), musée d'Histoire de l'art (Vienne, Autriche).

Dans l'Ancien Testament, après avoir créé le monde, Dieu crée Adam, le premier homme, et Ève, la première femme. Ils sont nus et vivent dans un jardin paradisiaque, le jardin d'Éden. Ils peuvent se nourrir de tout ce qui y pousse. Dieu leur interdit seulement de toucher à l'arbre de la connaissance du bien et du mal.

Lecture d'image animée
hatier-clic.fr/21luf144

Le serpent était le plus rusé de tous les animaux des champs que Yahvé Dieu avait faits. Il dit à la femme : « Alors, Dieu a dit : Vous ne mangerez pas de tous les arbres du jardin ? » La femme répondit au serpent : « Nous pouvons manger du fruit des arbres du jardin. Mais du fruit de l'arbre qui est au milieu du jardin, Dieu a dit : Vous n'en mangerez pas, vous n'y toucherez pas, sous peine de mort. » Le serpent répliqua à la femme : « Pas du tout ! Vous ne mourrez pas ! Mais Dieu sait que, le jour où vous en mangerez, vos yeux s'ouvriront et vous serez comme des dieux, qui connaissent le bien et le mal. » La femme vit que l'arbre était bon à manger et séduisant à voir, et qu'il était, cet arbre, désirable pour acquérir le discernement[1]. Elle prit de son fruit et mangea. Elle en donna aussi à son mari, qui était avec elle, et il mangea. Alors leurs yeux à tous deux s'ouvrirent et ils connurent[2] qu'ils étaient nus ; ils cousirent des feuilles de figuier et se firent des pagnes[3]. [...]

Dieu reproche à Adam d'avoir mangé un fruit de l'arbre interdit.

L'homme répondit : « C'est la femme que tu as mise auprès de moi qui m'a donné de l'arbre, et j'ai mangé ! » Yahvé Dieu dit à la femme : « Qu'as-tu fait là ? » Et la femme répondit : « C'est le serpent qui m'a séduite, et j'ai mangé ! »

Alors Yahvé Dieu dit au serpent : « Parce que tu as fait cela, maudit sois-tu entre tous les bestiaux
et toutes les bêtes sauvages.
Tu marcheras sur ton ventre et tu mangeras de la terre
tous les jours de ta vie. » [...]

Vocabulaire

Autour du mot *dominer*

- Le nom latin *dominus* : « le maître » a donné le mot français *dominer* (l. 25). Que signifie ce mot ?
- Donne d'autres mots français de la même famille.

1. **Discernement :** capacité à comprendre, à juger
2. **Connaître :** comprendre (ici)
3. **Pagne :** vêtement qui couvre le corps des hanches aux genoux
4. **Et lui dominera sur toi :** et il te dominera
5. **Subsistance :** nourriture
6. **Glaise :** terre

EXERCICES Entraîne-toi à raconter la création du monde

1 Prépare et organise ton récit.

a. Propose un classement pour les éléments suivants. Donne un nom à chaque catégorie :
aigle • lune • air • mer • femme • feu • herbe • océans • foudre • serpent • forêts • étoiles • eau • arbres • homme • planètes • vent • fleuves • ours • fleurs • volcans • soleil • neige • poissons • insectes • montagnes • loups • algues

b. Prépare ton récit au brouillon :
- Choisis au moins quatre catégories de choses et d'êtres vivants que ta divinité a créés.
- Numérote ces catégories, de 1 à 4, pour savoir dans quel ordre tu raconteras leur création.
- Dans chaque catégorie, fais la liste de ce que ta divinité a créé.

2 Raconte les actions d'une divinité créatrice.

a. Dans ces phrases, remplace le verbe *faire* par un autre verbe, au passé simple :
créer • construire • fabriquer • façonner.

1. Au commencement, Dieu **fit** les planètes, le soleil et les étoiles.

2. Par la suite, il **fit** les montagnes et les volcans.

3. Le jour suivant, il **fit** les arbres, les plantes et les fleurs.

4. Enfin, il **fit** les oiseaux et les insectes.

b. Réécris ce texte en conjuguant les verbes en gras au passé simple.

Prométhée **façonne** les hommes à l'aide d'eau et d'argile. Il **modèle** patiemment leur tête, leurs bras et leurs jambes. Ensuite, la déesse Athéna leur **insuffle** la vie.

c. Associe un verbe de la liste A avec un matériau de la liste B.
– Liste A : pétrir • faire fondre • sculpter • assembler • forger
– Liste B : un bloc de marbre • le fer • des morceaux de bois • la terre • de l'or

d. Choisis deux expressions que tu as formées dans le **c.** Utilise-les dans deux phrases qui racontent une création.

3 Fais parler une divinité créatrice.

a. Relève dans ce texte les verbes à l'impératif qui expriment des ordres.

« Arbres, couvrez-vous de fleurs au printemps, et portez des fruits en été ! Feuilles, rougissez à l'automne et tombez quand vient l'hiver ! »

b. Modifie ces phrases pour exprimer un ordre à l'impératif.

1. Le glorieux soleil éclaire la surface de la terre. → Glorieux soleil, …… !

2. La mer se remplit de poissons argentés. → Ô mer, …… !

3. Les animaux peuplent les plaines et les forêts. → Animaux, …… !

c. Transforme les phrases du **b** selon le modèle suivant, pour donner un ordre au subjonctif présent.

Exemple : Il y a des luminaires dans le ciel pour séparer le jour et la nuit → Qu'il y ait des luminaires dans le ciel pour séparer le jour et la nuit.

4 Raconte l'apparition des choses et des êtres vivants.

Pioche des verbes de la boîte à mots et rédige trois phrases qui racontent :

a. l'apparition des plantes
b. la naissance du soleil
c. l'arrivée des animaux

Boîte à mots
naître • commencer • apparaître • peupler • recouvrir • se mettre à • surgir • occuper • jaillir • s'étendre

5 Rédige trois phrases pour raconter comment une divinité a créé les oiseaux : la première racontera la fabrication des oiseaux, la deuxième exprimera un ordre et la troisième racontera l'apparition des oiseaux sur terre.

1. Au commencement, ……

2. Quand il / elle eut terminé, il / elle dit : « …… ».

3. Aussitôt, ……

À lire, à voir en autonomie

Si tu as envie de poursuivre seul(e) tes découvertes sur le thème « Récits de création », voici des propositions de lectures.

Complète ton **carnet de lecture** au fur et à mesure de ta lecture.
▶ « Tenir son carnet de lecture », p. 33

Récits bibliques

Pierre-Marie Beaude

Récits de la Bible

Une adaptation de quelques récits tirés de l'Ancien Testament, sur la création du monde et les premiers rois et prophètes.

Mythes

Brigitte Évano

Contes et légendes : l'Égypte ancienne

Pour s'initier à la mythologie égyptienne et découvrir les récits des origines d'une des plus anciennes civilisations du monde.

Mythes

Brigitte Heller

21 contes des origines de la Terre

L'auteure reprend des contes nés chez les Incas, les Indiens, les Inuits, ou bien nés en Asie ou en Afrique. Ils ont pour point commun de nous sensibiliser à la préservation de l'environnement.

Mythes

Rudyard Kipling

Histoires comme ça

Douze contes racontés avec humour, dans lesquels l'auteur imagine comment l'alphabet fut créé ou comment la bosse du chameau est apparue.

Mythes - livre documentaire

Mythologies

Partez à la découverte des mythologies égyptienne, grecque, romaine et viking, dans un livre qui donne la parole aux dieux et aux déesses afin qu'ils se présentent eux-mêmes.

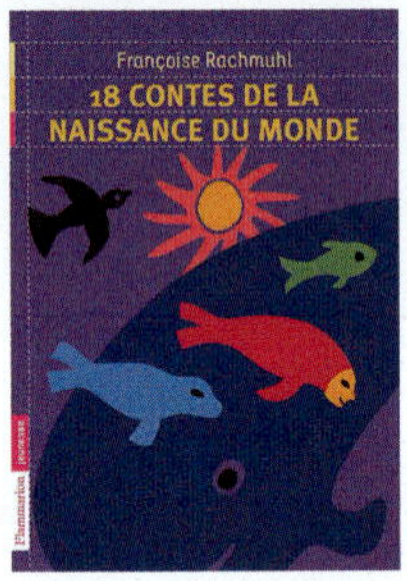

Mythes

Françoise Rachmühl

18 contes de la naissance du monde

Un recueil de contes venus des cinq continents, pour s'ouvrir à d'autres cultures et découvrir différentes manières d'expliquer la naissance du monde.

Activité — Raconte un des contes lus à tes camarades.

Formez des **binômes** et choisissez un conte. Concertez-vous avec les autres binômes, pour ne pas choisir la même histoire. Lisez attentivement le conte, entraînez-vous à le raconter, puis racontez-le au reste de la classe.

Besoin d'aide ?

- Ne racontez pas tout ! Sélectionnez les éléments essentiels (personnages principaux, actions principales qui font avancer l'histoire, fin de l'histoire). Vous pouvez écrire le squelette de l'histoire pour avoir un aide-mémoire. ▶ p. 36
- Formez des images de l'histoire (lieux, personnages) dans vos têtes pour bien raconter ensuite.
- Répartissez-vous la parole de manière égale.

Projet final collaboratif

Compétences
→ Acquérir des repères culturels
→ Coopérer pour réaliser un projet

Établir l'origine des récits fondateurs sur une carte du monde EN GROUPES

INTERDISCIPLINARITÉ HISTOIRE-GÉOGRAPHIE

ACTIVITÉ Vous allez créer une carte permettant de situer l'origine géographique de divers récits de création et d'en récapituler les informations essentielles.

Pour cela, vous devrez utiliser tout le travail mené lors du parcours de lecture, que vous compléterez éventuellement par vos lectures et recherches personnelles.

Carte et étiquettes à imprimer
hatier-clic.fr/21luf155h

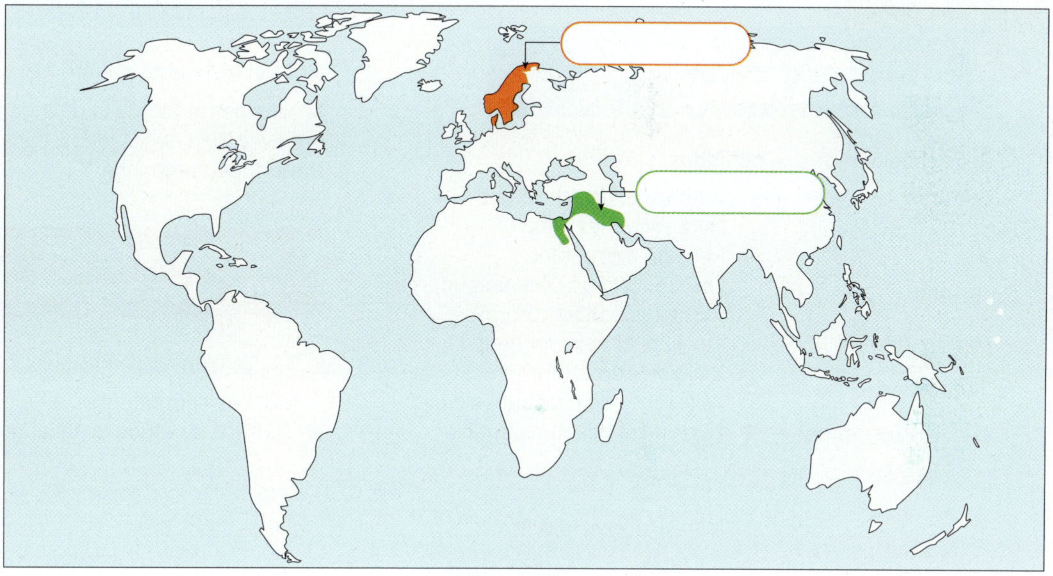

ÉTAPE 1 Recueillir quelques informations essentielles 1 h

- **Formez des groupes.**
- **Faites la liste des récits** tirés de ce parcours ▶ p. 142 à 151. Complétez-la par les autres récits que vous avez lus (en classe ou lors de vos lectures personnelles).
- **Répartissez-vous les récits** dans le groupe, relisez ceux qui vous sont attribués si nécessaire, pour remplir un tableau contenant les informations essentielles sur chacun : son titre, son pays ou sa région d'origine, les personnages principaux.
- Si vous le souhaitez, **ajoutez des informations** sur d'autres récits que vous connaissez. Vous pouvez aussi vous rendre au CDI pour faire quelques recherches.

Tableau à imprimer
hatier-clic.fr/21luf155b

ÉTAPE 2 Compléter la carte 30 min

- **Créez des étiquettes** qui serviront de légende. Sur chacune figurera :
  – le titre du récit ;
  – le pays ou la région d'origine ;
  – les personnages principaux.
- **Identifiez sur la carte** les régions du monde où placer ces étiquettes.
- Tracez des flèches pour **relier vos étiquettes** aux régions du monde correspondantes.

Bilan

Écris un court texte : explique ce que tu as pensé de ce projet et de son résultat.

Bilan

Je construis le bilan

1 Replacer les œuvres dans leur époque

Place les œuvres étudiées dans ce parcours sur la frise de ton carnet de lecture.

Frise à imprimer hatier-clic.fr/21luf01

2 Identifier l'origine des récits de création

Associie chaque récit du parcours au peuple qui lui correspond : les Mésopotamiens • les Hébreux • les Arabes • les peuples scandinaves

3 Connaître les religions liées à ces récits

Relie chaque mot à sa définition.

Le Coran •	• Livre sacré des chrétiens
Le monothéisme •	• Livre sacré des juifs
La Torah •	• Religion admettant l'existence d'un Dieu unique
Le polythéisme •	• Partie de la Bible commune aux juifs et aux chrétiens
La Bible •	• Religion admettant l'existence de plusieurs dieux
L'Ancien Testament •	• Livre sacré des musulmans

4 Identifier les questions et les réponses contenues dans ces récits

a. Indique quels récits du parcours répondent aux questions suivantes :
- Quelle est l'origine du monde ?
- Comment l'être humain est-il apparu ?
- Pourquoi les êtres humains sont-ils punis ou malheureux ?
- Comment doivent-ils se comporter ?

b. Quelles réponses les récits de création apportent-ils à ces questions ?

5 Je donne mon avis

a. Quel récit as-tu préféré ? Pourquoi ?

b. Que penses-tu de la relation que les êtres humains ont avec Dieu ou les dieux, dans ces récits ? Développe ta réponse.

6 Je fais le point sur mes apprentissages

a. Quelles connaissances ai-je acquises dans ce parcours ?

b. Quelles compétences ai-je développées (en lecture, en écriture, en étude de la langue, à l'oral) ?

Compétences travaillées dans le parcours

Lecture (D1, 1, D2)	→ **Comprendre un texte littéraire et se l'approprier :** lire et comprendre des récits courts → **Devenir un lecteur autonome :** – répondre en autonomie à des questions sur un texte – lire seul(e) une œuvre associée au parcours	→ p. 142-150 → p. 154, 158
Écriture (D1, 1, D2)	→ **Rédiger des écrits variés :** raconter la création du monde → **Recourir à l'écriture pour réfléchir et pour apprendre**	→ p. 143, 151, 152 → p. 142-151, 156
Oral (D1, 1 et 4)	→ **Comprendre et s'exprimer à l'oral :** participer à des échanges sur les textes → **Comprendre, s'exprimer en utilisant les langages des arts et du corps :** jouer un dialogue entre deux personnages → **Parler en prenant en compte son auditoire :** raconter un des contes lus à ses camarades	→ p. 142-150 → p. 144 → p. 143, 154
Étude de la langue (D1, 1)	→ **Enrichir le lexique :** verbes exprimant la création et l'apparition	→ p. 143, 152
Culture littéraire et artistique (D1, 1)	→ **Situer une œuvre dans son contexte :** les premières civilisations ; religions polythéistes et monothéistes	→ p. 140, 142-151
Compétences transversales (D3)	→ **Coopérer pour réaliser un projet :** établir l'origine des récits fondateurs sur une carte du monde	→ p. 154

Je retiens

Les récits de création

D'une civilisation à l'autre

Religion polythéiste : croyance en plusieurs divinités

- **L'épopée de Gilgamesh**
  → Mésopotamie
  3 500 avant notre ère, mise par écrit aux XVIIIe-XVIIe siècles av. J.-C.
  ↓ Le Déluge
- **La Völuspa**
  → Scandinavie
  X^{e}-XIe siècle de notre ère
  ↓ Le géant Ymir

Religion monothéiste : croyance en un dieu unique

- **La Torah**
  (Ancien Testament)
  Religion des juifs
  → Royaumes hébreux
  VIIIe-IIe siècle av. J.-C.
- **La Bible**
  (Ancien et Nouveau Testament)
  Religion des chrétiens
  → Royaumes hébreux et Empire romain
  VIIIe-IIe siècle av. J.-C. et Ier-IIe siècle de notre ère

  ↓ (Torah et Bible) La Genèse
  Adam et Ève chassés du paradis
- **Le Coran**
  Religion des musulmans
  → Péninsule arabique
  VIIe siècle de notre ère
  ↓ Le Déluge

Des réponses aux questions fondamentales que se posent les êtres humains

Quelle est l'origine du monde ?

- Dans la **mythologie scandinave**, le combat du dieu Odin contre le géant Ymir est à l'origine du monde.
- Selon les **religions monothéistes**, Dieu a créé l'univers.

Quelle est la place de l'être humain dans la nature et dans l'univers ?

La création du monde selon l'**Ancien Testament** explique que l'être humain « domine » les animaux et les végétaux.

Pourquoi les êtres humains souffrent-ils ? Comment doivent-ils se comporter ?

- La désobéissance d'Adam et Ève explique les **souffrances des êtres humains et leur condition de mortels**.
- Les fautes des êtres humains provoquent la colère de Dieu ou des dieux qui envoient sur Terre le **Déluge**. Noé, parce qu'il est bon et juste, est sauvé.

Le Déluge dans l'Ancien Testament

Dieu s'adresse à Noé, le seul homme juste et honnête qu'il ait trouvé sur la surface de la terre.

+PROF Évaluation modifiable

Dieu dit à Noé : « La fin de toute chair[1] est arrivée, je l'ai décidé, car la terre est pleine de violence à cause des hommes et je vais les faire disparaître de la terre. Fais-toi une arche en bois résineux[2], tu la feras en roseaux et tu l'enduiras de bitume[3] en dedans et en dehors. [...] Pour moi, je vais amener le déluge, les eaux, sur la terre, pour exterminer de dessous le ciel toute chair ayant souffle de vie : tout ce qui est sur la terre doit périr. Mais j'établirai mon alliance avec toi et tu entreras dans l'arche, toi et tes fils, ta femme et les femmes de tes fils avec toi. De tout ce qui vit, de tout ce qui est chair, tu feras entrer dans l'arche deux de chaque espèce pour les garder en vie avec toi ; qu'il y ait un mâle et une femelle. [...] »

Il y eut le déluge pendant quarante jours sur la terre ; les eaux grossirent et soulevèrent l'arche, qui fut élevée au-dessus de la terre. [...] Ainsi disparurent tous les êtres qui étaient à la surface du sol, depuis l'homme jusqu'aux bêtes, aux bestioles et aux oiseaux du ciel : ils furent effacés de la terre et il ne resta que Noé et ce qui était avec lui dans l'arche. La crue des eaux[4] sur la terre dura cent cinquante jours.

Alors Dieu se souvint de Noé et de toutes les bêtes sauvages et de tous les bestiaux qui étaient avec lui dans l'arche ; Dieu fit passer un vent sur la terre et les eaux désenflèrent. Les sources de l'abîme[5] et les écluses[6] du ciel furent fermées ; – la pluie fut retenue de tomber du ciel et les eaux se retirèrent petit à petit de la terre ; – les eaux baissèrent au bout de cent cinquante jours et, au septième mois, au dix-septième jour du mois, l'arche s'arrêta sur les monts d'Ararat. Les eaux continuèrent de baisser jusqu'au dixième mois et, au premier du dixième mois, apparurent les sommets des montagnes.

Au bout de quarante jours, Noé ouvrit la fenêtre qu'il avait faite à l'arche et il lâcha le corbeau, qui alla et vint en attendant que les eaux aient séché sur la terre. Alors il lâcha d'auprès de lui la colombe pour voir si les eaux avaient diminué à la surface du sol. La colombe, ne trouvant pas un endroit où poser ses pattes, revint vers lui dans l'arche, car il y avait de l'eau sur toute la surface de la terre ; il étendit la main, la prit et la fit rentrer auprès de lui dans l'arche. Il attendit encore sept autres jours et lâcha de nouveau la colombe hors de l'arche. La colombe revint vers lui sur le soir et voici qu'elle avait dans le bec un rameau tout frais d'olivier ! Ainsi Noé connut[7] que les eaux avaient diminué à la surface de la terre.

✦ La Bible de Jérusalem, « La Genèse », VI, 13 - VIII, 11 © éditions du Cerf (1973)

1. **De toute chair :** de toute vie
2. **Résineux :** qui produit de la résine
3. **Bitume :** goudron
4. **La crue des eaux :** la montée des eaux
5. **Abîme :** gouffre (ici, la mer)
6. **Écluses :** portes, ouvertures
7. **Connaître :** comprendre (ici)

Parcours A

Tableau à imprimer
hatier-clic.fr/21luf159

Réponds aux questions ci-dessous à l'aide de phrases complètes et remplis au fur et à mesure le tableau pour réfléchir à la manière dont tu trouves tes réponses.

1. Qu'annonce Dieu, au début du texte ? Pour quelle raison agit-il ainsi ? Justifie tes réponses en citant le texte. (3 points)

2. a. *Tout ce qui est sur la terre doit périr* (l. 6) : est-ce entièrement vrai ? Justifie ta réponse en citant le texte. (2 points)

b. Que signifie l'expression *j'établirai mon alliance avec toi* (l. 7) ? (1 point)

3. a. *Fais-toi une arche* (l. 3) : à quel temps et à quel mode le verbe est-il conjugué ? (1 point)

b. Relève un autre ordre donné par Dieu dans le premier paragraphe. (1 point)

c. Reformule-le en employant le même temps et le même mode que dans la question **3. a.** (1 point)

4. Relis les deuxième et troisième paragraphes (l. 11-25).

a. Relève deux mots ou expressions dans chacun des deux paragraphes, pour montrer qu'ils racontent deux événements opposés. (2 points)

b. Quel titre significatif peux-tu donner à chacun des deux paragraphes ? (2 points)

c. Quel type d'indications revient souvent ? Que montrent-elles ? (2 points)

5. Qu'a compris Noé, à la fin du texte ? Comment l'a-t-il compris ? Justifie en citant le texte. (3 points)

6. a. Quels autres textes racontent la même histoire ? (1 point)

b. Lequel préfères-tu ? Pourquoi ? (1 point)

Parcours B

Réponds aux questions ci-dessous par des phrases complètes en t'aidant du code couleur.

Comment trouver les réponses ?

- Je trouve la réponse dans le texte (vert)
- Je devine la réponse à l'aide des indices du texte (orange)
- Je me sers de mes connaissances pour répondre (rose)
- Je donne mon avis : *Je pense que...* (bleu)

1. a. Quelle décision Dieu a-t-il prise, au début du texte ? Réponds avec tes propres mots, puis cite le texte pour appuyer ta réponse. (1 point)

b. Pourquoi a-t-il pris cette décision ? Réponds avec tes propres mots. (1 point)

2. a. Quels êtres vivants entreront dans l'arche que Noé doit construire ? Réponds avec tes propres mots. (1 point)

b. Dans quel but Noé doit-il construire cette arche ? Cite le texte pour appuyer ta réponse. (1 point)

3. a. *Fais-toi une arche* (l. 3) : à quel temps et à quel mode le verbe est-il conjugué ? (1 point)

b. Relève deux autres ordres donnés par Dieu dans le premier paragraphe (cite le texte). (2 points)

4. a. À quoi Noé doit-il faire attention au moment de choisir les animaux ? Cite le texte pour appuyer ta réponse. (1 point)

b. Pourquoi doit-il prendre cette précaution ? Réponds avec tes propres mots. (1 point)

5. a. *Les eaux grossirent* (l. 11) : cite deux expressions de sens contraire dans le troisième paragraphe (l. 17-24). (1 point)

b. Que raconte le deuxième paragraphe (l. 11-16) ? Et le troisième (l. 17-24) ? Réponds avec tes propres mots. (2 points)

c. Le Déluge a-t-il duré longtemps ? Justifie en citant le texte. (2 points)

6. a. Que fait la colombe, dans les dernières lignes du texte ? Formule ta réponse avec tes propres mots. (1 point)

b. Que comprend Noé, à ce moment-là ? Cite le texte pour appuyer ta réponse. (2 points)

7. a. Quels autres textes racontent la même histoire ? (1 point)

b. Entre ces différents récits, lequel préfères-tu ? Pourquoi ? (2 points)

Parcours

8 Un monde dans l'œil du poète

Comment le poète réinvente-t-il le monde ?

1 La Moldau, rivière de Tchéquie

Le compositeur tchèque Bedrich Smetana nous raconte dans le poème symphonique *La Moldau* le voyage d'une rivière de son pays.

Poème symphonique

Objectifs
→ Histoire des arts : établir des liens entre poésie, musique et peinture
→ Faire surgir des images mentales et mettre des mots sur des impressions

Extraits de la symphonie
hatier-clic.fr/21luf160

Écoute le début de l'œuvre.

1. Comment imagines-tu cette rivière ? Décris-la.

2. Comment le compositeur fait-il sentir qu'elle coule ?

Écoute le deuxième extrait.

3. Écris comment tu vois la rivière dans ta tête : que se passe-t-il sur son parcours ? Comment sont ses eaux ? Que traverse-t-elle ?

Comprendre le texte

1. Que représente ce poème ?

2. Comment imagines-tu la femme évoquée dans ce poème ? Décris-la précisément en cinq lignes.

3. a. À qui le poète s'adresse-t-il ?
b. Que veut-il lui faire comprendre ? Relève les mots qui le prouvent.

4. a. Quelle voyelle est répétée souvent dans ces vers ?
b. Quelle interjection ce son imite-t-il ?

Besoin d'aide ? Les interjections sont des mots qui servent à exprimer des émotions : « Ah ! », « Oh ! », « Eh ! »...

c. Quelle émotion du poète ce son transcrit-il à ton avis ?

5. Pourquoi le poème est-il une *imparfaite image* (v. 9) ?

6. Vocabulaire Pour qualifier ce genre de poème, Apollinaire a inventé le nom *calligramme*. Propose une définition du mot.

Besoin d'aide ? Apollinaire a composé ce mot en s'appuyant sur les mots *calligraphie* et *idéogramme*. Vérifie le sens de ces mots dans le dictionnaire.

Rédiger la synthèse

Rédige trois phrases qui répondent à ces questions :

- Pourquoi Apollinaire compose-t-il ce calligramme ?
- Que donne à voir la poésie ici ?
- Quelle image de la femme est donnée dans ce poème ?

Texte-écho

« Les mots autour de la main »

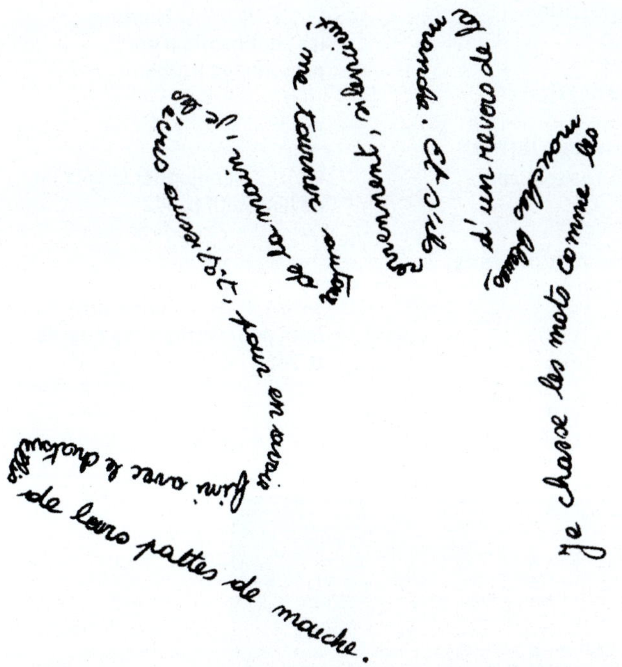

Carl NORAC

« Les mots autour de la main »

Je chasse les mots
comme les mouches bleues :
d'un revers de la manche.

Et s'ils reviennent silencieux
me tourner autour de la main,
je les écris aussitôt
pour en avoir fini avec le chatouillis
de leurs pattes de mouche.

✦ **Carl Norac**, calligramme « Les mots autour de la main », poème extrait de l'anthologie *Jouer avec les poètes* de Jacques Charpentreau © Le Livre de Poche Jeunesse (2015)

Comprendre le texte

1. À quoi le poète compare-t-il les mots ? Propose deux citations du poème pour justifier ta réponse.

2. Pourquoi ce poème représente-il une main alors ?

Activité

Inventer un calligramme

Écris un court poème qui évoque un être ou un objet, puis dispose tes vers de manière à dessiner cet être ou cet objet. Tu peux t'inspirer des poèmes de Guillaume Apollinaire ou de Carl Norac.

Besoin d'aide ? Tu peux t'aider de ces questions pour trouver l'inspiration : à quoi ta main sert-elle ? Que représente le soleil pour toi ? À quoi une tasse pense-t-elle ? Pourquoi l'étoile filante traverse-t-elle le ciel ?

Atelier d'expression écrite

Compétences Écriture
→ Écrire un texte cohérent
→ Écrire un texte qui réponde aux consignes
→ Faire évoluer son texte
→ Prendre en compte les normes de l'écrit

Écrire un poème

+PROF
Sujet et barème de notation

SUJET À la manière de Germaine Beaumont (▶ p. 171), écris un poème où tu associeras des encres de couleurs différentes à des émotions ou à des sentiments ainsi qu'à des sensations. Commence comme la poétesse par *J'écris avec l'encre...* N'oublie pas de donner un titre à ton poème.

Critères de réussite

- **Maîtriser les caractéristiques d'un poème : vers et strophes, sonorités (rimes intérieures ou finales), rythme (nombre de syllabes), images...**
  - Atelier Vocabulaire p. 170 : utilise les mots que tu as choisis pour leur sonorité.
  - Entraîne-toi avec les exercices p. 175.
  - ▶ MÉTHODE 23 Les outils du poète p. 288
- **Savoir exprimer des émotions, des sentiments**
  - Relis l'ensemble des poèmes étudiés (p. 164 à 173), pour t'inspirer des techniques utilisées par les poètes.
  - Entraîne-toi avec les exercices p. 175.
  - ▶ MÉTHODE 21 Exprimer les sentiments d'un personnage p. 285
- **Savoir exprimer des sensations**
  - Relis les poèmes de J. P. Schneider p. 164, de P. Fort p. 166, de G. Beaumont p. 171 pour t'inspirer des techniques utilisées par les poètes.
  - Entraîne-toi avec les exercices p. 175.
- **Conjuguer correctement les verbes au présent et aux autres temps dont tu auras besoin**
  - ▶ EDL 25 Conjuguer le présent de l'indicatif p. 342
- **Veiller à la construction des phrases, à l'orthographe et au soin**
  - ▶ MÉTHODE 8 Construire un outil pour corriger ses erreurs p. 266

◀ Bruyères en fleurs, Pays-Bas

Parcours A

Tableau à imprimer
hatier-clic.fr/21luf181

Réponds aux questions ci-dessous à l'aide de phrases complètes et remplis au fur et à mesure le tableau pour réfléchir à la manière dont tu trouves tes réponses.

1. À qui le poète s'adresse-t-il ? Justifie en citant le texte. (2 points)

2. Relis bien le poème et reformule en deux phrases ce que le poète dit à cet animal. (2 points)

3. a. À quoi les yeux de l'animal ressemblent-ils ? (1 point)
b. Qu'exprime le poète par l'image du vers 4 ? (1 point)

4. D'après le poète, qui ressemble à l'animal ? Justifie en citant le texte. (2 points)

5. Quelles sont les caractéristiques communes de ces deux personnages ? Réponds avec tes propres mots, puis justifie en t'appuyant sur les comparaisons du poème. (2 points)

6. Sur lesquels de nos cinq sens le poète s'appuie-t-il pour décrire ces personnages ? Classe les termes utilisés selon le sens auquel ils correspondent. (2 points)

7. Quels sentiments le poète éprouve-t-il ? Justifie. (2 points)

8. a. Peux-tu nommer les deux types de vers employés dans le poème selon leur nombre de syllabes ? (1 point)
b. BONUS Pourquoi le poète a-t-il utilisé des vers de deux longueurs différentes qu'il entremêle, à ton avis ? (1 point)

9. Qu'est-ce qui rend ce texte poétique ? Propose au moins trois éléments. (3 points)

10. Quel effet ce poème produit-il sur toi ? (2 points)

11. BONUS Quels liens fais-tu entre le chat du poème et celui du tableau ? (2 points)

Parcours B

Réponds aux questions ci-dessous par des phrases complètes en t'aidant du code couleur.

Comment trouver les réponses ?

- Je trouve la réponse dans le texte
- Je devine la réponse à l'aide des indices du texte
- Je me sers de mes connaissances pour répondre
- Je donne mon avis : *Je pense que...*

1. À qui le poète s'adresse-t-il ? Qu'est-ce qui le prouve dans le texte ? Formule la réponse avec tes propres mots et cite le texte. (2 points)

2. Relis bien le poème et reformule en deux phrases ce que le poète dit à cet animal. (2 points)

3. Traduis l'image *tes beaux yeux, mêlés de métal et d'agate* (v. 3 et 4) avec tes propres mots. (2 points)

4. Relis les deux dernières strophes :
a. D'après le poète, qui ressemble à l'animal ? Réponds avec tes propres mots. (2 points)
b. Quel est le principal point commun entre l'animal et cette personne ? Réponds avec tes propres mots, puis cite le texte pour justifier. (2 points)

5. Sur lesquels de nos cinq sens le poète s'appuie-t-il pour décrire ces personnages : la vue ? le toucher ? le goût ? l'ouïe ? l'odorat ? Justifie en citant le texte. (2 points)

6. a. À quoi est comparé le regard de la personne au vers 11 ? (2 points)
b. Quels sentiments opposés le poète éprouve-t-il ? Réponds avec tes mots, puis relève les mots du texte qui évoquent ces deux sentiments. (2 points)

7. Pourquoi peut-on dire que ce texte est un poème ? Propose au moins deux explications. (2 points)

8. Que penses-tu de ce poème ? (2 points)

9. BONUS Quels liens fais-tu entre le chat du poème et celui du tableau ? (2 points)

Parcours

9 Des aventures qui font grandir

Quelles valeurs le roman d'aventures transmet-il ?

Objectifs

→ Créer une corolle lexicale du mot *aventure*
→ Imaginer un scénario à partir d'une affiche de film
→ Découvrir la thématique de l'aventure à travers le cinéma

Remue-méninges

1. Dessine une fleur à cinq pétales et écris le mot *aventure* au centre.
2. Dans un pétale, écris tous les mots auxquels le mot *aventure* te fait penser.
3. Cherche dans un dictionnaire la définition du mot *aventure*. Inscris-la dans le deuxième pétale.
4. Observe ces affiches de films et leur titre (doc 1, 2 et 3). Écris dans chaque pétale restant le titre du film et les mots auxquels chacun te fait penser.

1 Affiche du film *Le Grimoire d'Arkandias* (2014) d'**Alexandre Castagnetti** et **Julien Simonet**

– Et les autres ?… demanda Doniphan.

– Les autres aussi ! répliqua Dole.

– Voyons, rentrez tous ! répondit Briant. Enfermez-vous, cachez-vous sous vos draps, fermez les yeux, et vous n'aurez plus peur ! Il n'y a pas de danger ! […]

Un choc violent heurta l'arrière du yacht. Cette fois, la mer n'embarqua pas[6], heureusement, car, si l'eau eût pénétré à l'intérieur par la porte du capot, le yacht, très alourdi, n'aurait pu s'élever à la houle.

« Rentrez donc ! s'écria Gordon, Rentrez… ou vous aurez affaire à moi !

– Voyons, rentrez, les petits ! » ajouta Briant, d'un ton plus amical.

✦ **Jules Verne**, *Deux Ans de vacances* (1888)

▶ Vignette de l'album *Deux Ans de vacances*, tome 1, de **Frédéric Brémaud**, **Philippe Chanoinat** et **Hamo**, librement adapté du roman de Jules Verne

Stratégie de lecture

Repérer un champ lexical pour comprendre l'idée générale d'un texte

Dans le texte, l'auteur utilise le champ lexical de la navigation : c'est un ensemble de mots qui ont tous un rapport avec le thème de la navigation. Ne pas comprendre parfaitement le sens de ces mots ne t'empêche pas de comprendre le sens général du texte.

Comprendre le texte

1. Présente rapidement ce que tu as compris et propose un titre pour ce texte, qui permettra de bien comprendre son sens général.

2. De quelles qualités les différents enfants font-ils preuve ? Justifie ta réponse à l'aide de plusieurs citations du texte.

3. Comment le narrateur fait-il ressentir la montée du danger ? Aide-toi des questions suivantes :

a. Quel type de phrase est employé dans les lignes 8 à 11 ? Que veut montrer le narrateur ?

b. Comment le narrateur exprime-t-il la puissance de la tempête ? Relève une expression qui l'exprime au cinquième paragraphe.

c. Les paroles des enfants qui gouvernent le bateau te paraissent-elles rassurantes ou inquiétantes ? Justifie en citant le texte.

Rédiger la synthèse

Crée une carte mentale qui récapitulera tout ce que tu as compris de ce texte : le cadre, les personnages, la situation, le suspense.

Activité

Écrire la suite du texte

Après avoir échangé tes hypothèses à l'oral sur la suite des aventures des jeunes passagers du *Sloughi*, écris la suite de cet extrait en dix à quinze lignes.

D'un texte à l'autre

Les enfants du *Sloughi* semblent-ils vivre de « désastreuses aventures » comme les orphelins Baudelaire ? ▶ p. 184
Pourquoi, selon toi, ces deux débuts de roman commencent-ils ainsi ?

Pour poursuivre la découverte de l'œuvre
Écoute la suite du chapitre 1 écrite par Jules Verne pour la comparer à ce que tu as imaginé.

hatier-clic.fr/21luf187

Objectif

→ Analyser comment le texte suscite la sympathie du lecteur pour les personnages

Compétence Lecture

→ S'interroger sur les pensées et les motivations des personnages

En avant

Rémi, arraché à sa mère adoptive à dix ans, est confié à Vitalis, un mystérieux musicien ambulant. Ils entreprennent un long voyage à travers la France, lors duquel Rémi apprend le sens de l'entraide et fait la rencontre de Mattia, un jeune enfant. Mais Vitalis meurt de froid et Rémi se retrouve tout seul à Paris.

Avant de découvrir le texte

Écoute cet extrait dans lequel Rémi est séparé de sa mère adoptive.

hatier-clic.fr/21luf188

Comme je suivais la rue Mouffetard, il me sembla, en arrivant à l'église Saint-Médard, reconnaître dans un enfant appuyé contre le mur de l'église le petit Mattia ; mais, chose étrange, si c'était lui, il n'avait pas grandi.

Je m'approchai pour le mieux examiner ; il n'y avait pas à en douter, c'était lui ; il me reconnut aussi, car son pâle visage s'éclaira d'un sourire.

– C'est vous, dit-il, qui êtes venu chez Garofoli[1] avec le vieux à barbe blanche ?

– Et Garofoli est toujours votre maître ?

Il regarda autour de lui avant de répondre ; alors, baissant la voix :

– Garofoli est en prison ; on l'a arrêté parce qu'il a fait mourir Orlando pour l'avoir trop battu. [...] Alors je suis venu là, ne sachant où aller, et ne sachant que faire. [...] Je n'ai pas mangé depuis hier midi.

Je n'étais pas riche, mais je l'étais assez pour ne pas laisser ce pauvre enfant mourir de faim.

– Restez là, lui dis-je.

Et je courus chez un boulanger dont la boutique faisait le coin de la rue ; bientôt je revins avec une miche de pain que je lui offris ; il se jeta dessus et la dévora.

– Et maintenant, lui dis-je, que voulez-vous faire ?

– Je ne sais pas. [...] Et vous ? demanda Mattia, que faites-vous maintenant ?

Je ne sais quel sentiment de vantardise m'inspira :

— Mais je suis chef de troupe, dis-je.

En réalité cela était vrai, puisque j'avais une troupe composée de Capi[2], mais cette vérité frisait de près la fausseté.

– Oh ! si vous vouliez ? dit Mattia.

– Quoi ?

– M'enrôler dans votre troupe.

Alors la sincérité me revint.

– Mais voilà toute ma troupe, dis-je en montrant Capi.

– Eh bien, qu'importe, nous serons deux. Ah ! je vous en prie, ne m'abandonnez pas ; que voulez-vous que je devienne ? il ne me reste qu'à mourir de faim.

Comment lui dire que je ne pouvais pas le prendre dans ma troupe ? Mourir de faim ! Mais avec moi n'avait-il pas autant de chances de mourir de faim que tout seul ?

Vocabulaire

Autour du mot *copain*

- Explique ce que signifient *copain* et *compagnon* à l'origine. Appuie-toi sur l'étymologie : *panem* signifie « pain » et *cum* signifie « avec » en latin.
- En quoi ces deux termes s'appliquent-ils à Mattia et à Rémi ?

1. **Garofoli** est un *padrone*, c'est-à-dire un maître qui exploite des enfants des rues, comme Mattia, en les traitant mal.
2. **Capi** est un chien de cirque.

Ce fut ce que je lui expliquai ; mais il ne voulut pas m'entendre.

– Non, dit-il, à deux on ne meurt pas de faim, on se soutient, celui qui a donne à celui qui n'a pas, comme vous venez de le faire tout à l'heure.

Ce mot trancha mes hésitations ; puisque j'avais, je devais l'aider.

– Alors, c'est entendu ! lui dis-je.

Instantanément il me prit la main et me la baisa.

– Venez avec moi, lui dis-je, mais pas comme domestique, comme camarade.

✦ **Hector Malot**, *Sans Famille* (1878), deuxième partie, chapitre I « En avant » © Le Livre de Poche, édition abrégée (2018)

▲ Gravure sur bois d'**Émile Bayard** pour le roman *Sans Famille* d'Hector Malot (1882) © éditions Hetzel

Impressions de lecture

- Ce roman s'intitule *Sans Famille* : quel genre d'histoire t'attends-tu à lire ?
- À ton avis, que ressent Rémi dans ce texte ? Que ressentirais-tu à sa place ?

Comprendre le texte

1. Qui raconte cette histoire ? Pourquoi le lecteur se sent-il proche de Rémi ?

2. Qu'offre Rémi à Mattia lorsqu'il le rencontre ? Comment expliques-tu ce geste ?

3. Pourquoi Rémi accepte-t-il Mattia dans sa troupe ?

4. Que veut dire Rémi quand il dit à Mattia : *Venez avec moi, mais pas comme domestique, comme camarade* (l. 44-45) ?

5. Quels sentiments ce texte crée-t-il chez le lecteur ? Développe ta réponse.

Rédiger la synthèse

Parcours différenciés

Parcours A

Dans un court paragraphe, résume ce qu'il se passe dans cet extrait.

Parcours B

Dans un paragraphe de quelques lignes, explique en quoi cette scène est émouvante pour le lecteur.

Stratégie de lecture

S'interroger sur les pensées des personnages

Pour bien comprendre un texte, il est utile de se mettre à la place des personnages pour imaginer ce qu'il se passe dans leur tête : quels sont leurs buts ? leurs raisons d'agir ? leurs sentiments et leurs émotions ? leurs connaissances ?

Activité

Lecture fluide et expressive

En binôme, entraînez-vous à lire l'extrait à voix haute. Lisez ensuite cette scène dialoguée en montrant les émotions des personnages. ▶ Démarche p. 10

D'un texte à l'autre

Quelles qualités les enfants du *Sloughi* (▶ p. 186) et Rémi ont-ils en commun ? Justifie ta réponse.

Textes & Images

XIXe siècle | Roman

Objectif
→ Analyser comment le texte suscite l'émotion du lecteur

Compétence Lecture
→ S'interroger sur les pensées et les émotions des personnages

La petite toute seule

Cosette est une petite fille de huit ans dont la mère, Fantine, ne peut plus s'occuper. Elle est confiée aux Thénardier, un couple d'aubergistes cruels. Le soir de Noël, la mère Thénardier envoie Cosette, pieds nus dans ses sabots et vêtue très légèrement, chercher de l'eau à la source dans la forêt.

Tant qu'elle eut des maisons et même seulement des murs des deux côtés de son chemin, elle alla assez hardiment. De temps en temps, elle voyait le rayonnement d'une chandelle à travers la fente d'un volet, c'était de la lumière et de la vie, il y avait là des gens, cela la rassurait. Cependant, à mesure qu'elle avançait, sa marche se ralentissait comme machinalement. Quand elle eut passé l'angle de la dernière maison, Cosette s'arrêta. Aller au-delà de la dernière boutique, cela avait été difficile ; aller plus loin que la dernière maison, cela devenait impossible. Elle posa le seau à terre, plongea sa main dans ses cheveux et se mit à se gratter lentement la tête, geste propre aux enfants terrifiés et indécis. Ce n'était plus Montfermeil[1], c'étaient les champs. L'espace noir et désert était devant elle. Elle regarda avec désespoir cette obscurité où il n'y avait plus personne, où il y avait des bêtes, où il y avait peut-être des revenants. Elle regarda bien, et elle entendit les bêtes qui marchaient dans l'herbe, et elle vit distinctement les revenants qui remuaient dans les arbres. Alors elle ressaisit le seau, la peur lui donna de l'audace :

– Bah ! dit-elle, je lui dirai qu'il n'y avait plus d'eau !

Et elle rentra résolument dans Montfermeil.

À peine eut-elle fait cent pas qu'elle s'arrêta encore, et se remit à se gratter la tête. Maintenant, c'était la Thénardier qui lui apparaissait ; la Thénardier hideuse avec sa bouche d'hyène et la colère flamboyante dans les yeux. L'enfant jeta un regard lamentable en avant et en arrière. Que faire ? que devenir ? où aller ? Devant elle le spectre[2] de la Thénardier ; derrière elle tous les fantômes de la nuit et des bois. Ce fut devant la Thénardier qu'elle recula. Elle reprit le chemin de la source et se mit à courir. Elle sortit du village en courant, elle entra dans le bois en courant, ne regardant plus rien, n'écoutant plus rien. Elle n'arrêta sa course que lorsque la respiration lui manqua, mais elle n'interrompit point sa marche. Elle allait devant elle, éperdue[3].

Tout en courant, elle avait envie de pleurer.

Le frémissement nocturne de la forêt l'enveloppait tout entière. Elle ne pensait plus, elle ne voyait plus. L'immense nuit faisait face à ce petit être. D'un côté, toute l'ombre ; de l'autre, un atome.

Vocabulaire

Autour du courage

- L'adverbe *hardiment* (l. 2) est formé à partir de l'adjectif *hardi* qui signifie « qui ose beaucoup ». Que signifie alors *hardiment* ?
- Donne un adverbe appartenant à la famille du mot *audace* (l. 16).
- Que signifie l'adverbe *résolument* (l. 18) ? Trouve un mot de la même famille.

1. **Montfermeil :** village où habite Cosette chez les aubergistes Thénardier
2. **Spectre :** fantôme
3. **Éperdu :** qui a l'esprit troublé par la crainte
4. **Lisière :** entrée du bois

Il n'y avait que sept ou huit minutes de la lisière[4] du bois à la source. Cosette connaissait le chemin pour l'avoir fait bien souvent le jour. Chose étrange, elle ne se perdit pas. Un reste d'instinct la conduisait vaguement. Elle ne jetait cependant les yeux ni à droite ni à gauche, de crainte de voir des choses dans les branches et dans les broussailles. Elle arriva ainsi à la source.

✦ **Victor Hugo**, *Les Misérables* (1862), partie II « Cosette », livre III, chapitre V

Impressions de lecture

- Cosette te fait-elle penser à une héroïne connue de contes merveilleux ?
- Quelles émotions éprouves-tu à la lecture de ce texte ? Explique pourquoi.

▲ *Les Misérables* (2012), film de **Tom Hooper**

Lecture d'image

Comment ce photogramme issu du film *Les Misérables* met-il en valeur les éléments du texte de Victor Hugo ? Développe ta réponse.

Comprendre le texte

1. Quelle épreuve Cosette doit-elle affronter ?

2. Quelle émotion Cosette ressent-elle ? Développe ta réponse en relevant dans le premier paragraphe ce qu'elle éprouve et ce qu'elle perçoit de son environnement.

3. a. Pourquoi Cosette, après avoir fait demi-tour, reprend-elle finalement le chemin de la source ?

b. Quelle image Cosette a-t-elle de Mme Thénardier ? Cite le texte.

c. Quel effet cela produit-il sur le lecteur ?

4. En relevant plusieurs mots du texte, montre que Cosette est à la fois un personnage fragile et fort.

5. Relève les différentes notations de la lumière et de l'obscurité. À quels sentiments Cosette associe-t-elle l'obscurité ? et la lumière ?

Rédiger la synthèse

Écris un paragraphe (cinq lignes environ) pour répondre à cette question :

Pourquoi le lecteur est-il ému par le personnage de Cosette ?

Activité

Imaginer la suite du texte

Cosette, arrivée à la source, rencontre quelqu'un qui décide de l'aider.

Parcours différenciés

Parcours A

Écris un paragraphe de dix lignes.

Parcours B

Écris le dialogue de leur rencontre en une dizaine de lignes, puis un paragraphe qui raconte comment le personnage aide Cosette. Aide-toi de la fiche sur l'écriture du dialogue. ▶ **Méthode 20 p. 284**

D'un texte à l'autre

Quels sont les points communs entre les personnages de Cosette et de Rémi ? ▶ **p. 188**

Objectifs
- → Découvrir un roman d'aventures et son adaptation cinématographique
- → Lire des images fixes et mobiles
- → Lire un texte court

Compétence Lecture
- → Faire des hypothèses

Le jardin secret

Les films

Bande-annonce du film
hatier-clic.fr/21luf192

▲ Affiche du film *Le Jardin secret* (1994) d'**Agnieszka Holland**

▲ Affiche du film *Le Jardin secret* (2020) de **Marc Munden**

Premières impressions

As-tu envie de regarder l'un de ces deux films ? Dis lequel et justifie ton choix.

Comprendre les images

1. À ton avis, pourquoi ce jardin est-il *secret* ?

2. Décris précisément ce que tu vois sur chacune des affiches.

Besoin d'aide ? Observe la composition des images, les plans, les couleurs, la lumière et commente-les à l'aide du vocabulaire de l'analyse de l'image. ▶ p. 254

3. Quels sont les points communs et les différences entre ces deux affiches ?

4. Imagine l'histoire qui va être racontée.

5. Ensemble, élisez le film qui vous semble le plus captivant d'après son affiche.

Comprendre la bande-annonce

Regarde la bande-annonce du film *Le Jardin secret* de Marc Munden.

1. Note les mots qui te viennent en tête.

2. Quelles questions te poses-tu sur l'histoire et les personnages ?

3. La bande-annonce confirme-t-elle ton choix de regarder ou de ne pas regarder le film ?

Extrait 1

La clef du jardin secret

La jeune orpheline Mary Lennox est recueillie par son oncle dans son manoir isolé. Elle a appris l'existence d'un jardin secret dont personne n'a la clef. Or elle découvre une clef enterrée...

Vocabulaire

Autour du mot *enchanter*

- Selon toi, que signifie le verbe *enchanter* (l. 9) ?
- Cherche son sens et son étymologie dans un dictionnaire.
- Trouve des mots de la même famille en t'aidant du dictionnaire.

Elle regarda longuement la clef. Elle la tournait, la retournait. Comme on le voit, personne ne lui avait appris à demander la moindre permission. Si cette clef était bien celle du jardin secret, et si Mary réussissait à trouver la porte, si elle l'ouvrait, elle pourrait enfin voir ce que cachait le mur couvert de lierre. Elle saurait ce qu'étaient devenus les vieux rosiers. C'est parce qu'il était resté condamné pendant des années qu'elle désirait tant entrer dans ce jardin. Qui pouvait imaginer ce qui s'y était produit en dix ans ? Elle pourrait y venir chaque jour ; personne ne le saurait jamais. Ils croiraient la porte fermée et la clef toujours dans la terre. Cette idée l'enchantait.

✦ **Frances Hodgson Burnett**, *Le Jardin secret* (1911), chapitre 8,
traduit de l'anglais par Antoine Lermuzeaux © Gallimard, coll. « Folio Junior » (1997)

Comprendre le texte

1. Quelles sont les pensées de Mary quand elle découvre la clef ?
2. Pourquoi Mary veut-elle garder le jardin secret ? Comprends-tu ce désir ?
3. Qu'attend le lecteur à la fin de cet extrait ?

Impressions de lecture

Que penses-tu du personnage de Mary ? Te fait-elle penser à un autre personnage ? à quelqu'un que tu connais ?

Extrait 2

La découverte de la porte du jardin

Mary sentit sous ses doigts une plaque métallique : la serrure de la porte... fermée depuis dix ans. Elle glissa une main dans sa poche, sortit la clef et s'assura qu'elle s'adaptait à la serrure. La clef entrait ! Elle l'enclencha. Il fallait s'y prendre à deux mains, ce qu'elle fit, et la clef tourna.

Elle reprit son souffle, tenta de retrouver son calme... Elle jeta un rapide coup d'œil derrière elle, à gauche et à droite, pour voir si personne ne venait... Personne ! Personne, apparemment, ne venait jamais jusqu'ici. Elle eut un profond soupir, inspira et, repoussant le lierre, elle s'arc-bouta[1] contre la porte, qui s'entrouvrit [...].

1. **S'arc-bouter :** s'appuyer

✦ **Frances Hodgson Burnett**, *Le Jardin secret* (1911), chapitre 8,
traduit de l'anglais par Antoine Lermuzeaux © Gallimard, coll. « Folio Junior » (1997)

Comprendre le texte

1. Quelles émotions Mary ressent-elle dans cet extrait ?
2. Comment l'auteure maintient-elle le suspense ?

Rédiger la synthèse

Collectivement, rédigez un paragraphe qui récapitule tout ce que l'on sait sur l'histoire du jardin secret et les questions que l'on se pose.

Activité

Imaginer la suite du texte

Imagine ce que voit Mary en ouvrant la porte du jardin. Raconte sa découverte en une quinzaine de lignes.

Objectif
→ Analyser l'expression de la peur

Compétence Lecture
→ S'interroger sur les pensées et les sentiments des personnages

Traqué

Voici le début du roman.

Tobie mesurait un millimètre et demi, ce qui n'était pas grand pour son âge. Seul le bout de ses pieds dépassait du trou d'écorce. Il ne bougeait pas. La nuit l'avait recouvert comme un seau d'eau. [...]

Allongé, il avait la tête posée sur la mousse. Il sentait le froid des larmes sur ses cheveux, près des oreilles.

Tobie était dans un trou d'écorce noire, une jambe abîmée, des coupures à chaque épaule et les cheveux trempés de sang. Il avait les mains bouillies par le feu des épines, et ne sentait plus le reste de son petit corps endormi de douleur et de fatigue.

Sa vie s'était arrêtée quelques heures plus tôt, et il se demandait ce qu'il faisait encore là. Il se rappelait qu'on lui disait toujours cela quand il fourrait son nez partout : « Encore là, Tobie ! » Et aujourd'hui, il se le répétait à lui-même, tout bas : « Encore là ? »

Mais il était bien vivant, conscient de son malheur plus grand que le ciel. Il fixait ce ciel comme on tient la main de ses parents dans la foule, à la fête des fleurs. Il se disait : « Si je ferme les yeux, je meurs. » Mais ses yeux restaient écarquillés au fond de deux lacs de larmes boueuses.

Il les entendit à ce moment-là. Et la peur lui retomba dessus, d'un coup. Ils étaient quatre. Trois adultes et un enfant. L'enfant tenait la torche qui les éclairait.

Illustration de **François Place** pour le roman *Tobie Lolness* (2006) de Timothée de Fombelle

Vocabulaire

Autour de la peur

- Comprends-tu le sens du mot *traqué* ? Pourquoi le chapitre 1 s'intitule-t-il ainsi ? Cherche dans un dictionnaire le sens premier de ce mot.
- Donne un synonyme de l'adjectif *terrifiant* (l. 45) et trouve des mots de la même famille.
- Comment la peur de Tobie se manifeste-t-elle physiquement ? Relève tous les mots ou expressions du texte qui t'ont aidé(e) à répondre.

– Il est pas loin, je sais qu'il est pas loin.

– Il faut l'attraper. Il doit payer aussi. Comme ses parents.

Les yeux du troisième homme brillaient d'un éclat jaune dans la nuit. Il cracha et dit :

– On va l'avoir, tu vas voir qu'il va payer.

Tobie aurait voulu pouvoir se réveiller, sortir de ce cauchemar, courir vers le lit de ses parents, et pleurer, pleurer… […]

Mais Tobie était tout tremblant, au fond de son trou, cherchant à rentrer ses jambes trop longues, pour les cacher. Tobie, treize ans, poursuivi par tout un peuple, par son peuple.

Ce qu'il entendit alors était pire que cette nuit de peur et de froid.

Il entendit une voix qu'il aimait, la voix de son ami de toujours, Léo Blue.

Léo était venu vers lui à l'âge de quatre ans et demi, pour lui voler son goûter, et, depuis ce jour, ils avaient tout partagé. Les bonnes choses et les moins drôles. […]

Mais cette nuit-là, alors que Tobie était blotti tout seul dans son trou d'écorce, ce ne pouvait pas être le même Léo Blue qui se trouvait debout à quelques mètres de lui, brandissant sa torche dans le noir. Tobie sentit son cœur éclater quand il entendit son meilleur ami hurler :

– On t'aura ! On t'aura, Tobie !

La voix rebondissait de branche en branche. […]

– On t'aura, Tobie !

Quand il entendit une nouvelle fois ce cri sauvage, Tobie devina que les yeux de Léo devaient être aussi terrifiants que ceux d'un animal fou. Oui, comme des petites mares gonflées par la pluie.

✦ **Timothée de Fombelle**, *Tobie Lolness* (2006), tome 1 « La vie suspendue », chapitre 1

Impressions de lecture

- Dessine la scène dans ton carnet de lecture. Explique tes choix.
- Relève une phrase du texte qui te semble particulièrement intéressante et explique pourquoi.

Comprendre le texte

Parcours différenciés

Parcours A

1. Que sais-tu de Tobie Lolness et de Léo Blue ? Note tout ce que tu as compris.

2. Quelle atmosphère est créée par l'auteur ?

Parcours B

1. a. Qui est Tobie Lolness ?
b. Dans quelle situation et dans quel état se trouve-t-il ?
c. Que ressent-il ? Justifie ta réponse en citant le texte.

2. Quels malheurs doit-il affronter ?

En classe entière

3. À qui Léo Blue est-il comparé à la fin du texte ? Que révèle cette comparaison ?

4. Que penses-tu de l'attitude de Léo Blue ?

Rédiger la synthèse

Rédige deux paragraphes (de cinq à dix lignes), chacun axé sur les deux idées principales à retenir de ce texte.

- Un héros traqué et terrifié
- Une trahison terrible

D'un texte à l'autre

- Trouve des points communs et des différences entre la scène d'ouverture de *Deux Ans de vacances* (▶ p. 186) et celle de *Tobie Lolness*.
- Compare la relation d'amitié entre Tobie et Léo à celle qui unit Rémi et Mattia. ▶ p. 188

Atelier d'expression écrite

Compétences Écriture
→ Écrire un récit d'aventures
→ Faire évoluer son texte
→ Prendre en compte les normes de l'écrit
→ Collaborer pour réaliser un projet

+PROF
Sujet et barème de notation

Écrire une fanfiction sur *Tobie Lolness*

Vidéo
Qu'est-ce qu'une fanfiction ?
hatier-clic.fr/21luf196

SUJET Réécris la scène que tu as lue (▶ p. 194) à la manière d'une fanfiction : que se passerait-il si Léo Blue n'avait pas trahi son meilleur ami Tobie ?

Qu'est-ce qu'une fanfiction ?

Une fanfiction est un **récit publié en ligne** écrit par des fans pour prolonger, modifier ou transformer leur roman, manga, film ou jeu préféré.

L'écriture est souvent **collaborative** : les lecteurs sont invités à commenter, corriger, conseiller l'auteur de la fanfiction avec bienveillance.

Critères de réussite

▶ **Maîtriser les caractéristiques du récit d'aventures**
- Relis la scène p. 194 pour écrire un récit captivant à la manière de Timothée de Fombelle.
- Planifie ton écriture à l'aide des exercices de l'étape 1 p. 197.
- ▶ MÉTHODE 17 Décrire un lieu p. 280
- ▶ MÉTHODE 22 Créer du suspense p. 286

▶ **Intégrer au récit un dialogue intéressant qui fait évoluer l'action**
- ▶ MÉTHODE 20 Insérer un dialogue dans un récit p. 284

▶ **Exprimer les sentiments des personnages**
- Relis la scène p. 194 pour t'inspirer des techniques de Timothée de Fombelle.
- ▶ MÉTHODE 21 Exprimer les sentiments d'un personnage p. 285
- Entraîne-toi à exprimer la peur avec les exercices de l'étape 2 p. 197.

▶ **Employer correctement les temps du passé**
- ▶ MÉTHODE 14 Utiliser les bons temps dans un récit au passé p. 274

▶ **Veiller à la construction des phrases, à l'orthographe et au soin**
- ▶ MÉTHODE 8 Construire un outil pour corriger ses erreurs p. 266

▶ **Collaborer pour améliorer son texte**
- Améliore ton premier jet à l'aide des exercices des étapes 3 et 4 p. 197.
- ▶ MÉTHODE 9 Améliorer son brouillon p. 268

◀ Illustration de **François Place** (détail) pour le roman *Tobie Lolness* (2006) de Timothée de Fombelle

ÉTAPE 3 Exprimer son avis sur le texte choisi

- Échangez vos avis sur le texte choisi (▶ **Méthode 24 p. 290**) en vous aidant des questions suivantes :

– Quel personnage avez-vous préféré ?
– Quelles émotions avez-vous ressenties en lisant ce texte ?
– Avez-vous aimé ce texte ?
– Quel moment vous a particulièrement plu ?
– Auriez-vous aimé vivre cette aventure avec les personnages ?
– Auriez-vous fait les mêmes choix que les personnages ?

- Exprimez votre accord ou votre désaccord avec vos camarades :

– Je suis d'accord avec...... quand il dit que...... parce que......
– Je ne suis pas tout à fait d'accord...... Je pense plutôt que............
– J'aimerais ajouter......

- Justifiez toujours vos réponses personnelles à l'aide d'exemples empruntés au texte.

Écris dans ton carnet de lecture ce que tu retiendras de ce texte et des discussions avec tes camarades.

CONSEILS

Conseils pour prendre la parole

✔ Tu peux préparer quelques notes à l'écrit.

✔ Respecte la parole d'autrui.

✔ Écoute chacun de tes camarades.

✔ Essaie de réagir aux différentes prises de parole pour faire avancer la discussion. ▶ **Méthode 26 p. 292**

✔ Vous pouvez désigner, dans chaque groupe, un animateur qui veillera à ce que la parole soit bien répartie entre les élèves.

PARTICIPEZ AU CERCLE DE LECTURE 2 :

Dans ce second cercle de lecture, vous allez comparer les textes du parcours.

ÉTAPE 4 Constituer de nouveaux groupes

Formez de nouveaux groupes, de façon à ce que chaque élève ait travaillé sur un texte différent lors du premier cercle de lecture.

ÉTAPE 5 Présenter les textes

Chaque participant présente rapidement le texte sur lequel il a travaillé lors du premier cercle de lecture.

ÉTAPE 6 Discuter des textes du parcours

Chaque lecteur peut prendre la parole quand il le souhaite pour :

– compléter ce qui a été dit sur un des textes ;
– donner son avis ;
– faire remarquer des points communs ou des différences entre le texte qu'il a choisi et les autres textes du parcours (qualités du héros ou de l'héroïne, situation de danger à laquelle il ou elle est confronté(e)...) ;
– poser des questions aux autres membres au sujet d'un ou de plusieurs textes.

Bilan

Écris un court texte pour expliquer :

– ce que tu as appris grâce aux cercles de lecture sur les textes ;
– si cela t'a paru facile ou difficile de prendre la parole et pourquoi ;
– quelles compétences tu as travaillées.

Bilan

Je construis le bilan

1 Définir le roman d'aventures

Choisis trois mots dans ce nuage pour définir le récit d'aventures. Justifie tes choix à l'aide d'exemples précis.

apprentissage ennemi
responsabilité péripétie survivre combat
vengeance animal sauvage suspense tempête
rebondissement héros positif malheur
orphelin solidarité course-poursuite
danger mission

2 Identifier les qualités des héros

Associe les personnages rencontrés dans le parcours à ces qualités, et justifie à l'oral.

généreux/se •	
aimable •	
courageux/se •	• Mary Lennox
solidaire •	• Rémi
curieux/se •	• Tobie Lolness
intelligent(e) •	• Les orphelins Baudelaire
autonome •	• Briant, Gordon et Doniphan
persévérant(e) •	
fidèle •	
responsable •	

3 Replacer les œuvres dans leur époque

Place les œuvres étudiées dans ce parcours sur la frise de ton carnet de lecture.

Frise à imprimer
hatier-clic.fr/21luf01

4 Je donne mon avis

a. Quel personnage de ce parcours as-tu préféré ? Pourquoi ?

b. De tous les textes lus dans ce parcours, lequel t'a donné envie de lire le roman ? Justifie ta réponse.

5 Je fais le point sur mes apprentissages

a. Quelles connaissances ai-je acquises dans ce parcours ?

b. Quelles compétences ai-je développées (en lecture, en écriture, en étude de la langue, à l'oral) ?

Compétences travaillées dans le parcours

Lecture (D1, 1, D2)	→ **Comprendre un texte littéraire et se l'approprier :** lire et comprendre des extraits de romans d'aventures → **Devenir un lecteur autonome :** – répondre en autonomie à des questions sur un texte – lire seul(e) une œuvre associée au parcours	→ p. 184-195, 204 → p. 198, 204 → p. 198
Écriture (D1, 1, D2)	→ **Rédiger des écrits variés :** écrire une fanfiction → **Faire évoluer son texte :** améliorer son brouillon grâce à l'écriture collaborative → **Recourir à l'écriture pour réfléchir et pour apprendre**	→ p. 196 → p. 196-197 → p. 184-195, 200, 202
Oral (D1, 1 et 4)	→ **Comprendre et s'exprimer à l'oral :** participer à des échanges sur les textes	→ p. 184-195, 200
Étude de la langue (D1, 1)	→ **Enrichir le lexique :** la peur, les valeurs, les qualités des personnages	→ p. 184-197, 200, 202
Culture littéraire et artistique (D1, 1)	→ **Connaître les genres littéraires :** le roman d'aventures	→ p. 182-205
Compétences transversales (D3)	→ **Formuler son opinion :** exprimer et écrire un avis personnel sur un texte, sur une œuvre → **Développer la confiance en soi et le respect des autres :** participer à des cercles de lecture bienveillants	→ p. 198-201 → p. 200

Je retiens

Le roman d'aventures

Le roman d'aventures, un récit à suspense

Une intrigue palpitante

Les héros vivent de multiples péripéties :

- une grande série de malheurs annoncée dans *Les Désastreuses Aventures des orphelins Baudelaire* ;
- des retrouvailles inattendues dans *Sans Famille*.

L'attente angoissée du lecteur

- Les enfants du *Sloughi* vont-ils subir un naufrage ? Survivront-ils ?
- Tobie sera-t-il découvert ?
- Mary sera-t-elle déçue ou bien émerveillée lorsqu'elle découvrira le jardin secret ?

Des dangers extrêmes

- Les enfants du *Sloughi* doivent affronter une **tempête maritime terrible**.
- Tobie Lolness doit se cacher dans l'écorce d'un arbre, **traqué** par son peuple.
- Cosette **affronte la nuit** pour tirer de l'eau à la source, afin d'éviter de subir la colère d'une patronne cruelle.

Le roman d'aventures, un récit riche d'enseignements

Se divertir

- Le roman d'aventures **divertit** son lecteur en lui offrant des **histoires haletantes**.

S'identifier

- Le lecteur, qui suit les **aventures malheureuses** et **mouvementées** des héros, **s'identifie** à eux et ressent leurs émotions. Le roman d'aventures développe l'**empathie** du jeune lecteur.

Adopter des valeurs

- Les héros montrent de grandes **qualités**, ce sont des **héros positifs** qui n'hésitent pas à secourir les plus faibles qu'eux, à s'entraider, à faire preuve de solidarité.
- Ces **valeurs d'humanité** positives et généreuses sont ainsi **transmises** aux jeunes lecteurs.

Grandir

- Les jeunes héros, à travers les périls et les épreuves vécus, **grandissent**, sont **transformés**, ils **apprennent** à surmonter les difficultés rencontrées. Le roman d'aventures pour enfants devient **récit d'apprentissage, d'initiation**.

Elisha et les fourmis sauvages

Elisha vient d'échapper aux griffes de Léo Blue, l'ex-ami de Tobie devenu le tyran des Cimes.

+PROF
Évaluation modifiable

Elle n'osait pas s'arrêter.

La fatigue gagnait son corps. Son pas devenait de plus en plus incertain. […] Au petit jour, sa tête commença à tourner, elle s'effondra à genoux, et roula dans un fossé d'écorce.

Elle avait perdu connaissance.

Un curieux piétinement la réveilla quelques heures plus tard. Il faisait grand jour. Elisha s'appuya sur ses coudes pour voir qui passait sur l'étroit sentier en contrebas duquel elle était tombée.

C'était une brigade de fourmis sauvages.

Les fourmis avançaient très lentement. Elles poussaient un objet aussi gros qu'elles. […]

C'était une grande cage en forme de boule qu'on installait ouverte, camouflée dans la mousse, et qui refermait brutalement ses deux moitiés sur l'animal quand il s'y aventurait. […]

Elisha n'avait pas beaucoup de tendresse pour ces fourmis rouges qui vous piquent avant de vous dévorer. C'était un des rares insectes qui la terrorisaient vraiment.

Elle allait donc replonger dans son trou et laisser passer ce petit monde quand elle vit la cage se coincer sur une tige de bois. […]

Poussée par la curiosité, Elisha sortit la tête.

Plaquant sa main sur sa bouche, elle s'empêcha de crier et revint aussitôt dans son trou. Ce qu'elle venait de découvrir faisait battre son cœur dans sa poitrine.

La proie qui était enfermée dans le piège-cage n'était ni une punaise, ni un puceron, ni un petit scarabée. C'était une jeune fille de quinze ans dont les grands yeux affolés avaient croisé ceux d'Elisha.

Les fourmis avaient du mal à dégager la cage de l'ornière[1]. […] Elisha ne prit même pas le temps de réfléchir. Elle sauta hors de son trou et courut au milieu des fourmis. Avant même qu'elles aient remarqué sa présence, Elisha avait grimpé sur le sommet de la cage. Elle tenait un bâton à la main et le faisait tournoyer autour d'elle.

La jeune prisonnière la regardait sans réagir.

– Je vais t'aider, lui cria Elisha.

Dix fourmis l'encerclaient déjà et commençaient à grimper sur les barreaux. Elisha hurlait. Elle frappa une première bête en pleine tête. Celle-ci glissa de la cage et tomba sur l'écorce. Un coup de pied donné de toutes ses forces fit rouler une fourmi qui en entraîna deux autres dans sa chute.

1. **Ornière :** trou sur un chemin
2. **Inexorablement :** d'une manière que l'on ne peut éviter
3. **Exténué :** épuisé

Impressions de lecture

- Écris dans ton carnet de lecture ce que tu as pensé de ce texte.
- À ton avis, que raconteront *Les Aventures de Tom Sawyer* ?

Tout près d'elle, elle perçut un léger bruit. Elle se retourna juste à temps pour attraper par les basques de sa veste un jeune garnement[4] qu'elle arrêta dans sa fuite.

– Évidemment ! j'aurais dû penser à ce placard. Qu'est-ce que tu as encore été faire là-dedans ?

– Rien, tante.

– Rien ? Regarde tes mains, regarde ta bouche. Avec quoi t'es-tu barbouillé comme ça ?

– Je ne sais pas, tante.

– Moi je le sais ; je vais te le dire. C'est avec de la confiture. Voilà trente-six fois que je te dis que si tu touches à la confiture, tu auras affaire à moi. Passe-moi cette baguette.

Aux mains de la tante, la baguette décrivit dans l'air des cercles menaçants. La situation devenait intenable.

– Oh, ma tante ! Regardez… regardez derrière vous !

La vieille dame fit brusquement volte-face ; en un geste instinctif de protection elle serra ses jupes. Mettant à profit cette diversion, le gamin s'échappa, escalada la haute clôture en planches et disparut de l'autre côté.

La tante Polly resta un moment tout interloquée[5], puis elle prit le parti de rire de l'incident.

✦ **Mark Twain**, *Les Aventures de Tom Sawyer* (1876), chapitre I, traduit de l'anglais par François de Gaïl

Comprendre le texte

1. Présente les personnages et leur lien.

2. Raconte ce qui se passe dans l'extrait.

3. Quel portrait est fait du personnage de Tom ? Relève tous les mots ou phrases qui te permettent de répondre.

4. En groupes, choisissez les adjectifs qui décrivent le mieux Tante Polly dans la liste suivante. Justifiez vos réponses.

énergique • méfiante • joyeuse • naïve • hésitante • sévère • effrayante • orgueilleuse • tendre • attendrie • menaçante • cruelle • dure • malveillante • charmante • ridicule

5. À ton avis, quel(s) sentiment(s) Tante Polly éprouve-t-elle pour Tom ? Cite le texte pour justifier ta réponse.

Rédiger la synthèse

Écris deux phrases pour reprendre l'ensemble des éléments découverts sur les personnages :

- Tom Sawyer semble être ……. ; on imagine que …….
- Tante Polly est …….,……., mais …….

Activités

Jouer la scène pour mieux la comprendre

- Pendant la lecture, imagine la scène dans ta tête. ▶ **Stratégie de lecture p. 21**
- Deux élèves jouent la scène devant la classe. Si tu n'es pas d'accord avec leur interprétation, tu peux proposer à ton tour de jouer la scène avec un camarade.

Imaginer la suite du texte

Peu après cet épisode, Tom fait l'école buissonnière. Imagine ce qu'il fait de son temps libre, en une dizaine de lignes. Écris ton texte au passé simple. ▶ **EDL 24 p. 340**

Pour poursuivre la découverte de l'œuvre

Écoute cet extrait du chapitre II, puis complète ton carnet de lecture.

- Note en quelques lignes ce que tu as compris.
- Ce chapitre confirme-t-il tes impressions sur le personnage de Tom Sawyer ? Justifie.

hatier-clic.fr/21luf211

Objectif
→ Découvrir un personnage atypique

Compétence Lecture
→ Réfléchir aux pensées des personnages

Huckleberry Finn

Précédemment...

Tom tente d'éviter d'aller à l'école, prétendant qu'il a mal au pied, puis à la dent. Tante Polly réagit en lui arrachant la dent, et l'envoie tout de même à l'école. Sur le chemin, il croise son ami Huck.

Peu après, Tom rencontra Huckleberry Finn, le petit paria[1] du village, fils de l'ivrogne. Les mères de Saint Petersbourg le détestaient franchement parce qu'il était paresseux, sans foi ni loi, vulgaire et méchant, et parce qu'il faisait l'admiration de tous les enfants. Ceux-ci adoraient sa compagnie et auraient bien aimé avoir l'audace d'être comme lui. Tom, ainsi que tous les autres garçons « bien » du bourg, enviait à Huck son éclatant statut de hors-la-loi. Il n'avait pas le droit de jouer avec lui et ne ratait donc jamais une occasion de le faire. Huck portait toujours de vieux habits merveilleux et minables ayant appartenu à des adultes. Son chapeau était une vaste ruine à laquelle il manquait la moitié d'un bord. Sa veste, quand il en avait une, lui descendait presque jusqu'aux talons et ses boutons frôlaient le sol. Une seule bretelle faisait tenir son pantalon dont le fond pendait vide à hauteur des genoux et dont le bas, tout effiloché, traînait dans la poussière lorsqu'il oubliait de le rouler.

Il allait et venait entièrement à sa guise. L'été il dormait à la belle étoile, et l'hiver il passait ses nuits dans un tonneau ; point n'était pour lui question d'école ni d'église, de maître ni de professeur ; il allait à la pêche quand il voulait, prenait un bain dans la rivière quand cela lui chantait, se couchait à l'heure qui lui plaisait, était toujours le premier à marcher pieds nus au printemps et le dernier à mettre des chaussures à l'approche de la saison froide, ne se lavait jamais, ne changeait jamais de linge, et jurait comme un Templier[2]. En un mot il jouissait de[3] tout ce qui rend la vie digne d'être vécue ; telle était dans Saint Petersbourg l'opinion de tout enfant surveillé et tenu en laisse par ses parents.

Tom héla le proscrit[4].

– Hello, Huckleberry !

– Hello ! Qu'est-ce que t'en dis ?

– Qu'est-ce que c'est ?

– Un chat crevé.

– Fais voir. Oh ! épatant ! [...]

Dis-donc, à quoi est-ce que ça sert les chats crevés ?

– À quoi ça sert ? à guérir les verrues.

[...]

Vocabulaire

« Dormir à la belle étoile »

- Que signifie l'expression *dormir à la belle étoile* (l. 15) ? Fais une recherche dans le dictionnaire si tu l'ignores.
- Qu'évoque pour toi cette expression ? Aimerais-tu dormir à la belle étoile ?

1. **Paria :** exclu, considéré comme indésirable
2. **Jurer comme un Templier :** les templiers étaient des chevaliers religieux du Moyen Âge, réputés se conduire mal et notamment insulter la religion
3. **Jouir de :** profiter de
4. **Proscrit :** banni, hors-la-loi

Je retiens

Les Aventures de Tom Sawyer

Carte d'identité

L'œuvre et l'auteur

- *Les Aventures de Tom Sawyer* est un **roman** paru en **1876**.
- Il a été écrit par **Mark Twain**, un écrivain américain.

L'époque

- Mark Twain a vécu au **XIXe siècle** aux **États-Unis**.
- L'action du roman se déroule **vers 1845**, dans une **petite ville au bord du Mississippi** et mêle des événements fictifs à des souvenirs réels de l'auteur.

Un roman d'aventures

- Mark Twain captive ses lecteurs avec les **péripéties d'un jeune héros**, Tom Sawyer. Tom, qui aime imaginer des aventures palpitantes, se retrouve malgré lui entraîné dans des **dangers bien réels**.
- Il **risque** plusieurs fois **sa vie** : il est témoin d'un meurtre dans un cimetière, assiste à la découverte d'un trésor par de dangereux criminels, se perd dans une grotte, risquant de mourir de faim et d'épuisement. Mais, grâce à son courage, il **se tire d'affaire** à chaque fois, et finit par **retrouver le fameux trésor** !

Tom Sawyer, un modèle

Un enfant espiègle et attendrissant

- Tom Sawyer est un **jeune orphelin rusé**, qui a plus d'un tour dans son sac pour échapper aux punitions. Il n'aime pas l'école, et préfère la **vie au grand air**, toujours prêt à **partir à l'aventure** : fuguer pour vivre comme un pirate, chercher un trésor...
- Mais Tom est aussi un **enfant sensible**, qui éprouve des **émotions** fortes : il éprouve de la **terreur** lorsqu'il assiste au meurtre du docteur Robinson ; il est **blessé dans son amour-propre** quand Tante Polly est déçue de son comportement ; ou encore **bouleversé** lorsque Becky, dont il est amoureux, le rejette.

Un enfant qui grandit

- Les aventures que vit Tom Sawyer lui permettent d'**évoluer**. D'abord petit garçon habitué aux bêtises, il **devient un personnage courageux** face aux dangers réels. Il est **loyal** envers Huck, qu'il n'abandonne jamais, et envers Becky qu'il sauve de la mort dans la grotte. Il est **juste** envers Muff Potter lorsqu'il témoigne à son procès, malgré sa terreur.

Un plaidoyer pour les enfants

Dans ce roman, Mark Twain **critique le sort réservé aux enfants** dans la société américaine de son époque.

- Il **célèbre la capacité à rêver**, à jouer, à s'émouvoir des enfants.
- Il reproche aux adultes leur **manque de compréhension** et **dénonce une école trop sévère**, trop contraignante : si Tom fait l'école buissonnière, c'est parce qu'il est malheureux à l'école. Lorsqu'elle punit Tom, Tante Polly l'encourage, sans le savoir, à mentir.
- Il **critique la société cruelle et injuste** dans laquelle les enfants doivent vivre : des hommes comme Joe l'Indien sont prêts à tuer pour de l'or ; Huckleberry Finn, né dans une famille miséreuse, est rejeté de tous ; Muff Potter est accusé d'un meurtre qu'il n'a pas commis...

Évaluation différenciée

Compétence Lecture
→ Devenir un lecteur autonome

La recherche du trésor

Précédemment...

Tom a entraîné Huck dans sa dernière fantaisie : chercher un trésor. Les deux enfants décident de fouiller la maison hantée. Alors qu'ils sont au premier étage, deux hommes arrivent. Tom et Huck reconnaissent bientôt, pétrifiés, le meurtrier Joe l'Indien et un de ses complices. Ces derniers ont décidé d'attendre la nuit pour agir et s'endorment.

+PROF Évaluation modifiable

Bientôt les deux hommes ronflèrent à l'unisson. Les deux enfants poussèrent un long soupir de soulagement. Tom chuchota :

– C'est le moment… filons !

– Je ne peux pas, dit Huck, ça me coupe bras et jambes. S'ils se réveillaient, tu vois le tableau !

Tom insista. Huck tint bon. Tom se leva avec précaution ; il voulait partir seul. Mais dès son premier pas, le plancher délabré fit entendre un tel craquement qu'il se recoucha par terre, épouvanté, et se garda bien de renouveler sa tentative. Les enfants restèrent sur place, comptant les instants interminables, jusqu'à ce qu'ils eussent l'impression que le temps faisait place à l'éternité, et que celle-ci était déjà largement entamée. Ô bonheur ! le soleil commençait à baisser.

L'un des ronflements cessa : Joe l'Indien s'éveillait. Il s'assit, regarda autour de lui et vit son compagnon qui dormait, la tête dans les genoux. Lui donnant un coup de pied, il s'écria :

– Eh là ! veilleur de malheur ! Heureusement qu'il n'est rien arrivé.

– J'ai dormi ?

– Pas à moitié. Dis donc, vieux, il est l'heure de partir. Qu'est-ce qu'on fait du magot ?

– Sais pas. Pourquoi ne pas le laisser ici comme nous l'avons déjà fait ? Pas la peine de l'emporter avant que nous partions vers le Sud. Six cent cinquante dollars d'argent, c'est un poids. […]

– Laisser le magot là où il est maintenant, ça ne vaut rien. Il faut l'enterrer, et profondément. […]

En cet instant, Tom et Huck oublièrent toutes leurs terreurs, tous leurs ennuis. C'est avec un regard de convoitise[1] qu'ils suivaient chaque mouvement des deux hommes. La réalité dépassait leur espoir. Six cents dollars ! de quoi les enrichir, eux et une demi-douzaine de camarades ! Leur chasse au trésor débutait sous les meilleurs auspices[2]. Maintenant ils sauraient où creuser ! Ils se donnaient des coups de coude sans discontinuer, des coups de coude qui signifiaient :

– Eh bien ! maintenant n'es-tu pas content d'être venu ?

Le poignard de Joe rencontra un obstacle.

– Tiens ! dit-il.

1. **Convoitise :** envie, désir de posséder
2. **Sous les meilleurs auspices :** avec un bon présage, un bon signe
3. **Jubilation :** joie intense

– Qu'est-ce qu'il y a ?

– Sans doute une planche à moitié pourrie. Mais non, on dirait une caisse. Aide-moi, nous allons voir ce que c'est. Non, ne bouge pas, ce n'est pas la peine, j'ai fait un trou.

Il plongea la main.

– Du pèze, mon vieux !

Les deux hommes examinèrent la poignée de pièces de monnaie que Joe avait retirée : c'était de l'or. La jubilation[3] des enfants ne connut plus de bornes.

✦ **Mark Twain**, *Les Aventures de Tom Sawyer* (1876), chapitre XXVI, traduit de l'anglais par François de Gaïl

Parcours A

Réponds aux questions ci-dessous à l'aide de phrases complètes et remplis au fur et à mesure le tableau pour réfléchir à la manière dont tu trouves tes réponses.

Tableau à imprimer
hatier-clic.fr/21luf231

1. Dans quelle situation Tom et Huck se trouvent-ils précisément ? (3 points)

2. Que tente de faire Tom ? Comment cela se termine-t-il ? Explique. (2 points)

3. Comment les enfants perçoivent-ils le temps qui passe ? Cite le texte. Quel effet cela crée-t-il ? (2 points)

4. Qu'apprend-on dans le premier dialogue entre les deux hommes ? Qu'ont-ils l'intention de faire ? (2 points)

5. Comment les enfants réagissent-ils à cette information ? Cite le texte et explique leurs pensées. (2 points)

6. a. Explique le sens du mot *magot* (l. 19) et du mot *pèze* (l. 40) en t'aidant du contexte. (1 point)

b. À quel niveau de langue ces mots appartiennent-ils : courant – familier – soutenu ? (1 point)

7. Que découvrent finalement les deux hommes ? Est-ce surprenant ? Justifie. (2 points)

8. Explique en une phrase comment les enfants imaginent la suite de leurs aventures. Appuie-toi sur la dernière phrase du texte. (1 point)

9. Écris en une ou deux phrases une suite différente de celle imaginée par Tom et Huck. (1 point)

10. Relis le texte. Donne un titre à chacune des trois grandes parties du texte et explique ce que tu as ressenti à chaque étape : l. 1 à 12 / l. 13 à 32 / l. 33 à 42. (3 points)

Parcours B

Réponds aux questions ci-dessous par des phrases complètes en t'aidant du code couleur.

Comment trouver les réponses ?

- Je trouve la réponse dans le texte
- Je devine la réponse à l'aide des indices du texte
- Je me sers de mes connaissances pour répondre
- Je donne mon avis : *Je pense que...*

1. Quel est le problème de Tom et Huck au début du texte ? Explique avec tes propres mots. (2 points)

2. Qui sont les deux autres personnages ? Que font-ils au tout début du texte ? Formule la réponse avec tes propres mots. (2 points)

3. Lignes 3 à 9, Tom décide de s'échapper : réussit-il ? Pourquoi ? Formule la réponse avec tes propres mots. (2 points)

4. Le temps passe-t-il vite ou lentement pour les enfants ? Pourquoi ? Cite le texte. (2 points)

5. Explique le sens du mot *magot* (l. 19) après avoir lu la réplique qui suit (l. 20-22). À quel niveau de langue ce mot appartient-il : courant – familier – soutenu ? (1 point)

6. Qu'apprend-on dans le premier dialogue entre les deux hommes ? Formule la réponse avec tes propres mots. (1 point)

7. Que décident-ils de faire ? (1 point)

8. Que ressentent les enfants lorsqu'ils entendent ce dialogue ? Qu'ont-ils l'intention de faire ? Tu dois imaginer leurs pensées pour trouver la réponse. (2 points)

9. Que découvrent finalement les deux hommes ? (1 point)

10. Reformule la phrase *La jubilation des enfants ne connut plus de bornes* (l. 42). Explique ensuite pourquoi les enfants éprouvent cette jubilation. Imagine leurs pensées. (2 points)

11. Écris en une ou deux phrases une suite différente de celle imaginée par Tom et Huck. (1 point)

12. Relis le texte. Donne un titre pour chacune des trois grandes parties du texte et explique ce que tu as ressenti à chaque étape : l. 1 à 12 / l. 13 à 32 / l. 33 à 42. (3 points)

Dossier 11

Voyage avec *Le Petit Prince* d'Antoine de Saint-Exupéry

Comment grandir sans oublier l'enfant qu'on est ?

Objectifs
→ Libérer l'imagination
→ Comprendre des textes, des images et les interpréter

Portrait de Saint-Exupéry
hatier-clic.fr/21luf232

▲ Les enfants Saint-Exupéry (vers 1907), photographie.

« Le premier livre que j'aie vraiment aimé est un recueil de contes de fées de Hans Christian Andersen. »

✦ **Antoine de Saint-Exupéry** (cité dans *La Belle Histoire du Petit Prince*, 2013 © Gallimard)

De Saint-Exupéry au petit prince

1. Observe cette photo des cinq enfants de la famille Saint-Exupéry et retrouve lequel est Antoine de Saint-Exupéry.
2. Explique comment tu l'as reconnu.

Besoin d'aide ? Ce dessin du petit prince pourra peut-être t'aider...

3. À ton avis, de quoi parle le livre *Le Petit Prince* ?

▲ **Antoine de Saint-Exupéry**, le petit prince sur sa planète, dessin pour le chapitre III © Gallimard

L'expérience du dessin numéro 1

1. Observe le dessin ci-contre.
2. Dans ton carnet de lecture, note ce que représente ce dessin selon toi. Propose plusieurs hypothèses (laisse parler ton imagination).
3. Pour avoir la clé du mystère, lis le chapitre I (p. 233 et 234).

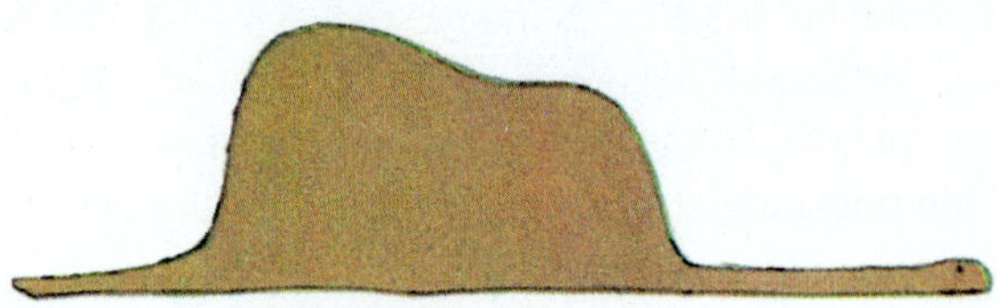

▲ **Antoine de Saint-Exupéry**, dessin pour le chapitre I © Gallimard

Objectifs
→ Découvrir le début de l'œuvre
→ Libérer l'imagination, (ré)apprendre à voir au-delà des apparences

Les grandes personnes et l'imagination

Voici le début du chapitre I du *Petit Prince*.

Lorsque j'avais six ans j'ai vu, une fois, une magnifique image, dans un livre sur la Forêt Vierge qui s'appelait « Histoires Vécues ». Ça représentait un serpent boa qui avalait un fauve. Voilà la copie du dessin.

On disait dans le livre : « Les serpents boas avalent leur proie tout entière, sans la mâcher. Ensuite ils ne peuvent plus bouger et ils dorment pendant les six mois de leur digestion. »

J'ai alors beaucoup réfléchi sur les aventures de la jungle et, à mon tour, j'ai réussi, avec un crayon de couleur, à tracer mon premier dessin. Mon dessin numéro 1. Il était comme ça :

J'ai montré mon chef-d'œuvre aux grandes personnes et je leur ai demandé si mon dessin leur faisait peur.

Elles m'ont répondu : « Pourquoi un chapeau ferait-il peur ? »

Mon dessin ne représentait pas un chapeau. Il représentait un serpent boa qui digérait un éléphant. J'ai alors dessiné l'intérieur du serpent boa, afin que les grandes personnes puissent comprendre. Elles ont toujours besoin d'explications. Mon dessin numéro 2 était comme ça :

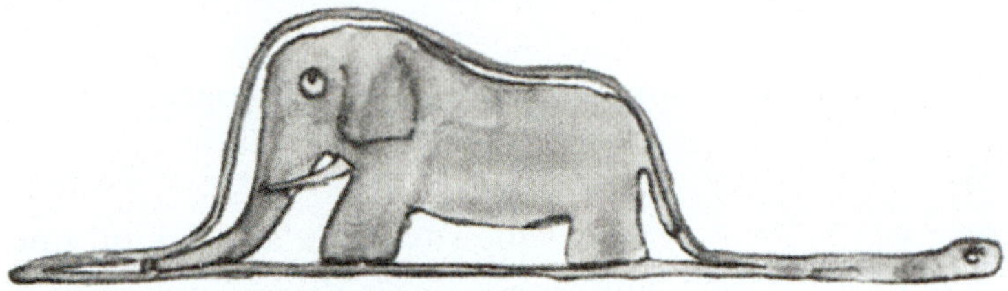

Les grandes personnes m'ont conseillé de laisser de côté les dessins de serpents boas ouverts ou fermés, et de m'intéresser plutôt à la géographie, à l'histoire, au calcul et à la grammaire. C'est ainsi que j'ai abandonné, à l'âge de six ans, une magnifique carrière de peintre. J'avais été découragé par l'insuccès de mon dessin numéro 1 et de mon dessin numéro 2. Les grandes personnes ne comprennent jamais rien toutes seules, et c'est fatigant, pour les enfants, de toujours et toujours leur donner des explications.

J'ai donc dû choisir un autre métier et j'ai appris à piloter des avions. J'ai volé un peu partout dans le monde. Et la géographie, c'est exact, m'a beaucoup servi. Je savais reconnaître, du premier coup d'œil, la Chine de l'Arizona. C'est très utile, si l'on est égaré pendant la nuit.

J'ai ainsi eu, au cours de ma vie, des tas de contacts avec des tas de gens sérieux. J'ai beaucoup vécu chez les grandes personnes. Je les ai vues de très près. Ça n'a pas trop amélioré mon opinion.

Quand j'en rencontrais une qui me paraissait un peu lucide, je faisais l'expérience sur elle de mon dessin numéro 1 que j'ai toujours conservé. Je voulais savoir si elle était vraiment compréhensive. Mais toujours elle me répondait : « C'est un chapeau. » Alors je ne lui parlais ni de serpents boas, ni de forêts vierges, ni d'étoiles. Je me mettais à sa portée. Je lui parlais de bridge, de golf, de politique et de cravates. Et la grande personne était bien contente de connaître un homme aussi raisonnable.

✦ **Antoine de Saint-Exupéry**, *Le Petit Prince* (1943), chapitre I

Comprendre le texte

1. Que vérifie Saint-Exupéry avec cette expérience du dessin numéro 1 ?

2. Quelle capacité, perdue par beaucoup d'adultes, ont les enfants ?

Activité

Créer un dessin mystérieux

Imagine à ton tour deux dessins : un dessin numéro 1 « fermé » et mystérieux, puis le dessin numéro 2 qui montre l'intérieur, afin que les grandes personnes puissent comprendre ce que tu as représenté. Accompagne ton dessin numéro 2 d'explications écrites.

– Alors ? dit le petit prince.

– Alors maintenant qu'elle fait un tour par minute, je n'ai plus une seconde de repos. J'allume et j'éteins une fois par minute !

✦ **Antoine de Saint-Exupéry**, *Le Petit Prince* (1943), chapitre XIV © Gallimard

Extrait 2

Le narrateur présente la Terre, dernière planète que le petit prince visite.

Quand on veut faire de l'esprit[1], il arrive que l'on mente un peu. [...] Je risque de donner une fausse idée de notre planète à ceux qui ne la connaissent pas. Les hommes occupent très peu de place sur la terre. Si les deux milliards d'habitants qui peuplent la terre se tenaient debout et un peu serrés, [...] on pourrait entasser l'humanité sur le moindre petit îlot du Pacifique[2].

Les grandes personnes, bien sûr, ne vous croiront pas. Elles s'imaginent tenir beaucoup de place. Elles se voient importantes comme des baobabs. Vous leur conseillerez donc de faire le calcul. Elles adorent les chiffres : ça leur plaira. Mais ne perdez pas votre temps à ce pensum[3].

✦ **Antoine de Saint-Exupéry**, *Le Petit Prince* (1943), chapitre XVII © Gallimard

1. **Faire de l'esprit :** dire des paroles amusantes, faire de l'humour
2. **Du Pacifique :** de l'océan Pacifique
3. **Pensum :** travail pénible, qui ennuie, qui paraît inutile

Impressions de lecture

• Quel extrait te fait le plus rire ? Pourquoi ?

Activité

Comprendre un extrait de film

hatier-clic.fr/21luf239

▲ *Le Petit Prince*, affiche du film de **Mark Osborne** (2015)

Regarde cet extrait de film où l'héroïne vient rechercher le petit prince sur la planète du businessman. Celui-ci l'a forcé à grandir et à oublier l'enfant qu'il était...

1. Relève au moins trois éléments de cette scène qui t'ont fait rire (les gestes des personnages ? Leur physique, leur caractère ? Leurs paroles ? La situation ?...).

2. Qu'est-ce qui permet finalement aux personnages d'être plus forts que le businessman ?

Activité

Faire une caricature

• Dessine une grande personne en exagérant les caractéristiques que tu trouves amusantes dans son allure physique.

• Accompagne ton dessin de cinq phrases où tu décriras cette personne.

▶ Méthode 18 p. 281

Rédiger la synthèse

• Explique d'abord comment Antoine de Saint-Exupéry arrive à te faire rire.

• Puis explique pourquoi il a choisi de raconter cette histoire sur un ton comique.

• Et toi, trouves-tu important de rire ? Explique pourquoi.

Œuvre par extraits

XXe siècle | **Conte poétique**

Objectif
→ Comprendre la morale humaniste de l'œuvre

Compétences lecture
→ Remplir les blancs du texte
→ Mettre en scène pour comprendre

La valeur des choses

Le petit prince a fini de raconter ses voyages à l'aviateur, il s'apprête à repartir sur sa planète. Comme l'eau vient à manquer, ils partent à la recherche d'un puits.

Le puits que nous avions atteint ne ressemblait pas aux puits sahariens. Les puits sahariens sont de simples trous creusés dans le sable. Celui-là ressemblait à un puits de village. Mais il n'y avait là aucun village, et je croyais rêver.

– C'est étrange, dis-je au petit prince, tout est prêt : la poulie, le seau et la corde...

Il rit, toucha la corde, fit jouer la poulie. Et la poulie gémit comme gémit une vieille girouette quand le vent a longtemps dormi.

– Tu entends, dit le petit prince, nous réveillons ce puits et il chante...

Je ne voulais pas qu'il fît un effort :

– Laisse-moi faire, lui dis-je, c'est trop lourd pour toi.

Lentement je hissai le seau jusqu'à la margelle. Je l'y installai bien d'aplomb[1]. Dans mes oreilles durait le chant de la poulie et, dans l'eau qui tremblait encore, je voyais trembler le soleil.

– J'ai soif de cette eau-là, dit le petit prince, donne-moi à boire...

Et je compris ce qu'il avait cherché !

Je soulevai le seau jusqu'à ses lèvres. Il but, les yeux fermés. C'était doux comme une fête. Cette eau était bien autre chose qu'un aliment. Elle était née de la marche sous les étoiles, du chant de la poulie, de l'effort de mes bras. Elle était bonne pour le cœur, comme un cadeau. Lorsque j'étais petit garçon, la lumière de l'arbre de Noël, la musique de la messe de minuit, la douceur des sourires faisaient ainsi tout le rayonnement du cadeau de Noël que je recevais.

– Les hommes de chez toi, dit le petit prince, cultivent cinq mille roses dans un même jardin... et ils n'y trouvent pas ce qu'ils cherchent...

– Ils ne le trouvent pas, répondis-je...

– Et cependant ce qu'ils cherchent pourrait être trouvé dans une seule rose ou un peu d'eau...

– Bien sûr, répondis-je.

Et le petit prince ajouta :

– Mais les yeux sont aveugles. Il faut chercher avec le cœur.

J'avais bu. Je respirais bien. Le sable, au lever du jour, est couleur de miel. J'étais heureux aussi de cette couleur de miel.

✦ **Antoine de Saint-Exupéry**, *Le Petit Prince* (1943), chapitre XXV © Gallimard

1. **D'aplomb :** bien droit, stable

Impressions de lecture

- Qu'est-ce-qui fait la beauté de ce moment, selon toi ?
- Ce texte évoque-t-il en toi un souvenir du même type ? Raconte rapidement ce moment.

Activité

Jouer pour mieux comprendre

Lisez bien ce texte, puis jouez à deux cette scène, à votre façon, avec vos propres mots.

▶ **Antoine de Saint-Exupéry**, dessin pour *Le Petit Prince*, chapitre XX © Gallimard

Comprendre le texte

1. Mets-toi à la place du petit prince : que ressent-il, que pense-t-il quand l'aviateur lui donne à boire ?

2. Explique pourquoi *cette eau était bien autre chose qu'un aliment* (l. 18).

3. a. Relève, dans le texte, tous les mots ou expressions qui montrent que le narrateur est heureux.
b. Pourquoi la couleur miel du sable (l. 32-33) rend-elle le narrateur heureux ?

Besoin d'aide ? À quoi cette couleur miel fait-elle penser ? Tu peux observer le dessin de Saint-Exupéry pour t'aider et te souvenir de la leçon du renard (p. 236-237) !

4. Recopie la (ou les) bonne(s) réponse(s) :

Le petit prince et le narrateur sont heureux parce qu'ils ont trouvé ce qui leur manquait : un moyen de rentrer chez eux / de l'eau / de l'argent / un ami.

Rédiger la synthèse

Lis ces morales du texte, proposées par deux élèves, et recopie celle qui te paraît vraie.

1. Ce texte montre qu'un ami c'est quelqu'un qui te fait plein de cadeaux, qui dépense beaucoup d'argent pour toi.

2. Ce texte montre qu'un ami, c'est quelqu'un qui t'accorde du temps, qui prend soin de toi, quelqu'un avec qui tu passes de bons moments.

Activité

Raconter un souvenir

Lorsque j'étais petit garçon, la lumière de l'arbre de Noël, la musique de la messe de minuit, la douceur des sourires faisaient ainsi tout le rayonnement du cadeau de Noël que je recevais (l. 21-23).

• Raconte à ton tour le souvenir d'un cadeau qui t'a particulièrement touché et explique ce qui faisait la valeur de ce cadeau.

Activité

Débattre ensemble ▸ Méthode 26 p. 292

Note des idées pour répondre à ces questions :

1. Vaut-il mieux posséder plusieurs exemplaires d'un même objet ou un seul ? Explique.

2. De quoi chaque être humain a-t-il besoin pour être heureux ?

Puis débattez ensemble.

Compétences
→ Comprendre un texte littéraire et se l'approprier
→ Contrôler sa compréhension et devenir un lecteur autonome

Le Petit Prince
d'Antoine de Saint-Exupéry

Lis *Le Petit Prince* de Saint-Exupéry.
Complète ton **carnet de lecture** à l'aide du questionnaire suivant.

Résumé

Le narrateur adulte se souvient des dessins qu'il faisait enfant, puis de sa panne d'avion dans le désert du Sahara. Il y a rencontré le petit prince, venu d'une autre planète.

Le narrateur raconte le voyage extraordinaire de celui-ci sur diverses planètes et la Terre. Le petit prince est revenu dans le désert pour pouvoir rentrer sur sa planète.

Le narrateur et lui trouvent de l'eau dans un puits et, la nuit suivante, le petit prince disparaît… Six ans après cette rencontre, le narrateur pense toujours à son ami.

La rencontre (chapitre II)

✔ Qui raconte cette histoire ? Pourquoi est-il dans le désert ?

✔ Complète cette première phrase du petit prince : « S'il vous plaît… dessine-moi ……… »

✔ Quel dessin plaît finalement au petit prince ?

▲ **Antoine de Saint-Exupéry**, dessins pour *Le Petit Prince*, chapitre II © Gallimard

✔ Quel point commun vois-tu entre le dessin choisi par le petit prince et celui du boa fermé dont tu as fait l'expérience (p. 232) ?

Le secret du petit prince (chapitres VII à IX)

✔ Que penses-tu de la manière dont le petit prince s'occupe de sa fleur ?

✔ Comment se comporte la fleur ?

✔ Que ressent alors le petit prince ? Pourquoi quitte-t-il sa planète ?

Le voyage du petit prince (chapitres X à XVI)

✔ Choisis trois astéroïdes parmi ceux que visite le petit prince, explique qui les habite et quelle est la particularité de chaque personnage.

✔ As-tu déjà rencontré une personne comme celles que croise le petit prince sur les astéroïdes ? Laquelle ?

✔ Lequel de ces personnages trouves-tu le plus ridicule ou le plus touchant ? Explique pourquoi.

Le départ du petit prince (chapitres XXIV à XXVII)

✔ Explique comment le petit prince prévoit de retourner chez lui.

✔ À ton avis, le petit prince réussit-il à rentrer chez lui ? Appuie ta réponse sur des indices du texte.

✔ Que ressens-tu à la lecture de ces chapitres ?

✔ Pourquoi le narrateur aime-t-il, la nuit, regarder les étoiles ?

Les morales du petit prince

✔ **À quel épisode (à droite) correspond chaque morale (à gauche) ?**

Il ne faut pas remettre ton travail à plus tard. •	• Le départ du petit prince (chap. XXVI)
Il faut savourer l'instant présent. •	• L'eau du puits (chap. XXV)
C'est le temps perdu pour un ami qui fait cet ami si important. •	• L'aiguilleur (chap. XXII)
C'est véritablement utile puisque c'est joli. •	• La pilule anti-soif (chap. XXIII)
Ce qui est important ne se voit pas avec les yeux mais avec le cœur. •	• Les baobabs (chap. V)
Les enfants savent seuls ce qu'ils cherchent. •	• Le renard (chap. XXI)
La douceur des sourires fait tout le rayonnement d'un cadeau. •	• L'allumeur de réverbères (chap. XIV)

Qui est le petit prince ?

✔ **Lis ces réponses d'élèves et recopie celles qui te paraissent vraies. Justifie.**

1. Le petit prince est le fruit de l'imagination de l'aviateur : un mirage.

2. Le petit prince peut être un avatar de l'aviateur lui-même.

3. Le petit prince est le fils de Saint-Exupéry.

4. Le petit prince est une sorte de dieu, transformé en enfant pour voir si les grandes personnes s'occupent d'histoires superficielles.

5. Le petit prince symbolise l'intelligence subtile des enfants.

6. Le petit prince représente le besoin d'amour et d'amitié de l'être humain.

7. Le petit prince est l'enfant qu'a été le lecteur.

Activité 1 Dessinateur en herbe

Prépare une planche de bande dessinée pour raconter ton épisode préféré du *Petit Prince*.

▸ Présente-la sur une affiche au format A3.

▸ Utilise les codes de la bande dessinée : vignettes, précisions du narrateur, bulles pour faire parler les personnages, dessins et couleurs…

◂ **Joann Sfar**, vignette de la bande dessinée adaptée du *Petit Prince* (2008)

Activité 2 Acteurs en herbe

Jouez sous forme de pièce de théâtre les épisodes entre le petit prince et la rose (chapitres VIII et IX).

Chap. VIII et IX théâtralisés à imprimer
hatier-clic.fr/21luf243

Activité 3 Ton petit prince

▸ Dessine le petit prince et accompagne ton dessin d'un court texte (cinq lignes au moins) dans lequel tu décriras son caractère en t'appuyant sur tous les indices trouvés au fil de ta lecture.

▸ Finis par un paragraphe où tu répondras à cette question : ressembles-tu au petit prince par certains aspects ? Lesquels ?

Objectifs et compétences
- Parler de soi
- Écouter l'autre et prendre des notes
- Faire un portrait de l'autre à l'oral

Parler de l'autre à la manière du petit prince

Activité **Vous allez interroger un autre élève de la classe pour mieux le connaître, afin de le présenter aux autres.**

Étape 1 Découvrez les questions du petit prince.

Le narrateur, qui vient de rencontrer le petit prince, comprend peu à peu qu'il vient d'une autre planète : il pense qu'il s'agit de l'astéroïde B 612, qui n'aurait été aperçu qu'une fois au télescope, en 1909, par un astronome turc.

Si je vous ai raconté ces détails sur l'astéroïde B 612 et si je vous ai confié son numéro, c'est à cause des grandes personnes. Les grandes personnes aiment les chiffres. Quand vous leur parlez d'un nouvel ami, elles ne vous questionnent jamais sur l'essentiel. Elles ne vous disent jamais : « Quel est le son de sa voix ? Quels sont les jeux qu'il préfère ? Est-ce qu'il collectionne les papillons ? » Elles vous demandent : « Quel âge a-t-il ? Combien a-t-il de frères ? Combien pèse-t-il ? Combien gagne son père ? » Alors seulement elles croient le connaître. Si vous dites aux grandes personnes : « J'ai vu une belle maison en briques roses, avec des géraniums aux fenêtres et des colombes sur le toit... » elles ne parviennent pas à s'imaginer cette maison. Il faut leur dire : « J'ai vu une maison de cent mille francs. » Alors elles s'écrient : « Comme c'est joli ! »

Ainsi, si vous leur dites : « La preuve que le petit prince a existé c'est qu'il était ravissant, qu'il riait, et qu'il voulait un mouton. Quand on veut un mouton, c'est la preuve qu'on existe », elles hausseront les épaules et vous traiteront d'enfant ! Mais si vous leur dites : « La planète d'où il venait est l'astéroïde B 612 », alors elles seront convaincues, et elles vous laisseront tranquille avec leurs questions. Elles sont comme ça. Il ne faut pas leur en vouloir. Les enfants doivent être très indulgents[1] envers les grandes personnes. Mais, bien sûr, nous qui comprenons la vie, nous nous moquons bien des numéros !

1. **Indulgent :** capable de comprendre et pardonner les fautes des autres

✦ **Antoine de Saint-Exupéry**, *Le Petit Prince* (1943), chapitre IV (et chapitre I pour le dessin p. 245)

Comprendre le texte

1. Pourquoi les enfants doivent-ils être *très indulgents* (l. 19) envers les adultes selon Antoine de Saint-Exupéry ?

2. À quoi s'intéressent les questions posées par les adultes ? Justifie en t'appuyant sur le texte.

3. a. Quels types de questions permettent de s'intéresser à l'essentiel chez un ami ?

b. Propose un exemple tiré du texte (celui que tu préfères).

ÉTAPE 2 Dialoguez en tandem

Invente au moins trois autres questions qui permettent de s'intéresser à l'essentiel, pour mieux connaître l'autre.

Mettez en commun ces questions essentielles : chacun recopie celles qui lui conviennent le mieux pour compléter le questionnaire ci-dessous.

À l'aide de ce questionnaire, l'un interroge l'autre et l'écoute pour noter les mots-clés qui permettent de répondre aux questions de la fiche. Puis inversez les rôles.

Questionnaire pour parler de l'autre à la manière du petit prince

→ **Prénom** de celui qui interroge et présentera oralement son partenaire : ....

→ **Prénom** du partenaire interrogé : ....

→ **Questions** pour s'intéresser à l'essentiel chez l'autre.

Ex :

- Quelle est la couleur de tes yeux ?

....

- Qu'aimes-tu collectionner ?

....

- Quels sont tes jeux préférés ?

....

- Que vois-tu depuis la fenêtre de ta chambre ?

....

- ....

Questionnaire à imprimer
hatier-clic.fr/21luf245

ÉTAPE 3 Présentez l'autre à l'oral

- À l'oral, chaque élève présente son camarade en s'appuyant sur les notes prises dans le questionnaire : commence par son prénom, puis décris son caractère, ses goûts...

▶ Méthode 26 p. 292
▶ Méthode 18 p. 281

Bilan

En binôme, posez-vous ces questions sur l'ensemble du dossier.

1. Que veut dire s'intéresser à ce que sont les autres à l'intérieur ?
2. Quelles obsessions peuvent nous empêcher d'avoir de bonnes relations avec les autres ? Donnez des exemples (personnels et tirés du livre).
3. Citez trois choses essentielles dans vos vies.
4. Quel genre d'adultes voudriez-vous être ?
5. Pourquoi Saint-Exupéry a-t-il écrit *Le Petit Prince*, selon vous ? Justifiez.

Dossier 12

Tout en haut du monde de Rémi Chayé

Comment ce film d'animation mêle-t-il aventure et poésie ?

Objectif
→ Faire des hypothèses sur le film à partir de l'affiche et de la bande-annonce

L'affiche

Observe l'affiche du film.

1. À ton avis, quel est le sujet du film ? Justifie à l'aide de l'image et du titre.
2. Quel personnage est mis en valeur ? Par quels moyens ? Selon toi, qui est ce personnage ?
3. Décris les autres personnages. Qu'imagines-tu sur le caractère et le rôle de chacun ?
4. **Collectivement**. Échangez vos hypothèses et rédigez quelques phrases pour résumer les plus convaincantes.

▲ Affiche du film d'animation *Tout en haut du monde* (2015) de **Rémi Chayé**

Bande-annonce
hatier-clic.fr/21luf246

La bande-annonce

Visionne la bande-annonce du film.

1. Ce que tu as découvert dans la bande-annonce confirme-t-il les hypothèses qui ont été proposées à partir de l'affiche ?
2. **En groupes.** Résumez en quelques phrases le scénario du film.

Premières impressions

Quelle atmosphère se dégage de cette bande-annonce ? Pense aux dessins, aux couleurs, mais aussi à la bande-son. As-tu envie de voir le film ? Justifie.

XXIe siècle | **Film d'animation**

Objectifs
→ Analyser une séquence du film : images mobiles, bande-son
→ Comprendre le déclenchement de l'aventure

L'appel du Grand Nord

Sacha, une jeune fille de la noblesse russe de la fin du XIXe siècle, est persuadée d'avoir découvert où se trouve le bateau disparu le *Davaï* : son grand-père aurait emprunté un autre chemin que celui où les recherches ont eu lieu. Lors du bal donné par ses parents en son honneur, elle tente de persuader le comte Tomski de reprendre les recherches, mais celui-ci ne l'écoute pas : il quitte le palais en humiliant la famille de Sacha.

▲ *Tout en haut du monde*, film de **Rémi Chayé** (2015)

Extrait du film
hatier-clic.fr/21luf247

Comprendre la séquence vidéo

Visionne l'extrait vidéo.

1. Que se passe-t-il dans cet extrait ?

2. Que ressent Sacha dans un premier temps, lorsqu'elle est assise sur le sofa ? Pour répondre, décris sa position, observe le cadrage de l'image au tout début de la séquence et écoute attentivement la bande-son. ▸ **Lire une image p. 254**

3. Qu'est-ce qui déclenche, selon toi, son mouvement vers la fenêtre ? Quel est alors son état d'esprit, lorsqu'elle ouvre la fenêtre ?

4. Observe le photogramme ci-dessus. Que peux-tu dire du cadrage ? Quelle est la position de Sacha ? Que fait-elle ? Quels éléments créent l'atmosphère de la scène ?

5. À quel moment la musique débute-t-elle ? En quoi la musique exprime-t-elle les sentiments de Sacha ?

Rédiger la synthèse

- Explique en quelques phrases pourquoi il s'agit d'un moment clé du film.
- Détaille les trois étapes marquant le changement d'état d'esprit de Sacha dans cette séquence.

La musique

La chanson de cette séquence a été composée par le groupe *Syd Matters*, un groupe de pop-rock français. Il s'agit d'une fugue, type de composition qui repose sur la reprise d'un thème par divers groupes d'instruments ou de voix, qui se répondent dans des tonalités différentes. Cela donne l'impression d'une fuite du thème d'une séquence à l'autre.

→ Ce choix de chanson te surprend-il ? Pourquoi ?

Objectifs
- → Analyser des images fixes
- → Découvrir un récit d'apprentissage

Le périple de Sacha

Premières impressions
Quel photogramme préfères-tu ? Pourquoi ?

+PROF
Minutage des séquences du film

❶ À l'auberge

Alors que Sacha s'est enfuie de chez elle et qu'elle cherche à embarquer sur un navire qui la conduira sur les traces du bateau de son grand-père, le *Davaï*, elle est accueillie par une aubergiste, Olga. Sacha sera nourrie et logée en échange de son travail à l'auberge. Elle travaille dur et apprend vite, gagnant la confiance et le respect d'Olga.

▲ *Tout en haut du monde*, film de **Rémi Chayé** (2015)

Comprendre l'image

1. Que fait Sacha sur ce photogramme ?

2. Qu'exprime son visage ?

❷ Face à Lund, le capitaine du *Norge*

Alors que le bateau le *Norge* vient d'arriver au port, Sacha essaie de convaincre son capitaine, Lund, de partir à la recherche du *Davaï* : elle sait qu'Oloukine, son grand-père, a emprunté un itinéraire auquel personne n'a pensé. Lund accepte de faire le voyage, car le tsar a promis un million de roubles à qui retrouverait le *Davaï*.

▲ *Tout en haut du monde*, film de **Rémi Chayé** (2015)

Comprendre l'image

1. Que montre l'attitude de Sacha par rapport au capitaine ?

2. Qu'expriment l'attitude et le visage du capitaine ?

3. En quoi la présence d'Olga est-elle utile à Sacha, à ton avis ?

Objectif
→ Comprendre comment on crée un film d'animation en équipe

Les coulisses d'un film d'animation

EN GROUPES

Grâce au making-of du film *Tout en haut du monde*, vous allez découvrir comment on crée un film d'animation.
– Répartissez-vous par groupes de quatre et choisissez un des thèmes présentés sur cette page.
– Visionnez la vidéo proposée en lien avec le thème choisi.
– Répondez aux questions posées.
– Préparez votre passage à l'oral, puis résumez l'essentiel de vos découvertes à vos camarades. ▶ Méthode 4 p. 260

Le storyboard

Extrait du making-of
hatier-clic.fr/21luf253a

Visionnez l'extrait vidéo.

1. Qu'est-ce qu'un storyboard ? Développez votre réponse.

2. Quelles sont les deux différences expliquées dans cette vidéo entre un film d'animation et un film traditionnel ?

Besoin d'aide ? Les *rushes* sont des scènes tournées, dont certaines seront coupées au montage.

L'animation

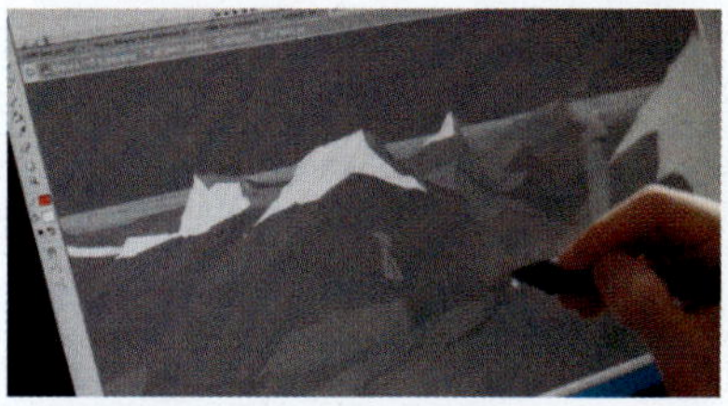

Extrait du making-of
hatier-clic.fr/21luf253c

Visionnez l'extrait vidéo.

1. Expliquez ce qu'est l'animation du film.

2. Où a-t-elle été réalisée ? Combien de personnes y ont travaillé ? Pendant combien de temps ?

3. À partir de quelles indications les dessinateurs travaillent-ils ?

4. Comment le travail est-il partagé entre tous ?

Les voix

Extrait du making-of
hatier-clic.fr/21luf253b

Visionnez l'extrait vidéo.

1. À quel moment l'enregistrement des voix a-t-il eu lieu par rapport au montage ?

2. Expliquez comment se passe l'enregistrement des voix des personnages du film.

La musique

Extrait du making-of
hatier-clic.fr/21luf253d

Visionnez l'extrait vidéo.

1. De quelle manière Jonathan Morali, le compositeur, a-t-il travaillé ?

2. Quels instruments reconnaissez-vous ? Quel effet produisent-ils ?

Bilan

Réponds à ces questions sur l'ensemble du film.

1. As-tu aimé découvrir le film *Tout en haut du monde* ? Justifie.

2. Quelles sont les grandes thématiques du film selon toi ? Laquelle t'a particulièrement intéressé(e) ?

3. Quelles sont les qualités de l'héroïne, Sacha ?

4. Qu'as-tu appris sur la façon dont on réalise un film d'animation ?

Histoire des arts

Objectif
→ Comprendre des images et les interpréter

Lire une image

Les différents cadrages

Le cadrage désigne les **éléments que l'on voit à l'intérieur du cadre** de l'image.

1. Le plan d'ensemble est très large : paysage, personnage dans un décor...
2. Le plan moyen montre le personnage en entier.
3. Le plan rapproché cadre le personnage au niveau du nombril ou à mi-cuisse (plan américain).
4. Le gros plan montre une partie du corps, en général le visage.

Les différents angles de vue

L'angle de vue désigne l'**endroit depuis lequel on regarde** la scène.

5. Angle frontal : on est au même niveau que la scène ou le personnage représenté(e).
6. Plongée : on regarde la scène d'en haut. La plongée peut permettre d'insister sur les dangers ou les difficultés du personnage.
7. Contre-plongée : on regarde la scène d'en bas. La contre-plongée grandit le personnage, lui donne de l'importance.

La composition de l'image

Les plans

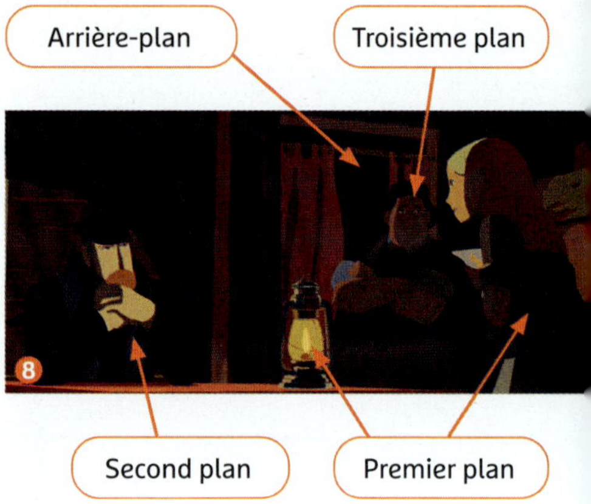

Les lignes

Les lignes qui ressortent de l'image peuvent être **droites**, **courbes**, **horizontales**, **verticales**, **diagonales**...

→ Dans le photogramme 1, la ligne horizontale évoque l'appel que ressent Sacha pour le Grand Nord, pour les grands espaces vierges.

Les couleurs et la lumière

- Les couleurs d'une image créent des effets : couleurs **claires**, **foncées**, **chaudes**, **froides**, **contrastes** entre différentes couleurs...

→ Dans le photogramme 4, le bleu, couleur froide, domine, évoquant la glace et l'eau.

- Les **jeux de lumière et d'ombre** créent aussi une atmosphère.

→ Dans le photogramme 8, l'auberge est plongée dans l'obscurité. Seule la lanterne éclaire les visages de deux personnages pour mettre en lumière le rapport de force qui les oppose, tandis que le troisième personnage reste dans l'ombre.

ACTIVITÉ Choisis une des images de la page et analyse-la : commente le cadrage, l'angle de vue, la composition, les couleurs et la lumière et explique les effets créés par ces éléments.

Méthodes pour mieux s'exprimer à l'écrit et à l'oral

Comment préparer son travail ?

Comment organiser son texte ?

Comment améliorer son texte ?

Comment enrichir son expression ?

Comment s'exprimer à l'oral ?

1

Compétences
- → Écrire un texte qui réponde aux consignes
- → Rédiger des écrits variés

Comprendre un sujet d'expression écrite

J'apprends

Sujet

Un jeune enfant est perdu dans la forêt. Il se retrouve devant la maison effrayante d'un personnage monstrueux. Décris ce lieu, le personnage monstrueux, et exprime les sentiments ressentis par l'enfant.

Comment être sûr(e) de comprendre le sujet ? EXERCICE 1

• **Lis le sujet d'écriture ci-dessus et explique avec tes propres mots ce que tu dois faire.**

Quand on découvre un sujet d'écriture, on doit d'abord le **reformuler** avec ses propres mots pour se l'expliquer à soi-même.

Comment trouver les critères de réussite du sujet ? EXERCICES 2, 3, 6

• **Fais la liste de tout ce que tu dois faire pour réussir ta rédaction : ce sont les « critères de réussite ».**

- Les **critères de réussite** détaillent tout ce à quoi on doit penser en écrivant pour réussir son devoir.
- Les critères concernent :
  - → le **thème**, l'**histoire** qu'il faut raconter ;
  - → le **genre** (théâtre, récit, poésie) et le **type de texte** (décrire, raconter, faire parler les personnages...) ;
  - → la **manière** de raconter et l'**effet** qu'on veut produire sur le lecteur (faire peur ? émouvoir ? faire rire ?...) ;
  - → les **temps** qu'il faut utiliser ;
  - → la **construction** des phrases ;
  - → l'**orthographe**.

Où trouver de l'aide pour réussir ? EXERCICE 4

• **Où peux-tu trouver de l'aide pour respecter les critères suivants ?**

Voici les critères de réussite liés au sujet proposé en exemple :
- → Décrire le lieu de manière à ce que le lecteur puisse l'imaginer.
- → Décrire un personnage monstrueux.
- → Exprimer les sentiments du héros.
- → Écrire son texte au passé.
- → Veiller à la construction des phrases, à l'orthographe et au soin.

- Feuillette ton **cahier**, ton **manuel** (et en particulier le sommaire).
- Pour chaque sujet d'écriture, tu peux t'inspirer des **stratégies** et **procédés** que les auteurs utilisent en relisant les textes étudiés et ton cours.
  Par exemple, ici, tu peux t'inspirer de la description de la maison de la sorcière dans « Jeannot et Margot » (p. 24) et de celle de la baba-yaga (p. 20) et tu peux réécouter l'histoire de « Vassilissa la Belle » (p. 36).
- Tu peux aussi trouver de l'aide dans la partie **« Méthodes »** et dans la partie **« Étude de la langue »** de ton manuel :
  Par exemple, pour ce sujet, tu trouveras comment conjuguer les verbes à l'imparfait dans la partie « Étude de la langue ». ▶ EDL 23 p. 338

• **Une fois que ton premier jet est écrit, n'oublie pas de vérifier que tu as respecté tous les critères de réussite.** EXERCICE 5

Je m'entraîne

Lis le sujet d'écriture suivant :

Raconte la ruse d'un enfant qui ne veut pas aller à l'école et rapporte sa conversation avec ses parents.

1 Reformule ce sujet pour l'expliquer.

2 Imagine ton texte.

a. Quelle histoire faudra-t-il raconter ?

b. Quel type de texte vas-tu écrire ?

c. Quel effet vas-tu chercher à produire chez ton lecteur ?

d. Quel temps utiliseras-tu ?

3 Coche la bonne case dans le tableau, puis justifie tes réponses.

Je dois	Je peux	Je ne peux pas	
			raconter au présent
			raconter au passé
			écrire un dialogue
			raconter qu'un enfant, réellement malade, ne va pas à l'école
			faire rire mes lecteurs

4 a. Feuillette le sommaire de ton manuel, puis coche les cases du tableau pour indiquer à quel endroit tu trouveras de l'aide.

Pour aller plus loin

b. Indique dans chaque case la page du manuel où tu trouveras de l'aide.

Critères de réussite	Textes et partie Littérature	Partie Méthodes	Partie Étude de la langue
Utiliser le vocabulaire de la ruse			
Écrire son texte au présent			
Veiller à l'orthographe des mots et aux accords			
Être attentif à la ponctuation			
Écrire un dialogue			

5 a. Lis ce texte écrit par un élève.

Marc ne veut pas aller à l'école il s'est disputé avec son meilleur amie hier et en plus il y a un contrôle de maths, il appelle sa mère en pleurant ils lui fait croire qu'il est malades. qu'il a mal au ventre, il ne peut pas se lever il va vomire Il croi que sa ruse va fonctionner, mais il n'est pas très malin, la semaine dernière il a déjà fait le coup sa mère ne le croient pas, elle l'oblige a se levé alors il vas quand même à l'école. La prochaine foi, il trouvera un autre stratagème.

b. Relis les critères de réussite de l'exercice 4 : quels critères ne sont pas respectés ? Justifie ta réponse à l'oral.

c. Réécris ce texte en faisant les corrections qui te paraissent nécessaires.

✦ **Jean-Baptiste Monge**, *L'Écrivain*, illustration

6 Lis ce sujet et l'expression écrite qui lui correspond.

Sujet : Tu as rendez-vous avec tes amis pour une course de luges. Écris un poème pour raconter ce moment.

Expression écrite

Il neige
Tout est blanc
Je marche
Et le bruit de mes pas assourdis
Est un grand calme.
Au loin
J'entends les cris
Les rires de mes amis
Et je me réjouis.

a. Écris les critères de réussite du sujet.

b. Ajoute quelques lignes au poème.

Compétence
→ Mettre en œuvre (de manière guidée, puis autonome) une démarche de rédaction des textes

Chercher ses idées au brouillon

J'apprends

Sujet

Un jeune enfant est perdu dans la forêt. Il se retrouve devant la maison effrayante d'un personnage monstrueux. Décris ce lieu, le personnage monstrueux, et exprime les sentiments ressentis par l'enfant.

- **Lis le sujet d'écriture ci-dessus. Rappelle-toi la méthode pour comprendre le sujet.** ▸ Méthode 1 p. 256.
- **Imagine le lieu, la maison du personnage monstrueux. Visualise-les dans ta tête. Écris quelques mots que tu utiliseras pour les décrire.**
- **Imagine le monstre et écris quelques mots pour le décrire.**
- **Que ressentirais-tu si tu te trouvais dans la situation de l'enfant ? Écris quelques mots pour évoquer tes sentiments.**

Besoin d'aide ? Quand on doit imaginer un lieu, un personnage, une aventure, on se sert de nos souvenirs : ce qu'on a découvert dans des livres, des films, les œuvres d'art qu'on a observées… On peut aussi dessiner le personnage, le lieu pour mieux les visualiser.

- **Échange tes idées avec ton voisin. Que penses-tu de ce qu'il a écrit ? Cela te donne-t-il des idées ? Complète ton brouillon.**

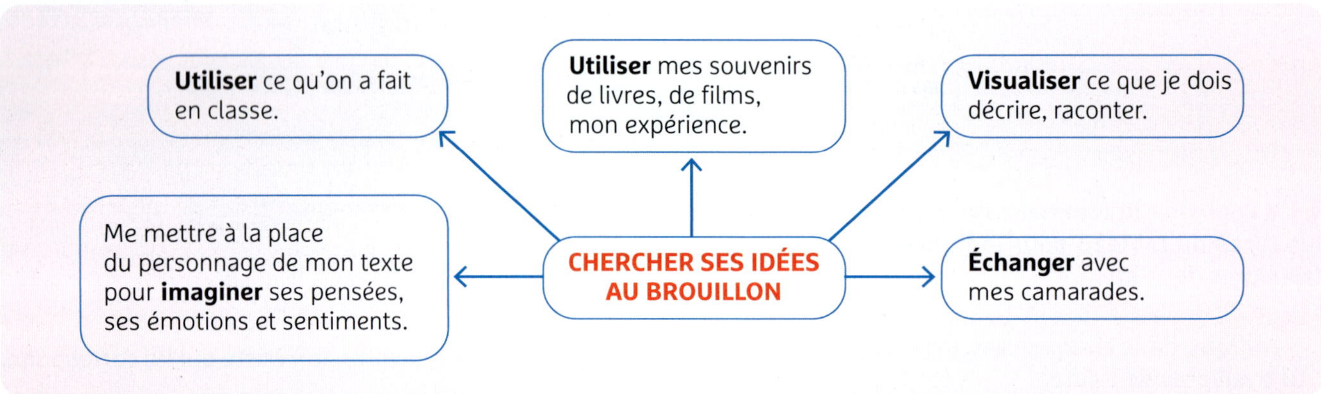

Je m'entraîne

Lis le sujet d'écriture suivant :

Imagine-toi en chat, en oiseau ou en un autre animal… Décris et raconte !

1. **Reformule le sujet avec tes propres mots.**
2. **Établis la liste des critères de réussite à respecter.**
3. **Partage tes stratégies avec la classe : explique à l'oral comment tu vas trouver tes idées.**
4. **Lis les propositions suivantes, puis recopie sur ton brouillon les propositions qui te paraissent utiles. Justifie à l'oral.**

Je vais chercher mes idées :
– Dans mon expérience avec les animaux.
– Dans mes cahiers et dans le manuel de français.
– Dans les histoires que j'ai lues ou vues (romans, films).
– Dans les histoires que j'ai entendues (famille, amis).
– Dans mes cahiers et le manuel d'une autre matière.

5. **Écris tes idées sur ton brouillon.**

Comment se relire efficacement ? EXERCICES 2 À 4

- Pense à écrire **en passant des lignes**.
- Puis, trace les **signes de relecture** comme ci-dessous :
  - Vérifie les **accords sujet-verbe** et la conjugaison du verbe :

    Les élèves écrivent une rédaction.
    S → V

  - Trace les balles d'accord pour vérifier les **accords des groupes nominaux** :

    Les élèves concentrés corrigent la rédaction.
    •→•→• •→•

  - Vérifie les **homonymes** (▶ EDL 38 p. 362) ; note ce qui te permet de trouver la bonne orthographe :

    Ce n'est pas grave. (= **Cela**) Il **se** tait. (= Je **me** tais)

  - Vérifie les terminaisons verbales homophones en **-é** ou **-er** :

    Il a vérifié ses erreurs pour corriger sa rédaction.

    participe passé → se remplace par un autre participe passé comme *pris*.
    infinitif → se remplace par un autre infinitif comme *prendre*.

- Pour les autres types d'erreurs ▶ Méthode 11 à 14 p. 271-275.

Je m'entraîne

1 Termine de corriger cette rédaction.

a. Indique le type de chaque erreur soulignée en t'appuyant sur la liste des types d'erreurs (p. 266).

Il était une fois un petit qui regardais la télé dans le noir, sans ses parents. s'était un film d'horeur. L'enfant eut tellement peur qu'il arretait la télé. Il entendit des pas ; il regarda à travers la ___ et il voyait des monstre ___. Il tomber car il était étoné de découvrir ces monstres affreux. Son cœur batait la chamade.

Marlon

b. Explique à l'élève comment corriger chaque erreur.

2 Recopie ces phrases en choisissant la bonne réponse. Justifie ton choix par une explication rapide, un fléchage ou des balles d'accord tracées en dessous.

Harpagon. – Je suis **perdu** / **perdue** / **perdus**,
je suis **assassiné** / **asasiné**,
on m'**a** / **à** coupé la gorge,
on m'a **dérober** / **dérobé** mon argent.
Hélas, mon pauvre argent, mon **chère** / **cher** ami,
on / **ont** m'a privé de toi.
Tout **et** / **est** fini pour moi !

✦ D'après **Molière**, *L'Avare* (1668), acte IV, scène 7

3 Recopie cette réplique inspirée du *Médecin malgré lui* de Molière. Trace les balles d'accord dans les groupes nominaux et le fléchage qui montre les accords sujet-verbe. Puis complète les accords si nécessaire.

S → V

Sganarelle. Je trouv... qu'être médecin est la meilleur... chose du monde.
Un cordonnier, s'il fai... de mauvais soulier... n'est pas payé. On pay... toujours le médecin. Et on a... droit à la plus grand... discrétion... : jamais un homme tué... ne vien... se plaindre ! Les mort... son... très honnêt... Ah, voilà des gens, ils vien... me consulter.

4 Lis l'extrait suivant.

a. Repère quatre problèmes de rédaction.

b. Corrige ces problèmes.

Yanis a inventé une excuse pour pas aller à l'école. Il a fait croire à sa mère qu'il était malade. Elle le croit. il toute la journée a joué aux jeux vidéo.

9

Compétence
→ Prendre en compte les normes de l'écrit pour réviser son texte

Améliorer son brouillon

J'apprends

Comment relire son brouillon ?

- Une fois le premier jet de ton texte rédigé au brouillon :
  - relis-le en ayant bien en tête le **sujet** et les **consignes d'écriture** ;
  - vérifie la **cohérence** de ton texte (ton lecteur doit comprendre clairement ce que tu as voulu dire), la **construction des phrases**, la **richesse du vocabulaire**, l'**orthographe** ;
  - tu peux **faire lire ton texte à un camarade** qui te donnera des conseils pour l'améliorer ;
  - tu peux aussi le **lire à haute voix**, cela te permettra de repérer des problèmes plus facilement.

Comment réécrire sans tout refaire ?

EXERCICES 4 À 8

- Tu peux utiliser ces **quatre opérations** :
  - **ajouter** des mots, des groupes de mots, des phrases ou de la ponctuation qui **enrichiront** ton texte ou le **rendront plus compréhensible** ;
  - **remplacer** des mots, groupes de mots, des phrases par d'autres pour être **plus précis** ou **éviter les répétitions** ;
  - **supprimer** des éléments pour **éviter les répétitions** ou les informations inutiles ;
  - **déplacer** des phrases ou des groupes de mots afin de rendre ton texte **plus logique**, plus clair.

Exemple

- **Observe les changements effectués dans le texte ci-dessous et justifie chaque modification.**

remplacer : terrier — ajouter : , furieux, — ajouter : , en vain

Alors Renart attrape le fromage et se cache dans un ~~trou~~. Le loup ... le cherche partout ....
Il décide d'attendre que Renart sorte de sa cachette. ~~Il l'attend~~ au pied d'un arbre.
Mais ~~le loup est bien naïf !~~
Renart, pendant ce temps, a creusé une galerie, il est ~~ressorti et~~ rentré chez lui depuis longtemps.
Le loup est bien naïf !

déplacer — supprimer

Comment utiliser le dictionnaire pour améliorer son brouillon ?

EXERCICES 1 À 3

- Pour améliorer ton brouillon, aide-toi d'un dictionnaire de langue.
  - Quand tu hésites sur l'**orthographe lexicale** d'un mot, le dictionnaire t'aide à te corriger.
  - Quand tu hésites sur la **conjugaison** d'un verbe, le dictionnaire de langue et ton manuel te proposent des tableaux de conjugaison. ▶ p. 374
  - Quand tu cherches à **éviter des répétitions**, il t'aide à trouver des synonymes ou des antonymes. Il existe des dictionnaires de synonymes que tu peux trouver en ligne.

Conseil Si tu ne trouves pas un mot dans le dictionnaire, peut-être qu'il ne commence pas comme tu le crois. Fais attention aux différentes orthographes possibles : commence-t-il par exemple par un *h*, par *ph* ou *f*, par *au* ou *o*, par *am* ou *an* ?

- **Observe les changements effectués dans le texte ci-dessous et justifie chaque modification.**

Les enfants sont ~~appeurés~~ car la vieille et ~~moche~~ sorcière les ~~terifie~~. Cette ~~sorcière~~ est ~~mauvaise~~.

apeurés — laide — terrifie — magicienne — maléfique

Je m'entraîne

1 Peux-tu te servir du dictionnaire de langue pour corriger les erreurs en gras ? Justifie et corrige les erreurs.

1. La **sorsière empoisone** la pomme rouge pour l'offrir a la jeune **princese**.
2. Le **marie** de la jeune **épouze** lui **interdis** d'**entrée**.
3. **L'effrayant magiciene transphorme** le jeune **héro** en **crapot**.

2 Trouve des mots plus précis pour remplacer les mots en gras en te servant éventuellement du dictionnaire.

1. La sorcière **fait** une **boisson** pour empoisonner sa belle-fille.

2. Barbe-Bleue **regarde** sa jeune femme, qui **a peur**.

3 Remplace les mots familiers en gras pour améliorer le niveau de langue.

1. L'ogre est trop **nul**.

2. Les aventures de Tom Sawyer sont très **marrantes**.

3. Becky est une petite fille **trop cool**.

4 Voici un brouillon du romancier Victor Hugo. Quelles opérations l'écrivain a-t-il utilisées pour corriger son brouillon ?

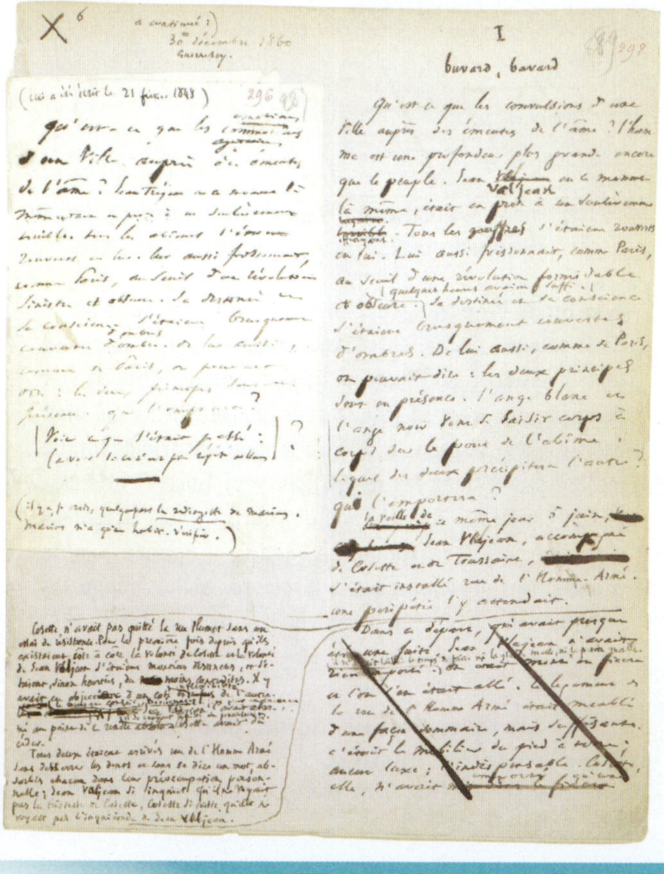

✦ Page du manuscrit *Les Misérables* de **Victor Hugo** (1862), Bibliothèque nationale de France (Paris)

5 Enrichis le texte par deux ajouts et deux remplacements.

Besoin d'aide ? Imagine d'abord précisément la scène dans ta tête.

Le loup repart vers son terrier. Le loup retrouve sa louve et ses louveteaux. Ils ont faim et se plaignent.

6 Rédige deux conseils à l'élève qui a écrit ce texte pour l'améliorer.

Besoin d'aide ? Utilise deux des trois opérations suivantes : ajouter, supprimer, remplacer.

Renart a imaginé une nouvelle ruse pour nuire à son compère le loup. Il se rend chez lui. Il le salue. Il l'invite à chasser avec lui. Le loup, qui ne se méfie pas, accepte et les voilà en route. Renart entraîne le loup près d'un arbre et dit au loup de se poster à cet endroit-là. Les hommes attrapent le loup pris au piège.

7 Propose deux suppressions et un déplacement pour ce texte et justifie-les à l'oral.

Renart arrive chez lui. Il pose le fromage volé sur la table. Il retire son chapeau. Il appelle sa femme et ses enfants. Ils se mettent tous à table pour déguster le fromage. Ils ont accouru, alléchés par l'odeur.

8 Corrige le brouillon de l'élève qui a écrit ce texte.
a. Indique à l'oral tout ce qui n'est pas clair dans le texte.
b. Ajoute et remplace les éléments nécessaires pour que le texte devienne compréhensible.
c. Supprime ce qui est inutile.

Martin ne voulait pas aller au collège. Quand elle est venue le réveiller, il s'est mis à gémir. Elle ne l'a pas cru. Il est sorti de son lit, a pris sa douche, son petit déjeuner, il a fait le trajet jusqu'à l'école, il a dit bonjour à ses copains, et est allé en cours.

Compétence
→ Prendre en compte les normes de l'écrit pour réviser son texte

Éliminer le superflu d'un texte

J'apprends

Comment éliminer le superflu de ton texte ?

Sur ton **brouillon**, tu peux utiliser l'opération de **suppression** (▶ Méthode 9 p. 268) pour éliminer ce qui est en trop dans ton texte :

- des **répétitions d'idées** qui donnent l'impression que ton histoire n'avance pas ;
- des **détails inutiles** qui ralentissent le rythme de ton histoire car ils sont trop évidents pour ton lecteur ;
- des **éléments qui enlèvent de la cohérence à ton récit** car ils n'ont pas de lien avec les informations données dans ton paragraphe.

Comment repérer les éléments à éliminer ?

Vérifie que chaque phrase apporte au moins une **information nouvelle** :

- pour un **récit**, l'action doit progresser ;
- pour une **description**, chaque nouvelle phrase doit donner une meilleure idée du lieu ou du personnage.

Exemple

• **Observe les changements effectués dans le texte ci-dessous et justifie chaque suppression.**

À la nuit ~~quand il fait noir~~, Tobie se cache dans l'écorce de l'arbre ~~qui fait cinq mètres de haut~~ car il est poursuivi par des ennemis ~~qui ne l'aiment pas~~. ~~Tobie porte un pantalon bleu et une chemise rouge~~. Il attend et il a peur ~~car il est effrayé~~.

Je m'entraîne

1 Supprime dans ce texte toutes les répétitions d'idées qui ralentissent l'avancée de l'intrigue.

Tante Polly poursuit Tom dans toute la maison car il a désobéi. Elle lui court après car Tom a mangé de la confiture et c'était interdit. La veille, Tom a mangé de la confiture dans la cuisine alors que la tante Polly l'avait interdit.

2 Supprime dans ce texte tous les éléments inutiles qui ne font pas avancer l'action.

Tom se réveille de bon matin, c'est le jour où il a décidé d'embrasser enfin Becky, il se lève, il se lave, il s'habille, il déjeune, il se lave les dents, avant de partir à l'école. Il se rend à l'école, de bonne humeur. Becky est bien au rendez-vous devant l'arbre et elle l'attend. Il se rapproche d'elle et prend ses mains dans les siennes pour lui souhaiter bonjour.

3 Élimine les éléments superflus dans ce texte. Imagine d'abord précisément la scène dans ta tête.

À la fin de la récré quand ça sonne, Tom pousse la porte de la salle de classe, entre dans la classe, il tire sa chaise et il s'assied à son bureau. Il sort ses affaires. Il fait des grimaces avec sa langue pour amuser Becky qui était assise à son bureau. Il tire la langue en grimaçant. Le maître passe dans les rangs. Tom veut faire rire Becky. Il fait l'imbécile dans le dos du maître. Mais le maître s'en aperçoit. Il le voit et se fâche : il appelle Tom, le gronde, le fait venir devant la classe, et lui frappe les doigts. Tom a mal. Il se plaint qu'il a mal.

4 Écris un texte de huit lignes pour raconter une balade en forêt. Ensuite, relis-toi et élimine les éléments superflus. Ton texte doit faire cinq lignes après correction.

RÉVISER

Compétences
→ Prendre en compte les normes de l'écrit pour réviser son texte
→ Maîtriser les relations entre l'oral et l'écrit

Construire des phrases correctes (1) : la ponctuation

J'apprends

Exemples

• **Observe ces deux exemples. Lequel des deux préfères-tu ? Pourquoi ?**

Exemple 1 Nous rentrons à l'hôtel mes frères jouent dans le jardin nos parents se reposent.
Exemple 2 Nous rentrons à l'hôtel. Mes frères jouent dans le jardin, nos parents se reposent.

Comment placer la ponctuation ?

- Lis ton texte **à voix haute**. Tu peux **t'enregistrer** ou le lire dans ta tête comme si tu le prononçais.
- Les **respirations** t'aideront à placer la **ponctuation**.
  – Quand une phrase est terminée, tu entends **une pause**, la voix baisse : mets **un point** ; la phrase suivante commencera par une **majuscule**.
  – Une **virgule** marque un **arrêt** moins important à l'intérieur de la phrase.

Comment vérifier que les phrases sont bien construites ?

- Quand tu as placé les points, relis les phrases **une par une** et vérifie que chacune :
  – a du **sens** (le verbe est accompagné de son sujet, de ses compléments) ;
  – n'est **pas trop longue** (pas plus de trois lignes).
- Lorsque la phrase comporte plusieurs groupes de mots, vérifie que tu as utilisé des **virgules** pour les séparer.

Je m'entraîne

1 Déplace le point au bon endroit. Corrige les majuscules.

1. Je voyage en. Angleterre je monte dans un bus à deux étages.

2. Mon frère joue au football il adore. Courir après le ballon.

3. Pendant les vacances. Mon cousin m'a rejoint nous avons visité les Vosges.

2 Lis ce texte à voix haute. Place les trois points et la virgule qui manquent.

La peur accélère les battements de mon cœur je me glisse dans une bouée orange et je m'élance sur le toboggan la bouée commence à avancer puis prend de la vitesse j'arrive dans un endroit sombre. Quel bonheur !

3 Place les virgules à l'intérieur des phrases.

1. Arachné tisse une toile magnifique Athéna en est jalouse elle se met en colère.

2. Jupiter se transforme en un taureau blanc sous cette apparence il enlève la belle Europe.

4 Propose deux façons de ponctuer ces phrases. Laquelle est plus logique ? Explique.

1. Le train passe par la fenêtre l'homme aperçoit celui qu'il cherchait.

2. Le professeur court sur la table le pot de peinture s'est renversé.

5 Corrige ce brouillon d'élève.

a. Repère les verbes et leurs sujets.

b. Supprime les points qui gênent la compréhension et ajoute ceux qui manquent. Corrige les majuscules.

Besoin d'aide ? Chaque phrase raconte une partie de la transformation : les bras, puis le corps…

Soudain mon ami se métamorphose en oiseau. Ses bras se transforment. En ailes son corps se couvre de plumes. De toutes les couleurs sa bouche s'allonge. Et durcit pour former un bec bientôt ses paroles deviennent. Un chant mélodieux.

RÉVISER

Compétences
→ Prendre en compte les normes de l'écrit pour réviser son texte
→ Maîtriser les relations entre l'oral et l'écrit

Construire des phrases correctes (2) : la négation complète

J'apprends

• **Observe** ces phrases. **Classe**-les en deux groupes ; **explique** ton classement.

1. C'est pas trop tôt.
2. Je ne sais pas.
3. On entend pas de bruit.
4. Ce n'est pas trop tôt.
5. On n'entend pas de bruit.
6. Je sais pas.

Comment construire des phrases négatives correctes ? ▸ EDL 18 p. 330

Langue ORALE

Il veut pas manger.

Parfois, on ne prononce pas la première partie de l'adverbe de négation.

= niveau de langue familier

Langue ÉCRITE

Il ne veut pas manger.

Pour écrire et parler dans un **français correct**, il faut toujours rétablir les deux parties de l'adverbe de négation.

Comment vérifier que la négation est complète ?

• Relis ce que tu écris et vérifie que le **verbe conjugué** est **encadré** par l'adverbe de négation. Au brouillon, tu peux tracer ces « lunettes » :

Ex : Je ne suis pas content. Je n' ai pas vu.

• Parfois la première partie de la négation ne s'entend pas ; change alors le sujet de la phrase pour vérifier :

Ex : On n'ose pas. → Il n'ose pas.

Je m'entraîne

1 **a. Mets** ces phrases à la forme négative.
b. Épelle les deux parties de l'adverbe de négation utilisé.

1. Le chiot a été aidé par la chienne errante.
2. On attend encore le bus.

2 **Réécris** ces phrases à la forme négative.

1. J'y arriverai !
2. Est-il parti ?
3. J'ai tout compris.
4. On a le temps de venir.
5. Va chercher ton frère.

3 **En puisant dans la liste de négations, transforme ces phrases affirmatives en phrases négatives.**
Liste : *ne... aucun(e), ne... rien, ne... plus, ne... jamais.*

1. Le chiot a encore faim.
2. Il a tout compris.
3. On est toujours en retard.
4. Il connaît plein de chansons.

4 **Lis cette rédaction d'un élève et relève les phrases qui ne sont pas correctement construites. Réécris ensuite ces phrases pour qu'elles soient correctes.**

Comme il n'avait plus faim, le petit chien a réussi à se lever. Il voulait pas rester là à attendre. La vieille chienne lui a bien fait comprendre qu'il ne doit pas se laisser aller... Jusque là, il s'en est pas trop mal tiré. C'est pas maintenant qu'il va renoncer à se battre ! Il se dresse sur ses pattes flageolantes, esquisse quelques pas maladroits. Et soudain, on n'entend ses aboiements joyeux...

Je m'entraîne

1 Dans ces phrases, remplace le verbe *avoir* par un synonyme plus précis : *remporter, porter, recevoir, éprouver, jouer, bénéficier de*.

1. Quel plaisir peut-on avoir à se regarder dans son miroir ?
2. Le Petit Poucet a un avantage grâce à ses bottes.
3. Cendrillon a une robe magnifique.
4. Elle a un grand succès lors du bal.
5. Elle a un cadeau de la fée sa marraine.
6. J'ai le rôle de la méchante sorcière dans le spectacle du collège.

2 Dans ce texte, évite le verbe *faire* en utilisant ces verbes : *préparer, coudre, jouer, fabriquer, laver, concocter*.

> Tous les soirs, Blanche-Neige enfile le tablier qu'elle a fait. Elle fait le repas : elle adore faire de la soupe ! Puis elle fait la vaisselle. Ensuite, elle fait de la musique avec les nains. Enfin, elle s'allonge dans le lit qu'ils ont fait pour elle.

3 En utilisant des synonymes du verbe *aller*, écris quatre versions de la phrase « *Il alla dans une forêt.* » en précisant :

– le moyen de locomotion (**Ex :** *Il chevaucha jusqu'à une forêt.*) ;

– le but de son trajet (**Ex :** *Il se réfugia dans une forêt.*) ;

– la vitesse de déplacement ;

– la destination.

Besoin d'aide ?
But de son trajet : cachette, quête, détente, lieu inconnu...
Destination : à l'entrée, de l'autre côté, au milieu...

4 Réécris ce paragraphe sans utiliser le verbe *mettre*.

Besoin d'aide ?
Voici des synonymes de *mettre* : *placer, asseoir, enfiler, poser, ajouter, revêtir, démarrer, informer, positionner*.

Le Prince mit son uniforme. Puis il mit la chaussure dans un sac et chevaucha à travers la campagne. Il mit au courant tous les gens qu'il croisait : il cherchait une princesse. Il mit des affiches dans toutes les villes.

5 Regroupe les deux phrases en une seule pour éviter la répétition.

Ex : Il a un panier. Il a des diamants dedans.
→ Il a un panier garni de diamants.

1. L'ogre a de gros yeux. Il a des sourcils noirs au-dessus.
2. Il a une queue. Elle a une pointe au bout.
3. Il a un âne. Il a le pouvoir de parler.

6 Réécris ces phrases sans utiliser *il y a*. Pour cela, commence ta phrase par le mot souligné et utilise un verbe différent à chaque phrase.

1. Il y a des arbres tout autour de la cabane.
2. Il y a une sorcière dans la forêt.
3. Il y a une fleur dans les cheveux de la princesse.
4. Il y a des pommes dans son panier.

7 Réécris ces phrases sans utiliser le verbe *être*.

1. Le dragon était devant la grotte. Il était immobile.
2. La méchante sorcière était cruelle.
3. L'enfant était de plus en plus inquiet.
4. Tout à coup, le lutin fut devant lui.

8 Corrige cette copie d'élève afin d'éviter les répétitions.

> Dans la maison de l'ogre, il y a une table en bois immense. Elle est couverte de sang. Il y a des couteaux posés dessus. Il y a aussi des os suspendus au-dessus de la cheminée. Les enfants sont effrayés. Mais ils sont fatigués. Ils sont prêts à risquer leur vie, dehors ils sont sûrs de mourir de froid.

Écriture courte

9 Décris cette sorcière en dix lignes sans utiliser *être* ni *avoir*.

Critères de réussite
→ Utiliser un vocabulaire riche
→ Varier la construction des phrases (ne commence pas toutes tes phrases par *La sorcière*)

✦ *Le Voyage de Chihiro* (2001), film de **Hayao Miyazaki**.

APPROFONDIR

Compétences
- → Faire évoluer son texte, l'enrichir par des formulations plus adéquates
- → Prendre en compte les normes de l'écrit pour formuler, transcrire et réviser
- → Utiliser les reprises pronominales et nominales

Éviter les répétitions (2) : varier les groupes nominaux et utiliser les pronoms

J'apprends

• **Observe ces deux textes. Lequel pose problème ? Pourquoi ? Comment a-t-on évité le problème dans l'autre texte ?**

Exemple 1

Ulysse ne parvient pas à rentrer chez lui : pendant dix ans, personne ne sait ce qu'est devenu le roi d'Ithaque. Pourtant ce guerrier valeureux surmonte tous les dangers. Il navigue à travers la Méditerranée sur son bateau qui est très rapide. Les aventures de l'homme aux mille ruses sont racontées dans l'*Odyssée*.

Exemple 2

Ulysse ne parvient pas à rentrer chez lui : pendant dix ans, personne ne sait ce qu'est devenu Ulysse. Pourtant Ulysse surmonte tous les dangers. Ulysse navigue à travers la Méditerranée sur son bateau. Le bateau d'Ulysse est très rapide. Les aventures d'Ulysse sont racontées dans l'*Odyssée*.

Comment varier les manières de désigner un personnage ou un objet ? EXERCICES 1, 2, 5

- Pour **éviter la répétition** d'un nom ou d'un groupe nominal, on peut :
  - le **remplacer** par un **synonyme** ;
    Ex : Les compagnons naviguent sur un bateau mais un monstre détruit ~~ce bateau~~.
    → détruit le navire / la nef.
  - le **remplacer** par un nom ou un groupe nominal plus **général** ou plus **précis**.
    Ex : Ulysse a quitté Troie. ~~Ulysse~~ veut rentrer à Ithaque. Poséidon en veut à ~~Ulysse~~.
    → Ulysse a quitté Troie. Le héros veut rentrer à Ithaque. Poséidon en veut à l'homme aux mille ruses.

Conseil Avant d'écrire ton récit, note au brouillon une liste des noms possibles pour ton héros. Tu pourras piocher dedans et varier tes expressions facilement quand tu voudras éviter une répétition ou insister sur une caractéristique du personnage !

Comment utiliser les pronoms ? EXERCICES 3, 4

- Pour **éviter la répétition** d'un nom ou d'un groupe nominal, on peut aussi utiliser :
  - un **pronom personnel** ▶ EDL 6 p. 308 et 7 p. 309 ;
    Ex : Calypso accepte le départ d'Ulysse. Mais ~~Calypso~~ est affligée.
    → Calypso accepte le départ d'Ulysse. Mais elle est affligée.
  - un **pronom relatif** ;
    Ex : Calypso laisse partir Ulysse. ~~Ulysse~~ vogue vers Ithaque.
    → Calypso laisse partir Ulysse qui vogue vers Ithaque.
  - un **pronom démonstratif** (lorsque le groupe nominal à remplacer n'est pas sujet dans la phrase précédente, il faut utiliser un pronom démonstratif) ;
    Ex : Poséidon déteste Ulysse car ~~Ulysse~~ a aveuglé le Cyclope.
    → Poséidon déteste Ulysse car celui-ci a aveuglé le Cyclope.
  - un **déterminant possessif** quand le nom répété est complément du nom.
    Ex : Ulysse vogue vers Ithaque. La tempête détruit le bateau d'~~Ulysse~~.
    → Ulysse vogue vers Ithaque. La tempête détruit son bateau.

Je m'entraîne

1 Évite la répétition en utilisant un autre groupe nominal moins précis.

Ex : Athéna aide Ulysse. Les Grecs apprécient ~~Athéna~~.
→ Les Grecs apprécient cette déesse.

1. Télémaque brandit son épée. Il avait caché son épée derrière son dos.

2. Ulysse retrouva son chien Argos. Ce chien le reconnut aussitôt.

3. Homère raconte l'histoire d'Ulysse. On ne sait pas qui était vraiment Homère.

4. Ulysse a construit son lit autrefois. Il sait que ce lit ne peut être déplacé.

5. Ulysse offre du vin au Cyclope. Ce vin enivre le monstre.

2 Homère aime désigner ses personnages de manière poétique. On parle d'épithètes homériques. Par exemple, Ulysse est *l'homme aux mille ruses*.

1. D'après toi, qui est le dieu aux cheveux bleus ? le tout-puissant qui tonne dans le ciel ? la fille invincible née de la tête de Zeus ? le plus terrible de tous les guerriers ?

2. À toi de jouer : invente une épithète homérique pour désigner Apollon, le Petit Poucet, Hulk, Spiderman.

3 Remplace chaque groupe nominal souligné par un pronom personnel.

1. Calypso retient Ulysse prisonnier.

2. Les dieux décident de laisser partir Ulysse.

3. Ulysse et Calypso préparent le départ.

4. Elle annonce à Ulysse qu'il affrontera des dangers.

5. Elle apaise les vents violents.

4 Corrige cette copie d'élève qui s'est trompé dans l'utilisation des pronoms et déterminants soulignés.

Ulysse enivra le Cyclope. Il le perça l'œil. Puis il attacha ses compagnons sous les béliers que sortaient de la caverne. Au toucher, le Cyclope ne leur sent pas. Ainsi il peuvent s'échapper grâce à ma ruse.

Pour aller plus loin Corrige cette phrase en utilisant un pronom démonstratif.

Ulysse enivra le Cyclope si bien qu'il s'endormit.

5 Combien y a-t-il de personnages dans ce texte ? Pour le savoir, relève toutes les désignations qui permettent de les identifier.

Ulysse échappe à Charybde. Le héros grec sait que le monstre marin a un appétit terrible. Cette créature affreuse dévore tous ceux qui passent à sa portée. Elle effraie le rusé mortel ; il préfère s'approcher d'une autre créature, Scylla.

6 Améliore ce texte en remplaçant *Pénélope* par une autre façon de la désigner : tu ne dois pas utiliser deux fois la même expression ou le même pronom.

Les prétendants attendent que Pénélope ait fini sa tapisserie. Alors Pénélope choisira un nouvel époux. Ils l'ont fait promettre à Pénélope. Mais pour retarder ce moment, Pénélope défait la nuit le travail de la journée. Les prétendants découvrent la ruse de Pénélope.

Écriture courte

7 Décris en une dizaine de lignes le Cyclope rencontré par Ulysse en utilisant des groupes nominaux variés, des épithètes homériques et des pronoms pour éviter les répétitions.

Critère de réussite
→ Varier les façons de désigner le Cyclope.

✦ *Ulysse et ses compagnons dans la caverne du Cyclope Polyphème* (1935), illustration

17

Compétences
→ Rédiger des écrits variés
→ Enrichir son texte

Décrire un lieu

J'apprends

Comment décrire un lieu ? EXERCICES 1 ET 2

- Pour décrire un lieu, tu dois d'abord en avoir une image mentale précise. Tu dois être capable de le **dessiner**, au moins de façon schématique.
- Pour que ton lecteur se fasse une bonne idée du lieu :
  - **nomme** les différents éléments qui le composent (mer, rivière, étendue d'eau, forêt, buissons, champs, prairie, clairière, montagne, place d'un village, rue animée, bâtiments hauts, monuments, maisons basses...) ;
  - **donne** des indications sur l'organisation de l'espace : devant, derrière, au milieu, à gauche, à droite, plus loin... ; ▶ Méthode 7 p. 264
  - **utilise** de nombreux adjectifs qui donnent des précisions sur ces éléments : couleurs, formes, taille, état (neuf, ancien...). ▶ EDL 16 p. 326

Comment évoquer les sensations de celui qui observe le lieu ? EXERCICE 3

- Décris le lieu à travers les **yeux du personnage** : ce qu'il perçoit par la **vue** (couleurs, formes...) mais aussi par l'**ouïe** (les bruits, la musique...), le **toucher** (le vent, le froid...), l'**odorat**, parfois même le **goût**.
- Tu peux commencer ton texte, par exemple, par : *Hugo vit alors / découvrit / se retrouva devant...*

• **Observe le texte suivant et indique les sens évoqués.**

Le brouillard continuait à s'épaissir, le berger ne voyait pas à plus d'un mètre devant lui ; il distinguait à peine ses bêtes et bientôt il ne les distingua plus du tout. Un étrange silence s'était fait ; le paysage familier avait disparu, comme englouti par une marée blanche.

✦ **Françoise Rachmühl**, *15 Contes et légendes des fées* (2009), « Une famille de fées » © Flammarion

Je m'entraîne

1 a. Décris en cinq lignes, au choix :
un paysage marin – un paysage de montagne – une rue animée dans une ville – l'intérieur d'une vieille maison – un jardin fleuri

b. À tour de rôle, chacun lit son texte à son camarade, qui lui proposera des conseils pour l'améliorer.

2 a. Chacun apporte une image représentant un lieu. Sans la montrer, il décrit l'image à son camarade qui dessine le lieu au fur et à mesure de la description.

b. Comparez ensuite le dessin avec l'image : s'il y a ressemblance, la description a été bien faite, s'il y a des différences, expliquez ensemble pourquoi.

c. Inversez les rôles avec la deuxième image.

3 Décris le lieu représenté ci-contre. Imagine les perceptions du personnage, ce qu'il ressent dans ce lieu. Utilise des adjectifs et des verbes de perception.

Boîte à mots
Quelques verbes de perception : *sentir, distinguer, percevoir, entrevoir, discerner, entendre, respirer, frôler, effleurer...*

✦ **Walter Linsley Meegan**, *Vue de Knostrop Hall au clair de lune* (1884), huile sur toile (36 x 51 cm), collection privée

18

Compétences
→ Rédiger des écrits variés
→ Enrichir son texte

Rédiger un portrait

J'apprends

• **Observe** **ces deux portraits. Quel texte te paraît le meilleur ? Pourquoi ?**

Exemple 1 Marie est grande, elle a les yeux verts, la peau très claire, parsemée de taches de rousseur. Son nez est droit, fin, ses pommettes sont hautes, sa bouche fine. Ses cheveux sont bruns, longs.

Exemple 2 Marie est une jeune fille de seize ans qui sait ce qu'elle veut dans la vie. Elle a l'intention de devenir journaliste, et travaille énormément chaque jour pour réussir.

Comment faire le portrait physique d'un personnage ?

• Pour faire le portrait d'un personnage, choisis quelques **éléments de son physique** qui sont significatifs, importants, afin que ton lecteur puisse s'en faire une image générale : taille, corpulence, couleur des yeux, des cheveux, par exemple.

Comment faire le portrait moral d'un personnage ?

• Il est intéressant d'indiquer les **habitudes**, les **goûts** et le **caractère** du personnage. Parler de ses **actions** ou de ses **pensées** permet aussi de compléter son portrait moral.

Boîte à mots
Qualités et défauts :
courageux – lâche – puissant – fragile, vulnérable – modeste – prétentieux – généreux, dévoué – égoïste – intelligent – stupide – curieux – sérieux – prudent – imprudent – confiant – méfiant – sociable – timide – poli – grossier, insolent – honnête, franc, sincère, loyal – malhonnête – fourbe – gentil – odieux, cruel, féroce...

Je m'entraîne

1 **Classe** **les mots suivants selon qu'ils concernent le portrait physique ou moral.**
discret – élégant – gracieux – sombre – rougeaud – maussade – mélancolique – souriant – mince – joyeux – sévère – mat – aimable – faible – impulsif – enveloppé – serein – grossier – effacé – costaud – fort

2 **Améliore** **le brouillon de l'élève qui a écrit ce texte :** **associe** **aux éléments de portrait physique des indications sur le caractère et le comportement du personnage.**
Ex : Ses mains, grosses comme des pelles, lui servent à attraper ses proies...

Ce géant est énorme. Il a une tête repoussante, des yeux globuleux et rouges, tout petits. Ses mains sont grosses comme des pelles. Ses cheveux sont orange vif, longs, comme sa barbe.

3 **Rédige** **le portrait de la femme représentée sur ce tableau.** **Imagine** **son caractère, ses habitudes.**

✦ **Amedeo Modigliani,** *Portrait de Dedie (Odette Hayden)*, 1918, huile sur toile (92 x 60 cm), musée National d' Art Moderne, Centre Georges Pompidou (Paris)

19

Compétences
→ Rédiger des écrits variés
→ Prendre en compte les normes de l'écrit pour formuler, transcrire et réviser

Écrire une scène de théâtre

J'apprends

Comment présenter un dialogue de théâtre ? EXERCICE 1

Un texte de théâtre est constitué de :
– **répliques :** les paroles des personnages ;
– **didascalies :** les indications de mise en scène destinées aux acteurs et au metteur en scène (nom des personnages, décor, accessoires, costumes, déplacements, gestes, expressions du visage...).

Dans les **didascalies**, les verbes sont :
– soit au **présent de l'indicatif** : *Il boit* ;
– soit au **participe présent** : *en chantant*.

NOM du personnage qui parle en majuscules

SGANARELLE *entre sur le théâtre en chantant, et tenant une bouteille.*
– La, la, la.
VALÈRE. – J'entends quelqu'un qui chante, et qui coupe du bois.
SGANARELLE. – La, la, la... Ma foi, c'est assez travaillé pour boire un coup. Prenons un peu d'haleine. *(Il boit, et dit après avoir bu.)* Voilà du bois qui est salé comme tous les diables.

Didascalie en italique

Répliques

✦ **Molière**, *Le Médecin malgré lui* (1666), acte I, scène 5

Comment faire progresser une scène ?

EXERCICE 2

• **Observe ces deux exemples. Quel texte te paraît le meilleur ? Pourquoi ?**

Exemple 1

THOMAS, *souriant.* – Salut Marie-Lou.
MARIE-LOU. – Salut Thomas. Comment vas-tu ?
THOMAS. – Bien. Et toi ?
MARIE-LOU, *hésitant.* – Bien. J'ai quelque chose à te dire.

Exemple 2

THOMAS, *souriant.* – Salut Marie-Lou.
MARIE-LOU. – Salut Thomas. Tu sais, j'ai quelque chose à te dire. Je ne vais pas pouvoir partir en vacances avec toi cette année.
THOMAS. – Ah ? Mais pourquoi ?
MARIE-LOU, *hésitant.* – Mes parents ont décidé qu'on irait en famille en Italie...

Chaque réplique doit être **utile** :
– ou elle apporte une **information nouvelle** ;
– ou elle met en évidence l'**état d'esprit** du personnage ;
– ou elle crée un **effet** sur le **spectateur** : par exemple elle le fait rire.

Comment faire rire les spectateurs ?

EXERCICES 3 À 5

• On met en scène des **personnages comiques**, qui ont des **défauts**, un **caractère**, des **sentiments** exagérés.
– Les **gestes**, expressions du visage, déplacements précisés dans les **didascalies** sont exagérés pour faire rire.
– Les **phrases exclamatives**, **injonctives**, **interrogatives** rendent les paroles expressives.
• La **situation** peut être comique grâce aux **quiproquos** (lorsque deux personnages croient se comprendre alors qu'ils parlent de choses différentes).
• Les **répliques** comportent aussi de l'**humour**, des **jeux de mots**, des **absurdités**.

• **Dans l'exemple suivant, un personnage avare croit qu'on lui a volé son argent. Repère les techniques qui créent le comique.**

HARPAGON. – Au voleur ! au voleur ! à l'assassin ! au meurtrier ! Justice, juste Ciel ! Je suis perdu, je suis assassiné, on m'a coupé la gorge, on m'a dérobé mon argent. Qui peut-ce être ? Qu'est-il devenu ? Où est-il ? Où se cache-t-il ? Que ferai-je pour le trouver ? Où courir ? Où ne pas courir ? N'est-il point là ? N'est-il point ici ? Qui est-ce ? Arrête. Rends-moi mon argent, coquin... *(Il se prend lui-même le bras.)*

✦ **Molière**, *L'Avare* (1668), acte IV, scène 7

Je m'entraîne

1 Transforme cette fable en scène de théâtre. Utilise une couleur différente pour les didascalies.

Besoin d'aide ? Les paroles du Loup sont en orange, celles de l'Agneau en violet.

Un Agneau se désaltérait [...]
Un Loup survient à jeun, [...]
que la faim en ces lieux attirait.
« Qui te rend si hardi de troubler mon breuvage ?
Dit cet animal plein de rage :
Tu seras châtié[1] de ta témérité.
– Sire, répond l'Agneau, que Votre Majesté
Ne se mette pas en colère ;
Mais plutôt qu'elle considère [...]
Que [...] en aucune façon,
Je ne puis troubler sa boisson.
– Tu la troubles, reprit cette bête cruelle,
Et je sais que de moi tu médis[2] l'an passé.
Comment l'aurais-je fait si je n'étais pas né ?
Reprit l'Agneau ; je tète encor ma mère.
– Si ce n'est toi, c'est donc ton frère. [...]

✦ **Jean de La Fontaine**, *Fables* (1668), « Le Loup et l'Agneau »

1. **Châtier :** punir
2. **Médire :** dire du mal de quelqu'un

2 Réécris ce dialogue en supprimant les parties inutiles.

LE VALET. – Monsieur, on m'a dit que vous étiez médecin.
SGANARELLE. – On vous a dit que j'étais médecin ?
LE VALET. – Oui, on m'a dit que vous étiez médecin.
SGANARELLE. – Si on vous a dit cela, on vous a menti.
LE VALET. – On m'a menti ?
SGANARELLE. – Oui, on vous a menti.

3 Ajoute, pour chaque réplique, une didascalie qui mettra en évidence le sentiment du personnage par un geste, une expression du visage ou un sentiment.

LA MÈRE. – Où étais-tu passé ?
LE FILS. – Cela ne te regarde pas.
LA MÈRE. – Je veux savoir où tu étais !

4 Réécris chaque phrase sous forme d'une phrase exclamative, injonctive ou interrogative.

▶ EDL 17 p. 328 et 19 p. 331

L'HOMME. – Je suis malade.
LE MÉDECIN. – Vous me paraissez en bonne santé.
L'HOMME. – Il me faudrait un remède.

5 a. Explique en quoi chaque extrait est comique.

Extrait 1. SGANARELLE. – Dites-moi un peu, ce mal l'oppresse[1]-t-il beaucoup ?
GÉRONTE. – Oui, Monsieur.
SGANARELLE. – Tant mieux.

✦ **Molière**, *Le Médecin malgré lui* (1666), acte II, scène 4

1. **Oppresser :** gêner, étouffer

Extrait 2. MAÎTRE JACQUES. – [...] Qu'on me l'égorge tout à l'heure, qu'on lui fasse griller les pieds, qu'on me le mette dans l'eau bouillante, et qu'on me le pende au plancher.
HARPAGON. – Qui ? Celui qui m'a dérobé ?
MAÎTRE JACQUES. – Je parle d'un cochon de lait.

✦ **Molière**, *L'Avare* (1668), acte V, scène 2.

b. Écris la réplique d'un personnage dont le comportement est ridicule.

Écriture courte

6 Un homme qui se croit toujours malade consulte son médecin, qui est fatigué de le voir venir chaque jour à son cabinet.

Invente une courte scène comique ; applique toutes les méthodes que tu viens d'étudier.

Critères de réussite
→ Savoir présenter une scène de théâtre (répliques et didascalies)
→ Écrire un texte cohérent et faire progresser la scène
→ Faire rire (didascalies, types et formes de phrase...)

✦ Fabrice Luchini et Rosine Rochette dans *Knock* de **Jules Romains**, mise en scène de **Maurice Bénichou** (Athénée Théâtre Louis-Jouvet, 2002)

20

Compétences
→ Enrichir son texte
→ Prendre en compte les normes de l'écrit

Insérer un dialogue dans un récit

J'apprends

Comment insérer un dialogue dans un récit ?

- Écrire un dialogue dans un récit permet de rendre le récit plus vivant, plus animé.
- Pour écrire un bon dialogue, tu dois :
  – choisir des **paroles utiles** :
  → qui font avancer l'action de ton histoire, apportent des informations nouvelles ;
  → ou qui permettent de mieux comprendre tes personnages, leurs pensées, leurs sentiments, leurs intentions ;
  – utiliser des **verbes de parole** variés : *s'exclamer, crier, se lamenter, demander, chuchoter...* ;
  – respecter sa **ponctuation**.

Comment présenter un dialogue dans un récit ?

- On peut présenter de deux manières un dialogue dans un récit :

Exemple 1

Ysengrin demanda :
– Compère, pourquoi pars-tu ?
– Pas la peine de faire la grimace. Je monte au paradis et tu descends en enfer, répondit Renart.

Exemple 2

Ysengrin demanda : « Compère, pourquoi pars-tu ?
– Pas la peine de faire la grimace. Je monte au paradis et tu descends en enfer », répondit Renart.

- **Repère dans l'exemple 1 : les verbes de parole ; tous les signes de ponctuation qui indiquent qu'il s'agit d'un dialogue ; les paroles qui ont été prononcées.**

- **Dans l'exemple 2, repère les différences de ponctuation avec l'exemple 1.**

Je m'entraîne

1 Complète par une phrase de dialogue.

1. Le lion ordonna : « ...... »
2. L'agneau bredouilla : « ...... »
3. La fourmi s'exclama : « ...... »

2 Complète par des verbes de parole différents.

1. « Que faisiez-vous cet été ? », ...
2. « Voulez-vous encore un peu de ce plat ? », ...
3. « J'admire votre chant ! », ...

3 Transforme les phrases suivantes en phrases de dialogue. Utilise le verbe de parole pour introduire ta phrase de dialogue.

1. La cigogne dit au renard de partager avec elle son repas.
2. Le renard complimenta le corbeau sur son plumage.
3. La grenouille demande au bœuf d'admirer sa grosseur.

4 Transforme ce dialogue théâtral en dialogue dans un récit au passé.

LA FOURMI : Aoutch ! Non mais, ça va pas la tête !
LE RAT : Oh ! Excusez-moi ! Dame Fourmi. Franchement, je ne vous avais pas vue.
LA FOURMI : Ah ! Comme d'habitude, Compère Rat, vous marchez à l'étourdie !

✦ **Brigitte Saussard**, *Les Amis du roi* (2001) © Retz

Écriture courte

5 Invente le dialogue d'une fable entre deux animaux en train de se disputer. Utilise les verbes de parole suivants : s'énerver – s'exclamer – crier – répondre – protester – s'indigner

Exprimer les sentiments d'un personnage

J'apprends

Comment identifier quel(s) sentiment(s) exprimer ?

• Voici deux sujets d'expression écrite : nomme le sentiment du ou des personnages pour chaque sujet.

Sujet 1 Raconte la journée d'un enfant dont le meilleur ami a déménagé la veille.

Sujet 2 Dans un petit village de Bretagne, tout au bord d'une falaise, une tempête fait rage, pendant la nuit. Julie vit avec ses parents, sa sœur et son chat dans ce village. Raconte cette nuit.

• En général, le sujet te guide. En le **lisant** et en **visualisant** ce que tu dois raconter, tu dois pouvoir trouver le sentiment du personnage.

• Tu peux aussi imaginer ce que tu ressentirais si tu étais **à la place du personnage**.

• Quand tu exprimes les sentiments du personnage, ton lecteur se sent **plus proche** de lui.

Comment exprimer le(s) sentiment(s) du personnage ?

• Pour exprimer le sentiment d'un personnage, on peut **nommer** ce sentiment mais aussi **évoquer** ses manifestations physiques.

Ex : Pour montrer qu'un personnage est heureux, on peut écrire :
Elle a envie de crier et de danser.

• **Constitue** une réserve de mots, un champ lexical du sentiment à exprimer, avant d'écrire ton texte. Tu peux utiliser un dictionnaire des synonymes.

• Choisis un des deux sujets ci-dessus et réalise une carte mentale en écrivant tous les mots et expressions que tu pourras utiliser dans ton texte pour exprimer le sentiment de ton personnage.

Corolle lexicale à imprimer
hatier-clic.fr/21luf285

Je m'entraîne

1 Quel sentiment devrais-tu exprimer pour chaque sujet d'écriture ?

1. Pierre a raconté sa dernière bêtise à Jeanne en lui disant que c'était un secret. Jeanne a tout répété à ses parents. Imagine la suite.
2. Aujourd'hui, c'est l'anniversaire de Constance. Ses parents lui offrent un chien. Raconte.

2 Associe chaque phrase à un sentiment.

1. La sueur perlait sur son front. Ses jambes devenaient molles.
2. Il saute partout, il rit à gorge déployée.
3. Ses joues deviennent rouges. Elle a chaud.

3 a. Indique le sentiment qui correspond à chaque liste.

Liste 1 : bouche bée – yeux écarquillés – abasourdi – sans voix – ébahissement – s'arrêter – stupéfaction

Liste 2 : voir rouge – rage – enragé – fureur – furieux – coup de sang – crier – hurler – taper

b. Écris trois phrases pour décrire ce qui se passe physiquement chez un personnage surpris, puis chez un personnage en colère.

4 Lis ce début de roman.

Mon père est comme un fou depuis ce matin. On dirait que c'est le soir de la Coupe du Monde et que son équipe fétiche est en finale.
– Assieds-toi, Stef, ça va commencer !

✦ **Collectif**, *On n'a rien vu venir*, roman à 7 voix (2019) © Alice Jeunesse

a. Quel est le sentiment du père ? Imagine ce qui provoque chez lui ce sentiment.

b. Ajoute trois phrases au texte pour exprimer ce sentiment. Nomme-le et évoque ses manifestations physiques sur le père.

APPROFONDIR

Compétences
→ Rédiger des écrits variés
→ Faire évoluer son texte

Créer du suspense

J'apprends

Qu'est-ce que le suspense ? EXERCICE 1

• **Lis ces deux textes.**

Texte A L'enfant arriva dans une clairière. Il y avait une petite maison. Il entendit un cri. Une femme ouvrit la porte.

Texte B L'enfant arriva dans une clairière. Il était fatigué, cela faisait plusieurs jours qu'il marchait. Ses pieds étaient lourds et faisaient craquer les feuilles. Ce bruit faisait comme une berceuse. Soudain, quelque chose qui ressemblait à un cri déchira l'air autour de lui... Il sortit de sa torpeur, tourna la tête d'un côté, de l'autre. Il continua à avancer, tendu. Aux aguets. Une peur atroce nouait son ventre... Le vent se déchaîna tout à coup, et il vit apparaître, un peu plus loin dans la clairière, une maison étrange. Elle était grise, ses volets cassés grinçaient à cause du vent. Il commençait à se dire qu'il allait passer son chemin, lorsque la porte s'ouvrit brutalement sur une femme au visage creusé et au rire démoniaque.

• **Peux-tu imaginer la scène et te mettre dans la peau du personnage dans le texte A ? dans le texte B ?**
• **Que ressens-tu lorsque tu lis le texte A ? et le texte B ?**
• **As-tu envie de connaître la suite ?**

Besoin d'aide ? Lis les textes à voix haute ou demande qu'on te les lise.

• Les mots qui te permettent de **visualiser** la scène, et de **te mettre dans la peau du personnage** te font entrer dans l'histoire.
• Lorsque tu es **impatient** de connaître la suite de l'histoire, captivé, tenu en haleine, on parle de **suspense**. Le suspense est souvent utilisé pour faire peur.

Comment captiver son lecteur grâce au suspense ? EXERCICES 2 À 7

CRÉER DU SUSPENSE

- **Imaginer une situation qui passionne le lecteur** : danger, événement soudain, émotion forte, obstacles...
- **Décrire** les lieux, les personnages pour créer une atmosphère inquiétante.
- **Employer des indications de temps** : ralentissement de l'action, action soudaine, enchaînement rapide des actions...
- **Exprimer les sensations et les sentiments** :
  – ce que le personnage perçoit par les cinq **sens** ;
  – **sentiments** du personnage : champ lexical de la peur, de la souffrance, de la surprise...
- **Ajouter du mystère** en ne donnant que les informations perçues par le ou les personnages.
- **Jouer avec la ponctuation** :
  – points de suspension ;
  – phrases courtes qui créent des silences dans le texte et ralentissent l'action ;
  – points d'exclamation pour exprimer la surprise.

• **Relève dans le texte B les mots et éléments de ponctuation qui permettent de créer du suspense et classe-les à l'aide des méthodes vues ci-dessus. Tu peux faire un tableau ou une carte mentale.** hatier-clic.fr/21luf286

Je m'entraîne

1 Dans l'extrait suivant, le héros est poursuivi. Recopie les mots ou groupes de mots qui créent du suspense en les classant selon les techniques vues dans la liste de la leçon. Tu peux faire un tableau ou une carte mentale.

Je m'arrête. Je n'arrive quasiment plus à respirer. Une forte odeur de sueur m'envahit les narines. Des exclamations me parviennent encore. Des voix d'hommes et de femmes, des aboiements de chiens. Toute la cité s'est lancée à ma poursuite, on dirait. Un craquement de branche, pas loin. Je repars.

✦ **Olivier Ka**, *Ce monstre qui me ressemble* (2004)
© Grasset Jeunesse

2 Modifie ce texte afin que l'atmosphère devienne inquiétante, comme si une tempête terrible se préparait.

Quand Tom se réveilla le lendemain matin, [...] le jour se levait ; une délicieuse sensation de calme et de repos émanait de la forêt silencieuse. Pas une feuille ne bougeait ; aucun bruit ne venait troubler la grande méditation de la nature. Sur les herbes brillaient des gouttes de rosée.

✦ **Mark Twain**, *Les Aventures de Tom Sawyer* (1876), traduit de l'anglais par François de Gaïl

3 Réécris ce texte :

a. Modifie la ponctuation et ajoute des indications de temps, pour créer du suspense.

b. Ajoute une phrase pour exprimer ce que Tarek imagine lorsqu'il entend les grattements.

Tarek n'arrive pas à trouver le sommeil. Sa journée a été mouvementée et il repense à tout ce qui s'est passé. Enfin, sa respiration devient plus régulière, il commence à s'endormir mais il entend des grattements au-dessus de sa tête. Il a peur.

4 Pour chaque situation, écris trois phrases pour exprimer :

a. Ce que ressent un personnage qui a faim. Décris ce qui se passe dans son ventre, dans ses jambes.

b. Ce que ressent un personnage pris dans une avalanche. Décris ce qui se passe en lui.

c. Ce que ressent un personnage qui attend les résultats d'un concours. Décris ce qui se passe en lui.

5 Connais-tu un livre, un film ou une série qui comporte beaucoup de suspense ? Peux-tu raconter rapidement à tes camarades son scénario ? Ensemble, identifiez les « ingrédients » du suspense dans cette histoire.

6 Aujourd'hui Gaspard a rendez-vous avec Mila à la cabane : raconte en dix lignes l'attente de Gaspard arrivé le premier en créant du suspense. Arrête-toi au moment de l'arrivée de Mila.
Exprime ses sentiments, ce qu'il imagine, décris le lieu, le temps qu'il fait. Fais durer le plaisir pour rendre ton lecteur impatient...

✦ Cabane isolée dans le massif des Vosges

Écriture courte

7 Un des compagnons d'Ulysse rentre chez lui après vingt ans d'absence. Depuis son bateau, il reconnaît le rivage de son pays. Raconte son arrivée et ses retrouvailles avec sa femme en créant du suspense. Invente un obstacle qui retardera les retrouvailles du personnage avec sa femme.

Critères de réussite
- → Respecter les différentes étapes (arrivée, obstacle, retrouvailles)
- → Créer du suspense :
  - exprimer les sentiments du personnage (joie, impatience, frustration...)
  - ralentir l'action (ponctuation, indications de temps)

23

Compétences
- → S'approprier les outils du poète
- → Jouer avec les rythmes et les sonorités
- → Réinventer le monde par les images

Les outils du poète : jouer avec les rythmes, les sons et les images

J'apprends

Comment présenter un poème avec des rimes ? EXERCICE 1

1 vers → Mes demi-sœurs, ces maroufles,
Ont leur argent, leur orgueil,
Leur tralala, leurs fauteuils…
Mais qu'elles fassent leur deuil
De mes pantoufles.

1 strophe

Rimes en fin de vers : … …

✦ Ci-dessous et exercice 1 : **Jacques Charpentreau**, *Prête-moi ta plume, Les plus beaux poèmes des plus grands héros*, « En vair et contre tous » (1990) © Hachette Jeunesse

- Les **rimes** peuvent être : **suivies** : … … … … **croisées** : … … … … **embrassées** : … … … …
- Une strophe de quatre vers s'appelle un **quatrain**.
- Une strophe de trois vers s'appelle un **tercet**.

Comment compter les syllabes dans un vers ? EXERCICE 2

• **Dis en rythme cette comptine et compte les syllabes de chaque vers.**

Un, deux, trois, je m'en vais au bois
quatr', cinq, six, cueillir des cerises…

⚠ **-e** à la fin du vers ou devant une autre voyelle se tait, mais **-e** entre deux consonnes chante toujours !

quatr', cinq, six, cueillir des cerises
1 / 2 / 3 / 4 / 5 / 6 / 7 / 8 = 8 syllabes

Le colchique couleur de cerne et de lilas
1 / 2 / 3 / 4 / 5 / 6 / 7 / 8 / 9 / 10 / 11 / 12 = 12 syllabes

- Un **nombre régulier de syllabes** rythme les vers :
- un vers de 8 syllabes s'appelle un **octosyllabe** ;
- un vers de 10 syllabes s'appelle un **décasyllabe** ;
- un vers de 12 syllabes s'appelle un **alexandrin**.

Besoin d'aide ? Le préfixe grec *octo-* (ὀκτώ) signifie « huit », le préfixe grec *déca-* (δέκα) signifie « dix ».

Comment créer des images ? EXERCICES 3 À 5

Pour créer des **images**, le poète rapproche deux idées qui ont un **point commun**.

La **ressemblance** est **exprimée** à l'aide d'un outil de comparaison (*comme, pareil à, ressemble à...*) = comparaison

Il est blond comme les blés.

La **ressemblance** est **sous-entendue** :

- en nommant un élément par le nom d'un autre = métaphore
  Je vois un serpent de fumée noire.
- en attribuant des caractéristiques humaines à un élément, en le faisant agir comme un humain = personnification
  La forêt soupire.

• **Indique quel type d'image est utilisé dans ces trois exemples.**

Ex 1 : Ton rire est comme un tourbillon de feuilles mortes froissant l'air chaud. **(Paul Eluard*)**

Ex 2 : Ton rire s'élève, tourbillon dans l'air chaud.

Ex 3 : Le soleil aussi attendait Chloé, mais lui pouvait s'amuser à faire des ombres. **(Boris Vian**)**

• **Quelle image préfères-tu ? Pourquoi ?**

Je m'entraîne

1 Lis ce poème et recopie-le en rétablissant les retours à la ligne pour reconstruire les cinq vers rimés.

En vair et contre tous

Belles dames qu'emmitouflent vos robes d'or à panier, vos appas sont trop grossiers : n'entre que mon petit pied dans ma pantoufle.

✦ D'après **Jacques Charpentreau** © Hachette Jeunesse

2 Choisis trois mots aux sonorités proches et invente une strophe de deux vers en respectant le même nombre de syllabes dans chaque vers.

Ex : **sapin – poupin – pinson**

Un **pinson** s'égosille (6 syllabes)

Poupin sur un **sapin**. (6 syllabes)

Besoin d'aide ? Au choix : bleu – cheveux – feu / pimpant – tonitruant – serpent / Lola – lilas – koala / doute – route – s'égoutte

3 Crée des comparaisons surprenantes.

a. Qu'est-ce qui est étonnant dans la comparaison suivante ?

La terre est bleue comme une orange. **(Paul Eluard***)**

b. Comment expliques-tu pourtant ce rapprochement entre la terre et une orange ?

c. À toi d'associer ces éléments pour créer des comparaisons surprenantes.

1. Le soleil est •	• comme une fleur sans tige
2. L'eau s'écoule •	• blanc comme la lune
3. Le papillon voltige •	• comme du cristal immobile

d. Crée à ton tour 3 comparaisons.

4 Pour créer des images :

a. Complète les comparaisons suivantes.

Ex : Ta chevelure rousse **c'est comme** un soleil qui m'éblouit.

1. Le rire d'un ami c'est comme ......
2. Une étoile dans la nuit c'est comme ......

b. Supprime ensuite l'outil de comparaison et nomme un élément par le nom de l'autre : tu obtiens une métaphore.

Ex : Le soleil de ta chevelure m'éblouit.

5 Écris une personnification : imagine que les objets parlent, rêvent, ont une vie secrète, en répondant à l'une de ces questions.

1. À quoi pense ma chaise ?
2. À quoi rêvent mes chaussettes ?
3. Et l'éponge, où voudrait-elle vivre ?
4. Quelle est l'ambition de mon stylo ?

* « Pour vivre ici », *Premiers Poèmes* (1918) © Gallimard
** *L'Écume des jours* © Fayard
*** *L'Amour la poésie, Capitale de la douleur* (1929) © Gallimard

24

Compétences
- → Exprimer ses émotions et ses goûts
- → Développer sa sensibilité
- → Recourir à l'écriture pour réfléchir

Donner son avis

J'apprends

Que signifie donner son avis sur un texte, un livre, un film ?

• **Donner son avis**, c'est **exprimer son opinion, son ressenti**, qu'ils soient positifs ou négatifs, ou nuancés : *j'ai aimé / je n'ai pas aimé / il m'a plu / il m'a déplu / il m'a intéressé(e) / il m'a surpris(e) / j'ai été déçu(e)...*

• Il faut toujours **justifier**, **argumenter** cet avis : expliquer pourquoi tu as cet avis, à l'aide de plusieurs idées et exemples précis (un aspect en particulier, un personnage, un passage précis du livre ou du film...).

• Pense à utiliser les mots de liaison. ▶ Méthode 7 p. 264

• Pour t'en souvenir, écris ton avis dans ton carnet de lecture.

Boîte à mots

Des adjectifs : drôle – émouvant – tragique – passionnant – palpitant – captivant – triste – surprenant – ennuyeux – inintéressant – facile – difficile – poétique – étrange – effrayant – humoristique – réaliste – loufoque...

Sur quels éléments d'une œuvre s'appuyer pour donner son avis ?

Pour trouver des idées, pose-toi ces questions :

– Quel **personnage** t'a particulièrement intéressé(e) ? Pourquoi ? T'es-tu identifié(e) à un personnage ?

– Y a-t-il un **passage** qui t'a marqué(e), ému(e), fait rire, choqué(e) ?

– As-tu **appris** des **informations** sur l'époque, le lieu... ? Cette œuvre t'a-t-elle fait **réfléchir** ?

– Que peux-tu dire du **rythme** de l'histoire ? de l'**atmosphère** ? du **style** d'écriture ?

– Cette œuvre t'a-t-elle fait penser à d'**autres œuvres** que tu connais ? à **ta vie** ?

Exemple Souviens-toi du conte *Jeannot et Margot* :

Ce récit est intéressant...

- ... car il est émouvant : il raconte l'aventure de deux enfants, c'est triste au début.
- ... parce qu'il nous fait réfléchir aux sentiments des personnages, comme ceux de la mère.
- ... parce que le courage de Jeannot et Margot face au danger peut nous inspirer.
- ... parce que j'aime les histoires de sorcières, les lieux imaginaires comme la maison de pain d'épices et parce qu'il y a du suspense : les passages dans la forêt sont effrayants, on a peur pour Jeannot et Margot.

Je m'entraîne

Selon toi, ces avis de lecteurs sont-ils argumentés de façon précise ? Justifie et ajoute ce qui manque.

1. Je n'ai pas aimé ce livre parce qu'il est nul et je n'aime pas lire.
2. Je n'ai pas aimé l'histoire de Vassilissa la Belle parce que c'est pour les enfants.
3. J'ai adoré l'histoire de Vassilissa la Belle car je l'ai trouvée pleine de suspense. J'ai particulièrement apprécié le passage où elle marche dans la forêt, vers la maison de la Baba Yaga, car l'atmosphère est mystérieuse et inquiétante. J'ai aimé la fin qui est heureuse.
4. J'ai aimé l'histoire de Vassilissa la Belle car c'était intéressant et plein d'imaginaire.
5. C'est l'histoire d'une jeune fille qui vit des malheurs et qui réussit à s'en sortir, courageusement.
6. Il y a du suspense, des aventures, de l'action.

Compétence
→ Parler en prenant en compte son auditoire

Lire un texte à voix haute

J'apprends

Comment préparer ta lecture ?

- Assure-toi que tu comprends bien le texte à l'aide des stratégies apprises (résumer, construire une image mentale, se mettre à la place des personnages, « traduire » avec tes mots...). ▶ Stratégies de lecture p. 10
- **Annote** le texte : repère les moments où il faut insister, les pauses, les changements de ton.
- Entraîne-toi : lis-le **à voix haute** plusieurs fois, surtout les passages difficiles. Tu peux **t'enregistrer** pour t'écouter. **Amuse-toi** à accélérer, ralentir, parler plus ou moins fort, changer de voix, quitter le texte des yeux. ▶ Lecture fluide et expressive p. 10

Comment réussir ta lecture ?

- **Installe-toi** confortablement (mais évite les postures décontractées : appuyé(e) au mur, jambes croisées, mains dans les poches...).
- Respire profondément, pense à ton texte, **commence** quand tu es prêt(e). Si tu stresses, c'est normal : la situation est inhabituelle pour toi. Mieux tu seras préparé(e) et plus ce sera facile.
- Parle **fort**, **lentement**, **en articulant**. Fais attention à la **ponctuation**. Lève les yeux vers ton public autant que possible.

Je m'entraîne

1 **Pour bien articuler, entraîne-toi à prononcer ces virelangues.**

1. Tonton, as-tu vu Tata ?
2. Six chiens chass**e**nt cent chats.
3. Je veux et j'exig**e** des excus**e**s du juge !
4. Didon dîna de dix dodus dindons.

Besoin d'aide ? Prononce bien toutes les syllabes, même les **e** en gras.

2 **Lis ces phrases en mettant le ton indiqué entre parenthèses.**

1. J'ador**e** le gâteau au chocolat ! (*heureux*)
2. Quand auras-tu fini ton exercice ? (*impatient*)
3. Je crois que j'ai un peu trop bu ! (*ivre*)
4. J'aim**e**rais tell**e**ment gravir le mont Blanc ! (*rêveur*)
5. Cette odeur est désagréable ! (*dégoûté*)

3 **a. Dans ta tête, choisis une émotion : la joie, la peur, la colère, la surprise, la tristesse, le dégoût. b. Dis la phrase « Natacha aime son chat Pacha » : tes camarades devinent ton émotion d'après le ton que tu utilises.**

Besoin d'aide ? Pour trouver le ton juste, fais un geste ou lance une interjection (frappe du poing ou du pied pour la colère ; grimace ou lance « beurk » pour le dégoût...).

4 **Entraîne-toi à lire ce texte en parlant plus fort quand les lettres sont grosses, en faisant des pauses à chaque / et en accélérant quand le texte est souligné. Prononce bien les lettres surlignées.**

– Tu as **encore** oublié de préparer tes affaires !
Dé/**pê**/**che**/**-toi** !
Maman a un rendez-vous **important** et ne veut **pas** arriver en retard. Dans son sac / elle jette / ses clés, / des mouchoirs, un stylo, son portefeuille, son téléphone. / Elle ouvre la porte / et sort.

5 **Souligne les mots importants, dessine des / là où il y a des pauses. Puis lis le texte à voix haute en respectant tes annotations.**

Pour mon anniversaire, maman a préparé une tarte au citron, mon dessert préféré. J'ouvre mon cadeau et je découvre un lapin vivant. Quelle joie ! J'en rêvais depuis des semaines ! Il est tellement doux dans mes mains.

6 **Un élève commence à lire à voix haute un texte choisi dans le manuel. N'importe quel autre élève lui « vole la lecture » quand il en a envie. Pour cela, il commence à lire les mêmes mots que le premier lecteur. Celui-ci s'arrête dès qu'il entend que quelqu'un lit avec lui.**

26

Compétences
- → Écouter pour comprendre
- → Participer à des échanges
- → Parler en prenant en compte son auditoire
- → Adopter une attitude critique par rapport à son propos

Prendre la parole

J'apprends

Comment participer en classe ? EXERCICES 1 À 3

- **Écoute** avec attention pour ne pas répéter ce qui a déjà été dit.
- Réponds par une **phrase complète**.

Exemple

Quel monstre rencontre Harry derrière la porte ?

~~Touffu !~~

Le monstre que rencontre Harry est Touffu, le chien à trois têtes.

Comment justifier ses réponses ? EXERCICE 5

Question

En quoi Cadmus est-il transformé ?

Réponse

Je dis mon idée.

Je justifie en citant des extraits du texte (mots, expressions, phrases courtes).

Il est transformé en serpent ; les indices qui le prouvent sont les « écailles » qui apparaissent sur son corps, sa langue qui « se divise en deux », et le fait qu'il « rampe ».

Boîte à outils
- **Débuts de phrase** pour lancer tes réponses, puis donner des preuves :
J'ai compris que... grâce à...
Je pense que... comme le montrent ces indices : ...
- **Connecteurs logiques** pour donner des preuves :
car – parce que – puisque – grâce à – à cause de – en effet...

Comment présenter un exposé ou une synthèse de groupe ? EXERCICE 4

- **Ne lis pas** tes notes ; elles t'aident à te rappeler les idées importantes : à toi de construire des phrases complètes à l'oral, sans langage familier, en parlant fort.
- **Regarde** l'auditoire.
- **Pose** tes deux pieds bien au sol, pour être stable comme un arbre. Respire calmement.
- Avant ton exposé, **entraîne-toi** devant ta famille ou un ami. Enregistre-toi aussi, pour t'écouter et te corriger.

▶ Méthode 4 p. 260

Comment débattre ? EXERCICES 4, 6 ET 7

- Débattre, c'est **écouter** l'autre, **échanger** des idées, **réfléchir** ensemble.
- **J'écoute** celui qui parle : il donne son idée et l'argument qui la prouve.
- Je **reformule** d'abord cette idée, puis je **rebondis** en expliquant si je suis d'accord OU si je ne suis pas d'accord et pourquoi.

Exemple

> Je pense que Lycaon a mérité d'être transformé en loup.

> Tu dis que Lycaon a mérité sa transformation.
> Je pense aussi qu'il a mérité cette punition car...
> OU Je pense toutefois qu'il n'a pas mérité... pour cette raison : ...

Boîte à outils

- Pour exprimer son **accord** : *Je suis du même avis – J'approuve l'idée que...*
- Pour exprimer son **désaccord** : *Je ne partage pas cette opinion – Je crois, au contraire, que... – Je suis opposé(e) à l'idée que...*
- Pour **nuancer** une opinion : *J'admets que... – Je reconnais que... – J'accepte l'idée que..., mais je pense aussi que – d'un autre côté – selon un autre point de vue...*

Je m'entraîne

1 Reformule ces réponses d'élèves en construisant des phrases complètes.

1. Qui veut faire du mal à Jeannot et Margot ?
Réponse : la sorcière.
2. Qu'adore manger l'ogre ?
Réponse : les petits enfants.
3. Qu'essaie de faire la femme de l'ogre ?
Réponse : cacher les enfants.

2 Pour chaque exemple, l'élève 1 lit la phrase donnée à voix haute, l'élève 2 l'enrichit en ajoutant des précisions.
L'élève 1 reprend cette phrase enrichie et ajoute une deuxième phrase (qui apporte une nouvelle idée, sans répéter les idées déjà exprimées).
L'élève 2 reprend ces deux phrases et termine par une troisième phrase.

1. La sorcière attire les enfants.
2. Le héros combat le monstre.
3. La princesse rentre chez elle.

3 a. Repère la réponse correctement formulée et explique ce qui n'est pas correct dans les autres réponses d'élèves.
Question : Comment l'ogre repère-t-il les enfants ?

1. Ben... il les sent.
2. Parce qu'il sent l'odeur des enfants.
3. L'ogre entend pas les enfants, mais il renifle leur odeur.
4. L'ogre repère les enfants, il sent leur odeur.
5. L'ogre repère les enfants cachés, parce qu'il sent leur odeur.

b. À toi de proposer une réponse bien formulée pour cette question : pourquoi la femme de l'ogre cache-t-elle les enfants ?

4 Écoute ces trois enregistrements d'élèves qui racontent une histoire. hatier-clic.fr/21luf293 .
a. Quelles sont, selon toi, les qualités de ces prises de parole ?
b. Quels en sont les défauts ?
c. Explique comment améliorer ces prises de parole.

5 Voici les notes d'un élève pour répondre à la question : « Le monstre que combat Thirrin est-il une créature entièrement maléfique ? ». (▶ Dossier 6 p. 129) **Appuie-toi sur ces notes pour proposer à l'oral une réponse justifiée, développée en phrases.**

Le monstre que combat Thirrin :
→ dangereux ?
indice 1 : « Son regard chargé de haine »
indice 2 : pousse « un hurlement [...] à faire froid dans le dos »
indice 3 : être mi-homme, mi-animal > loup-garou
→ bon ?
indice 1 : il récupère l'épée de Thirrin mais ne tue pas l'héroïne à sa merci
indice 2 : « l'énorme animal s'inclina »

6 a. Imagine deux arguments pour convaincre tes parents d'inviter un de tes copains à la maison.
b. Imagine deux idées qui, au contraire, pourraient dissuader tes parents d'inviter ce copain.
Prépare tes arguments à l'aide des expressions proposées dans les boîtes à outils, puis présente-les à l'oral.

7 Aimerais-tu observer une tornade ? Explique pourquoi. Écris tes arguments en quelques mots-clés au brouillon, puis développe-les en phrases quand tu prends la parole.

Étude de la langue

+PROF
Dictées et bilans

Les classes de mots

L'organisation de la phrase

Les fonctions

La phrase

Les conjugaisons

Le vocabulaire

Comment apprendre une leçon de langue ?

→ Comment t'y prends-tu quand tu dois apprendre une leçon ?
→ Ces pages vont t'expliquer comment être plus efficace pour apprendre.
→ Tu peux montrer ces pages à un adulte de ta famille pour qu'il t'aide à apprendre.

1. Pourquoi apprendre une leçon de langue ?

• On apprend une leçon de langue pour réussir une **évaluation**, mais surtout pour **comprendre** comment fonctionne la langue française. L'étude de la langue aide à **mieux rédiger** et à **mieux respecter l'orthographe**.

• **Comprendre les notions** nécessite de les **apprendre** pour être capable de les utiliser **à long terme** : pour chaque nouvelle leçon, on a besoin des notions des leçons précédentes. Chaque année, on réutilise ce qui a été étudié les années précédentes pour aller plus loin.

2. Comment la mémoire fonctionne-t-elle ?

• La mémoire n'est pas un « endroit » dans le cerveau dans lequel on range des informations, que l'on retrouve lorsqu'on en a besoin.

• Au contraire, utiliser sa mémoire c'est **reconstruire l'information** dans sa tête, recréer le chemin pour avoir l'information.

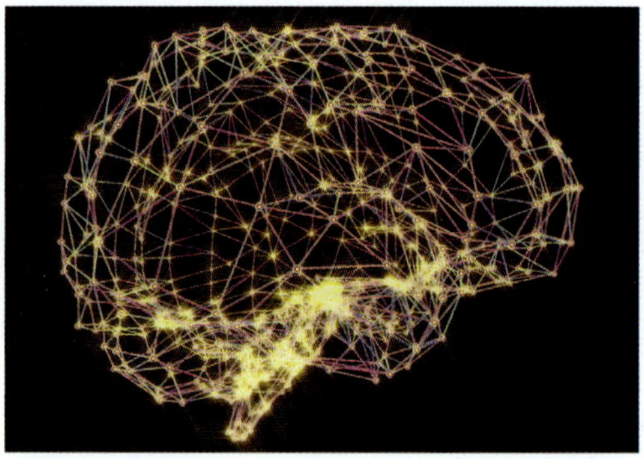

✦ Illustration numérique du réseau de neurones du cerveau

3. Que signifie apprendre une leçon ?

• Apprendre, c'est donc **vérifier** que l'on sera capable de **reconstruire l'information** dans notre mémoire. La meilleure manière de le faire, c'est d'**entraîner** notre mémoire à s'en souvenir, c'est-à-dire **tester** sa mémoire.

• Plus on se sera entraîné à reconstruire l'information, plus on sera rapide, et plus on la connaîtra **à long terme**. En effet, on crée un chemin entre les neurones, qui devient de plus en plus large à chaque fois qu'on le refait.

• **Lire** et **relire**, ou même **recopier** sa leçon n'est donc pas apprendre, car cette opération n'oblige pas notre cerveau à reconstruire les informations.

• On peut réussir une évaluation en relisant simplement sa leçon, mais seulement grâce à la **mémoire à court terme**, il faudra donc apprendre à nouveau quand on aura besoin de la même notion, c'est donc une mauvaise stratégie qui fait perdre du temps.

4. Comment bien apprendre une leçon ?

❶ **Relis** ton cours pour **organiser** ton travail :
→ Identifie d'abord ce que tu dois connaître : des définitions ? des règles ? des stratégies à utiliser ?
→ Sélectionne les éléments que tu dois connaître par cœur, ceux que tu dois comprendre, ceux qui te serviront dans un exercice.

❷ **Assure-toi** que tu as **compris** la leçon : tu dois être capable de l'**expliquer** globalement, sans l'avoir sous les yeux. Les **exercices** te permettent de vérifier que tu as compris la leçon !

❸ **Utilise** les **stratégies** proposées sur la page de droite.

COMMENT APPRENDRE ?

Une méthode qui fait travailler le cerveau !

1re séance d'apprentissage

→ **Écris** tout ce que tu sais de la leçon.

→ Mets des **points d'interrogation** là où tu sais qu'il te manque quelque chose.

→ Revois ensuite tes notes (ta leçon, la page de ton manuel) : **vérifie** que les informations que tu as écrites sont justes. Barre ce qui est faux. **Complète** tes oublis.

→ Prépare ensuite une feuille avec des **indices** (des mots-clés) pour retrouver la leçon seul(e).

2e séance d'apprentissage

→ Après une pause (d'une heure, d'un jour ou quelques jours), **recommence** à tester ta mémoire : retrouve par toi-même les informations de la leçon.

→ Si tu en as besoin, utilise ta feuille d'indices préparée lors de la 1re séance.

→ Si tu ne retrouves pas toutes les informations, prévois une 3e séance de travail plus tard.

Des variantes

Pour varier, tu peux aussi :

→ te préparer des **cartes question-réponse** ;

→ créer une **carte mentale** pour retrouver la leçon sans l'avoir sous les yeux ;

→ **imaginer l'évaluation**.

À deux, c'est mieux !

→ Retrouver seul(e) toute la leçon, c'est efficace mais difficile. Lorsqu'on est deux, on peut s'interroger mutuellement à l'oral ou s'expliquer la leçon l'un à l'autre.

→ À la maison, tu peux aussi raconter à des adultes ce que tu as appris, ou leur demander de te poser des questions.

On apprend en dormant !

→ Ton sommeil est très important : pendant que tu dors, ton cerveau réorganise tout ce que tu as découvert dans la journée. Le lendemain, tout est plus clair.

Des cerveaux tous différents

Choisis la manière d'apprendre qui te convient :

→ de façon **visuelle**, à l'écrit, à l'aide de schémas ;

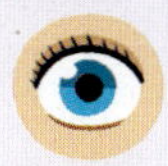

→ de façon **auditive**, à l'oral ;

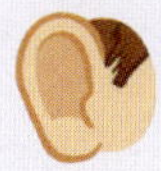

→ en **bougeant**, en **manipulant** les notions placées sur des étiquettes…

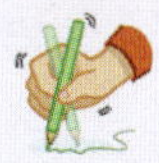

Pas longtemps, mais plus souvent !

→ Il est beaucoup plus efficace de **réviser plusieurs fois** sur un temps court, qu'une seule fois pendant longtemps.

Je mémorise

1. Quelles activités permettent de découvrir ou redécouvrir les informations ? Quelles activités permettent réellement d'apprendre ?

relire sa leçon – répondre à des questions – bien écouter en classe – préparer des questions – faire des exercices – recopier sa leçon – retrouver la leçon sans l'avoir sous les yeux – raconter ce qu'on a appris à quelqu'un

2. Écris tout ce que tu as retenu de ces deux pages. Vérifie ensuite tes informations, corrige, prépare tes indices, et recommence dans quelques jours !

1

Compétences
→ Identifier les groupes nominaux
→ Distinguer nom et verbe homophoniques

Le groupe nominal

Chantier d'observation

[Un] homme très riche fit monter son fils au sommet de la colline et [...] il lui dit :
– Regarde, bientôt tout cela sera à toi !
Au même instant, [un] homme très pauvre fit monter son fils sur l'autre versant de la colline et, devant le soleil levant [...], il lui dit simplement :
– Regarde !

✦ **Michel Piquemal**, « Regarde », Les philo-fables (2008) © Albin Michel Jeunesse

a **Repère les groupes nominaux dans ce texte.**

b **Quelle méthode as-tu utilisée pour les reconnaître ?**

c **Repère les groupes nominaux inclus dans un autre groupe nominal : quel type de mot les rattache à l'autre groupe nominal ?**

d **Échange avec tes camarades : classez ces groupes nominaux selon qu'ils sont minimaux ou enrichis, puis rédigez ensemble les règles en répondant à la question « Comment reconnaître un groupe nominal ? ».**

Manipuler

Exemple

Pour reconnaître un groupe nominal (GN) :

❶ Je cherche le nom noyau du GN, non supprimable.

❷ Le GN englobe le déterminant qui introduit le nom.

[L'homme riche] n'a pas [la même vision [de la nature]].

❸ Le GN englobe les expansions qui précisent le nom :
- adjectif (*riche* / *même*) ;
- autre GN introduit par une préposition (de *la nature*).

Un GN peut être inclus dans un autre GN : il est alors introduit par une préposition : ***de***, ***en***...

À toi de manipuler **Le fils admire le soleil orangé depuis le sommet de la colline.**

S'exercer

JE ME TESTE

a. Repère les groupes nominaux dans ce texte.

Un agneau assoiffé était venu boire dans le ruisseau d'une forêt. Un loup affamé survint bientôt et lui chercha querelle. Le sage mouton contesta les arguments du loup, mais l'animal cruel le saisit et lui infligea une mort injuste.

b. À l'aide de la correction hatier-clic.fr/21luf298**, calcule ton score sur 10 en comptant un point par groupe nominal correctement identifié.** ▶ Corrigés p. 380

JE TROUVE MON PARCOURS
→ score de 0 à 4 : fais les exercices ●
→ score de 5 à 7 : fais les exercices ●
→ score de 8 à 10 : fais les exercices ●

1 Supprime ce qui peut l'être dans les groupes nominaux en gras pour trouver le nom noyau.

● ● ● **1. La bonne idée du lion** a plu à tous.

● ● ● **2. Un tas de graines appétissantes** s'élevait dans la maison de la fourmi.

● ● ● **3. Le héron, fatigué et affamé,** a dû se résoudre à manger un limaçon.

● **4. Le héron au long bec emmanché d'un long cou** côtoyait une rivière.

2 Trouve le nom noyau des groupes nominaux sujets, puis conjugue le verbe comme il convient.

Besoin d'aide ? Trace une flèche entre le nom sujet et la terminaison du verbe.

● ● ● **1**. Les animaux de la fable (parler, *présent*) comme des hommes.

● ● ● **2**. Un agneau éloigné du troupeau (se désaltérer, *imparfait*) dans la rivière.

● ● **3**. Un loup injuste et querelleur l'(emporter, *présent*) et le (manger, *présent*).

● **4**. Dans la prairie (courir, *imparfait*) des moutons de tout âge.

3 a. Mets les groupes nominaux entre crochets bleus.
b. Dans ces groupes nominaux, repère le nom noyau, puis le déterminant, et enfin les adjectifs ou autres groupes nominaux qui l'enrichissent.

● ● **1.** Les anguilles de ces marchands naïfs finiront dans le gosier de Renart.

● ● ● **2.** Le délicieux potage fut servi sur une assiette, la cigogne au long bec n'en put attraper miette.

● ● **3.** Les faux arguments du loup cruel ne plaisent pas à l'agneau si doux et tranquille.

4 Raye l'intrus dans chaque série et explique ton choix.

● ● **1.** un téléphone – le portable – il téléphone

● ● ● **2.** la porte – elle porte – cette fenêtre

● **3.** on marche tous les jours – une longue marche de deux heures – une marche d'escalier

5 a. À l'aide des mots proposés, construis :
● **trois GN,** ● **cinq GN,** ● **sept GN.**
Précise si ton groupe nominal est minimal ou enrichi (pense aux accords).

ces – de – La Fontaine – en – vers – fable – une – la – longue – intéressante – sa – le – livre – mon – texte – passionnantes – préféré – lectures

b. Emploie chacun de tes groupes nominaux dans une phrase.

6 a. Décris précisément le personnage de l'image en ● **trois lignes,** ● **cinq lignes,** ● **sept lignes.**
b. Puis souligne les groupes nominaux de ton texte et vérifie les accords en traçant les balles d'accord. ▶ EDL 3 p. 302

✦ Image d'Epinal pour « La Cigale et la Fourmi » de Jean de La Fontaine

BILAN ● ● ●

7 Repère tous les groupes nominaux dans ce texte.

Comme un os mal avalé restait coincé dans le gosier d'un loup, celui-ci promit une récompense à l'animal qui l'aiderait à ôter ce mal. Une grue, confiant son cou à la gueule du loup, lui fit cette dangereuse opération. Puis, comme elle demandait avec insistance le salaire convenu :
« Tu es ingrate, lui dit le loup, toi qui as retiré ta tête intacte de ma gueule, tu demandes encore une récompense ! »

✦ D'après **Phèdre**, *Fables* (Ier s. ap. J.-C.), « Le loup et la grue »

Retenir

Un groupe de mots qui a pour **noyau** un **NOM** est un **groupe nominal** (GN).

Déterminant
Les…

\+

NOM
= noyau minimal
fables…

\+

Expansions (facultatives) :
– adjectif ou participe passé ;
éducatives
– autre GN introduit par une préposition.
de La Fontaine.

2

Compétences
→ Distinguer déterminants définis, indéfinis, possessifs et démonstratifs
→ Maîtriser l'utilisation des déterminants

Les déterminants

Chantier d'observation

Voici comment Renart s'y prend pour tromper les marchands : allongé sur le chemin, il fait le mort. Les yeux fermés et les babines retroussées, ce rusé trompeur reste là, retenant sa respiration pour leur tendre un piège…

✦ D'après *Le Roman de Renart*, « Le vol des poissons ».

a **Repère les déterminants dans ce texte.**

b **Quelle méthode as-tu utilisée pour les reconnaître ?**

c **Échange avec tes camarades : rédigez ensemble les règles en répondant à la question « Comment reconnaître les déterminants ? » et classez les déterminants selon leur type.**

Manipuler

Exemple

Pour reconnaître les déterminants :

❶ Je cherche les noms communs.
→ Je repère le déterminant qui se trouve devant.

Les marchands (N) transportent **ces** longs poissons (N) appelés anguilles (N).

Les marchands → Le marchand

❷ Le déterminant est accordé avec le nom. → Si je change le nombre du nom, le déterminant change.

❸ Le déterminant précise ce que désigne le nom :
- être connu ? → déterminant défini ;
- objet que l'on montre ? → déterminant démonstratif ;
- objet pas encore connu ? → déterminant indéfini ;
- qui en est le possesseur ? → déterminant possessif.

⚠
- Le déterminant peut être séparé du nom par un adjectif.
- Le nom n'est pas toujours précédé d'un déterminant.

À toi de manipuler Renart raidit ses longues pattes et ferme les yeux.

S'exercer

JE ME TESTE

a. Repère les déterminants dans ces phrases.

1. Léo a oublié ses clés, il ne peut pas ouvrir la porte !
2. J'ai vu ce chat-là se promener dans le quartier cet après-midi.
3. Le professeur leur a demandé d'apporter des baskets.
4. Cette année, nous irons visiter la même région que l'été dernier.

b. À l'aide de la correction hatier-clic.fr/21luf300 **, calcule ton score sur 10 en comptant un point par déterminant identifié.** ▸ Corrigés p. 380

JE TROUVE MON PARCOURS

→ score de 0 à 4 : fais les exercices
→ score de 5 à 7 : fais les exercices
→ score de 8 à 10 : fais les exercices

1 Repère les noms communs dans ces phrases, puis souligne les déterminants.

● ● ● 1. Renart s'élance de la charrette avec son butin : « Me voilà bien servi avec ces anguilles, vous pouvez garder le reste » crie-t-il.

● 2. Quand les marchands l'entendent, ils n'en croient pas leurs oreilles.

2 Réécris ces phrases en mettant les groupes nominaux en gras au pluriel. Fais toutes les modifications nécessaires.

● 1. **L'animal** dévore **l'anguille**.

● ● 2. **L'enfant** ne veut pas prêter **son jouet**.

● ● 3. **Cette actrice** joue dans **un grand film**.

3 Invente un groupe nominal pour compléter ces phrases.

● 1. J'aimerais une ....

● ● ● 2. Je mangerais volontiers un ...... avec des ....

● ● 3. Il admire beaucoup cet ....

4 Repère les déterminants et raye les intrus.

Besoin d'aide ? Le déterminant peut se contracter avec une préposition : *de + le = du, de + les = des, à + le = au, à + les = aux.*

● ● 1. un – la – joli – sa – es – hier – votre – cette – ses

● ● ● 2. la – aux – mon – avec – cet – une – dans – leur – ton

● ● 3. des – l' – au – c'est – notre – vers – ces – un – sa – mes

5 ● ● ● Explique la différence de sens entre ces phrases.

1. a) Le voisin est venu hier. b) Un voisin est venu hier.

2. a) Apporte-moi une table. b) Apporte-moi la table qui est là-bas. c) Apporte-moi cette table.

3. a) Connais-tu ses enfants ? b) Connais-tu ces enfants ?

6 Souligne en bleu les déterminants définis ou indéfinis, encadre entre crochets bleus les déterminants possessifs, entoure d'un large (les déterminants démonstratifs.

Ex : La pluie glisse sur (ces toits que je vois au loin depuis [ma] fenêtre.
= à moi

● ● 1. Une fleur a poussé dans mon jardin.

● ● 2. Ce matin, Katia emmène ses frères à l'école.

● ● ● 3. Cet arbre a été planté l'an dernier. Regarde ! Sur ces branches-là, on voit ses premières feuilles.

7 Choisis la bonne orthographe. Ne confonds pas le déterminant avec un homonyme.

● ● 1. (*La* / *Là*) maison de nos rêves se trouve (*la* / *là*)-bas.

● ● 2. Mon fils et (*son* / *sont*) ami (*son* / *sont*) partis ensemble au collège.

● ● 3. Elle (*ce* / *se*) gara sur (*ce* / *se*) parking.

● ● ● 4. (*Leur* / *Leurs*) saison préférée est celle où les arbres perdent (*leur* / *leurs*) feuilles.

8 a. Invente une aventure du renard. Puis repère les différentes classes de déterminants que tu auras utilisées, comme dans l'exercice 6.

● ● Récit de cinq lignes.

● Récit de huit lignes.

BILAN ● ● ●

9 Repère tous les déterminants.

Renart ne put s'empêcher de se réjouir de sa farce en pensant que, décidément, le forfait avait été facile. Les naïfs marchands ne découvrirent son vol qu'une fois arrivés au marché. Depuis ce jour, tout honteux de leur mésaventure, ils ne firent plus jamais confiance au moindre goupil !

Retenir

- Le **déterminant** sert à déterminer le nom.
- Il s'accorde en **genre** et en **nombre** avec le nom qu'il précise.

- **Déterminants indéfinis :** désignent un objet ou un être pas encore connu. → un, une, des
- **Déterminants définis** : désignent un objet ou un être déjà connu. → le, la, les, l'
- **Déterminants possessifs** : indiquent le possesseur. → ma, ta, sa, mon, ses, notre, votre, leur, vos, leurs...
- **Déterminants démonstratifs** : désignent un objet ou un être que l'on montre ou dont on vient de parler. → ce, cet, cette, ces

Compétences
→ Maîtriser l'accord dans le groupe nominal
→ Utiliser une stratégie de relecture pour corriger son orthographe

Accorder ensemble le nom, le déterminant et l'adjectif : les balles d'accord

+PROF Préparation à la dictée

Chantier d'observation

1. La créature monstrueuse
2. Leur invisible cape dorée
3. Son petit glaive pointu
4. Ce sorcier affreux et effrayant
5. Un combattant bien invincible
6. Son fier époux entièrement dévoué

a Mettez au pluriel les groupes nominaux 1 à 3.

b Mettez au féminin les groupes nominaux 4 à 6.

c Échange avec tes camarades : rédigez ensemble les règles en répondant à la question « Comment accorder ensemble le nom, le déterminant et l'adjectif dans le groupe nominal ? ».

Manipuler

Exemple

Pour vérifier les accords dans les groupes nominaux (GN) :

1 Je repère le déterminant qui indique :
- si le nom est singulier ou pluriel (= nombre),
- et s'il est féminin ou masculin (= genre).

Si le déterminant est le même au masculin et au féminin, je m'appuie sur le **nom** noyau du GN pour identifier le genre.

La magicienne ensorcelle les compagnons charmés.

accord fém. sing. + ne — accord masc. plur. + s — + s

2 Je trace les balles d'accord qui partent du déterminant puis rebondissent sur les mots variables du GN.

3 Je vérifie que j'ai bien marqué les accords en genre et en nombre entre le déterminant, le nom et l'adjectif.

À toi de manipuler **Cette déesse courageuse se nomme Athéna.**

S'exercer

JE ME TESTE

a. Dans ces phrases, accorde correctement tous les groupes nominaux.

1. Les horrible... tête... sanglant... du monstre aux rugissement... effroyable... se dressèrent subitement.
2. L'innocent... nymphe... aux cheveu... doré... et ondulé... apparut.

b. À l'aide de la correction hatier-clic.fr/21luf302, calcule ton score sur 10 en comptant un point par mot correctement accordé. ► Corrigés p. 380

JE TROUVE MON PARCOURS

→ score de 0 à 4 : fais les exercices ●
→ score de 5 à 7 : fais les exercices ●
→ score de 8 à 10 : fais les exercices ●

1 Souligne les déterminants, puis dessine les balles d'accord sous les groupes nominaux de ces phrases.

1. Le rusé Ulysse voulait retrouver la fidèle Pénélope.
2. Les belles nymphes éblouissantes aident leur héros.
3. Ulysse à l'âme endurante perd ses braves compagnons.
4. Les séduisantes nymphes offrirent au héros la besace magique et les sandales volantes.
5. Un cheval tout resplendissant de soleil aux grandes ailes argentées volait à une hauteur prodigieuse.

2 Dessine les balles d'accord sous les groupes nominaux de ces phrases et fais les accords nécessaires.

1. Les dieu... immortel... viennent en aide à la famille royal... d'Ulysse.
2. Certaine... nymphe... adorable... vivent dans les eau... vive... .
3. La nymphe bien connu... Calypso proposa l'immortalité à Ulysse aux mille ruse... .
4. Calypso, tenu... à l'écart des dieux par les déesse... jalouse..., aimait Ulysse.
5. Les épouvantable... Gorgone... étaient trois sœur... échappé... des terrible... Enfer... .
6. Hermès au... sandale... ailé..., plus prompt... que l'éclair, s'envola dans les airs bleuté... .

3 Réécris ces phrases au pluriel en faisant les modifications nécessaires. Dessine les balles d'accord dans les GN. ⚠ N'oublie pas l'accord entre le sujet et le verbe.

1. Un centaure immortel donne une leçon au jeune homme.
2. La déesse la plus prudente ne sourit jamais.
3. C'était un bouclier aussi resplendissant que Phébus !
4. La belle déesse à la longue tresse brune séduit le héros agile.
5. Ce casque brillant, surmonté d'une plume noire, coiffait le jeune homme.
6. Son sac magique était une petite besace décorée d'une broderie bizarre.

4 Invente cinq phrases qui décrivent des héros ou des monstres en utilisant les adjectifs suivants dans des groupes nominaux.

effroyable – envoûtant – courageux – monstrueux – sage – terrible – prodigieux – impitoyable – valeureux – prudent – immortel – éblouissant – prodigieux – effrayé – horrifié – épouvanté – affolé – troublé – bouleversé – agité

Pense à écrire des groupes nominaux enrichis de plusieurs adjectifs.

Ex : l'impitoyable et envoûtante Circé

Intercale un adverbe entre le nom et l'adjectif pour un groupe nominal au moins.

Ex : un héros **particulièrement** sage

5 Modifie ce texte en changeant les adjectifs pour décrire un jardin mystérieux et terrifiant.

> Ce sublime palais aux murs de marbre blanc s'étalait sur les vertes et joyeuses rives d'un fleuve aux eaux argentées. Ses jardins prospères emplis de mille arbres offraient aux visiteurs des fruits savoureux et des fleurs à l'odeur délicate. La voix mélodieuse des oiseaux emplissait l'air bleuté du soir. Qu'il était agréable de vivre dans ces lieux paradisiaques !

BILAN

6 Cet élève a fait cinq erreurs dans les accords des groupes nominaux. Repère ses erreurs et explique-lui comment les corriger.

1. Ces sirènes maléfiques avaient le corps d'un oiseau argentée.
2. Circé fait boire aux hommes une potion bien préparé.
3. Une nymphe aussi fraîche que rieuses accueillit Persée.
4. Circé, bouleversé par ses paroles, se mit à genoux devant lui.
5. Ulysse aux mille ruse affronte le Cyclope.

Retenir

DÉTERMINANT
s'accorde en genre et en nombre avec le nom.
Cette...

+

NOM
impose nombre et genre.
héroïne...

+

Un ou plusieurs **ADJECTIFS** (ou participe passé employé comme adjectif)
s'accordent en genre et en nombre avec le nom.
victorieuse très connue.

⚠ L'adjectif peut être devant ou après le nom, éloigné du nom par un adverbe.

Compétences
→ Maîtriser les relations entre l'oral et l'écrit
→ Maîtriser l'accord dans le groupe nominal

Le féminin et le pluriel des noms et adjectifs

+PROF Préparation à la dictée

Chantier d'observation

Bons **dieux** qui gardez les **troupeaux**, donnez-moi :
L'innocence des **animaux**, la patience des **ânes** dans les durs **travaux**, la légèreté des **oiseaux** fiers et fous, l'attention soucieuse des **hiboux**, le calme des **poissons** arrêtés sur les **vagues**, les **manières** mystérieuses des **chats** qui divaguent, les **yeux** vifs des **souris** et des **lynx** si doux.

a **Relève la marque du pluriel des noms (en gras) et adjectifs (en bleu). Quelle est la plus fréquente ?**
b **Écris le féminin des adjectifs au masculin. Quelle terminaison retrouves-tu ?**
c **Rédigez les règles pour écrire les noms et adjectifs au pluriel, puis les règles pour écrire les adjectifs au féminin.**

Manipuler

Exemple

Pour écrire un nom ou un adjectif au féminin et au pluriel :

→ au **féminin** : j'ajoute **-e** et si le **mot masculin** est terminé par une consonne, je double parfois la consonne (*chat* → *chatte*) ;
→ au **pluriel** : j'ajoute **-s**.

le chat fier et malicieux → les chattes fières et malicieuses

⚠ Je connais les pluriels et féminins particuliers.

⚠ Parfois le suffixe change : *malicieux* → *malicieuse*.

À toi de manipuler Le renard rusé et moqueur

S'exercer

JE ME TESTE

a. Écris ces groupes nominaux au pluriel.
le loup affamé – un vieux houx vert – un combat naval

b. Écris ces groupes nominaux au féminin.
un magicien dominateur – un prince courageux – ce héros célèbre

c. Écris ces groupes nominaux au féminin pluriel.
un client respectueux – un chien joueur – un lecteur attentif et concentré

d. À l'aide de la correction hatier-clic.fr/21luf304**, calcule ton score sur 20 en comptant un point par nom et un point par adjectif correctement accordés.**
▸ Corrigés p. 380

JE TROUVE MON PARCOURS

→ score de 0 à 9 : fais les exercices ●
→ score de 10 à 15 : fais les exercices ●
→ score de 16 à 20 : fais les exercices ●

1 Réécris ces phrases en mettant les groupes nominaux soulignés au singulier.

● 1. Ces fables amusantes proposent des morales utiles. J'aime surtout le renard qui a les yeux vifs pour repérer les animaux comestibles !

● ● 2. Le loup est comique : il tombe dans des puits profonds et autres pièges divers. Je voudrais lire une fable sur les chevaux puissants et fougueux.

2 ● ● ● Écris ces mots au pluriel et trouve l'intrus.

1. hibou – chou – caillou – clou
2. bal – loyal – journal – général – amical
3. cheveu – pieu – feu – pneu – hébreu – lieu
4. rail – travail – portail – chandail

3 Appuie-toi sur le féminin de ces adjectifs pour orthographier le masculin.

	Masculin	Féminin
● ● ●	1. premi...	→ première
● ● ●	2. gra...	→ grasse
● ● ●	3. br...	→ brune
● ● ●	4. étern...	→ éternelle
● ●	5. épai...	→ épaisse
●	6. ser...	→ sereine

4 Écris ces mots au féminin et trouve l'intrus.

● ● ● 1. élève – sage – comique – patient

● ● ● 2. gras – bon – cruel – comédien – grand – paysan

● ● ● 3. prêteur – facteur – formateur – traducteur

● ● 4. habituel – professionnel – réel – rebelle

● ● 5. préparateur – spectateur – admirateur – flatteur

5 ● ● ● Qualifie les noms à l'aide des adjectifs et fais les accords nécessaires.

1. une part (*meilleur*) – un sort (*meilleur*)
2. un enfant (*poli*) – une enfant (*poli*)
3. une fête (*annuel*) – un match (*annuel*)
4. un chien (*fidèle*) – une amie (*fidèle*)

BILAN ● ● ●

6 a. Écris ces groupes nominaux au pluriel.

un âne paisible – une souris grise – le bœuf apeuré – un animal loyal – l'attirail complet – un vitrail coloré – le cheveu sec – le pneu crevé – l'œil bleu – un trou noir – un chou farci – un sourire amical – un chapeau banal – un cristal original

b. Écris ces groupes nominaux au féminin.

le lion cruel – un bon lycéen – un doux époux – un sportif professionnel – un gros chien – un tigre jaloux

Retenir

• Pour écrire les **noms** et **adjectifs** au **pluriel** :

Le plus souvent, j'ajoute un -s.
un rail solide → des rails solides
un fou → des fous

→ **sauf** travaux, vitraux, coraux…
→ **sauf** choux, bijoux, genoux, cailloux, hiboux, poux…

⚠
• Je n'ajoute rien après **-s**, **-z**, **-x**.
un vieux houx → des vieux houx
• J'ajoute **-x** aux mots en **-(e)au**, **-eu**.
un beau joyau → des beaux joyaux
→ **sauf** bleus, pneus, landaus…
• Je transforme le suffixe **-al** en **-aux**.
un mal anormal → des maux anormaux
→ **sauf ces noms :** bals, chacals, festivals, carnavals…
sauf ces adjectifs : navals, banals, bancals, natals…

• Pour écrire les **noms** et **adjectifs** au **féminin** :

Le plus souvent, j'ajoute un -e.
le meilleur client → la meilleure cliente

→ Si le mot masculin est terminé par *-en*, *-el*, *-on*, je double la consonne.
un bon chien → une bonne chienne

⚠ Je transforme parfois le suffixe.

heureux → heureuse	directeur → directrice	un sportif vif → une sportive vive
un joueur → une joueuse	menteur → menteuse	beau prince fou → belle princesse folle

5

Compétence
→ Distinguer les classes de mots

Les mots invariables : adverbes, conjonctions, prépositions

Chantier d'observation

1. Renart dérobe souvent des jambons ou des saucisses.
2. Le paysan l'attrape mais il se libère grâce à un mensonge.
3. Ensuite, il apporte vite son butin à ses petits.

a Repérez tous les mots invariables. Comment avez-vous fait ?

b Quel est le rôle de chacun de ces mots invariables ?

Manipuler

Exemple

« Aussitôt » s'utilise seul et précise le sens de la phrase → c'est un adverbe.

« et » sert à relier « la corde » et « le seau » → c'est une conjonction.

Aussitôt Ysengrin accroche la corde et le seau à sa queue.

« à » est au début d'un groupe nominal pour l'introduire → c'est une préposition.

À toi de manipuler **L'eau gèle rapidement et la queue est prise dans la glace.**

S'exercer

JE ME TESTE

a. Repère les mots invariables et indique leur classe grammaticale : adverbe, préposition ou conjonction.

1. Ysengrin et Renart sont des animaux.
2. L'un est un loup tandis que l'autre est un goupil.
3. Ils vivent habituellement dans la forêt, mais viennent rôder autour du village.
4. Parfois ils s'approchent pour voler leur repas.
5. Renart joue un très mauvais tour à son compagnon.

b. À l'aide de la correction hatier-clic.fr/21luf306, calcule ton score sur 10 (un point par mot invariable dont tu as trouvé la classe). ▸ Corrigés p. 380

JE TROUVE MON PARCOURS

→ score de 0 à 4 : fais les exercices ●
→ score de 5 à 7 : fais les exercices ●
→ score de 8 à 10 : fais les exercices ●

1 Indique si les mots soulignés sont variables ou invariables.

● 1. Je <u>préfère</u> Renart <u>à</u> Ysengrin <u>quand</u> je lis <u>les</u> histoires.

● 2. *Le Roman <u>de</u> Renart* <u>a</u> été écrit <u>pendant</u> le Moyen Âge.

2 Réécris ces phrases au pluriel et souligne les mots invariables.

● ● 1. Autrefois, le renard a mangé une poule dans le poulailler.

● 2. Le coq se méfie de cet animal roux et rusé.

3 **Place ces mots invariables dans l'ordre de ton choix pour créer une phrase qui t'aide à les mémoriser.**

● ● ● **1. Une liste de prépositions** : à, avec, chez, dans, de, en, par, pour, sans, sous, sur, vers.

● ● ● **2. La liste des conjonctions de coordination** : car, et, mais, ni, ou, or.

4 **Indique si le complément souligné est un adverbe ou un groupe introduit par une préposition.**

● **1.** Chanteclerc fuit aussitôt et échappe à Renart.

● **2.** Renart fait chanter le coq pour le piéger.

● **3.** Heureusement, le coq se méfie de lui.

5 **Repère les mots invariables parmi les mots soulignés et indique leur classe grammaticale.**

● **1.** Le loup et le renard veulent pêcher ensemble.

● **2.** Le goupil conseille à son compagnon de creuser un trou dans la glace.

● ● **3.** Après l'avoir accroché à sa queue, il plonge le seau et attend.

● ● **4.** Après quelques heures, il ne peut plus bouger.

● **5.** Le loup est très malheureux : il souffre car il doit couper sa queue.

6 **Remplace le groupe prépositionnel souligné par un adverbe qui a le même sens.**

● ● **1.** Le renard mange les anguilles en silence.

● ● **2.** Après cela, il s'enfuit.

● ● **3.** De façon subite, les pêcheurs s'aperçoivent que leur chargement a disparu.

● **4.** Ils le pourchassent sans résultat.

7 ● ● ● **Lis ces mots invariables en faisant sonner leur lettre finale habituellement muette. Classe-les alors en deux listes pour mémoriser leur orthographe.**

correctement, dans, jamais, mais, patiemment, puis, sans, sûrement, tellement, toujours, très, vers, vraiment

8 **Choisis la bonne orthographe. Ne confonds pas le mot invariable avec un homonyme.**

● ● ● **1.** Renard (*est / et*) rusé (*est / et*) égoïste.

● ● ● **2.** Renart (*a / à*) volé des jambons (*a / à*) Ysengrin.

● ● ● **3.** (*La / Là*) poule prévient qu'il est (*la / là*).

● ● **4.** Le renard sait (*ou / où*) il peut trouver des jambons (*ou / où*) des poissons.

9 ● **Transforme la proposition entre crochets en groupe nominal prépositionnel. Pour cela, remplace la conjonction par une préposition et fais les modifications nécessaires.**

Ex : Le coq se méfie [quand Renart parle].
→ Le coq se méfie *des paroles de Renart*.

1. [Pendant qu'il s'enfuit] Renart se moque de ses victimes.

2. Renart se tire toujours des mauvais pas [parce qu'il est très rusé].

10 **a. On te surprend en train de jouer sans autorisation. Raconte la scène et la ruse que tu inventes pour éviter de te faire gronder :**

● en employant l'adverbe *tout à coup*, les prépositions *sur*, *dans* et la conjonction *mais* ;

● en employant six mots invariables différents.

● en employant dix mots invariables différents.

b. Quel que soit ton parcours, souligne les adverbes en orange, les prépositions en vert et les conjonctions en rose.

BILAN ● ● ●

11 **Repère tous les mots invariables de ce texte et indique leur classe grammaticale.**

Affamé, le loup demande à Renart de l'aider. Le rusé compère accepte mais, selon lui, le repas est réservé pour les moines, exceptionnellement. Il propose à Ysengrin de le tonsurer pour qu'il puisse manger. Par surprise, il lui verse de l'eau bouillante sur la tête et le laisse dehors.

Retenir

- Un **mot invariable** s'écrit toujours de la même façon.
- Quelle est sa **classe grammaticale** ?

- L'**adverbe** change à lui seul le sens de la phrase, d'un verbe ou d'un adjectif.
  Renart a toujours une idée très futée.
  → ne… pas, doucement, là…
- La **préposition** introduit un groupe nominal, un pronom ou un infinitif.
  La queue de l'animal est prise dans la glace.
  → à, dans, par, pour…
- La **conjonction** relie deux mots ou groupes de mots.
  ▶ EDL 21 p. 334
  Le renard est malin et rusé quand il court.
  → – mais, ou, et, or, ni, car
  – quand, que, parce que…

6

Compétences
→ Identifier les constituants d'une phrase simple
→ Maîtriser l'accord sujet-verbe

Les pronoms personnels sujets

Observer et manipuler

Un roi avait trois fils. « Je vous confie une mission », dit-il.

a Repère les sujets des verbes soulignés.
b Classe ces sujets en deux catégories selon leur classe grammaticale.
c Qui est désigné par *je*, par *il* dans la deuxième phrase ? À quoi servent ces mots ?

Exemple

1 Je connais la liste des pronoms personnels sujets : *je, tu, il, elle, on, nous, vous, ils, elles.*

Je vous avertis, cette mission sera difficile !

2 Je repère le ou les pronom(s) personnel(s) qui peuvent être sujets.

3 Je repère le verbe conjugué pour vérifier avec quel pronom il est accordé.

S'exercer

1 Repère les pronoms personnels sujets.

- 1. Veux-tu me rendre un service ?
- 2. J'ai besoin du fruit d'un arbre magique.
- 3. Tu le trouveras au sommet d'un arbre, au milieu de la forêt.
- 4. Elle dit que vous devez vous y rendre à minuit, pendant la pleine lune.

2 Ajoute le pronom personnel sujet adapté.

- 1. La jeune femme se transforma alors en vieille femme bossue. ... se désespéra.
- 2. ... entreprit un long voyage au cours duquel ... découvrit des pays merveilleux.
- 3. Le prince se tourna vers sa bien-aimée : « Voulez-... m'épouser ? », dit-... .
- 4. Longtemps, l'enfant et ses parents crurent qu'... n'avait aucun talent.

3 Remplace les sujets par les pronoms personnels sujets qui conviennent.

- 1. Mon vieux vélo bleu tout cabossé et rouillé est rangé dans la grange.
- 2. Nadia, Julia et Pauline sont allées dans la forêt interdite.
- 3. Martin et toi ferez le guet toute la nuit.

BILAN

4 Repère tous les pronoms personnels sujets.

« Ma chère enfant, lui dit-il, ce petit oiseau, hélas ! Je ne l'ai eu qu'à un prix énorme : il a fallu qu'en échange je te promette à un lion féroce qui va te déchiqueter et te dévorer dès qu'il te verra. »

✦ **Jacob et Wilhelm Grimm**, « La Fauvette qui saute et qui chante » (1815), traduit de l'allemand par Armel Guerne © Flammarion

Retenir

Les **pronoms personnels sujets** : *je, tu, il, elle, on nous, vous, ils, elles*
Je **vais** au marché.

Placés **devant le verbe**, sauf :
Vas-tu au marché ? Je m'en vais, dit-il.

PRO / NOM = du latin *pro*, qui signifie « à la place de » + nom
→ Le pronom **remplace** un nom ou un groupe nominal.

⚠ *nous, vous* ne sont pas toujours sujets :
Il **nous** ordonne de partir.

Compétences
→ Identifier les constituants d'une phrase simple
→ Maîtriser la variation des pronoms

Les pronoms personnels compléments

Observer et manipuler

Les sirènes ensorcellent Ulysse. Il les entend. « Elles m'éblouissent », dit-il.

ⓐ **Repère le sujet puis le complément d'objet des verbes soulignés.**

ⓑ **Qui est désigné par *les* et par *m'* ? À quoi servent ces mots ?**

Exemple

❶ Je connais la liste des pronoms personnels compléments : *me, te, le, la, les, lui, nous, vous, leur, y, en, se.*

❷ Je repère le **verbe conjugué** qui se construit avec des compléments.

Le cyclope est un géant. Ulysse lui échappe grâce à une ruse.

❸ Je cherche le sujet du verbe.

❹ Je repère le ou les pronom(s) personnel(s) qui peuvent être compléments du verbe. Le pronom remplace un GN : *lui = au cyclope.*

S'exercer

1 **Souligne les pronoms personnels compléments. Qui est désigné par ces pronoms personnels ?**

● 1. « Circé nous a fait asseoir dans sa maison » rapportent les compagnons.

● ● 2. Le monstre est cruel. Ulysse lui crève son unique œil.

● 3. « Il t'a maudit ! » crie un marin à Ulysse.

2 ● ● **Ne confonds pas les homonymes : souligne en bleu les déterminants et en violet les pronoms compléments.**

1. Ulysse la regarde.
2. La déesse l'a aimé.
3. Le garçon attend son père. Il le vénère.
4. Les sirènes chantent. Ulysse les écoute.
5. Il s'est attaché à son navire.

3 **Remplace les compléments d'objet soulignés par les pronoms personnels compléments qui conviennent.**

● 1. Je préfère Pénélope.

● ● 2. Calypso aimait Ulysse.

● 3. Polyphème appelle les cyclopes à son secours.

BILAN ● ●

4 **Repère tous les pronoms personnels compléments. Qui ou que désignent-ils ?**

« Circé m'a invité et je l'ai suivie. Elle a préparé la drogue et me l'a offerte. Je me suis alors jeté sur elle comme si je voulais la paralyser » raconte Ulysse.

Retenir

Les **pronoms personnels compléments** : *me, te, le, la, les, lui, nous, vous, leur, y, en, se.*
Mon aventure, je **la** raconterai.
J'**en** parlerai.
Il **se** coiffera.

Placés devant le verbe sauf avec **préposition**.
Ulysse parle **de lui** à Calypso.

Le pronom change de forme selon sa **fonction**.
Il voit. On **le** voit.
(Il = S ; le = COD)

⚠ *nous, vous* sujets ou compléments gardent la même forme.
Nous vous regardons.
(Nous = S ; vous = COD)

8

ORTHOGRAPHE

Compétences
→ Acquérir l'orthographe grammaticale
→ Utiliser une stratégie de relecture pour corriger son orthographe

Réfléchir à la classe grammaticale d'un mot pour l'orthographier

+PROF Préparation à la dictée

Chantier d'observation

1. **Ce** jour-**là**, sur l'Olympe, Poséidon **est** absent.
2. Athéna, **la** déesse **à** l'œil étincelant, défend Ulysse : « Voici dix ans que les Grecs **ont** regagné leur patrie. **On** doit laisser Ulysse retrouver **son** pays **et ses** proches. »
3. Athéna **se** réjouit : l'assemblée **la** soutient, les dieux **sont** d'accord.
4. Hermès **a** enfilé **ses** divines sandales pour annoncer **ces** nouvelles **à** Ulysse.

a Observe les mots en gras et recopie les verbes en rouge, les déterminants en bleu, les prépositions en vert, les pronoms en violet, les adverbes en orange et les conjonctions en rose.

b Explique l'orthographe de chacun de ces mots. Indique tes astuces si tu en connais.

c Écrivez une phrase pour expliquer en quoi repérer la classe grammaticale d'un mot est utile pour connaître son orthographe.

Manipuler

Exemple

Pour savoir si [a] s'écrit *a* ou *à*, je repère la classe grammaticale de ce mot :

Hermès a parlé à Ulysse.

Si c'est le **verbe** *avoir*, je peux le remplacer par l'imparfait *avait* :
→ *Hermès avait parlé à Ulysse.*

Si c'est la **préposition** *à*, je peux parfois la remplacer par une autre préposition (*pour, avec, dans…*).
→ *Hermès a parlé avec Ulysse.*

À toi de manipuler Choisis la bonne orthographe pour les mots de la phrase suivante, en réfléchissant à leur classe grammaticale.

Ulysse n'(*a* / *à*) pas osé raconter (*la* / *là*) vérité (*a* / *à*) ses compagnons.

S'exercer

JE ME TESTE

a. Recopie chaque phrase en choisissant la bonne orthographe.

1. Il (*se* / *ce*) lève tôt, (*se* / *ce*) matin.
2. Il (*et* / *est*) parti (*à* / *a*) Paris.
3. (*Ont* / *On*) va les retrouver, (*ces* / *ses*) clés, (*et* / *est*) (*on* / *ont*) pourra y aller !
4. Elles (*sont* / *son*) tombées (*là* / *la*).

b. À l'aide de la correction hatier-clic.fr/21luf310, calcule ton score sur 10 en comptant un point par bon choix.

▶ Corrigés p. 380

JE TROUVE MON PARCOURS

→ score de 0 à 4 : fais les exercices ●
→ score de 5 à 7 : fais les exercices ●
→ score de 8 à 10 : fais les exercices ●

1 Dans les phrases suivantes, repère le verbe *être*, le déterminant *son* et la conjonction *et*.

● ● **1.** Mon chat est roux et blanc ; il est paresseux et gourmand. Il aime son panier, et mon chien et lui sont très complices.

● **2.** Monsieur et Madame Barbeau sont déjà à table. Ils attendent leur fils, qui est à son cours de tennis, et commencent à s'impatienter.

2 a. Dans les phrases suivantes, repère le verbe *avoir*, la préposition *à* et le pronom personnel sujet *on*.
b. Indique le verbe conjugué qui s'accorde avec le pronom personnel sujet *on*.
c. Relève le groupe de mots introduit par la préposition *à*.

● ● **1.** Julia a pris le train à quinze heures vingt. On l'a conduite à la gare. Ses frères ont pris la route peu après.

● **2.** À la plage, les enfants, qu'on a pourtant avertis de se protéger, ont pris des coups de soleil terribles !

3 ● ● a. Classe les mots suivants.

ses – ces – s'est – c'est – son – se – ce

Renvoient à soi	Montrent quelque chose d'extérieur

b. Que remarques-tu ?

4 Trouve l'intrus, puis explique ton choix.

● ● **1.** a – sont – on – est – ont ● ● **2.** se – son – ces – la

5 ● ● ● Repère les erreurs de l'élève, explique-les et corrige-les. Passe à l'étape suivante à chaque fois que tu réussis l'exercice. L'objectif pour tous est d'aller le plus loin possible ! ▶ Corrigés p. 381

1re étape (1 erreur) : Elle a ouvert sont armoire.
2e (2 erreurs) : Elle à enfilé ces chaussettes préférées.
3e (3 erreurs) : Les renardeaux ce sont chamaillés toute la journée. Le plus petit et épuisé, il rejoint là tanière.
4e (4 erreurs) : Les autres ne tardent pas a rentrer. Ils son tous affamés, est ils on tous envie de raconter leur journée !
5e (5 erreurs) : Marc c'est levé de bonne humeur se matin. S'est parce qu'il fait beau, est parce qu'il n'y a pas école ce jour-la.
6e (6 erreurs) : Il à rendez-vous avec ces copains, a l'endroit où ils ce retrouvent toujours. Mais il et encore trop tôt. Il prend sont temps pour se préparer.

BILAN ● ● ●

6 Choisis la bonne orthographe.

(*La* / *là*) porte de (*la* / *là*) salle s'ouvre, (*et* / *est*) un homme entre, que je n'ai jamais vu. (*Sont* / *Son*) teint (*à* / *a*) une pâleur de cire ; (*et* / *est*), même s'il (*et* / *est*) armé d'un coutelas, il semble peu combatif. Cet homme n'(*à* / *a*) rien d'un matelot, (*et* / *est*) pourtant, (*sont* / *son*) aspect (*à* / *a*) comme un relent maritime.

✦ D'après **Robert Louis Stevenson**, *L'Île au trésor* (1883), traduit de l'anglais.

Retenir

Jeu sur homonymes à imprimer
hatier-clic.fr/21luf311

- **a** → verbe *avoir* (= *avait*)
- ≠ **à** → préposition *à* (= *dans, pour, avec…*)

- **ont** → verbe *avoir* (= *avaient*)
- ≠ **on** → pronom sujet (= *il*)

- **sont** → verbe *être* (= *étaient*)
- ≠ **son** → déterminant possessif (→ *le sien*)

- **est** → verbe *être* (= *était*)
- ≠ **et** → conjonction de coordination (= *et puis*)

- **ce** → déterminant démonstratif (→ *celui-là* = *un*)
- ≠ **se** → pronom réfléchi (→ *soi-même*)

- **ces** → déterminant démonstratif (→ *ceux-là, celles-là*)
- ≠ **ses** → déterminant possessif (→ *les siennes* = *mes*)

- **la** → déterminant (= *une*)
- ≠ **la** → pronom personnel
- ≠ **là** → adverbe (= *ici* ou *-ci*)

Si je n'orthographie pas le mot selon la classe grammaticale correcte, ma phrase n'a plus de sens, elle n'est pas logique !

9

Compétence
→ Identifier les constituants d'une phrase simple

Reconnaître un verbe conjugué

Chantier d'observation

1. Depuis bien longtemps vivaient, en Russie, un marchand et sa femme.
2. Ils avaient une fille, belle comme le jour.
3. Quand la petite fille avait eu huit ans, sa mère était tombée gravement malade.
4. Avant de mourir, elle lui confia une poupée et lui dit : « Ma fille, je te bénis. »

a Repère tous les verbes conjugués.

b Quelle méthode as-tu utilisée pour trouver le verbe conjugué ?

c Échange avec tes camarades : trouvez ensemble la règle en répondant à la question « Comment reconnaître un verbe conjugué ? ».

Manipuler

Exemple

Pour trouver le verbe conjugué :

Je mets à la forme négative. → Le verbe est encadré par *ne... pas*.

Vassilissa n' accomplit pas les corvées.

Elles accomplissent — Je change la personne. → La terminaison du verbe change.

Elle accomplissait — Je change le temps. → La terminaison du verbe change.

À toi de trouver le verbe conjugué La jeune fille sort dans la nuit.

S'exercer

JE ME TESTE

a. Repère le (ou les) verbe(s) conjugué(s) de chaque phrase.

1. Les parents de Jeannot et Margot n'ont plus rien à donner à manger à leurs enfants.
2. Ils décident de les abandonner.
3. Comment allons-nous faire ? demande Margot.
4. Jeannot a ramassé des cailloux.
5. Dans la forêt, pendant longtemps, les enfants marchent.
6. Épuisés, ils découvrent une maison de pain d'épices, commencent à la grignoter, mais sont surpris par la vieille femme qui vit là.

b. À l'aide de la correction hatier-clic.fr/21luf312**, calcule ton score sur 10 en comptant un point par verbe conjugué trouvé.** ▶ Corrigés p. 380

JE TROUVE MON PARCOURS

→ score de 0 à 4 : fais les exercices ●
→ score de 5 à 7 : fais les exercices ●
→ score de 8 à 10 : fais les exercices ●

1 Identifie les verbes soulignés : sont-ils conjugués ou à l'infinitif ?

● 1. Je préfère manger un bout du toit !
● 2. Aide-moi à sortir de la cage, Margot !

2 Réécris ces phrases à la forme négative, et souligne les verbes conjugués.

● 1. Un vieux roi envoie son fils aîné à l'aventure.
● 2. Le roi pense à lui chaque jour.

3 Réécris ces phrases à l'imparfait et souligne chaque verbe conjugué dans les phrases obtenues.

- 1. Une vieille chèvre a sept chevreaux.
- 2. Un pêcheur et sa femme vivent au bord de la mer, dans une pauvre hutte.
- 3. Karine et moi craignons de rencontrer un loup.

4 Réécris les phrases à la personne indiquée et souligne chaque verbe conjugué dans les phrases obtenues.

- 1. Vous pouvez entrer. → *3e personne du singulier*
- 2. Pendant ce temps, le troisième frère avançait dans la forêt. → *1re personne du singulier*
- 3. La princesse, chaque matin, s'occupe de ses chevaux. → *3e personne du pluriel*

5 Repère le (ou les) verbe(s) conjugué(s) dans ces phrases inspirées des frères Grimm.

- 1. Par un beau matin d'été, un petit tailleur assis sur sa table et de fort bonne humeur, cousait de tout son cœur.
- 2. Une femme grimpa les trois marches avec son lourd panier et le petit tailleur lui fit déballer tous ses pots.
- 3. La femme, qui avait espéré trouver un bon client, lui donna ce qu'il demandait, mais s'en alla bien fâchée et en grognant.
- 4. Voilà quinze jours à peine que cet excellent prince nous a fait cadeau d'une si jolie chaumière, comme nous n'aurions jamais osé en rêver une pareille !

6 Repère les verbes conjugués dans ces extraits.

Extrait 1. Il posa la tartine à côté de lui et continua à coudre et, de joie, faisait des points de plus en plus grands. Pendant ce temps, l'odeur de la confiture parvenait jusqu'aux murs de la chambre qui étaient recouverts d'un grand nombre de mouches.

✦ **Jacob et Wilhelm Grimm**, « Le Vaillant Petit Tailleur » (1812), et pour tous les extraits des exercices 6, 7 et 9 : traduit de l'allemand par Armel Guerne © Flammarion

Extrait 2. Ils entrèrent à travers un vestibule en marbre ; une foule de domestiques galonnés d'or leur ouvrirent les portes des riches appartements [...]. Derrière le château s'étendait un immense jardin où poussaient les fleurs les plus rares puis, venait un grandissime parc, où folâtraient des cerfs, des daims et toute espèce d'oiseaux. [...] Puis, après avoir goûté des mets délicieux qui leur furent servis pour le souper, ils allèrent se coucher.

✦ **Jacob et Wilhelm Grimm**, « Le Pêcheur et sa Femme » (1812)

7 Réécris le texte au présent, en faisant toutes les modifications nécessaires.

Il s'était levé une affreuse tempête, qui courbait les arbres les plus forts des forêts, et faisait trembler les rochers ; au milieu du tonnerre et des éclairs, le pêcheur atteignit avec peine la plage. Les vagues de la mer étaient hautes comme des tours, et se poussaient les unes les autres avec un épouvantable fracas.

✦ **Jacob et Wilhelm Grimm**, « Le Pêcheur et sa Femme » (1812)

8 a. Écris un début de conte :

- en utilisant dans l'ordre que tu souhaites, les verbes suivants que tu conjugueras : être – avoir – manger – partir – se régaler – dormir.
- en utilisant huit verbes conjugués.
- en utilisant douze verbes conjugués.

b. Quel que soit ton parcours, souligne les verbes conjugués de ton récit.

BILAN

9 Repère tous les verbes conjugués.

Un meunier possédait un âne qui, durant de longues années, avait inlassablement porté des sacs au moulin, mais dont les forces commençaient à décliner. Il devenait de plus en plus inapte au travail. Son maître songea à s'en débarrasser. L'âne se rendit compte qu'un vent défavorable commençait à souffler pour lui et il s'enfuit.

✦ **Jacob et Wilhelm Grimm**, « Les Musiciens de Brême » (1819)

Retenir

Pour **reconnaître un verbe conjugué** dans
Margot aime beaucoup les sucreries.

Test de la **forme négative** :
ne... pas encadre le verbe.
Margot n'aime pas beaucoup les sucreries.

Test du **changement de personne** ou **de temps** :
la **terminaison** du verbe change.
Ils aiment beaucoup les sucreries.
Margot aimait beaucoup les sucreries.

Le verbe conjugué peut s'écrire en **deux mots** :
Margot a beaucoup aimé les sucreries.

La négation **ne... pas** encadre alors seulement l'auxiliaire :
Margot n'a pas beaucoup aimé les sucreries.

10

Compétences
→ Identifier les constituants obligatoires d'une phrase
→ Maîtriser l'accord sujet-verbe

Reconnaître le sujet

Chantier d'observation

1. Les enfants retrouvent leur chemin.
2. Barbe-Bleue interdit à sa femme d'entrer dans la pièce fermée.
3. Ils grignotent la maison en pain d'épices.
4. La petite fille aux habits rouges rencontre le loup dans la forêt.
5. Sa femme et ses deux sœurs s'inquiétaient de son apparence monstrueuse.
6. « Voulez-vous m'aider ? » demanda Vassilissa.
7. Dans la forêt se dressait un arbre majestueux.

a Identifie le sujet de chaque verbe conjugué.

b Quelle méthode as-tu utilisée pour repérer le sujet ?

c Échange avec tes camarades : rédigez ensemble la règle en répondant à la question « Comment repérer le sujet d'une phrase ? ».

Manipuler

Exemple

Pour reconnaître le sujet :

❶ Je pose la question « qui est-ce qui + verbe ? »
→ Qui est-ce qui se promenait... ?

❷ La réponse fait apparaître le sujet dans la formule C'EST + [sujet] + QUI + verbe.
→ C'EST [le petit chaperon rouge] QUI se promenait...

Le petit chaperon rouge se promenait dans la forêt.

[Il] se promenait dans la forêt.

❸ Je vérifie en remplaçant le sujet par un pronom personnel sujet et en observant la terminaison du verbe.

À toi de manipuler **La sorcière emprisonne les deux enfants.**

S'exercer

JE ME TESTE

a. Dans ces phrases, repère le verbe conjugué. Identifie le sujet en utilisant la méthode apprise.

1. Les dames découvrirent les jardins de Barbe-Bleue.
2. Le maître du logis était un honnête homme.
3. Margot et toi devez m'obéir !
4. Sa femme attristée pleurait mais Barbe-Bleue n'en tenait pas compte.
5. Je vous donne un quart d'heure, dit la baba-yaga.
6. Que manges-tu ? demanda sa petite sœur.
7. Courant dans la forêt, la fille à la longue tresse cherchait à fuir.

b. À l'aide de la correction hatier-clic.fr/21luf314**, calcule ton score sur 10 en comptant un point par sujet correctement identifié.** ▶ Corrigés p. 380

JE TROUVE MON PARCOURS

→ score de 0 à 4 : fais les exercices ●
→ score de 5 à 7 : fais les exercices ●
→ score de 8 à 10 : fais les exercices ●

1 Identifie le sujet en posant la question « Qui est-ce qui + verbe ? ». Mets le sujet entre crochets rouges.

- 1. Vassilissa s'en alla dans la forêt.
- 2. La clé aux diamants ne devait pas être utilisée par la Dame.
- 3. Qu'a entendu la vieille sorcière ?
- 4. C'est interdit !
- 5. Les bêtes sauvages nous auraient dévorés dans les bois.

2 Identifie le sujet, indique par quel pronom tu pourrais le remplacer, puis choisis la terminaison du verbe.

- 1. Les enfants et le Petit Poucet se (*sauvèrent* / *sauva*) dans les bois.
- 2. L'ordre de Barbe-Bleue (*es* / *est*) de ne pas ouvrir le cabinet secret.
- 3. Vous et moi (*savons* / *savent*) la vérité sur la clé merveilleuse !

3 a. Identifie le pronom sujet.
b. Remplace-le par un groupe nominal de ton choix.

- 1. Ils mangèrent la maison en pain d'épices.
- 2. Il interdit à sa femme d'ouvrir cette porte.
- 3. Nous appelons nos frères à notre secours.

4 Remets ces groupes de mots dans l'ordre pour créer une phrase correcte (attention aux accords pour bien choisir le sujet !).

- 1. prisonniers – Margot – étaient – et son frère
- 2. je – vous – dans – le cabinet secret – d'entrer – défends
- 3. la clé – du cabinet secret – est – ceci
- 4. a convoqués – l'homme monstrueux – nous – devant lui
- 5. le chasseur – la galette – la grand-mère – mangèrent – tous ensemble – et le petit chaperon rouge
- 6. n'est pas – la peine – ce – de pleurer !

5 Mets les sujets de ces phrases entre « c'est ... qui » (ou « ce sont ... qui »).

Besoin d'aide ? Le pronom *ça* devient *c'* devant une voyelle.

- 1. Baba-Yaga était une sorcière affreuse.
- 2. Les yeux de la jeune femme suppliaient son mari.
- 3. Que fait le chat botté ?
- 4. Ça fait peur aux enfants.
- 5. C'est un conte très connu.
- 6. À travers la forêt couraient les enfants.
- 7. Les Dames que vous avez vues sont mes anciennes épouses.

6 a. Écris un texte de cinq lignes racontant une rencontre avec un monstre en utilisant certains des verbes suivants.

frissonner – poursuivre – pâlir – surgir – s'élancer – se précipiter – paniquer

Pense à varier la classe grammaticale de tes sujets.

b. Mets le sujet des verbes entre crochets.

BILAN

7 Repère tous les sujets des verbes conjugués. Justifie tes réponses.

Quand Jeannot et Margot s'approchèrent d'elle, la vieille femme ricana et dit : « Je les tiens, ils ne m'échapperont plus. » Le lendemain matin, à peine les enfants réveillés, elle se leva et se murmura à elle-même : « Cela fera un bon déjeuner ! » Puis elle saisit Jeannot et l'enferma dans une pièce derrière une porte à barreaux. Il pouvait crier autant qu'il le voulait mais c'était inutile : « Pourquoi m'enfermez-vous ? Où est ma sœur ? » hurlait-il.

✦ D'après **Jacob et Wilhelm Grimm**, « Jeannot et Margot » (1812), traduit de l'allemand par René Bories

Retenir

Pour reconnaître le **sujet** dans L'enfant est effrayé.

Le sujet indique qui réalise l'action.
Question : « qui / qu'est-ce qui + verbe ? ».
C'EST [l'enfant] QUI est effrayé.
S

Remplacer le sujet par un **pronom**.
→ Le sujet détermine la terminaison du verbe.
[L'enfant] est effrayé.
Il = S

Le sujet est souvent :
- un **groupe nominal**
  [Le jeune homme] pleure.
- un **pronom personnel**
  ▶ EDL 6 p. 308
  « Salut ! » dit-[il].
- le **pronom** *cela, ceci, ça, c'*...
  [Cela] ressemble à une clé magique.

Compétences
- → Consolider la reconnaissance du sujet
- → Accorder correctement le verbe avec son sujet
- → Utiliser une stratégie de relecture pour corriger son orthographe

Accorder le verbe avec le sujet

+PROF Préparation à la dictée

Chantier d'observation

1. Je (*regardes / regarde*) un spectacle.
2. Un paysan et sa femme (*se disputent / se dispute*).
3. Sous les arbres (*paresse / paressent*) le paysan.
4. « Tu (*dois / doit*) travailler ! » (*dis / dit*) sa femme.
5. Les comédiens (*gesticulent / gesticules*).
6. Tom et moi (*rient / rions*) de bon cœur !

a Pour chaque phrase, indique le verbe bien accordé.

b Échange avec tes camarades : rédigez ensemble les règles en répondant à la question « Comment accorder le verbe avec le sujet ? » et expliquez ce qui peut rendre cet accord difficile.

Manipuler

Exemple

1 Je pose la question « qui est-ce qui + verbe ? »

→ Qui est-ce qui raconte un mensonge ? → [Martine] → La réponse fait apparaître le [sujet].

! Je dois connaître les conjugaisons.

Quel mensonge raconte Martine ?

→ Martine = elle

2 Je remplace le sujet par un pronom.

3 Je trace une flèche entre le sujet et la terminaison du verbe. → Je vérifie que le verbe est accordé avec le sujet.

À toi de manipuler Léa et sa sœur vont au collège.

S'exercer

JE ME TESTE

a. Dans ces phrases, accorde correctement le verbe avec son sujet (les verbes sont conjugués au présent).

1. Martine et son mari ne s'entend... pas ; l'une travaill... quand l'autre paress... .
2. « Que fai...- tu ? Nos enfants réclam... du pain » di... Martine.
3. L'homme, énervé, refus... d'écouter sa femme ; elle lui tien... tête.
4. Le jeu des comédiens amus... les spectateurs, ceux-ci se mett... à rire.

b. À l'aide de la correction hatier-clic.fr/21luf316, **calcule ton score sur 10 en comptant un point par verbe correctement accordé.** ▸ Corrigés p. 380

JE TROUVE MON PARCOURS

- → score de 0 à 4 : fais les exercices ●
- → score de 5 à 7 : fais les exercices ●
- → score de 8 à 10 : fais les exercices ●

1 Repère le verbe conjugué, puis pose la question qui permet de repérer le sujet : mets-le entre crochets rouges.

1. Les enfants et les adultes aiment lire des contes.
2. Ça fait peur.
3. Étudies-tu une pièce de théâtre ?

2 a. Repère le sujet de chaque phrase : mets-le entre crochets rouges. Indique ensuite par quel pronom tu pourrais remplacer chaque sujet.

1. Léa et Paul ont proposé d'aller la voir.
2. C'est l'heure !
3. Les portes du théâtre s'ouvrent.
4. Toutes les personnes dans la salle apprécient le spectacle.
5. Toi et moi retournerons voir la pièce.

b. Réécris les phrases en conjuguant les verbes à l'imparfait. Aide-toi de tes repérages pour accorder correctement le verbe. ▶ EDL 23 p. 338

3 Relie chaque sujet au verbe correctement accordé.

1. La classe ▪	▪ répètent une scène.
2. Léo et le professeur ▪	▪ donnent des conseils.
3. Ces élèves-ci ▪	▪ travaille une pièce de Molière.
4. Ces élèves-là ▪	▪ distribuent les rôles.

4 Repère le sujet en t'aidant de la terminaison du verbe (trace une flèche entre le sujet et la terminaison du verbe).

1. Les serviteurs du vieillard traversent la forêt.
2. Ils ont besoin d'un médecin.
3. La fille de leur maître est malade.
4. Au milieu des bois surgit le paysan.
5. Cet homme, malin, va profiter de leur naïveté.

5 Écris une phrase à partir de ces sujets.

1. On...
2. Le serviteur et la nourrice...
3. Ces coups de bâton...
4. Marie et moi...

6 a. Trace une flèche entre le sujet et la terminaison du verbe, puis complète la terminaison des verbes (ces verbes sont conjugués au présent).

Plongée dans ses pensées, elle heurte les deux hommes en se retournant. Elle veu... savoir ce qu'ils fo... là. Quand ils dis... qu'ils cherch... un médecin, une idée lui vien...

b. Complète la terminaison des verbes.

Vous ne pouv... deviner combien cet homme es... extraordinaire ! Il se balad... vêtu d'une façon extravagante, affect... de paraître ignorant, mais vous n'imagin... pas tout ce qu'il peu... faire ! « Que sai...-il donc faire ? » me dir...-vous. Je vai... vous le révéler.

7 Propose un pronom ou un groupe nominal sujet pour chacune de ces phrases. Appuie-toi sur les accords pour choisir ton sujet.

1. Voulez- ... que ... raconte un de mes miracles ?
2. ... fut abandonnée de tous les autres médecins.
3. ... étaient désespérés.
4. Pourtant, ... sus la guérir !

BILAN

8 Cet élève a fait trois erreurs dans ses accords sujet-verbe. Repère ses erreurs et explique-lui comment les corriger.

1. L'homme se souciait peu de ses enfants.
2. Sa femme ment, invente des histoires, piègent son mari.
3. Le serviteur et le paysan l'interroge.
4. Pour gagner de l'argent, il prétends être médecin.

Retenir

Le **sujet** détermine la **terminaison du verbe**.
[L'élève] apprend.
= il S
[Les élèves] apprennent.
= ils S

⚠ Le **sujet** peut être

• **éloigné** du verbe :
[Les enfants] du paysan ont faim.
S
ou **derrière** le verbe :
Que dis-[tu] ?
S

• composé de **plusieurs noms** au singulier :
[Tom et son amie] discutent.
1 + 1 = ils S

• composé de **plusieurs pronoms** :
X + moi = nous / X + toi = vous.
[Toi et moi] travaillons ensemble.
= nous S
[Elle et toi] allez au théâtre.
= vous S

12

Compétence
→ Identifier les constituants d'une phrase simple

Distinguer le complément essentiel et le complément circonstanciel

Chantier d'observation

1. Ulysse construit son radeau.
2. En colère, Poséidon soulève une terrible vague.
3. La déesse Ino aide Ulysse et le conseille.
4. Ulysse nage.
5. Au bout de deux jours, il aperçoit la terre toute proche.
6. Aussitôt, il supplie les dieux de l'accueillir.
7. Une fois sur la terre, il dort.

a Recopiez ce tableau et complétez-le en analysant chaque phrase.

	Sujet	Verbe	Autre(s) groupe(s) de mots
phrase 1			

b Classez les mots de la troisième colonne en deux catégories selon leur fonction dans la phrase.

Manipuler

Exemple

Pour distinguer les compléments essentiels des compléments circonstanciels :

❷ Je cherche le sujet.

❶ Je cherche le verbe.

Pour l'aider, Éole lui donne des vents favorables.

❸ J'observe le(s) groupe(s) de mots qui reste(nt) :

- je ne peux ni les déplacer, ni les supprimer ;
- je peux les remplacer par un pronom : *Éole les lui donne.*
→ ce sont des compléments essentiels du verbe.

- je peux les déplacer, les supprimer
→ ce sont des compléments circonstanciels.

À toi de manipuler **Les flots emportent au loin la voile.**

S'exercer

JE ME TESTE

a. Repère les compléments essentiels, les compléments circonstanciels, puis indique pour chaque verbe conjugué s'il se construit avec ou sans complément(s) essentiel(s).

1. Nausicaa est la fille du roi Alkinoos.
2. Elle et ses servantes lavent le linge à la rivière.
3. Pour jouer, Nausicaa lance la balle à son amie.
4. Ulysse surgit.
5. Les servantes fuient en criant ; Nausicaa reste.
6. De loin, Ulysse lui demande des vêtements.

b. À l'aide de la correction hatier-clic.fr/21luf318**, calcule ton score sur 17.** ▶ Corrigés p. 380

JE TROUVE MON PARCOURS

→ score de 0 à 8 : fais les exercices ●
→ score de 9 à 13 : fais les exercices ●
→ score de 14 à 17 : fais les exercices ●

1 Dans chaque phrase, souligne le sujet en bleu, le verbe en rouge et le complément essentiel en noir.

- 1. Poséidon déteste Ulysse.
- 2. Athéna le protège.
- 3. Les dieux de l'Olympe sont d'accord.

2 Réécris ces phrases en remplaçant le complément essentiel souligné par le pronom qui convient.

1. Hermès parle à Calypso : elle doit aider Ulysse.
2. Calypso observe le radeau d'Ulysse qui s'éloigne.
3. Elle devait obéir aux dieux.
4. Poséidon déchaîne une terrible tempête.

3 Remplace les compléments soulignés par un pronom pour vérifier s'ils sont essentiels ou non.

1. Le lendemain, Hermès parle à Calypso.
2. En pleurant, Calypso observe le radeau qui s'éloigne.
3. Pour obéir aux dieux, elle a laissé partir son ami.
4. Aussitôt, Poséidon déchaîne une terrible tempête.

4 Essaie de supprimer ou déplacer les compléments soulignés, puis précise s'ils sont essentiels ou circonstanciels.

- 1. Achille est un héros.
- 2. Le centaure Chiron l'a éduqué pendant son enfance.
- 3. Sa mère l'a plongé dans le Styx pour le rendre invulnérable.
- 4. Pendant la guerre de Troie, il a combattu avec Ulysse.

5 a. Repère les compléments essentiels et indique quel verbe ils complètent.
b. Repère les compléments circonstanciels.

- 1. Orphée a un don de musicien. À chaque fois, son chant attire les hommes et les animaux.
- 2. Un jour, le dieu Apollon offre une lyre à Orphée. Ses yeux brillent. Jamais il n'a vu un aussi bel instrument ! Il commence à jouer doucement.

6 Repère les compléments essentiels, puis classe les verbes dans le tableau suivant.

Verbe sans complément	Verbe + complément(s)

- 1. Ulysse et ses compagnons rament.
- 2. Le héros aperçoit le monstre.
- 3. Ses compagnons pleurent.
- 4. Ulysse n'avertit pas ses compagnons du danger.
- 5. Le héros pense à son foyer et à sa patrie.
- 6. Ulysse pleure ses compagnons perdus.

7 a. Complète les phrases suivantes à l'aide d'au moins un complément essentiel.

1. Les dieux sont ...
2. Ils regardent ...
3. Ils confient ...

b. Réécris les phrases obtenues en ajoutant un complément circonstanciel.

8 Écris une phrase pour chaque verbe, puis indique si tu as utilisé un ou plusieurs compléments essentiels.

- 1. faire – offrir – perdre – pouvoir – être
- 2. partir – écouter – regretter – aller – paraître

BILAN

9 Souligne les verbes conjugués en rouge et leurs compléments essentiels en noir. Souligne les compléments circonstanciels en vert.

> Cet étranger […] est arrivé ici après avoir fait naufrage. […] Il demande une escorte pour rentrer dans son pays […]. Et nous, selon notre coutume, nous allons l'aider. Allons, préparons un bateau à coque noire […], choisissons cinquante-deux de nos meilleurs rameurs.

✦ **Homère**, l'*Odyssée* (VIIIe s. av. J.-C.), traduit du grec ancien par Isabelle Pandazopoulos © Gallimard Jeunesse

Retenir

Une **phrase minimale** se construit avec des **groupes de mots obligatoires**.
Le sens du **verbe** indique s'il a besoin de **compléments essentiels**.
offrir [quelque chose] [à quelqu'un]

Sujet + verbe	OU Sujet + verbe + 1 complément **essentiel**	OU Sujet + verbe + 2 compléments **essentiels**
Il dort.	Il mange son repas. Il va à Paris. Il est content.	Il offre des fleurs / à Léa. Il les / lui offre.

On peut ajouter des **compléments circonstanciels**, non obligatoires.
Il offre souvent des fleurs à Léa.

13

Compétences
→ Identifier les constituants d'une phrase simple
→ Connaître les caractéristiques des COD et COI

Distinguer le COD et le COI

Chantier d'observation

1. Ulysse a réuni ses hommes.
2. « Explorons l'île : elle appartient à des cyclopes ! »
3. Une fois la caverne de Polyphème visitée, les guerriers voulaient repartir.
4. Mais Ulysse ne se préoccupait pas de la peur de ses compagnons.
5. Beaucoup ont supplié le chef de partir.

a Souligne les verbes conjugués en rouge, les compléments essentiels en noir. ▶ EDL 12 p. 318

b Précise la classe grammaticale de chaque complément essentiel.

c Classez ces compléments essentiels dans un tableau à deux colonnes pour mettre en évidence leur construction différente. Expliquez ensuite votre choix à la classe.

d Remplace chaque complément essentiel par un pronom personnel. Ajoute ces pronoms compléments dans ton tableau.

Manipuler

Exemple

Pour identifier les COD et COI :

1 Je repère le verbe et le sujet.

2 Je repère les compléments essentiels, non supprimables.

⚠ Je connais les pronoms personnels compléments.

Ulysse s'occupe de naviguer. Poséidon déclenche une tempête. Ulysse la domine.

3 J'identifie les compléments essentiels :

- GN ou groupe infinitif :
  - si le groupe est introduit par la préposition à ou de, c'est un complément d'objet indirect (COI) ;
  - sinon, c'est un complément d'objet direct (COD).
- Pronom personnel, placé devant le verbe :
  la → *Ulysse domine* ***la tempête***
  = COD car pas de préposition

À toi de manipuler Pénélope tissait sa toile, elle pensait à Ulysse.

S'exercer

JE ME TESTE

a. Repère les compléments essentiels et indique pour chaque complément s'il est COD ou COI.

Besoin d'aide ? La préposition se contracte parfois avec un déterminant : *de + le = du, de + les = des, à + le = au, à + les = aux.*

1. La déesse Terre, Gaïa, se sépare de l'informe chaos.
2. Gaïa crée les montagnes et les vallées.
3. Le dieu Ciel, Ouranos, aperçoit la Terre et il la recouvre.
4. Ouranos envoie une pluie fertile à la Terre.
5. Gaïa verdoie et elle enfante les Géants aux cent bras.
6. Les Géants se moquent des inondations.
7. Ouranos leur réserve un destin terrible.

b. À l'aide de la correction hatier-clic.fr/21luf320**, calcule ton score sur 10 en comptant un point par COD ou COI correctement identifié.** ▶ Corrigés p. 381

JE TROUVE MON PARCOURS

→ score de 0 à 4 : fais les exercices ●
→ score de 5 à 7 : fais les exercices ●
→ score de 8 à 10 : fais les exercices ●

1 ● **Vérifie si les groupes soulignés sont déplaçables ou supprimables, et ne recopie que la phrase qui comporte un complément circonstanciel.**

1. Le soleil se cache derrière les nuages.
2. Le géant fait une sieste.

2 **Dis ces phrases en déplaçant les compléments circonstanciels.**

● 1. Ces histoires se racontent aujourd'hui encore.

● 2. La terre est apparue au milieu du chaos.

● 3. Peu de temps après, les dieux sont nés, grâce à Gaïa.

3 ● **Identifie les compléments circonstanciels de lieu et de temps.**

1. Dans les jardins de l'abbaye règne le silence.
2. Il retourne au village de temps en temps.
3. Antoine prend le bus chaque matin à cet arrêt.

4 **Identifie les compléments circonstanciels de cause.**

● 1. Il a mis plus de temps que d'habitude à cause des travaux.

● 2. De peur de perdre ses clés, il les a mises autour de son cou.

● ● 3. Il danse de joie dans son salon.

● ● 4. Il a été puni pour avoir fait une bêtise.

5 **Identifie les compléments circonstanciels et précise la circonstance : temps, lieu, cause.**

● 1. À cause du changement climatique, des champignons attaquent certains arbres.

● 2. La semaine prochaine, on annoncera enfin les résultats du concours.

● ● 3. Grâce à toi, j'ai réussi mon gâteau au chocolat !

● 4. Au Moyen Âge, dans les abbayes, les moines recopiaient les manuscrits entre les temps de prière, du fait de l'absence d'imprimeries.

6 **Ajoute des compléments circonstanciels en respectant la circonstance précisée entre parenthèses.**

● 1. Il marche. (*temps + lieu*)

● ● 2. Elle est partie plus tôt que prévu. (*cause*)

● ● 3. Elle est restée fâchée. (*cause + temps*)

7 **a. Ajoute au moins quatre compléments circonstanciels dans ces textes.**

● ● 1. Lilou a appris la nouvelle : ses parents vont se marier. Elle rit, elle tape dans ses mains. Elle l'annonce à ses amies.

● 2. Les aventuriers s'arrêtent. Ils allument un feu. Ils s'endorment. Un bruit étrange les inquiète.

b. Quelle version des textes préfères-tu ? Pourquoi ?

8 **a. Écris un court récit racontant la création de la terre et comportant au moins les compléments circonstanciels (CC) suivants :**

● 1. au début – ensuite – pendant la nuit – au bout de quelques jours – sur la terre – dans les airs.

● 2. au moins trois CC de temps et trois CC de lieu.

● 3. au moins quatre CC de temps, trois CC de lieu et un CC de cause.

● ● ● **b. Souligne les compléments circonstanciels de ton récit.**

BILAN ● ● ●

9 **Repère tous les compléments circonstanciels et précise la circonstance.**

Au début, il y a très longtemps, dans les forêts, dans le monde entier, il n'y avait qu'un homme, sa femme, et leur fils. Un jour, l'homme mourut. La femme et son fils allumèrent un bûcher, brûlèrent le corps. Alors, dans les cendres, le fils vit la lune qui croquait les os de son père. Sous l'effet de la colère, la mère demanda à son fils de chasser la lune. La lune se sauva très haut dans le ciel, mais la flèche du fils l'atteignit. De chaque goutte de son sang naquit un humain.

Retenir

Les **compléments circonstanciels** enrichissent un texte, en précisant les **circonstances de l'action**.

- Le **temps** → quand ?
- Le **lieu** → où ?
- La **cause** → pourquoi ? à cause de quoi, de qui ?

Longtemps, la terre resta vide.
Demain, j'irai à la rivière.

Ils descendirent sur la terre.
Noé aime pêcher ici.

De colère, le dieu envoie le déluge.
Ils sont punis pour leur méchanceté.

16

Compétences
→ Repérer les expansions du nom
→ Identifier les fonctions épithète et complément du no

Les fonctions à l'intérieur du groupe nominal

Chantier d'observation

Texte 1
Le corbeau de la fable, pour montrer sa belle voix,
ouvre un large bec et laisse tomber sa proie.
Le rusé renard se saisit du fromage de l'oiseau.

Texte 2
Le corbeau, pour montrer sa voix,
ouvre le bec et laisse tomber sa proie.
Le renard se saisit du fromage.

✦ D'après **Jean de La Fontaine**, *Fables* (1668), « Le Corbeau et le Renard », livre 1

a Relève les mots supprimés dans le texte 2 par rapport au texte 1. À quoi servent ces mots dans le texte 1 ? Sont-ils obligatoires pour comprendre le sens global ?

b Classez ces mots ou groupes de mots selon leur classe grammaticale, puis précisez leur fonction dans le groupe nominal.

Manipuler

Exemple

Pour analyser un groupe nominal (GN) enrichi :

1 Je cherche le **nom noyau** du groupe nominal, non supprimable.

Le corbeau *naïf* **écoute le discours** **de l'animal.**

2 J'identifie les expansions du nom (= mots qui précisent le nom mais qui peuvent être supprimés) :
- si c'est un **adjectif** (*naïf*)
→ on dit que l'adjectif est **épithète** du nom « corbeau ».
- si c'est un **autre GN** introduit par une **préposition** (*de l'animal*)
→ on dit que ce GN est **complément du nom** « discours ».

Épithète et **complément du nom** sont deux **fonctions** à l'intérieur du GN.

À toi de manipuler **Les lecteurs de la fable se méfieront des discours flatteurs.**

S'exercer

JE ME TESTE

a. **Repère les expansions du nom et précise si elles ont la fonction épithète ou complément du nom.**

À l'heure de sa mort, un laboureur intelligent fait croire à ses enfants fainéants qu'une somme d'argent est cachée dans la terre de son champ. Pour trouver cet héritage miraculeux, les fils du laboureur retournent le vaste terrain. Grâce à leur travail acharné, la récolte est excellente : voilà le vrai trésor !

✦ D'après **Jean de La Fontaine**, *Fables* (1668), « Le Laboureur et ses enfants », livre 5

b. À l'aide de la correction hatier-clic.fr/21luf326**, calcule ton score sur 10 en comptant un point par épithète et par complément du nom correctement identifiés.**

▸ Corrigés p. 381

JE TROUVE MON PARCOURS

→ score de 0 à 4 : fais les exercices ●
→ score de 5 à 7 : fais les exercices ●
→ score de 8 à 10 : fais les exercices ●

1 Dans les groupes nominaux entre crochets, souligne le nom noyau et surligne les expansions du nom.

1. Cette fable raconte [une amusante ruse de renard].

2. [Le fils du roi] aime [les belles fables].

2 Relève les épithètes des noms en gras.

1. Le **bouc** étourdi ne se méfie pas de l'habile **renard**.

2. Le renard sort du vieux **puits** profond.

3. Il s'enfuit sans la moindre **pensée** honteuse ou repentante.

3 Dans chaque phrase, relève le complément du nom en gras.

1. Les **animaux** de la fable parlent.

2. La Fontaine est l'**auteur** de nombreuses fables.

3. Elles cachent une **critique** déguisée du pouvoir.

4. Ce sont des **histoires** à lire aux enfants.

4 Indique la fonction grammaticale des mots soulignés.

1. L'hiver <u>glacial</u> est arrivé.

2. La cigale <u>affamée</u> n'a plus un <u>petit</u> morceau <u>de nourriture</u>.

3. Elle demande une partie <u>des réserves</u> <u>de sa voisine</u>.

4. La fourmi <u>ingrate</u> lui refuse toute aide <u>de sa part</u>.

5 Réécris ces phrases en mettant les noms en gras au pluriel. Pense aux accords !

1. Le **loup** féroce dévore l'**agneau** du berger.

2. Le **pot** de fer invite le **pot** de terre pour un long **voyage**.

6 Trouvez autant de groupes nominaux enrichis que vous le pouvez pour désigner ces personnages.

Ex : Jean de La Fontaine : l'auteur des fables, le célèbre fabuliste français du XVIIe siècle

1. le corbeau **2.** le renard **3.** la fourmi **4.** le loup

7 Précise si les groupes de mots soulignés sont compléments de nom (CDN) ou COI.

Ex : À la fin <u>de la fable</u>, la fourmi se moque <u>de la cigale</u>.
→ « de la fable » est complément du nom « fin » ; « de la cigale » est COI du verbe « se moquer ».

1. Le chien <u>de Sam</u> donne la patte.

2. Il se sert <u>d'un stylo</u> <u>à encre</u>.

3. Le loup s'empare <u>de l'agneau</u> <u>du berger</u>.

8 Lis ce récit écrit par un élève. Puis enrichis-le en précisant les noms à l'aide de :

1. deux adjectifs épithètes et un GN complément du nom.

2. trois adjectifs épithètes et deux GN compléments du nom.

3. quatre adjectifs épithètes et trois GN compléments du nom.

Les chiens attaquent le lièvre. L'animal fuit devant la meute. Le lièvre franchit la rivière et les chiens perdent sa trace. Leur proie traverse la forêt et atteint la lisière.

BILAN

9 Mets les groupes nominaux entre crochets et encadre le nom noyau. Puis souligne en bleu les épithètes et en noir les compléments du nom s'il y en a.

La tortue lance un défi fou : elle franchira la ligne d'arrivée avant le lièvre rapide. Elle commence son lent trajet sans perte de temps. Le lièvre regarde les petites fleurs des champs, se promène avec la certitude de gagner. Puis il court de toute la vitesse de ses longues pattes. Trop tard ! La victoire de la tortue est inévitable.

D'après **Jean de La Fontaine**, *Fables* (1668), « Le Lièvre et la Tortue », livre 6

Retenir

- Le <u>nom</u> noyau d'un groupe nominal peut être **précisé** par des **expansions** (non obligatoires).
  les <u>animaux</u> + imaginaires + de la fable
- Les expansions du nom ont différentes classes grammaticales qui déterminent leur fonction.

Un **adjectif qualificatif** ou participe passé, placé avant ou après le nom, a pour fonction **épithète** du nom.
les cruels <u>animaux</u> — un <u>animal</u> rusé

Un **groupe de mots** introduit par une **préposition** (*à, de, en*..) a pour fonction **complément du nom**.
les <u>animaux</u> de la fable — les <u>animaux</u> de celle-ci
des <u>histoires</u> à lire — une <u>charrette</u> en bois

17

Compétences
→ Maîtriser les relations entre l'oral et l'écrit
→ Identifier les types de phrases

Les types de phrase

Chantier d'observation

Le narrateur entre en 6e ; Francis, un peu plus âgé, est chargé de le rassurer.
FRANCIS. – Et fais voir ta bouche. T'as pas de bagues aux dents ?
MOI. – On me les a enlevées.
FRANCIS. – C'est dommage, les filles aiment bien ça.

✦ **David Lescot**, *J'ai trop peur* (2014)

a Quelles différences observes-tu entre ces phrases :
1. à l'oral ? 2. dans la ponctuation ? 3. selon l'intention de celui qui parle ?

b Échange avec tes camarades : répondez ensemble à la question « Comment reconnaître une phrase déclarative, interrogative ou impérative ? ».

Manipuler

Exemple

Je repère l'intention de celui qui parle :
- Donner une information → phrase déclarative
- Poser une question → phrase interrogative
- Donner un ordre, un conseil, une interdiction → phrase impérative

Je joue dans la cour. Joues-tu dans la cour ? Va jouer dans la cour.

J'écoute l'intonation à la fin de la phrase :
- Elle monte → phrase interrogative
- Elle descend → phrases déclaratives et impératives

J'observe la ponctuation à la fin de la phrase :
? → phrase interrogative
. (ou ! si la phrase est à la forme exclamative) → phrases déclaratives et impératives

À toi de manipuler **Vous entrez dans la salle.**

S'exercer

JE ME TESTE

a. Ces phrases sont-elles impératives, déclaratives ou interrogatives ?

1. Ta mère m'a dit que tu as peur de la 6e.
2. Habitue-toi à ne plus dire « maîtresse ».
3. Pourquoi les vacances sont-elles aussi courtes ?
4. N'oublie pas ton sac !
5. On change souvent de salle.
6. Tu connais quelqu'un au collège ?
7. Fais croire que tu as onze ans.

b. À l'aide de la correction hatier-clic.fr/21luf328**, calcule ton score sur 7.** ▶ Corrigés p. 381

JE TROUVE MON PARCOURS

→ score de 0 à 3 : fais les exercices ●
→ score de 4 ou 5 : fais les exercices ●
→ score de 6 ou 7 : fais les exercices ●

1 Identifie le signe de ponctuation à la fin des phrases, puis précise le type de phrase.

● **1.** Les enfants courent dans le sable.
● **2.** Profite de tes vacances !
● **3.** Veux-tu jouer avec nous ?

2 ● ● ● **Prononce cette phrase avec l'intonation qui convient pour en faire une phrase interrogative ou déclarative ; les autres devront deviner le type de ta phrase.**

Vous venez au cinéma avec moi

3 Indique si ces phrases apportent ou demandent une information, puis précise leur type.

- ● **1.** Le collège ouvre à 8 heures.
- ● **2.** La maison est-elle déjà louée ?

4 Indique si ces phrases entraînent une action (phrase impérative) ou une réponse en paroles (phrase interrogative).

- ● **1.** Veux-tu naviguer avec nous ?
- ● **2.** Mange tes frites !
- ● ● ● **3.** Que fais-tu ?
- ● ● **4.** Baignade interdite.
- ● **5.** Pourriez-vous me passer le sel, s'il vous plaît ?

5 Réécris les phrases pour qu'elles appartiennent au type indiqué.

- ● **1.** Vous pouvez entrer. → *phrase impérative*
- ● **2.** Vous avez compris la leçon ? → *phrase déclarative*
- ● ● **3.** Tu sais parler anglais. → *phrase interrogative*
- ● ● **4.** Cessez vos bavardages. → *phrase déclarative*
- ● **5.** Es-tu attentif ? → *phrase impérative*

6 Identifie le type de ces phrases. Justifie tes réponses.

Besoin d'aide ? Une phrase déclarative peut se terminer par un point d'exclamation. **Ex :** Quelle histoire !

- ● **1.** Depuis combien de temps as-tu mal au cœur ?
- ● **2.** Depuis hier, tu n'as rien mangé.
- ● ● ● **3.** Ne parlez pas trop vite !
- ● **4.** Ma mère me murmure une chanson douce.
- ● ● **5.** Allons visiter les lieux.
- ● ● **6.** Que je suis heureux !
- ● **7.** Il faut que tu fasses un effort !

7 Repère à quel type de phrase appartiennent les phrases ou les propositions. Justifie tes réponses.

● ● **Extrait 1**

⚠ **Il y a trois propositions dans la première phrase.**

GORGIBUS. – Allez vitement chercher un médecin, car ma fille est bien malade, et dépêchez-vous !
GROS-RENÉ. – [...] Pourquoi vouloir donner votre fille à un vieillard ? Croyez-vous que ce ne soit pas le désir d'avoir un jeune homme qui la travaille ? [...]
GORGIBUS. – Va-t'en vite !

● **Extrait 2**

SGANARELLE. – [...] Il faut que je vous fasse une ordonnance.
GORGIBUS. – Vite, une table, du papier, de l'encre.
SGANARELLE. – Y a-t-il ici quelqu'un qui sache écrire ?

✦ **Molière**, *Le Médecin volant* (1659) pour les extraits 1 (scène 3) et 2 (scène 5)

8 **a. Écris une courte scène de théâtre qui comportera au moins :**

● une phrase interrogative, une phrase déclarative et une phrase impérative.

● ● une phrase interrogative, une phrase déclarative, une phrase impérative exprimant un ordre et une phrase impérative exprimant une interdiction.

● ● ● **b. Souligne les signes de ponctuation à la fin des phrases.**

BILAN ● ● ●

9 Repère les types de phrase.

GORGIBUS. – Monsieur, ce n'est pas assez d'avoir pardonné à votre frère. Pour ma satisfaction, embrassez-le. Il est chez moi, et je vous cherchais partout pour vous prier de faire cet accord en ma présence.
SGANARELLE. – Monsieur Gorgibus : n'est-ce pas assez que je lui pardonne ? [...] Je ne vous saurais rien refuser. Dites-lui qu'il descende.

✦ D'après **Molière**, *Le Médecin volant* (1659), scène XV

Retenir

Pour reconnaître le **type de phrase**

- Phrase **déclarative** : donne une information.
  Le narrateur a peur du collège.
- Phrase **interrogative** : pose une question.
  Pourquoi le narrateur a-t-il peur du collège ?
- Phrase **impérative** : donne un ordre, un conseil, une interdiction.
  N'aie pas peur du collège.

⚠ Les phrases de type **déclaratif** ou **impératif** peuvent être mises à la **forme exclamative**.
▶ EDL 19 p. 331
Vous courez vite !
Ralentissez !

18

Compétences
→ Maîtriser les relations entre l'oral et l'écrit
→ Consolider la connaissance de la forme négative

Les formes de phrase (1) : la négation

Observer et manipuler

Série I
1. Elle vit le loup.
2. Viens-tu avec moi ?
3. Regarde.

Série II
4. Elle ne vit pas le loup.
5. Ne viens-tu pas avec moi ?
6. Ne regarde pas.

a Quel changement a été fait pour passer des phrases de la série I à la série II ? Pourquoi ?

b Indique le type de chaque phrase de la série I, puis de la série II. Que constates-tu ? ▶ EDL 17 p. 328

Exemple

Pour repérer une phrase à la forme négative :

Sens → Je comprends que l'action n'a pas lieu.

À l'écrit → Je repère l'adverbe de négation qui encadre le verbe.

On n' ose pas.

Elle n'ose pas.

À l'oral → Si je n'entends pas la première partie de la négation, je change le sujet de la phrase.

S'exercer

1 ● ● Précise si ces phrases sont à la forme affirmative ou négative.
1. Je n'ai pas envie.
2. C'est impoli de dire ça.
3. Ne parle pas ainsi !

2 ● ● Réécris ces phrases à la forme négative.
1. Le héros a peur. 2. La fée est venue en aide à la fillette.
3. Apporte ce panier. 4. On a le temps.

3 Complète par *On* ou *On n'*.
● 1. ...... a pas ce que l'on attendait.
● 2. ...... entend du bruit.
● ● 3. ...... a jamais entendu parler de lui.
● 4. .... attend personne d'autre. Commençons !

BILAN ● ●

4 Relève toutes les phrase à la forme négative.

Deux amis étaient assis dans un champ, quand deux lapins vinrent folâtrer autour de l'un d'eux.
– Mais c'est incroyable ! dit l'un. Tous les lapins viennent à toi, ils ne s'approchent jamais de moi. Ne me diras-tu pas ton secret ?
– Je n'ai aucun secret, réplique l'autre. Je ne mange point de lapin, voilà tout !

✦ D'après **Michel Piquemal**, *Les philo-fables* (2008), « Les moines et les lapins » © Albin Michel

Retenir

• Une phrase est à la forme **négative** si le verbe est encadré par l'adverbe de négation en deux parties.

Je ne suis pas content.

• La forme négative se combine avec les types de phrase : déclarative, interrogative, impérative.

Ne va pas par là.

Négations : ne... pas, ne... plus, ne... rien, ne... personne, ne... jamais, ne... point, ne... aucun

Quand le **verbe** s'écrit en **deux mots**, la négation encadre l'auxiliaire conjugué.

Je n'ai pas vu.

19

Compétences
→ Maîtriser les relations entre l'oral et l'écrit
→ Consolider la connaissance de la forme exclamative

Les formes de phrase (2) : l'exclamation

Observer et manipuler

Série I 1. Ils sont en retard.
2. Pourquoi ne venez-vous pas à ma fête ?
3. Taisez-vous.

Série II 1. Ils sont en retard !
2. Quoi ?! Vous ne venez pas à ma fête !
3. Taisez-vous !

a Quelle est la différence entre la première série de phrases et la seconde : 1. à l'oral ? 2. au niveau de la forme ? 3. au niveau du sens ?

b Indique le type de chaque phrase de la série I, puis de la série II. Que constates-tu ? ▶ EDL 17 p. 326

Exemple

Pour repérer une phrase à la forme exclamative :

À l'écrit :
→ J'identifie le point d'exclamation.
→ L'exclamation exprime une émotion (joie).

À l'oral :
→ La phrase se termine par une intonation montante et par l'accentuation de la dernière syllabe.

Venez nombreux !

J'identifie aussi le « type » de phrase : → Elle est impérative.

S'exercer

1 Entraîne-toi à prononcer les phrases suivantes de deux manières : neutre (sans exclamation), puis en exprimant une émotion. Les autres élèves doivent identifier l'émotion que tu as cherché à exprimer.

● ● 1. J'arrive demain
● ● 2. N'appuie pas sur ce bouton
● 1. N'oublie pas ton sac de sport !
● 2. Qu'avez-vous dit ?
● ● 3. Bon, tu viens !
● 4. Comment voulez-vous que je fasse, moi ?!

2 ● ● Écris un court texte dans lequel un personnage exprimera ses émotions et qui comporte au moins trois phrases à la forme exclamative.

3 Repère les phrases exclamatives et indique quelle émotion est exprimée selon toi.

BILAN ● ●

4 Relève les phrases à la forme exclamative et indique le type de chacune de ces phrases.

LE DOCTEUR, *à tue-tête.* – Pourquoi je suis perdu ? Parce que je vois des malades depuis ce matin ! […] Vous ne comprenez rien. […] Allons ! Déshabillez-vous !

✦ **Jean Tardieu**, *La Comédie de la comédie*, « Une consultation ou les rôles inversés » (1961) © Gallimard

Retenir

Une phrase est à la forme **exclamative** lorsqu'elle se termine par un point d'exclamation.
Je vais me fâcher !

La forme **exclamative** se combine

• avec la **forme affirmative** ou la **forme négative**.
Non ! Je ne veux pas !

• avec les **types de phrase** : déclarative, interrogative, impérative. Mais que veux-tu que je fasse ?!

20

Compétences
→ Identifier les propositions
→ Identifier la phrase complexe

Phrase simple, phrase complexe, proposition

Chantier d'observation

1. La Tante Polly riait des bêtises de Tom.
2. Tom avait les mains barbouillées de confiture.
3. Tom adorait passer du temps avec Huck, il enviait sa liberté.
4. Quand la nuit tombait, les deux gamins se cachaient dans le cimetière.
5. Tous les enfants du village voulaient jouer avec Huck mais leurs mamans n'étaient pas d'accord.

a Dans chaque phrase, combien d'idées exprimées repères-tu ? Mets entre crochets les groupes de mots qui expriment chaque idée, puis surligne le verbe conjugué dans chacun de ces groupes de mots.

b Pour chaque phrase, précise si c'est une phrase simple ou une phrase complexe.

c Échange avec tes camarades : rédigez ensemble la règle en répondant à la question « comment distinguer la phrase simple de la phrase complexe ? ».

Manipuler

Exemple

❶ Je repère le ou les verbe(s) conjugué(s).

❷ Si la phrase contient plusieurs verbes conjugués, il s'agit d'une phrase complexe.

[proposition 1] [proposition 2]

[Tom commettait de nombreuses bêtises] [quand Tante Polly était absente].

verbe 1 (commettait) — verbe 2 (était)

❸ Je compte le nombre de verbes conjugués pour trouver le nombre de propositions.

À toi de manipuler **Tom faisait le pitre en classe parce qu'il voulait plaire à Becky.**

S'exercer

JE ME TESTE

a. **Précise si chaque phrase est une phrase simple ou une phrase complexe.**

1. Tante Polly sermonne Tom.
2. Tom est amoureux de Becky mais elle le méprise.
3. Tom décida de devenir pirate, puisqu'on avait voulu se débarrasser de lui.
4. Joe l'Indien terrifie Tom.
5. Tom était triste, plus personne ne pensait à lui ; il en avait assez des mauvais traitements, alors il se mit à pleurer.

b. **À l'aide de la correction** hatier-clic.fr/21luf332, **calcule ton score sur 10 en comptant un point par phrase simple ou complexe repérée et un demi-point par proposition repérée.** ▸ Corrigés p. 381

JE TROUVE MON PARCOURS

→ score de 0 à 4 : fais les exercices ●
→ score de 5 à 7 : fais les exercices ●
→ score de 8 à 10 : fais les exercices ●

1 ● ● ● Classe les verbes conjugués ci-contre selon leur groupe. Appuie-toi sur l'infinitif du verbe.

aides – désobéis – dit – accepte – éblouit – envoie – guérit – joue – haïs – fait – viens – dormit – veut

2 Conjugue les verbes suivants à la personne et aux temps demandés.

Temps	Verbes		
Présent	● finir (tu)	● définir (nous)	● dire (vous)
Passé composé	● aimer (je)	● aller (vous)	● embrasser (elles)
Imparfait	● vouloir (ils)	● manger (ils)	● vouloir (nous)
Plus-que-parfait	● passer (nous)	● fermer (nous)	● partir (elle)
Passé simple	● regarder (il)	● prendre (il)	● lancer (nous)
Futur simple	● écouter (vous)	● accomplir (tu)	● faire (je)

3 Repère la terminaison de chacun des verbes, puis donne leur temps et leur mode.

● **1.** ils attendaient – nous voulons – tu finiras – j'ai voulu

● **2.** vous avez fait – tu viendras – ils admirèrent – regarde

● **3.** aimons – il avait dit – j'espérai – vous voudriez – je faisais

4 ● ● ● Distingue les phrases au mode indicatif et celles au mode impératif.

1. Vous écoutez la sorcière qui parle.

2. Écoutez votre mère !

3. Ils sortaient du palais et allaient se promener dans la forêt.

4. Ne sortez pas de cette cage !

5 Donne la personne à laquelle est conjugué chaque verbe, puis son temps et son mode.
⚠ Plusieurs réponses peuvent être possibles.

Ex : *gémiront* = verbe ***gémir*** conjugué à la **3e pers. du plur.** (*elles / ils*) au **futur** du mode **indicatif**.

● **1.** aimes – prendrai – finissait

● ● **2.** adorions – ai bondi – dites

● ● ● **3.** continuez – faites – a fini

● ● **4.** regarderais – fûmes – choisis

● **5.** sommes partis – attendîtes – avait pris

6 ● ● ● Écris à l'aide de certains des verbes suivants le début d'un conte où le héros rencontre une sorcière.

surgir – rencontrer – pouvoir – demander – pâlir – vouloir – demander – aider – réfléchir – accepter – dire – approcher

BILAN ● ● ●

7 Donne l'infinitif, le temps, le mode et la personne des verbes en gras.

Alors qu'il **faisait** sa prière du soir en cherchant une solution à ses problèmes, il **soupira** et **parla** à sa femme : « Qu'**allons**-nous devenir ? Comment **pourrons**-nous nourrir nos pauvres enfants alors que nous n'**avons** plus rien pour nous-mêmes ? » « **Sais**-tu quoi mon époux ? répondit la femme, nous **conduirons** tôt demain les enfants dans la forêt. »

✦ **Jacob et Wilhelm Grimm**, « Hansel et Gretel » (1812), traduit de l'allemand par René Bories

Retenir

Le verbe

• fait partie d'un **groupe** :
→ 1er groupe : infinitif en ***-er*** ;
→ 2e groupe : infinitif en ***-ir*** (+ *nous* en *-issons*) ;
→ 3e groupe : autres verbes.

• se conjugue à un **temps** :
→ présent, imparfait, passé simple, futur simple, conditionnel présent, passé composé, plus-que-parfait.

• est à un **mode** :
→ **indicatif** = le verbe exprime une action réalisable ;
→ **impératif** = le verbe exprime un ordre, un conseil, une interdiction ;
→ **infinitif** ou **participe**. ▶ EDL 27 p. 345

• est conjugué à une **personne** :
→ *je, tu, il, elle, on, nous, vous, ils, elles.*

23

Compétences
→ Connaître les régularités des marques de temps et de personne
→ Mémoriser la conjugaison des verbes fréquents à l'imparfait

Conjuguer l'imparfait de l'indicatif

Chantier d'observation

1. Il était une fois un prince qui s'ennuyait chez son père, le roi.
2. Ses frères qui étaient plus âgés partaient souvent en voyage et lui racontaient leurs aventures.
3. Le jeune prince les enviait.
4. Un jour, il décida de les suivre en cachette, il les rejoignit et leur dit : « Je le savais ! Vous vouliez m'empêcher de connaître la beauté du monde ! »
5. « Nous ne voulions pas que tu nous retardes ! » répondit le plus âgé.

a Soulignez les verbes conjugués à l'imparfait.

b Échangez ensemble pour expliquer comment vous reconnaissez un verbe à l'imparfait.

c Conjugue le verbe *savoir* au présent et à l'imparfait, puis compare-les. Que remarques-tu ?

Manipuler

Exemple

Je conjugue le verbe ***partir*** à l'imparfait de l'indicatif :

❶ Pour trouver le **radical**, je conjugue le verbe au présent avec « nous » et j'enlève la terminaison « -ons » : *nous partons* → radical ***part-***

Je **partais**	Nous **partions**
Tu **partais**	Vous **partiez**
Il **partait**	Ils **partaient**

❷ J'ajoute la marque de temps : *-ai-* ou *-i-*

❸ J'ajoute la marque de personne :
→ je reconnais des marques déjà connues :
-s à la 1re pers., *-s* à la 2e pers., *-t* à la 3e pers. du **sing.**,
-ons à la 1re pers., *-ez* à la 2e pers., *-ent* à la 3e pers. du **plur.**

À toi de conjuguer le verbe ***penser*** à l'imparfait de l'indicatif.

S'exercer

JE ME TESTE

a. **Conjugue les verbes à l'imparfait à la personne demandée.**

1. La jeune fille (*être*) courageuse.
2. Vous (*dire*) vouloir tenter l'épreuve ? gronda-t-il.
3. Le prince (*partir*) à la chasse chaque matin.
4. J'(*accomplir*) ces corvées chaque jour.
5. Chaque jour, l'ogre et l'ogresse (*manger*) six enfants.
6. Nous (*crier*), nous (*appeler*) au secours !

b. **À l'aide de la correction** hatier-clic.fr/21luf338, **calcule ton score sur 7 en comptant un point par verbe correctement conjugué.** ▶ Corrigés p. 382

JE TROUVE MON PARCOURS

→ score de 0 à 3 : fais les exercices ●
→ score de 4 ou 5 : fais les exercices ●
→ score de 6 ou 7 : fais les exercices ●

1 Conjugue les verbes aux personnes indiquées à l'imparfait, en utilisant le vert pour la marque de temps, le rouge pour la marque de personne.

Besoin d'aide ? je mangeais, nous mangions / je commençais, nous commencions / je criais, nous criions / je croyais, nous croyions

● **1.** j'(*être*) – tu (*avoir*) – il (*savoir*) – nous (*pouvoir*) – vous (*dire*) – elles (*aller*)

● **2.** je (*vouloir*) – tu (*mettre*) – elle (*devoir*) – nous (*finir*) – vous (*faire*) – ils (*venir*)

● **3.** je (*voir*) – tu (*partager*) – on (*rire*) – nous (*dire*) – vous (*prendre*) – ils (*placer*)

2 Conjugue le verbe à l'imparfait, à la bonne personne.

● **1.** Un monstre (*hanter*) la région.

● ● **2.** Le prince (*savoir*) qu'au cœur de la forêt (*se trouver*) des lutins capables de l'aider.

● ● **3.** L'horrible créature (*avancer*) vers lui.

● **4.** Nous, ses prisonniers, (*crier*) au secours !

3 Relève les verbes conjugués à l'imparfait.

● **Extrait 1.** Harold fit la connaissance d'une jeune femme d'une très grande douceur. Dans ses yeux coulait la rivière opaline de l'amour. Le cœur d'Harold fut conquis sur le champ. Il comprit qu'elle était la femme de sa vie.

● ● **Extrait 2.** Il y a bien longtemps, le comté des Orcades était dirigé par deux demi-frères qui aspiraient chacun à se marier. Les pronostics allaient bon train : qui passerait le premier la bague au doigt d'une femme ? Paul ou Harold ? Et quelle compagne choisiraient-ils ? […] Les deux comtes semblaient aussi différents que le jour et la nuit.

✦ **Olivier Larizza**, « Snorro le nain et le comté des Orcades », dans *16 contes de Grande-Bretagne* (2006) © Flammarion

4 Trace une flèche entre le sujet et la terminaison du verbe, puis conjugue le verbe à l'imparfait.

● **1.** Une femme (*souhaiter*) : « Si seulement j'(*avoir*) un enfant ! »

● **2.** Les oiseaux (*chanter*) et toute la forêt (*retentir*) de leurs chants.

● **3.** Il y a bien longtemps (*vivre*) un homme riche et une femme d'une grande beauté.

5 Réécris le texte à l'imparfait de l'indicatif, en faisant toutes les modifications nécessaires.

● ● Un petit garçon vit avec son père et sa mère très haut dans les montagnes de Norvège. Ce garçon adore le beurre et le sucre.

● ● Chaque jour, pendant que sa mère cuisine, il s'installe auprès d'elle et bavarde tout en grignotant des morceaux de pâte ou des biscuits.

● C'est pour cette raison qu'il est rond comme un ballon et qu'on le surnomme Boule de beurre.

✦ **Lise Lunge-Larsen**, « Boule de Beurre », dans *9 contes de géants* (1999), traduit par Catherine Danison © Castor Poche Flammarion

6 Écris un début de conte présentant un roi et ses trois filles, en utilisant :

● 3 verbes à l'imparfait.

● 4 verbes à l'imparfait.

● 6 verbes à l'imparfait.

BILAN ● ● ●

7 Conjugue le verbe à l'imparfait, à la bonne personne.

Chaque jour, les enfants (*prendre*) le bus. Je (*savoir*) qu'ils seraient en retard si je ne leur (*dire*) pas de se dépêcher. Antoine ne (*mettre*) pas ses chaussures, Margot (*oublier*) son goûter, Jérémie (*vouloir*) un câlin, et nous (*finir*) par rater le bus ! Cela ne (*pouvoir*) pas durer !

Retenir

Pour **conjuguer un verbe à l'imparfait**, je commence ma phrase par « Autrefois… ».

	radical	+ terminaisons
je	**finiss**	+ ais
tu		+ ais
il		+ ait
nous		+ ions
vous		+ iez
ils		+ aient

vert : marque de temps
rouge : marque de personne

⚠
→ Le verbe ***être*** a un radical particulier : j'**ét**ais…
→ Radical en *-g* + **e** devant *-a* : je mangeais
→ Radical en *-c* = **ç** devant *-a* : je commençais
→ Radical en ***-i*** + *i* de la terminaison : nous criions
→ Radical en ***-y*** + *i* de la terminaison : nous croyions

24

Compétences
→ Connaître les régularités des marques de temps et de personne
→ Mémoriser la conjugaison des verbes fréquents au passé simple

Conjuguer le passé simple de l'indicatif

Chantier d'observation

Le dieu regarda tout ce qu'il venait de créer et il sut très vite qu'il manquait quelque chose. Il s'assit et réfléchit. Puis, il ramassa de l'argile, la mêla à un peu d'eau de la rivière et il la façonna jusqu'à former un homme. Il finit en soufflant sur cette boue et l'homme devint vivant.

a À quel temps sont conjugués les verbes soulignés ?

b Observez bien ces verbes et classez-les selon la voyelle qui permet de former leur terminaison.

Manipuler

Exemple

Je conjugue le verbe ***aller*** au passé simple de l'indicatif :

❶ Pour trouver le **radical**, je retire la terminaison « -er » de l'infinitif. *aller* → radical : *all-*

Certains verbes du 3e groupe ont un radical particulier à connaître par cœur.

J'allai	Nous allâmes
Tu allas	Vous allâtes
Il alla	Ils allèrent

❷ J'ajoute la marque de temps :
- pour les verbes en *-er* : *-a* et *-è* ;
- pour les verbes en *-ir* surtout : *-i* ;
- pour les verbes *venir* et *tenir* : *-in* ;
- pour les **autres** verbes : *-u*.

❸ J'ajoute la marque de personne :
- pour les verbes en *-er* : *-i*, *-s*, *-*, *-^mes*, *-^tes*, *-rent* ;
- pour les **autres** verbes : *-s*, *-s*, *-t*, *-^mes*, *-^tes*, *-rent*.

À toi de conjuguer le verbe ***écouter*** au passé simple de l'indicatif.

S'exercer

JE ME TESTE

a. Conjugue les verbes au passé simple à la personne demandée.

1. Jadis, je (*lire*) des textes fondateurs.
2. Prométhée (*créer*) les hommes et les (*protéger*).
3. Les mythes grecs (*raconter*) que Chronos (*mettre*) en route le temps quand il (*devenir*) maître de l'univers.
4. Vous (*être*) surpris de découvrir tant de mythes.
5. Nous (*avoir*) envie d'en connaître d'autres.
6. Ce jour-là, tu (*prendre*) le temps de m'écouter ; je te (*raconter*) comment la science explique la création du monde.

b. À l'aide de la correction hatier-clic.fr/21luf340, **calcule ton score sur 10 en comptant un point par verbe correctement conjugué.** ▸ Corrigés p. 382

JE TROUVE MON PARCOURS

→ score de 0 à 4 : fais les exercices ●
→ score de 5 à 7 : fais les exercices ●
→ score de 8 à 10 : fais les exercices ●

1 Conjugue les verbes au passé simple aux personnes indiquées : écris en vert la marque du temps, en rouge la marque de personne.

● **1.** je (*donner*) – tu (*être*) – on (*offrir*) – nous (*vouloir*) – vous (*avoir*) – ils (*venir*)

● **2.** j'(*essayer*) – tu (*couper*) – il (*partir*) – nous (*pouvoir*) – vous (*dire*) – ils (*tenir*)

● **3.** j'(*effectuer*) – tu (*faire*) – elle (*voir*) – nous (*prendre*) – vous (*bondir*) – elles (*apercevoir*) – je (*boire*) – tu (*conduire*) – il (*craindre*) – nous (*paraître*) – vous (*croire*) – ils (*écrire*)

2 Classe ces verbes selon la voyelle qui permet de former leurs terminaisons au passé simple.

● ● ● **1.** aller – penser – être – avoir – faire – dire – venir – tenir – pouvoir – vouloir – prendre – voir

● **2.** lire – courir – mourir – disparaître – plaire – croire – savoir – devoir – construire – rejoindre – mettre – recevoir

Passé simple en :	-a	-i	-u	-in
VERBES				

3 Relève les verbes conjugués au passé simple.

● ● **1.** La déesse était en colère. Elle invoqua des créatures marines, des dragons géants et des hommes scorpions pour se venger. Le combat qui s'ensuivit fut terrible !

● **2.** Alors, les plaines s'étendirent, les montagnes s'élevèrent et les forêts se couvrirent de verdure. La terre fut divisée en cinq régions. Il y eut une zone du milieu, brûlée par le soleil, inhabitable ; celles qui étaient vers les deux pôles s'emplirent de neiges éternelles ; les deux autres, placées entre les zones polaires et la zone du milieu, reçurent un climat tempéré.

4 Donne l'infinitif de ces verbes au passé simple.

● ● ● **1.** j'eus – nous dûmes – elles furent – nous tînmes – nous partîmes – on put – vous lûtes – je revêtis – je peignis – tu vis – elle prit – ils vécurent – vous dîtes

● **2.** tu naquis – je contins – il sourit

5 Réécris le texte au passé simple.

● **Extrait 1.** Arourou chantonne pendant qu'Ea malaxe. Son chant s'étend sur la steppe [...], étouffe tous les bruits, endort chaque être [...]. Les dieux [...] créent.

● ● **Extrait 2.** Arourou prend la relève d'Ea. Elle modèle la créature et lui donne sa forme. Après quoi, elle cueille un rameau de tamaris et fouette le pâton inerte pour y éveiller la vie, puis elle rejoint Ea et tous deux observent à l'écart.

✦ **Jacques Cassabois**, *Le Premier Roi du monde, l'épopée de Gilgamesh* (2004) © Le Livre de Poche Jeunesse

6 ● ● ● Écris un poème amusant en conjuguant des verbes au passé simple.

Ex : Je regardai le ciel
Tu m'accompagnas
Il se mit à pleuvoir
Nous courûmes
Vous revîntes à la maison
Ils rentrèrent tout mouillés

BILAN ● ● ●

7 Conjugue les verbes au passé simple.

Ainsi (*parler*) le poète : « Je (*voir*) les Muses : elles (*faire*) entendre leur belle voix. Elles (*venir*) vers moi et m'(*apprendre*) la musique des mots. Ces déesses m'(*ordonner*) d'inventer de beaux mensonges, et elles me (*remettre*) une couronne de laurier vert. Puis, elles m'(*inspirer*) un divin langage et je (*chanter*) l'origine des êtres, je (*pouvoir*) décrire la création du monde. »

Retenir

Pour conjuguer un verbe au **passé simple** :

radical + marque du temps + marque de personne

-a / -è	- i	- u	- in
j'**entr**ai	je **bond**is	je **cour**us	je **v**ins
tu **entr**as	tu **bond**is	tu **cour**us	tu **v**ins
il **entr**a	elle **bond**it	on **cour**ut	il **v**int
nous **entr**âmes	nous **bond**îmes	nous **cour**ûmes	nous **v**înmes
vous **entr**âtes	vous **bond**îtes	vous **cour**ûtes	vous **v**întes
ils **entr**èrent	elles **bond**irent	ils **cour**urent	elles **v**inrent
Verbes en ***-er*** (1er groupe + *aller*)	Verbes en ***-ir*** (2e groupe + je **pris**, je **fis**, je **vis**)	**Autres** verbes : je **fus**, j'**eus**, je **pus**, je **voulus**	Verbes ***tenir*** et ***venir***, même avec préfixes (*parvenir*, *détenir*...)

25

Compétence
→ Connaître les régularités des marques de temps et de personne

Conjuguer le présent de l'indicatif

Chantier d'observation

1. Comment s'appelle la malade ? demande le médecin.
2. Lucinde, répond le père. Je vais voir ce qu'elle fait.
3. Nourrice, tu lui dis de venir, je te prie.
4. Où souffres-tu, Lucinde ? Entends-tu bien ?
5. Silence ! Je prends le pouls de la malade.

✦ D'après **Molière**, *Le Médecin malgré lui* (1666)

a Soulignez les verbes conjugués au présent.

b Observez ces verbes et classez-les en trois catégories selon leurs terminaisons.

Manipuler

Exemple

Je conjugue le verbe ***lire*** au présent de l'indicatif :

1 Pour trouver le **radical**, j'utilise le verbe dans une phrase commençant par « En ce moment » avec *je*, puis avec *nous* et j'enlève les terminaisons « -s » et « -ons ».
→ *En ce moment je lis / nous lisons* = **1 radical au singulier + 1 radical au pluriel**

Je lis	Nous lisons
Tu lis	Vous lisez
Il lit	Ils lisent

2 Je recherche les terminaisons pour ce verbe :
- si verbe à l'infinitif en ***-er*** → terminaisons -e, -es, -e,
- si verbe à l'infinitif en ***-dre*** → terminaisons -ds, -ds, -d,
- si **autres verbes** → terminaisons -s, -s, -t,

) -ons, -ez, -ent

3 J'ajoute les terminaisons au **radical**.

À toi de conjuguer le verbe ***rougir*** au présent de l'indicatif.

S'exercer

JE ME TESTE

a. **Conjugue les verbes au présent à la personne demandée.**

1. Le faux médecin (*assurer*) qu'il (*pouvoir*) tout soigner !
2. Vous (*croire*) que le médecin (*aller*) guérir Lucinde.
3. Tu (*se méfier*) ; tu (*comprendre*) que c'(*être*) un imposteur !
4. Lucinde (*faire*) semblant d'être malade, car elle (*essayer*) d'éviter le mariage prévu par son père.
5. Le médecin et Léandre (*jouer*) un rôle.

b. À l'aide de la correction hatier-clic.fr/21luf342**, calcule ton score sur 10 en comptant un point par verbe correctement conjugué.** ▸ Corrigés p. 382

JE TROUVE MON PARCOURS

→ score de 0 à 4 : fais les exercices ●
→ score de 5 à 7 : fais les exercices ●
→ score de 8 à 10 : fais les exercices ●

1 Recopie en rouge les verbes conjugués à un temps simple, en bleu les verbes conjugués à un temps composé.

● ● **1.** il veut – ils ont dit – tu demandas – nous ferons – vous faisiez – tu vas – elles avaient passé

● **2.** je dirai – il avait faim – j'aurai envie – il avait fait – tu as bien mangé – j'en ai assez – on attend

2 Dans chaque phrase, souligne le participe passé et indique l'infinitif du verbe.

● **1.** Prométhée avait donné le feu aux hommes.

● **2.** Héphaïstos a créé Pandore.

● **3.** Il l'a offerte au frère de Prométhée.

3 ● Surligne l'auxiliaire *être* en vert et l'auxiliaire *avoir* en jaune.

1. Le dieu a protégé l'humanité.

2. La nuit était partie en silence.

3. Quand il a soufflé, la vie est apparue.

4 Nomme l'infinitif et le temps des verbes soulignés.

● **1.** J'ai lu ma leçon. Je la connais.

● ● **2.** Vous êtes partis tôt, vous êtes donc à l'heure.

● ● **3.** Tu as bien joué et tu as gagné.

● **4.** Ils ont souffert du froid car le chauffage était en panne.

● **5.** Ils n'étaient pas nés quand le déluge a éclaté.

5 Indique si le mot souligné est un auxiliaire qui sert à conjuguer un autre verbe ou si c'est le verbe *avoir*.

● **1.** Il a trois fils. Ils ont obéi aux ordres.

● ● **2.** L'homme n'avait pas le choix : il a vite construit un bateau.

● ● **3.** Il a pu survivre car il avait tout organisé.

6 a. Surligne les auxiliaires et souligne les participes passés.

● **1.** L'eau a envahi la terre.

● ● **2.** Il a fait ce qu'il avait promis.

● ● **3.** Quand le dieu a ouvert son œil, la lumière a jailli.

b. Même consigne et souligne de deux traits les participes passés employés sans auxiliaire.

● ● **4.** Découragé, Adam a quitté le Paradis.

● **5.** Il s'est reposé toute la journée, fier de lui et fatigué.

7 ● ● ● Un élève, l'arbitre, choisit un élément dans chaque liste. Les joueurs qui trouvent la bonne forme marquent un point. Un autre joueur devient arbitre, et on recommence.

Verbe : porter – finir – être – avoir – faire – aller – dire – voir – vouloir – prendre

Temps : présent – passé composé – imparfait – futur – plus-que-parfait

Personne : 1re – 2e – 3e

Nombre : singulier – pluriel

8 ● Conjugue le verbe entre parenthèses et situe le moment de l'action par rapport au reste de la phrase.

1. Il regarde la télévision, mais avant, il (*faire*) ses devoirs.

2. Il s'arrêta, essoufflé : il (*courir*) trois kilomètres déjà !

3. Une fois que tu (*préparer*) le repas, tu peux te mettre à table.

9 a. Complète ce début de roman en :
● ● **cinq lignes,** ● **huit lignes.**

Avant de rentrer chez lui ce soir-là, le détective avait…

b. Raconte à un ami ce que tu as fait la veille en :
● ● **cinq lignes,** ● **huit lignes.**

Hier soir, j'…

BILAN ● ● ●

10 Indique si le verbe est conjugué à un temps simple ou composé et nomme ce temps.

1. Dans la Bible, Dieu a créé le monde par la parole.

2. Dans d'autres cultures, les dieux ont aussi des pouvoirs magiques.

3. Ils fabriquent les êtres humains avec de la boue.

4. Les uns et les autres n'ont pas toujours été d'accord à ce sujet.

5. Ils avaient lu d'autres légendes, d'autres théories.

Retenir

TEMPS SIMPLES

présent	nous faisons	(faire)
imparfait	vous veniez	(venir)
futur simple	ils prendront	(prendre)
passé simple	tu chantas	(chanter)

TEMPS COMPOSÉS

passé composé	nous avons fait	(faire)
plus-que-parfait	vous étiez venus	(venir)

avons : auxiliaire au présent – fait : participe passé
étiez : auxiliaire à l'imparfait – venus : participe passé

Le **participe passé** indique quel **verbe** est conjugué.

Compétence
→ Acquérir l'orthographe grammaticale

Accorder le participe passé employé avec *être*

+PROF
Préparation à la dictée

Chantier d'observation

1. La mer est démontée, déchaînée.
2. Les océans sont agités.
3. J'aime les terres désolées, les vents déchaînés, les pluies torrentielles.
4. Les feux ont brûlé la forêt.
5. La fumée a obscurci le ciel.
6. Les oiseaux sont partis chercher l'été.

a Repère tous les participes passés.

b Observez la façon dont ils sont accordés et comment ils sont utilisés dans la phrase. Proposez un classement en trois colonnes pour expliquer comment ces participes passés s'accordent.

Besoin d'aide ? Observez s'il y a un auxiliaire dans la phrase, et lequel.

c Trouvez ensemble les règles pour accorder le participe passé.

Manipuler

Exemple

Pour accorder le participe passé :

❶ Je repère les participes passés : j'entends la terminaison [é], [i] ou [u] dans la plupart des cas. ▶ EDL 28 et 29 p. 346-347

La lune sacré... est apparu... ; elle a brillé... toute la nuit.

❷ J'observe s'ils sont employés avec un auxiliaire :	sans auxiliaire	avec l'auxiliaire *être*	avec l'auxiliaire *avoir*
❸ J'accorde selon la règle :	comme un adjectif → *lune sacrée*	avec le sujet → *La lune est apparue*	pas d'accord avec le sujet → *elle a brillé*

À toi d'accorder les participes passés Au matin la lune s'est sauvé..., effrayé... par le soleil.

S'exercer

JE ME TESTE

a. Accorde les participes passés quand c'est nécessaire.

Les enfants, **pressé**..., sont **parti**... . Ils ont **laissé**... un mot sur la table. Marine est **allé**... au centre d'équitation pour soigner son cheval **blessé**... . Il a **gagné**... sa dernière compétition mais Marine est **attristé**... de ne plus pouvoir le monter. Jean, lui, est **parti**... rejoindre ses copains au stade. **Agacé**... de perdre régulièrement leur ballon, ils sont bien **décidé**... à réparer la clôture !

b. À l'aide de la correction hatier-clic.fr/21luf352, calcule ton score sur 10 en comptant un point par participe passé correct. ▶ Corrigés p. 382

JE TROUVE MON PARCOURS

→ score de 0 à 4 : fais les exercices ●
→ score de 5 à 7 : fais les exercices ●
→ score de 8 à 10 : fais les exercices ●

1 Repère le participe passé : précise s'il est employé seul comme un adjectif ou conjugué avec un auxiliaire.

1. Les oiseaux sont partis.

2. Concentrés, ils travaillent sérieusement.

3. Son pull bleu préféré est taché, irrécupérable.

4. Pour l'évaluation, Enzo est convaincu qu'il est prêt.

2 Observe le participe passé en gras, souligne l'auxiliaire avec lequel il est accordé, puis explique son accord.

1. Les souris sont **cachées** dans le grenier ; elles ont **grignoté** les cartons.

2. Elle était **arrivée** avant nous pour tout préparer.

3. Les rues seront bientôt **illuminées**.

4. Tu as **vu** ce matin une jolie rue dont tu as **oublié** le nom.

3 Identifie les participes passés et explique comment ils sont accordés.

1. Elle a bu ses paroles !

2. Admirez comme les couleurs sont étroitement mêlées.

3. Autrefois les oiseaux d'Afrique étaient, à cette période de l'année, déjà revenus.

4. Les fleurs de prunier disparues, l'arbre se tord sous le givre.

5. Ils sont venus écouter le chant des rossignols ; ceux-ci ont accordé leurs voix, rassemblés par milliers dans les arbres alignés de l'allée.

4 Accorde les participes passés si nécessaire.

1. Maëlis était bouleversé... lorsqu'elle a vu... pour la première fois sa petite sœur. Elle est entré... timidement dans la chambre de la maternité. Elle a tenu... le bébé dans ses bras, ses parents ont pris... une photo, ils étaient ému... eux aussi.

2. Quand je suis arrivé..., j'ai immédiatement remarqué... les fleurs posé... pour moi sur la table. Je suis allé... chercher un vase. Plus tard, j'ai vu... la lettre, laissé... à côté du bouquet. Sur l'enveloppe étaient écrit... ces mots : « Pour Anna ».

3. Ils ont pleuré... les heures perdu..., ils ont fêté... les retrouvailles. Ils ont fermé... la porte aux regrets. Les heures sont perdu... Les retrouvailles ont été fêté... La porte a été fermé... Qu'est-il resté... ?

5 Conjugue les verbes au passé composé. Pense à l'accord du participe passé.

1. J'(*compter*) les heures jusqu'aux vacances.

2. Vous (*sortir*) à l'heure !

3. Les fillettes, malgré leur curiosité, (*rester*) derrière la porte.

4. Nous (*partir*) en retard : nous (*oublier*) une valise.

5. Quand les enfants (*aller*)-ils au cinéma ?

6 Réécris ces phrases en remplaçant le sujet par celui proposé entre parenthèses. Pense à l'accord du participe passé.

1. Es-tu fâché ? (*vous*)

2. Il a pensé à mon anniversaire ! (*elle*)

3. Ils ont dû être déçus ! (*Maria et Lola*)

4. Je suis étonné qu'il soit rentré si vite ! (*nous / elle*)

7 Écris un poème au passé composé, composé de cinq vers qui commenceront tous par « elle ». Sois attentif à l'accord des participes passés.

BILAN

8 Corrige les erreurs laissées par cet élève dans sa copie.

1. Augustine et Marco sont mes meilleurs amis. Avec eux, je suis partie en vacances, cet été. Ils m'ont prêtée une tente, au camping, et nous avons partagés les meilleurs moments de ma vie. Je suis excité de les retrouver à la rentrée.

2. Au cœur de la forêt, quand l'hiver et le froid sont arrivé, les blaireaux ont rejoints leurs terriers, les renards ont cachés leurs petits, les grives ont arrêté de chanter. Tous ont attendus le grand silence glacée.

Retenir

L'accord du participe passé

- Employé **seul** : le participe passé s'accorde en genre et en nombre, avec le **nom / pronom** auquel il se rapporte, comme un adjectif épithète. — Tina, agacée, claque la porte.
- Employé avec l'**auxiliaire** ***être*** : le participe passé s'accorde en genre et en nombre avec le **sujet**, comme un adjectif attribut du sujet. — Tina est agacée.
- Employé avec l'**auxiliaire** ***avoir*** : le participe passé ne s'accorde jamais avec le sujet. — Elle a pris ses affaires. (≠)

33

Compétences
→ Connaître les régularités des marques de temps et de personne
→ Mémoriser la conjugaison des verbes fréquents au conditionnel présent

Conjuguer le conditionnel présent

Observer et manipuler

L'enfant a dit qu'il **monterait** la garde, qu'il **ouvrirait** l'œil.
Si je pouvais voler, je **planerais** sur le monde entier !

a Surligne le radical et entoure la terminaison des verbes en gras : reconnais-tu le radical utilisé ? Et les terminaisons ?

b Expliquez par écrit comment on conjugue un verbe au conditionnel présent.

Exemple

Je conjugue le verbe *jouer* au conditionnel présent :

1 Je prends le **radical du futur** :
– je garde l'infinitif des verbes en *-er* et en *-ir* ;
– je retire le *-e* de l'infinitif des verbes en *-re* ;
– je mémorise le radical du futur des verbes particuliers.

Je **jouerais**	Nous **jouerions**
Tu **jouerais**	Vous **joueriez**
Il **jouerait**	Ils **joueraient**

2 J'ajoute les **terminaisons de l'imparfait** : *-ais*, *-ais*, *-ait*, *-ions*, *-iez*, *-aient*.

S'exercer

1 Conjugue ces verbes au conditionnel présent.
- donner – lire – vouloir
- aimer – dire – étudier – avoir

Besoin d'aide ? N'oublie pas les lettres muettes dans certains infinitifs des verbes en *-er*.

2 Observe les verbes soulignés et repère s'il s'agit du conditionnel présent ou du futur simple de l'indicatif. ▸ EDL 26 p. 344

Mon ami aimerait devenir danseur. Ce ne sera pas facile ; il devra être courageux. Je le soutiendrai. Je serais si content qu'il réussisse ! Moi, je deviendrai écrivain.

3 Imagine l'école de 2050 : note tes idées, puis présente-les à l'oral en conjuguant tes verbes au conditionnel présent.

Besoin d'aide ? Pour te lancer à l'oral : *Dans l'école de 2050, telle que je l'imagine, il n'y aurait plus de cartables, les élèves...*

BILAN

4 Conjugue les verbes au présent du conditionnel.

Si je n'étais pas si angoissé, je (*téléphoner*) chez elle : je lui (*proposer*) de se balader avec moi. J'(*aller*) la chercher et elle me (*dire*) qu'elle est heureuse de me voir. Nous (*passer*) devant le marchand de glaces. J'(*acheter*) une boule à la vanille, et elle (*choisir*) une double glace fraise-chocolat... Mais je reste là, à rêver sur mon lit !

Retenir

Pour conjuguer un verbe au **conditionnel présent**, je commence ma phrase par « Si c'était possible... ».

radical du futur		+ terminaisons de l'imparfait
je	**prendr**	+ ais
tu		+ ais
il		+ ait
nous		+ ions
vous		+ iez
ils		+ aient

Certains verbes ont un radical particulier :

être → je **serais**	venir → je **viendrais**
avoir → j'**aurais**	pouvoir → je **pourrais**
faire → je **ferais**	voir → je **verrais**
aller → j'**irais**	vouloir → je **voudrais**

34

Compétences
→ Connaître les régularités des marques de temps et de personne
→ Mémoriser la conjugaison des verbes fréquents au présent de l'impératif

Conjuguer le présent de l'impératif

Observer et manipuler

– Allez ! Raconte-nous l'histoire de ce drôle de médecin !
– D'accord. Asseyons-nous là, et écoutez bien.

a Quelle est l'intention de ceux qui parlent dans ces phrases ? Déduis-en à quel mode sont conjugués ces verbes.

b À quel temps que tu connais bien ressemblent ces formes verbales ?

c Expliquez comment conjuguer un verbe au présent de l'impératif.

Exemple

Je conjugue les verbes ***tenir*** et ***parler*** au présent de l'impératif :

Je prends les **mêmes formes** qu'au **présent de l'indicatif** sans garder le sujet.

2ᵉ personne du singulier	**Tiens**	**Parle**
1ʳᵉ personne du pluriel	**Tenons**	**Parlons**
2ᵉ personne du pluriel	**Tenez**	**Parlez**

Pas de **-s** à la 2ᵉ pers. du sing. quand j'entends la terminaison **-e**.

S'exercer

1 Conjugue ces verbes au présent de l'impératif.
1. donner – lire – être – avoir – cueillir – faire – venir
2. copier – dire – avoir – aller

2 Réécris ce texte au présent de l'impératif.

Vous battez, pour qu'ils soient mousseux, quelques œufs ; vous incorporez à leur mousse un jus de citron ; vous y ajoutez un bon lait d'amande douce ; vous mettez de la pâte à flan ; vous versez votre mousse dans des moules et les faites cuire au four. Vous avez ainsi de délicieuses tartelettes amandines !

✦ D'après **Edmond Rostand**, *Cyrano de Bergerac*, acte II, scène IV

3 Précise si ces phrases expriment un ordre, un conseil ou une interdiction.
1. N'ouvre pas cette boîte.
2. Mets la table.
3. Apprends tes leçons régulièrement pour progresser.

BILAN

4 Complète les verbes avec les terminaisons qui conviennent.
1. Fai... ce qui te plaît. **2.** Méfi...-toi de l'eau qui dort ! **3.** Rest... prudent ! **4.** Promen...-nous dans les bois. **5.** Veuill... essuyer vos pieds.

Retenir

- Le mode **impératif** sert à donner un **ordre**, un **conseil** ou une **interdiction**.
- Ce mode se conjugue à **trois personnes** seulement.
- Le sujet n'est jamais exprimé.

Je conjugue le **présent de l'impératif** comme le présent de l'indicatif (▶ EDL 25 p. 342) **sauf** pour la **2ᵉ personne du singulier** des **verbes en -er** (+ *cueillir*, *souffrir*, *ouvrir*, *offrir*).
→ 2ᵉ pers. du sing. **Finis** ta soupe ! **Mange** !
→ 1ʳᵉ pers. du plur. **Voyons** un peu cela.
→ 2ᵉ pers. du plur. Ne **prenez** pas froid.

Formes particulières :
être → **sois, soyons, soyez**
avoir → **aie, ayons, ayez**
vouloir → **veuillez**

35

Compétences
→ Repérer les informations étymologiques dans un dictionnaire
→ Reconstituer l'histoire d'un mot

Le français : une langue vivante

Chantier d'observation

ORDINATEUR, adj. et nom masc. **Étymologie et histoire : 1.** depuis 1491 : quelqu'un qui met en ordre, qui organise. **2.** 1956 : terme informatique emprunté au latin *ordinator* « celui qui met en ordre » : appareil programmé pour emmagasiner des informations.

✦ D'après www.cnrtl.fr/etymologie/ordinateur

a **Quand le mot « ordinateur » est-il apparu en français ?**
b **Quand ce mot a-t-il pris un nouveau sens ? Pourquoi ?**
c **À partir de quelle langue ce mot a-t-il été créé ?**

Manipuler

Exemple

Je repère les informations sur l'**orthographe** du mot.
Je repère d'où vient le mot (**étymologie**).
Je repère comment est **composé** le mot.
Je repère à quelle **date** le mot apparaît dans la langue française.

↓

WEEK-END, nom masc. – Fin de semaine, période de repos et de loisirs. **Orthographe :** un *week-end*, plur. des *week-ends*. **Étymologie et histoire :** 1906 en Angleterre ; 1926 en France. Emprunté à l'anglais *week-end*, composé de *end* « fin » et de *week* « semaine ».

✦ D'après www.cnrtl.fr/lexicographie/week-end

À toi de manipuler Choisis un mot dans un dictionnaire et cherche les informations sur son origine : indique de quelle langue provient ce mot.

S'exercer

JE ME TESTE

a. Relie chaque mot à sa langue d'origine.

zéro ▪	▪ latin
doigt ▪	▪ grec
physique ▪	▪ anglais
planning ▪	▪ italien
casino ▪	▪ arabe

b. Relie chaque mot à sa date d'apparition en français.

rugby ▪	▪ 1260
robot ▪	▪ 1986
cacao ▪	▪ 1924
zapper ▪	▪ 1532
huile ▪	▪ 1888

c. À l'aide de la correction hatier-clic.fr/21luf356, **calcule ton score sur 10 en comptant un point par langue d'origine correcte et un point par date d'apparition correcte.** ▸ Corrigés p. 382

JE TROUVE MON PARCOURS

→ score de 0 à 4 : fais les exercices ●
→ score de 5 à 7 : fais les exercices ●
→ score de 8 à 10 : fais les exercices ●

1 **Repère la langue d'origine de ces deux noms. Lequel des deux est apparu le premier dans la langue française ? Ces mots ont-ils toujours conservé la même orthographe ?**

1. LOUP, nom masc. – Mammifère de la famille des canidés. XIe siècle, *lu*. Issu du latin *lupus* (« loup »).

2. ÉLÉPHANT, nom masc. – Mammifère herbivore de très grande taille. XIIe siècle, *elefant*. Emprunté au latin *elephantus* (« éléphant »).

✦ D'après les définitions du Dictionnaire de l'Académie française (www.dictionnaire-academie.fr)

2 **Repère la (les) langue(s) d'origine des mots suivants.**

1. AVION, nom masc. – Appareil pouvant voler grâce à différents procédés. – **Étymologie et histoire :** la création du mot date peut-être de 1875. Dérivé du latin *avis* (« oiseau »).

2. POÈME, nom masc. – Ouvrage de poésie, généralement en vers. **Étymologie et histoire :** 1213, *poeme*. Emprunté au latin *poema* (« poème, ouvrage en vers ») et au grec *poiema* (« œuvre, invention »).

3. MAÏS, nom masc. – Céréale alimentaire. **Étymologie et histoire :** vers 1525, *maiz*. Emprunté, par l'intermédiaire de l'espagnol *maiz*, au taino (langue d'Haïti) *mahiz*.

✦ D'après www.cnrtl.fr/lexicographie © 2012 - CNRTL, DR

3 **Avec les progrès de l'informatique, certains mots ont pris un nouveau sens. Retrouve les mots qui correspondent aux définitions données.**

1. Le mot « .... » désigne un animal et un outil permettant de cliquer sur une zone de l'écran d'un ordinateur.

2. Le mot « .... » désigne une maladie et un programme informatique qui détruit un ordinateur.

3. Le mot « .... » désigne un aventurier des mers et une personne malveillante qui détruit les protections d'un logiciel.

4 **Recherche la (les) langue(s) d'origine des mots suivants dans un dictionnaire.**

1. lune – anorak **2.** lycée – zénith

3. panda – estrade

5 **a. Lis ces couples de mots français et les mots latins dont ils proviennent.**

1. Les mots « **ministère** » et « **métier** » viennent tous les deux du latin *ministerium*.

2. Les mots « **fragile** » et « **frêle** » viennent tous les deux du latin *fragilis*.

b. À ton tour, recherche le mot latin qui est à l'origine de chaque couple de mots français ci-dessous. Aide-toi d'un dictionnaire !

1. Les mots « **évier** » et « **aquarium** » viennent tous les deux du latin ....

2. Les mots « **frère** » et « **fraternel** » viennent tous les deux du latin ....

3. Les mots « **écouter** » et « **ausculter** » viennent tous les deux du latin ....

c. Dans chaque « doublet » (couple de mots français) ci-dessus, entoure le mot qui ressemble le plus au mot latin d'origine.

6 **a. Lis cette définition.**

Dans un **doublet**, le mot le plus **proche** du latin est d'origine **savante** (créé par des savants). Le mot le plus **éloigné** du latin est d'origine **populaire** (transformé par le peuple, à force d'être employé à l'oral).

b. Relis les doublets de l'exercice 5. Indique quels mots sont d'origine savante et quels mots sont d'origine populaire.

BILAN

7 **Dans chaque phrase, trouve le point commun entre les mots indiqués en gras. Pour t'aider, cherche les mots dans un dictionnaire !**

1. Je préfère mes **ballerines** à tes **escarpins**.
2. Apportez-nous des **cacahuètes** et quelques **tomates**.
3. « Quel morceau de piano difficile ! Par **chance**, je n'ai pas perdu la **cadence** ! » s'écrie le musicien.

Retenir

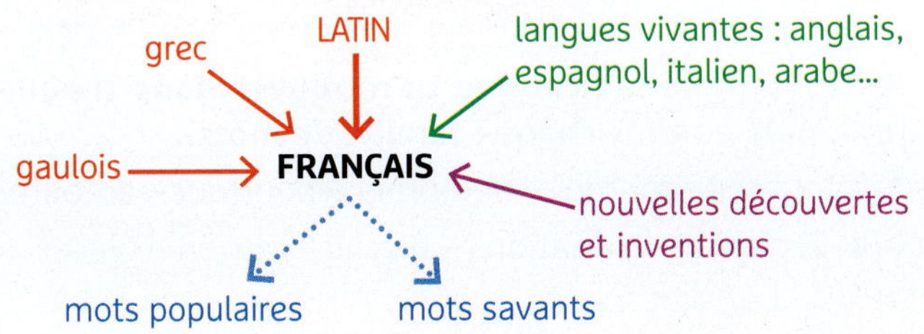

- Notre langue est **vivante**.
- Elle est née du **latin**, mêlé à d'autres langues : **grec**, **gaulois**...
- Au contact des **autres langues vivantes** et au fil des nouvelles découvertes et **inventions**, elle évolue et s'enrichit.

Compétences
→ Reconnaître une famille de mots
→ S'appuyer sur les familles de mots pour mieux comprendre et mieux écrire

Les familles de mots

Chantier d'observation

1. Les enfants errent dans les sous-bois.
2. Dans une clairière déboisée, ils découvrent une étrange maison : sans boisages, ni boiseries, elle n'est faite que de pains et de gâteaux !

a Quel est le point commun entre les mots soulignés ?

b Explique comment ont été fabriqués ces mots.

c Échange avec tes camarades : trouvez ensemble les règles en répondant à la question « Comment reconnaître une famille de mots ? ».

Manipuler

Exemple

Pour reconnaître les mots de la même famille :

❶ Je repère les mots qui se ressemblent quand je les prononce et quand je les écris.

débordaient / rebords / bordure

Le bord du toit était fait de gâteaux, les murs débordaient de pain d'épices, les rebords des fenêtres étaient en sucre candi, chaque bordure offrait des sucreries.

dé**bord**aient / re**bord**s / **bord**ure

❷ Je **surligne** la partie qui est commune dans tous ces mots. → Le mot de base (= **radical**) apparaît.

❸ Je peux dire que ces mots appartiennent à la famille de « bord ».

À toi de manipuler **La petite fille sautillait, vive comme une sauterelle. Elle sursauta quand apparut la vieille.**

S'exercer

JE ME TESTE

a. En utilisant la méthode du Manipuler, reconstitue quatre familles de mots avec les mots suivants.

chanteur – comptable – raconter – venteux – chantonner – conteur – déchanter – éventer – conte – comptabiliser – comptabilité – ventilateur

b. À l'aide de la correction hatier-clic.fr/21luf358**, calcule ton score sur 12 en comptant un point par mot placé dans la bonne famille.** ▸ Corrigés p. 382

JE TROUVE MON PARCOURS

→ score de 0 à 4 : fais les exercices ● (orange)
→ score de 5 à 8 : fais les exercices ● (vert clair)
→ score de 9 à 12 : fais les exercices ● (vert foncé)

1 Souligne les mots de la même famille, puis nomme chaque famille de mots.

● 1. Ils récupèrent les richesses de la sorcière pour enrichir leur père.

● ● 2. Sur le territoire de la sorcière, des morceaux de sucreries se mêlent au terreau des parterres de fleurs.

2 Surligne le radical que tu retrouves dans chaque mot, puis nomme chaque famille de mots.

● 1. tourner – contour – détourner – pourtour – entourer

● ● 2. glacial – glaciations – glacier – glaçon – glacer

3 Trouve au moins deux mots de la famille indiquée, puis emploie chacun de ces mots dans une phrase qui permet d'en comprendre le sens.

1. famille de BATTRE 2. famille de TARD

4 a. Complète le tableau avec des mots de la même famille.

Nom	Verbe	Adjectif	Adverbe
la mollesse			
	s'émerveiller		
		simple	
			aujourd'hui

b. Choisis un mot de chaque colonne et emploie-le dans une phrase qui permet d'en comprendre le sens.

5 Nomme le radical des mots en gras, puis explique le sens de la phrase en la reformulant avec tes propres mots.

1. Les enfants s'aménagent une cabane : **rondins** de bois pour les sièges, fougères comme **litières**.
2. Nous entrâmes dans un **vestibule** de marbre.
3. Le prince **chevauchait** dans la forêt, quand il entendit le chant **mélodieux** de Raiponce.
4. La sorcière lui lança un regard **furibond** et alla déposer Raiponce dans une solitude **désertique**.

6 Propose au moins deux mots de la même famille que le mot souligné. Déduis-en le sens du mot souligné.

1. Il pleuvait si fort qu'ils ont préféré attendre une <u>accalmie</u> pour sortir.
2. Quand le bateau aborda le <u>débarcadère</u>, le capitaine descendit.
3. Ils étaient partis la veille pour une croisière sur leur bateau de <u>plaisance</u>.

7 Réécris ces phrases tirées d'une rédaction d'élève. Les mots en gras te guident pour trouver des mots de la même famille.

1. Il était pris au **piège** et avait **peur**, le jeune homme avançait dans le noir.
2. Il trouva une porte **ouverte** dans le mur Nord.
3. **Affronter** son adversaire ne pouvait plus être **évité** !
4. Il a **vaincu** son adversaire et obtenu la **couronne** de roi.
5. Son adversaire, pour lui prouver qu'il était **soumis**, s'est mis **à genoux** devant lui.

→ **1. P**...... et **a**...... , le jeune homme avançait dans le noir.
→ **2.** Il trouve une **o**...... dans le mur Nord.
→ **3.** L'**a**...... avec son adversaire était **i**...... !
→ **4. V**...... , il a été **c**...... roi.
→ **5.** Son adversaire, pour lui prouver sa **s**...... , s'est **a**...... devant lui.

8 Reconstitue trois familles de mots avec les mots suivants.

signalement – marin – signifier – accéder – maritime – signer – submerger – signal – accessible – immerger – accession

Besoin d'aide ? Certaines familles de mots se forment à partir de **deux radicaux** : l'un reprend la racine latine, l'autre est une forme modifiée de la racine latine (déformée à force d'être employée à l'oral).

BILAN

9 Repère l'intrus de chaque liste et justifie ta réponse.

1. épouvantail – épouvantable – éventail – épouvanter
2. comptabilité – conter – compteur – compter – acompte
3. terrible – terreur – terrestre – terrifiant – terrifier
4. porcher – porcherie – port – porcin – porcelet
5. chanson – musique – chansonnier

Retenir

- Une **famille de mots** rassemble des mots construits sur un mot de base appelé le RADICAL.
- Pour **comprendre** un mot, je m'appuie sur son radical :

téléporter = emmener loin

préfixe (télé) qui signifie « au loin » — radical (port) qui signifie « porter » — suffixe (er) pour un verbe

RADICAL vient du latin *radicem* = racine

ORTHOGRAPHE

Compétences
→ Maîtriser les relations entre l'oral et l'écrit
→ Acquérir l'orthographe lexicale
→ Rechercher l'étymologie des mots pour les orthographier

Utiliser les familles de mots et l'étymologie pour orthographier

+PROF Préparation à la dictée

Chantier d'observation

Racine latine	Mot français	Mots de la même famille
pax / pacis	populaire	imprudente
imprudentem	fin	mise, remise...
popularis	paix	cordial, cordialement...
finis	imprudent	populariser
cor / cordis	mis	pacifique, pacifier...
missus	cœur	fine, finir, affiner...

a Associe ces mots à leur racine latine et à des mots de la même famille. En quoi cela t'aide-t-il pour l'orthographe ?

b Rédigez ensemble les règles qui répondent à la question « Comment utiliser les familles de mots et l'étymologie pour orthographier un mot ? ».

Manipuler

Exemple

Pour écrire l'adjectif ***ignorant*** :

1 Je cherche des mots de la même famille : ***ignorante, ignare...***
→ J'entends les lettres muettes.

ignorant

2 Je cherche son étymologie, c'est-à-dire le mot latin d'où vient ce nom.
ignorantem → Je vois et j'entends le *-a* et le *-t*.

L'**étymologie** est l'étude de la racine des mots. Pour la connaître, je fais du latin ou je la cherche dans un dictionnaire.

À toi de manipuler Explique l'orthographe de l'adjectif ***précis***.

S'exercer

JE ME TESTE

a. **Complète les mots avec les lettres manquantes. Indique le ou les mots qui t'ont aidé(e) à trouver la réponse.**

1. un jard... ver... et br...
2. le code secre...
3. un plat exqui...
4. un géan... particuli...
5. le respe...
6. comp...re renar...

b. **À l'aide de la correction** hatier-clic.fr/21luf360, **calcule ton score sur 10 en comptant un point par mot correctement complété.** ▸ Corrigés p. 382

JE TROUVE MON PARCOURS

→ score de 0 à 4 : fais les exercices ●
→ score de 5 à 7 : fais les exercices ●
→ score de 8 à 10 : fais les exercices ●

1 **Retrouve la lettre manquante en t'appuyant sur des mots de la même famille.**

● ● 1. bavar...

● ● ● 2. cen... euros

● 3. un passager clandest...n

2 ● ● ● **Trouve la bonne orthographe en associant chaque mot français au mot racine latin.**

Mots racines latins : *tempus – descendere – habitus – vigilantem – nascor*

Ex : ~~beuf~~ / bœuf ← *b**o**vem*

1. descendre / dessandre
2. un habille / un habit
3. naître / nètre
4. le tamp / le temps
5. vigilant / vigilent

3 ● ● ● **Complète ces mots et explique comment tu as trouvé la lettre muette.**

1. un cor...s	4. le san...	7. ving...
2. le repo...	5. l'ar...	8. froi...
3. ta s...eur	6. un ...euf	9. un ...eil

4 **a. Repère la voyelle latine qui t'indique comment orthographier le son *-ei* ou *-ai*, puis complète le mot français.**

Ex : *fr**a**gum* → fr**a**ise

● ● ● 1. *aquila* → ...igle 2. *lana* → l...ine

● ● ● 3. *regina* → r...ine 4. *circularius* → circul...ire

● 5. *temerarius* → témér...ire 6. *poena* → p...ine

● 7. *balneum* → se b...igner → prendre un b...in

b. Même exercice pour le son *-en* ou *-an*.

● ● ● 1. *ambulans* → une ...mbul...nce → ...mbul...nt

● ● ● 2. *imprudentia* → l'imprud...nce → imprud...nt

● ● 3. *neglegens* → néglig...nt → la néglig...nce

● ● 4. *pertinentem* → pertin...nt → la pertin...nce

5 **a. Construis des adverbes à partir de ces adjectifs.**

Ex : doucement = *adjectif au féminin* douce + *suffixe* -**ment**.

● ● ● 1. lent – normal – amical 2. ● ● franc ● fou

● ● ● **b. Propose trois mots construits avec le préfixe *pré-* (= avant) et trois mots construits avec le suffixe *-ateur* (= celui qui fait l'action).**

6 ● **Parfois, seule l'étymologie explique l'orthographe particulière de certains mots. Recherche l'étymologie de ces mots dans un dictionnaire pour les orthographier.**

1. bénin *mais* béni...e *car vient du mot latin :* ....
2. malin *mais* mali...e
3. appar...nt *mais* pes...nt
4. ex...iter
5. *une* ...eure, *un* ...oraire

7 **Écris des mots de la même famille en respectant les particularités orthographiques.**

● ● ● 1. **sc**ience → ...... 2. **cue**illir → ......

● 3. débarras → ...... 4. haut → ......

8 **Choisis le mot qui appartient à la famille indiquée.**

● ● ● 1. *Famille de* salir : sale *ou* salle ?

● ● ● 2. *Famille d'*enchaîner : chaîne *ou* chêne ?

● ● ● 3. *Famille de* parité : pair *ou* père ?

● ● 4. *Famille d'*encrier : ancre *ou* encre ?

● 5. *Famille de* venteux : vent *ou* van ?

BILAN ● ● ●

9 **Complète les lettres manquantes dans ces mots.**

Notre langue est riche : 80 % du vocabulaire françai... vient de mots lat... . L'orthographe n'est donc pas un hasar... ; elle s'appuie sur d'anci... mots rom... . Si le l...t de la vache s'écrit ainsi, c'est parce que ce mot vient du lat... *lactem*. Si je me coiffe avec un p...gne, c'est parce que Jules César avait un *pectinem*. Je n'ai donc qu'à penser aux familles de mots quand je veux me débarra...er de mes e...eurs !

Retenir

Pour **orthographier** un mot, je réfléchis à

• des mots de la même **famille** car ils ont les mêmes particularités orthographiques.
conscience ← famille de science
un port → j'entends la lettre finale muette en pensant à l'adjectif portuaire
▶ EDL 36 p. 358

• l'**étymologie** du mot.
science vient du mot latin *scientia* (= connaissances)
▶ EDL 40 p. 366

• la **composition** du mot.
heureuse**ment** → adverbe construit avec le suffixe **-ment**
▶ EDL 41 p. 368 et 42 p. 370

Compétence
→ Identifier et définir synonymes, antonymes et homonymes

Synonymes, antonymes, homonymes

Chantier d'observation

joyeux / gai
père / paire
gai / triste
a / à
légal / illégal
dire / déclarer

a Échange avec tes camarades : placez ces couples de mots dans le tableau en complétant les catégories verticales.

	......	......	......
Même classe grammaticale	......	......	......
Classe grammaticale différente	......	......	......

b Rédigez ensemble la définition des trois catégories de mots.

Définition pour : ☐ Définition pour : ☐ Définition pour : ☐

Manipuler

Exemple

Je remplace un mot par l'autre

Léa **regarde** le ciel. = Léa **observe** le ciel.
Si le sens reste le même → **synonymes**

Léa est **polie**. ≠ Léa est **malpolie**.
Si le sens est contraire → **antonymes**

Si j'entends les mêmes sons, je vérifie le sens des mots.

La **mer** est agitée. / Ma **mère** est agitée.
Ces mots se prononcent de la même manière mais n'ont pas la même signification → **homonymes**.

À toi de manipuler Identifie les mots synonymes, antonymes ou homonymes :
son / bruit / silence / sont

S'exercer

JE ME TESTE

a. Identifie dans ce poème deux mots antonymes, cinq homonymes et propose un synonyme pour les mots ou expressions soulignés.

Il y a le vert du cerfeuil
Et il y a le ver de terre.
Il y a l'endroit et l'envers,
L'amoureux qui écrit en vers,
Le verre d'eau plein de lumière,
La fine <u>pantoufle</u> de vair
Et il y a moi, <u>tête en l'air</u>,
Qui <u>dit</u> toujours tout de travers.

✦ **Maurice Carême**, « Homonymes », *Le Mât de cocagne* (1963)

b. À l'aide de la correction hatier-clic.fr/21luf362**, calcule ton score sur 10 en comptant un point par réponse juste.** ▸ Corrigés p. 382

JE TROUVE MON PARCOURS

→ score de 0 à 4 : fais les exercices ●
→ score de 5 à 7 : fais les exercices ●
→ score de 8 à 10 : fais les exercices ●

1 ● **Associe par deux les mots synonymes, antonymes ou homonymes.**

difficile – cou – pourtant – coup – facile – toutefois

2 Propose un synonyme pour remplacer chaque mot en gras.

Boîte à mots sur – puisque – à l'intérieur de – lorsque – dès que

1. J'ai sommeil **parce qu'**il est tard.
2. Ton livre est **dans** la bibliothèque.
3. **Quand** il aura appris ce poème, il pourra le réciter.

3 Associe son antonyme à chaque verbe.

crier ▪	▪ refuser
accepter ▪	▪ murmurer
hésiter ▪	▪ acquiescer

4 Classe ces synonymes du plus général au plus précis.

Ex : animal / insecte / sauterelle

1. dessert / cake aux raisins / gâteau
2. observer / regarder / inspecter
3. confirmer / dire / affirmer

5 Remplace *faire* par un verbe synonyme plus précis.

1. Il fait une lettre de motivation.
2. Ils font du handball.
3. Cela fait 30 euros !
4. Il a fait une bêtise !

6 Cet élève a fait trop de répétitions dans sa rédaction. Aide-le à améliorer son récit en lui proposant des synonymes pour les mots en gras.

Je voulais proposer à mon ami de **faire** un match de foot. Par chance, je l'ai vu dans le parc. Il s'est approché et m'a **fait** :
– Salut Léo ! Finis les cours pour toi aujourd'hui ?
– Oui, j'ai fini **les cours** à 14 heures et j'ai **fini** mes devoirs. Ça te dirait qu'on aille jouer au foot ?
– Bonne idée ! **Ça me dit** bien ! As-tu pris un ballon ?
– Évidemment ! J'ai **pris** mon ballon préféré...

7 Construis les antonymes de ces mots en ajoutant un préfixe négatif. ▸ EDL 41, p. 368

1. former
2. content
3. patient
4. armer
5. lisible
6. habile
7. entente
8. résolu
9. dérapant

8 Pourquoi pourrait-on nommer Argus « l'antonyme du Cyclope » ?

✦ **Bernardino Pinturicchio,** *Argus* **(vers 1493),** détail d'une fresque, Musées du Vatican (Rome)

BILAN

9 Place ces mots synonymes, antonymes ou homonymes dans la phrase qui convient.

Boîte à mots subitement – sais – connaît – ses – fais – méconnaît – cuisine – soudain

1. Ce soir, je ... des crêpes = ce soir, je ... des crêpes.
2. Il ... bien son caractère. ≠ Il ... son caractère.
3. Je ... que ... cousins viendront pendant les vacances.
4. ... l'orage a éclaté. = ... l'orage a éclaté.

Jeu sur homonymes à imprimer
hatier-clic.fr/21luf363

Retenir

SYNONYMES
mots qui ont le même sens

ANTONYMES
mots de sens contraires

HOMONYMES
mots qui ont la même sonorité

Compétences
→ Enrichir le lexique
→ Comprendre le sens d'un mot

La polysémie des mots

Chantier d'observation

1. Le placard est dans la pièce au fond du couloir.
2. J'ai quelques pièces dans ma tirelire.
3. Toute la classe est allée voir une pièce de Molière.
4. J'ai perdu une pièce de mon puzzle ; je ne peux le finir.

a Lis ces phrases, puis propose une définition pour le mot *pièce* dans chacune d'elles ; tu peux compléter tes définitions par un petit dessin.

b Échange avec ton camarade : déduisez-en quelle caractéristique ont la plupart des mots français et expliquez par écrit comment faire pour comprendre le sens d'un mot.

Manipuler

Exemple

Pour comprendre le sens d'un mot polysémique :

❶ Je reconnais le mot *sirène* mais je me demande quel sens il a dans chaque phrase.

❷ Je m'appuie sur le contexte (= sur l'histoire racontée par chaque phrase) : les mots *feu, pompiers* font comprendre que *sirène* = signal sonore d'alerte.

Il y a le feu quelque part ! J'entends la sirène des pompiers.
Ulysse voulait entendre les sirènes.

❸ Je m'appuie aussi sur mes connaissances : je connais les aventures d'*Ulysse* et le mot *entendre* qui font comprendre que *sirènes* = monstres qui attirent les hommes par leur chant.

À toi d'expliquer le sens de l'adjectif *lourde* dans chacune de ces phrases :
Elle porte une lourde valise. / Il a fait une lourde erreur dans son devoir.

S'exercer

JE ME TESTE

a. Indique le sens du mot souligné.

1. Esma ? Tu es encore dans la lune !	Astre
2. L'étang réfléchit le ciel.	Qui appartient à
3. Il vient de Paris.	Lieu d'où on part
4. La lune s'est levée, opaline dans le ciel étoilé.	Pense intensément
5. Il réfléchit pour trouver une solution.	Dans tes rêves
6. C'est le chien de ma cousine.	Reflète

b. À l'aide de la correction hatier-clic.fr/21luf364, **calcule ton score sur 6 en comptant un point par mot bien défini.** ▶ Corrigés p. 382

JE TROUVE MON PARCOURS

→ score de 0 à 3 : fais les exercices ●
→ score de 4 ou 5 : fais les exercices ●
→ score de 6 : fais les exercices ●

3 Remplace le suffixe de ces mots par le suffixe *-able* ou *-ible* pour former un adjectif qui exprime une possibilité.

Besoin d'aide ? Attention, le radical peut changer.
Ex : *accepter* → *acceptable* (même radical) ; *admettre* → *admissible* (radical modifié).

1. Je peux **vérifier** cette information.
→ Cette information est ....

2. On peut **diviser** ce nombre par trois.
→ Il est ...... par trois.

3. On pouvait **prévoir** cette catastrophe.
→ Cette catastrophe était ....

4. On peut **accéder** au toit de l'immeuble.
→ Le toit est ....

5. La branche peut **fléchir** sous le poids des fruits.
→ La branche est ....

4 Ajoute un préfixe aux adjectifs que tu as formés dans l'exercice 3, pour exprimer leur contraire. Entoure le radical. Souligne le préfixe et le suffixe.

Ex : acceptable → inacceptable

5 a. Après le radical de ces noms ou adjectifs masculins, utilise le suffixe diminutif *-elet* pour exprimer la petitesse ou la fragilité.

1. un jeune porc → un ......
2. un jeune coq → un ......
3. un petit agneau tout maigre → un ...... tout ......

b. Comment la mère du petit ogre surnomme-t-elle son fils, dans la pièce de Suzanne Lebeau (p. 44) ?

6 Lis attentivement les phrases suivantes.

1. Après un taillis de noisetiers s'ouvrait une clairière où j'aperçus une **maisonnette**.

2. À droite de la porte, une **petite cloche** permettait de signaler l'arrivée d'un visiteur.

a. Pourquoi l'auteur utilise-t-il le mot « maisonnette » plutôt que « maison » dans la phrase 1 ?

b. Remplace le groupe nominal « petite cloche » par un nom de même sens dans la phrase 2.

7 Ajoute les suffixes *-âtre*, *-ace* ou *-aille* pour former des noms péjoratifs (négatifs).

1. Toute la **popul**... vint assister à la capture du monstre.

2. Elle tentait d'échapper à la **gris**... de la vie quotidienne en rêvant au prince charmant.

3. La pauvre enfant devait obéir à sa cruelle **mar**... .

8 Pour exprimer un changement ou une transformation, on peut former des verbes à l'aide des suffixes *-ifier* ou *-iser*.
Ajoute le suffixe qui convient aux radicaux indiqués entre parenthèses.

1. Avant de dévorer un enfant, l'ogre préfère l'engraisser et le .... (*rendre **fort***)

2. Faites ...... du sucre au fond d'une casserole. (*transformer en **caramel***)

9 Le mot anglais *king* signifie « roi » : déduis-en la signification des mots *kingdom* et *kingly*.

Besoin d'aide ? Les mots se construisent à l'aide de suffixes dans beaucoup de langues.
En anglais, tu peux ajouter le suffixe *-dom* pour former un nom ; le suffixe *-ly* pour former un adjectif.

BILAN

10 Retrouve le mot défini entre parenthèses en ajoutant au radical le suffixe qui convient.

1. Ce fut une journée mémor... ! (*adjectif ; que l'on peut garder en mémoire*)

2. Il faut arroser la terre pour l'humid... . (*verbe ; rendre humide*)

3. Elle lui a aimabl... suggéré de revenir demain. (*adverbe ; de manière aimable*)

4. Dans le lait chaud, versez trois dos... de chocolat en poudre. (*nom ; petite dose*)

Retenir

- Le **suffixe** se place **après le radical**.
- Il modifie la **classe grammaticale** d'un mot pour former un nom, un verbe, un adjectif... de la même **famille**.
- Certains suffixes ajoutent une nuance de **sens** : ils expriment la possibilité, la petitesse... ou donnent une nuance péjorative.
- On peut ajouter à la fois un **préfixe** et un **suffixe** au **radical**.

RADICAL vient du latin *radicem* = racine

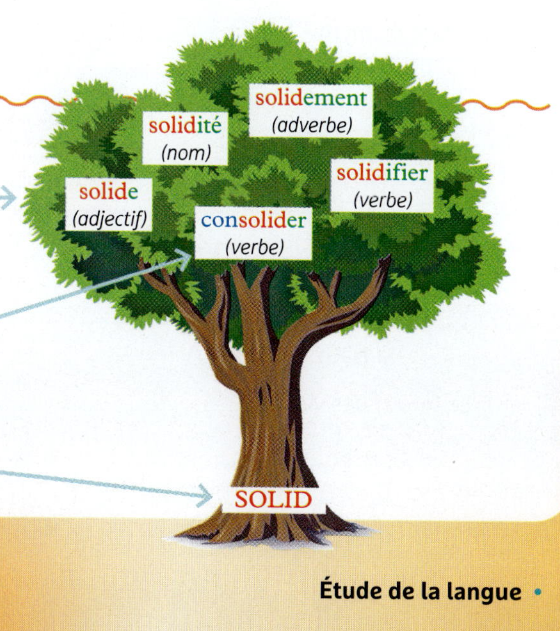

Comprendre les consignes

Les consignes de lecture

Les différentes formulations de consignes	Ce qu'il faut faire	Exemples de réponses
• Résumé/Explique/ce que tu as compris. • Que se passe-t-il... ?	• **Raconte** les idées clés du texte.	*C'est l'histoire de deux enfants abandonnés par leurs parents.*
• Cite le texte/Relève les mots du texte/Repère, dans le texte...	• **Recopie**, entre guillemets, les mots du texte.	*" C'était une nuit sans lune."* (Vassilissa la belle)
• Justifie/Explique/Développe ta réponse... • Pourquoi... ?	• **Donne les raisons** qui prouvent que ta réponse est juste.	*La mère est cruelle **car** elle abandonne ses enfants.*
• Imagine/Invente/Devine/Fais des hypothèses... • À ton avis, que va-t-il se passer... ?	• **Imagine** : la suite/les sentiments ou intentions d'un personnage/et justifie ta réponse à l'aide des indices du texte.	***J'imagine que** la sorcière va les enfermer, car sa maison ressemble à un piège.*
• Donne ton avis sur... • Que penses-tu de... ? Penses-tu que... ? ... as-tu préféré ?	• **Exprime ton avis** sur la question puis justifie.	***Je pense que** Jeannot et Margot sont courageux car ils trouvent une solution pour rentrer chez eux.*
• Quelle impression donne... ?/Quel effet produit... ? Quelle atmosphère... ?	• **Explique** l'effet créé par un élément du texte.	*La forêt est décrite à l'aide de détails effrayants **dans le but de créer du suspense**.*
• Quelle leçon ce texte transmet-il ?/Pourquoi l'auteur a-t-il écrit cette histoire ?	• **Explique** l'idée que l'auteur a voulu transmettre.	*L'auteur **a voulu montrer que** les épreuves vécues par les enfants les rendent plus forts.*

Les éléments clés à repérer dans un texte

- Le **genre** : conte, roman, mythe, théâtre, poème, fable, épopée
- La **chronologie** : l'ordre dans lequel les événements se sont produits
- Le **narrateur** : celui qui raconte l'histoire
- Un **champ lexical** : les mots qui appartiennent à un même thème
- Le **temps** des verbes
- La **situation** : qui ? quoi ? quand ? où ? pourquoi ? comment ?

Les consignes en expression écrite

Les différentes formulations de consignes	Ce qu'il faut faire
• Rédige…	• **Écris** à l'aide de phrases complètes.
• Raconte/Invente/Imagine…	• **Écris** un récit, une histoire.
• Décris/Fais le portrait…	• **Écris** une description (lieu) ou un portrait (personnage). ▶ Méthode 17 Décrire un lieu p. 280 et Méthode 18 Rédiger un portrait p. 281
• Écris un **dialogue**…	• **Écris** sous forme de scène de théâtre. ▶ Méthode 19 Écrire une scène de théâtre p. 282 OU **Introduis** un dialogue dans ton récit. ▶ Méthode 20 Insérer un dialogue dans un récit p. 284
• Écris au **passé**…	• **Choisis** les bons temps pour les verbes : imparfait et passé simple ou imparfait et passé composé. ▶ Méthode 14 Utiliser les bons temps dans un récit au passé p. 274

Les consignes pour l'oral

▶ Méthode 26 Prendre la parole p. 292 ▶ Méthode 4 Préparer un exposé oral p. 260

Les consignes en étude de la langue

Verbes de consignes	Ce qu'il faut faire	Exemple : *Le chien est heureux.*
• Trouve/Repère/Relève/Identifie/Souligne…	• **Trouve** dans l'exercice un élément (le sujet, le verbe…) et recopie-le/souligne-le.	Trouve le sujet. → Le sujet de la phrase est : **Le chien**.
• Analyse/Indique/Donne (la fonction, la classe grammaticale, le temps…)…	• **Donne** le nom d'une notion grammaticale pour un mot ou groupes de mots de la phrase : COD, passé simple, groupe nominal…	Indique la classe grammaticale du mot *heureux*. → C'est un adjectif.
• Explique/Justifie…	• **Justifie** l'orthographe d'un mot, un phénomène grammatical… à l'aide de la règle de grammaire.	Justifie l'accord de *heureux*. → L'adjectif **heureux** s'accorde avec le sujet **chien**, au masculin singulier, car c'est un attribut du sujet.
• Remplace/Manipule…	• **Remplace** un mot ou un groupe de mots par un autre, pour vérifier ou comprendre une règle.	Remplace *Le chien* par *Les fourmis*. → Les fourmis **sont heureuses**.
• Réécris…	• **Change** un élément dans la phrase/le texte et fais tous les changements nécessaires.	Réécris la phrase à l'imparfait. → Le chien **était** heureux.
• Corrige…	• **Repère** les erreurs et **corrige**-les.	Corrige l'erreur dans la phrase : Le chien et heureux. → Le chien **est** heureux.

Tableaux de conjugaison

ÊTRE (auxiliaire)		AVOIR (auxiliaire)		CHANTER (1er groupe)	
INDICATIF					
présent je suis tu es il est nous sommes vous êtes ils sont	**passé composé** j'ai été tu as été il a été nous avons été vous avez été ils ont été	**présent** j'ai tu as il a nous avons vous avez ils ont	**passé composé** j'ai eu tu as eu il a eu nous avons eu vous avez eu ils ont eu	**présent** je chante tu chantes il chante nous chantons vous chantez ils chantent	**passé composé** j'ai chanté tu as chanté il a chanté nous avons chanté vous avez chanté ils ont chanté
imparfait j'étais tu étais il était nous étions vous étiez ils étaient	**plus-que-parfait** j'avais été tu avais été il avait été nous avions été vous aviez été ils avaient été	**imparfait** j'avais tu avais il avait nous avions vous aviez ils avaient	**plus-que-parfait** j'avais eu tu avais eu il avait eu nous avions eu vous aviez eu ils avaient eu	**imparfait** je chantais tu chantais il chantait nous chantions vous chantiez ils chantaient	**plus-que-parfait** j'avais chanté tu avais chanté il avait chanté nous avions chanté vous aviez chanté ils avaient chanté
passé simple je fus tu fus il fut nous fûmes vous fûtes ils furent	**passé antérieur** j'eus été tu eus été il eut été nous eûmes été vous eûtes été ils eurent été	**passé simple** j'eus tu eus il eut nous eûmes vous eûtes ils eurent	**passé antérieur** j'eus eu tu eus eu il eut eu nous eûmes eu vous eûtes eu ils eurent eu	**passé simple** je chantai tu chantas il chanta nous chantâmes vous chantâtes ils chantèrent	**passé antérieur** j'eus chanté tu eus chanté il eut chanté nous eûmes chanté vous eûtes chanté ils eurent chanté
futur simple je serai tu seras il sera nous serons vous serez ils seront	**futur antérieur** j'aurai été tu auras été il aura été nous aurons été vous aurez été ils auront été	**futur simple** j'aurai tu auras il aura nous aurons vous aurez ils auront	**futur antérieur** j'aurai eu tu auras eu il aura eu nous aurons eu vous aurez eu ils auront eu	**futur simple** je chanterai tu chanteras il chantera nous chanterons vous chanterez ils chanteront	**futur antérieur** j'aurai chanté tu auras chanté il aura chanté nous aurons chanté vous aurez chanté ils auront chanté
conditionnel* présent je serais tu serais il serait nous serions vous seriez ils seraient	**conditionnel* passé** j'aurais été tu aurais été il aurait été nous aurions été vous auriez été ils auraient été	**conditionnel* présent** j'aurais tu aurais il aurait nous aurions vous auriez ils auraient	**conditionnel* passé** j'aurais eu tu aurais eu il aurait eu nous aurions eu vous auriez eu ils auraient eu	**conditionnel* présent** je chanterais tu chanterais il chanterait nous chanterions vous chanteriez ils chanteraient	**conditionnel* passé** j'aurais chanté tu aurais chanté il aurait chanté nous aurions chanté vous auriez chanté ils auraient chanté
IMPÉRATIF					
présent sois soyons soyez		**présent** aie ayons ayez		**présent** chante chantons chantez	
INFINITIF					
présent être	**passé** avoir été	**présent** avoir	**passé** avoir eu	**présent** chanter	**passé** avoir chanté
PARTICIPE					
présent étant	**passé** été	**présent** ayant	**passé** eu(es)	**présent** chantant	**passé** chanté(es)

* Conformément à la terminologie grammaticale publiée par le MEN en juin 2020, le conditionnel est ici présenté comme un temps. Cependant, il peut aussi être considéré comme un mode.

FINIR (2e groupe)		ALLER (3e groupe)		FAIRE (3e groupe)	
INDICATIF					
présent je finis tu finis il finit nous finissons vous finissez ils finissent	**passé composé** j'ai fini tu as fini il a fini nous avons fini vous avez fini ils ont fini	**présent** je vais tu vas il va nous allons vous allez ils vont	**passé composé** je suis allé(e) tu es allé(e) il (elle) est allé(e) nous sommes allé(e)s vous êtes allé(e)s ils (elles) sont allé(e)s	**présent** je fais tu fais il fait nous faisons vous faites ils font	**passé composé** j'ai fait tu as fait il a fait nous avons fait vous avez fait ils ont fait
imparfait je finissais tu finissais il finissait nous finissions vous finissiez ils finissaient	**plus-que-parfait** j'avais fini tu avais fini il avait fini nous avions fini vous aviez fini ils avaient fini	**imparfait** j'allais tu allais il allait nous allions vous alliez ils allaient	**plus-que-parfait** j'étais allé(e) tu étais allé(e) il (elle) était allé(e) nous étions allé(e)s vous étiez allé(e)s ils (elles) étaient allé(e)s	**imparfait** je faisais tu faisais il faisait nous faisions vous faisiez ils faisaient	**plus-que-parfait** j'avais fait tu avais fait il avait fait nous avions fait vous aviez fait ils avaient fait
passé simple je finis tu finis il finit nous finîmes vous finîtes ils finirent	**passé antérieur** j'eus fini tu eus fini il eut fini nous eûmes fini vous eûtes fini ils eurent fini	**passé simple** j'allai tu allas il alla nous allâmes vous allâtes ils allèrent	**passé antérieur** je fus allé(e) tu fus allé(e) il (elle) fut allé(e) nous fûmes allé(e)s vous fûtes allé(e)s ils (elles) furent allé(e)s	**passé simple** je fis tu fis il fit nous fîmes vous fîtes ils firent	**passé antérieur** j'eus fait tu eus fait il eut fait nous eûmes fait vous eûtes fait ils eurent fait
futur simple je finirai tu finiras il finira nous finirons vous finirez ils finiront	**futur antérieur** j'aurai fini tu auras fini il aura fini nous aurons fini vous aurez fini ils auront fini	**futur simple** j'irai tu iras il ira nous irons vous irez ils iront	**futur antérieur** je serai allé(e) tu seras allé(e) il (elle) sera allé(e) nous serons allé(e)s vous serez allé(e)s ils (elles) seront allé(e)s	**futur simple** je ferai tu feras il fera nous ferons vous ferez ils feront	**futur antérieur** j'aurai fait tu auras fait il aura fait nous aurons fait vous aurez fait ils auront fait
conditionnel* présent je finirais tu finirais il finirait nous finirions vous finiriez ils finiraient	**conditionnel* passé** j'aurais fini tu aurais fini il aurait fini nous aurions fini vous auriez fini ils auraient fini	**conditionnel* présent** j'irais tu irais il irait nous irions vous iriez ils iraient	**conditionnel* passé** je serais allé(e) tu serais allé(e) il (elle) serait allé(e) nous serions allé(e)s vous seriez allé(e)s ils (elles) seraient allé(e)s	**conditionnel* présent** je ferais tu ferais il ferait nous ferions vous feriez ils feraient	**conditionnel* passé** j'aurais fait tu aurais fait il aurait fait nous aurions fait vous auriez fait ils auraient fait
IMPÉRATIF					
présent finis finissons finissez		**présent** va allons allez		**présent** fais faisons faites	
INFINITIF					
présent finir	**passé** avoir fini	**présent** aller	**passé** être allé(es)	**présent** faire	**passé** avoir fait
PARTICIPE					
présent finissant	**passé** fini(es)	**présent** allant	**passé** allé(es)	**présent** faisant	**passé** fait(es)

* Conformément à la terminologie grammaticale publiée par le MEN en juin 2020, le conditionnel est ici présenté comme un temps. Cependant, il peut aussi être considéré comme un mode.

DIRE (3e groupe)		PRENDRE (3e groupe)		POUVOIR (3e groupe)	
INDICATIF					
présent je dis tu dis il dit nous disons vous dites ils disent	**passé composé** j'ai dit tu as dit il a dit nous avons dit vous avez dit ils ont dit	**présent** je prends tu prends il prend nous prenons vous prenez ils prennent	**passé composé** j'ai pris tu as pris il a pris nous avons pris vous avez pris ils ont pris	**présent** je peux tu peux il peut nous pouvons vous pouvez ils peuvent	**passé composé** j'ai pu tu as pu il a pu nous avons pu vous avez pu ils ont pu
imparfait je disais tu disais il disait nous disions vous disiez ils disaient	**plus-que-parfait** j'avais dit tu avais dit il avait dit nous avions dit vous aviez dit ils avaient dit	**imparfait** je prenais tu prenais il prenait nous prenions vous preniez ils prenaient	**plus-que-parfait** j'avais pris tu avais pris il avait pris nous avions pris vous aviez pris ils avaient pris	**imparfait** je pouvais tu pouvais il pouvait nous pouvions vous pouviez ils pouvaient	**plus-que-parfait** j'avais pu tu avais pu il avait pu nous avions pu vous aviez pu ils avaient pu
passé simple je dis tu dis il dit nous dîmes vous dîtes ils dirent	**passé antérieur** j'eus dit tu eus dit il eut dit nous eûmes dit vous eûtes dit ils eurent dit	**passé simple** je pris tu pris il prit nous prîmes vous prîtes ils prirent	**passé antérieur** j'eus pris tu eus pris il eut pris nous eûmes pris vous eûtes pris ils eurent pris	**passé simple** je pus tu pus il put nous pûmes vous pûtes ils purent	**passé antérieur** j'eus pu tu eus pu il eut pu nous eûmes pu vous eûtes pu ils eurent pu
futur simple je dirai tu diras il dira nous dirons vous direz ils diront	**futur antérieur** j'aurai dit tu auras dit il aura dit nous aurons dit vous aurez dit ils auront dit	**futur simple** je prendrai tu prendras il prendra nous prendrons vous prendrez ils prendront	**futur antérieur** j'aurai pris tu auras pris il aura pris nous aurons pris vous aurez pris ils auront pris	**futur simple** je pourrai tu pourras il pourra nous pourrons vous pourrez ils pourront	**futur antérieur** j'aurai pu tu auras pu il aura pu nous aurons pu vous aurez pu ils auront pu
conditionnel* présent je dirais tu dirais il dirait nous dirions vous diriez ils diraient	**conditionnel* passé** j'aurais dit tu aurais dit il aurait dit nous aurions dit vous auriez dit ils auraient dit	**conditionnel* présent** je prendrais tu prendrais il prendrait nous prendrions vous prendriez ils prendraient	**conditionnel* passé** j'aurais pris tu aurais pris il aurait pris nous aurions pris vous auriez pris ils auraient pris	**conditionnel* présent** je pourrais tu pourrais il pourrait nous pourrions vous pourriez ils pourraient	**conditionnel* passé** j'aurais pu tu aurais pu il aurait pu nous aurions pu vous auriez pu ils auraient pu
IMPÉRATIF					
présent dis disons dites		**présent** prends prenons prenez		------	
INFINITIF					
présent dire	**passé** avoir dit	**présent** prendre	**passé** avoir pris	**présent** pouvoir	**passé** avoir pu
PARTICIPE					
présent disant	**passé** dit(es)	**présent** prenant	**passé** pris(es)	**présent** pouvant	**passé** pu

* Conformément à la terminologie grammaticale publiée par le MEN en juin 2020, le conditionnel est ici présenté comme un temps. Cependant, il peut aussi être considéré comme un mode.

VOIR (3e groupe)		VENIR (3e groupe)		VOULOIR (3e groupe)	
INDICATIF					
présent je vois tu vois il voit nous voyons vous voyez ils voient	**passé composé** j'ai vu tu as vu il a vu nous avons vu vous avez vu ils ont vu	**présent** je viens tu viens il vient nous venons vous venez ils viennent	**passé composé** je suis venu(e) tu es venu(e) il (elle) est venu(e) nous sommes venu(e)s vous êtes venu(e)s ils (elles) sont venu(e)s	**présent** je veux tu veux il veut nous voulons vous voulez ils veulent	**passé composé** j'ai voulu tu as voulu il a voulu nous avons voulu vous avez voulu ils ont voulu
imparfait je voyais tu voyais il voyait nous voyions vous voyiez ils voyaient	**plus-que-parfait** j'avais vu tu avais vu il avait vu nous avions vu vous aviez vu ils avaient vu	**imparfait** je venais tu venais il venait nous venions vous veniez ils venaient	**plus-que-parfait** j'étais venu(e) tu étais venu(e) il (elle) était venu(e) nous étions venu(e)s vous étiez venu(e)s ils (elles) étaient venu(e)s	**imparfait** je voulais tu voulais il voulait nous voulions vous vouliez ils voulaient	**plus-que-parfait** j'avais voulu tu avais voulu il avait voulu nous avions voulu vous aviez voulu ils avaient voulu
passé simple je vis tu vis il vit nous vîmes vous vîtes ils virent	**passé antérieur** j'eus vu tu eus vu il eut vu nous eûmes vu vous eûtes vu ils eurent vu	**passé simple** je vins tu vins il vint nous vînmes vous vîntes ils vinrent	**passé antérieur** je fus venu(e) tu fus venu(e) il (elle) fut venu(e) nous fûmes venu(e)s vous fûtes venu(e)s ils (elles) furent venu(e)s	**passé simple** je voulus tu voulus il voulut nous voulûmes vous voulûtes ils voulurent	**passé antérieur** j'eus voulu tu eus voulu il eut voulu nous eûmes voulu vous eûtes voulu ils eurent voulu
futur simple je verrai tu verras il verra nous verrons vous verrez ils verront	**futur antérieur** j'aurai vu tu auras vu il aura vu nous aurons vu vous aurez vu ils auront vu	**futur simple** je viendrai tu viendras il viendra nous viendrons vous viendrez ils viendront	**futur antérieur** je serai venu(e) tu seras venu(e) il (elle) sera venu(e) nous serons venu(e)s vous serez venu(e)s ils (elles) seront venu(e)s	**futur simple** je voudrai tu voudras il voudra nous voudrons vous voudrez ils voudront	**futur antérieur** j'aurai voulu tu auras voulu il aura voulu nous aurons voulu vous aurez voulu ils auront voulu
conditionnel* présent je verrais tu verrais il verrait nous verrions vous verriez ils verraient	**conditionnel* passé** j'aurais vu tu aurais vu il aurait vu nous aurions vu vous auriez vu ils auraient vu	**conditionnel* présent** je viendrais tu viendrais il viendrait nous viendrions vous viendriez ils viendraient	**conditionnel* passé** je serais venu(e) tu serais venu(e) il (elle) serait venu(e) nous serions venu(e)s vous seriez venu(e)s ils (elles) seraient venu(e)s	**conditionnel* présent** je voudrais tu voudrais il voudrait nous voudrions vous voudriez ils voudraient	**conditionnel* passé** j'aurais voulu tu aurais voulu il aurait voulu nous aurions voulu vous auriez voulu ils auraient voulu
IMPÉRATIF					
présent vois voyons voyez		**présent** viens venons venez		**présent** veux / veuille voulons voulez / veuillez	
INFINITIF					
présent voir	**passé** avoir vu	**présent** venir	**passé** être venu(es)	**présent** vouloir	**passé** avoir voulu
PARTICIPE					
présent voyant	**passé** vu(es)	**présent** venant	**passé** venu(es)	**présent** voulant	**passé** voulu(es)

* Conformément à la terminologie grammaticale publiée par le MEN en juin 2020, le conditionnel est ici présenté comme un temps. Cependant, il peut aussi être considéré comme un mode.

Auteurs

Artistes et œuvres

Corrigés des tests EDL

Fiche 1 (p. 298)

un agneau assoiffé – [dans le ruisseau] [d'une forêt] – un loup affamé – querelle – le sage mouton – [les arguments] [du loup] – l'animal cruel – une mort injuste.

Fiche 2 (p. 300)

1. ses – la. **2.** ce – le – cet. **3.** le – des. **4.** cette – la – l'.

Fiche 3 (p. 302)

1. Les horrible**s** tête**s** sanglant**es** du monstre aux rugissement**s** effroyable**s** se dressèrent subitement.

2. L'innocent**e** nymphe aux cheveu**x** doré**s** et ondulé**s** apparut.

Fiche 4 (p. 304)

a. les loups affamés – de vieux houx verts – des combats navals.

b. une magicienne dominatrice – une princesse courageuse – cette héroïne célèbre.

c. des clientes respectueuses – des chiennes joueuses – des lectrices attentives et concentrées.

Fiche 5 (p. 306)

1. et → *conjonction.*

2. tandis que → *conjonction.*

3. habituellement → *adverbe* / dans → *préposition* / mais → *conjonction* / autour du → *préposition.*

4. parfois → *adverbe* / pour → *préposition.*

5. très → *adverbe* / à → *préposition.*

Fiche 8 (p. 310)

1. Il **se** lève tôt, **ce** matin.

2. Il **est** parti **à** Paris.

3. **On** va les retrouver, **ces** clés / **ses** clés *[c'est le contexte = l'histoire racontée par le texte où se trouve cette phrase qui va m'aider à savoir s'il faut ici le déterminant démonstratif ou le déterminant possessif]*, **et on** pourra y aller !

4. Elles **sont** tombées **là**.

Fiche 8 (exercice 5 p. 311)

1re étape (1 erreur) : Elle a ouvert **son** armoire.

2e (2 erreurs) : Elle **a** enfilé **ses** chaussettes préférées.

3e (3 erreurs) : Les renardeaux **se** sont chamaillés toute la journée. Le plus petit **est** épuisé, il rejoint **la** tanière.

4e (4 erreurs) : Les autres ne tardent pas **à** rentrer. Ils **sont** tous affamés, **et** ils **ont** tous envie de raconter leur journée !

5e (5 erreurs) : Marc **s'**est levé de bonne humeur **ce** matin. **C'**est parce qu'il fait beau, **et** parce qu'il n'y a pas école ce jour-**là**.

6e (6 erreurs) : Il **a** rendez-vous avec **ses** copains, **à** l'endroit où ils **se** retrouvent toujours. Mais il **est** encore trop tôt. Il prend **son** temps pour se préparer.

Fiche 9 (p. 312)

1. ont. **2.** décident. **3.** allons – demande.
4. a ramassé. **5.** marchent.
6. découvrent – commencent – sont surpris – vit.

Fiche 10 (p. 314)

1. [Les dames] **découvrirent** les jardins de Barbe-Bleue.

2. [Le maître] du logis **était** un honnête homme.

3. [Margot et toi] **devez** m'obéir !

4. [Sa femme] attristée **pleurait** mais [Barbe-Bleue] n'en **tenait** pas compte.

5. [Je] vous **donne** un quart d'heure, **dit** [la baba-yaga].

6. Que **manges**-[tu] ? **demanda** [sa petite sœur].

7. Courant dans la forêt, [la fille] à la longue tresse **cherchait** à fuir.

Fiche 11 (p. 316)

1. s'entend**ent** – travaill**e** – paress**e**.

2. fai**s** – réclam**ent** – di**t**.

3. refus**e** – tien**t**.

4. amus**e** – se mett**ent**.

Fiche 12 (p. 318)

Compte 1 point par complément identifié et 1 point par construction de verbe expliquée.

complément essentiel (surligné en jaune)

complément circonstanciel (surligné en vert)

1. Nausicaa **est** la fille du roi Alkinoos. → **est** : *le verbe se construit avec un complément essentiel.*

2. Elle et ses servantes **lavent** le linge à la rivière.
→ **lavent** : *le verbe se construit avec un complément essentiel = laver quelque chose.*

3. Pour jouer, Nausicaa **lance** la balle à son amie.
→ **lance** : *le verbe se construit avec des compléments essentiels = lancer quelque chose à quelqu'un.*

4. Ulysse **surgit**. → **surgit** : *le verbe se construit sans complément essentiel.*

5. Les servantes **fuient** en criant ; Nausicaa **reste**.
→ **fuient** – **reste** : *les verbes se construisent sans complément essentiel.*

6. De loin, Ulysse lui **demande** des vêtements.
→ **demande** : *le verbe se construit avec des compléments essentiels = demander quelque chose à quelqu'un.*

Fiche 13 (p. 320)

1. de l'informe chaos → *COI.*
2. les montages → *COD* / les vallées → *COD.*
3. la Terre → *COD* / la → *COD.*
4. une pluie fertile → *COD* / à la Terre → *COI.*
5. les Géants aux cent bras → *COD.*
6. des (= de les) inondations → *COI.*
7. un destin terrible → *COD.*

Fiche 14 (p. 322)

1. puissants → *complément essentiel attribut du sujet* « dieux ».
2. des êtres → *complément essentiel COD du verbe « fabriquent ».*
3. une belle femme → *attribut du sujet « Pandore » /* trop curieuse → *attribut du sujet « elle ».*
4. Épiméthée → *COD /* très amoureux → *attribut du sujet « il ».*
5. pas prudente → *attribut du sujet « Pandore » /* la boîte mystérieuse → *COD.*
6. plusieurs mythes → *COD /* mon préféré → *attribut du sujet « celui-ci ».*

Fiche 15 (p. 324)

Compte 1 point par CC trouvé et 1 point pour chaque valeur circonstancielle trouvée.

Ce jour-là → *CC de temps /*

dans les entrailles de la terre → *CC de lieu /*

Dans un premier temps → *CC de temps /*

Au moment de donner une faculté à l'homme → *CC de temps /*

En guise de réparation → *CC de cause /*

Par la faute d'Épiméthée → *CC de cause /*

chaque jour → *CC de temps.*

Fiche 16 (p. 326)

de sa mort → *complément du nom « heure » /*

intelligent → *épithète du nom « laboureur » /*

fainéants → *épithète du nom « enfants » /*

d'argent → *complément du nom « somme » /*

de son champ → *complément du nom « terre » /*

miraculeux → *épithète du nom « héritage » /*

du (= de le) laboureur → *complément du nom « fils » /*

vaste → *épithète du nom « terrain » /*

acharné → *épithète du nom « travail » /*

vrai → *épithète du nom « trésor ».*

Fiche 17 (p. 328)

1. déclarative. **2.** impérative. **3.** interrogative. **4.** impérative. **5.** déclarative. **6.** interrogative. **7.** impérative.

Fiche 20 (p. 332)

1. *Phrase simple, une proposition*
   → Tante Polly sermonne Tom.
2. *Phrase complexe, deux propositions*
   → [Tom est amoureux de Becky] [mais elle le méprise.].
3. *Phrase complexe, deux propositions*
   → [Tom décida de devenir pirate,] [puisqu'on avait voulu se débarrasser de lui.].
4. *Phrase simple, une proposition*
   → Joe l'Indien terrifie Tom.
5. *Phrase complexe, quatre propositions*
   → [Tom était triste,] [plus personne ne pensait à lui ;] [il en avait assez des mauvais traitements,] [alors il se mit à pleurer.]

Fiche 21 (p. 334)

1. Tom rencontre Huck sur le chemin de l'école**,** celui-ci se promène. → *propositions juxtaposées.*
2. Tom fait semblant d'être malade **car** il ne veut pas aller à l'école. → *propositions coordonnées.*
3. Becky est la fille du juge **;** elle vient d'arriver en ville. → *propositions juxtaposées.*
4. Tom écrit sur un papier **[qu'**il est amoureux de Becky**]**. → *proposition subordonnée.*
5. Becky accepte d'embrasser Tom **[quand** il lui montre son mot d'amour**]**. → *proposition subordonnée.*

Fiche 22 (p. 336)

1. épouse → épouser, *présent, mode indicatif, 3e personne du singulier.*
2. allons → aller, *présent, mode indicatif, 1re personne du pluriel.*
3. avez rencontré → rencontrer, *passé composé, mode indicatif, 2e personne du pluriel.*
4. voulait → vouloir, *imparfait, mode indicatif, 3e personne du singulier /* arrivèrent → arriver, *passé simple, mode indicatif, 3e personne du pluriel.*
5. endors → s'endormir, *présent, mode impératif, 2e personne du singulier.*
6. retrouverons → retrouver, *futur simple du mode indicatif, 1re personne du pluriel.*
7. avait regardé → regarder, *plus-que-parfait du mode indicatif, 3e personne du singulier.*

Fiche 23 (p. 338)

1. était. 2. disiez. 3. partait. 4. accomplissais.
5. mangeaient. 6. criions – appelions.

Fiche 24 (p. 340)

1. lus. 2. créa – protégea. 3. racontèrent – mit – devint.
4. fûtes. 5. eûmes. 6. pris – racontai.

Fiche 25 (p. 342)

1. assure – peut. 2. croyez – va.
3. te méfies – comprends – est. 4. fait – essaye / essaie.
5. jouent.

Fiche 30 (p. 348)

avons étudié – as appris – as récité – a écouté – ont applaudi – ont été – as bien réussi – est passé – n'a pas eu – a retenti.

Fiche 31 (p. 350)

avait commis (commettre) : *temps composé, plus-que-parfait*

connaissait (connaître) : *temps simple, imparfait*

revient (revenir) : *temps simple, présent*

cherche (chercher) : *temps simple, présent*

est devenu (devenir) : *temps composé, passé composé*

a voyagé (voyager) : *temps composé, passé composé*

explique (expliquer) : *temps simple, présent*

a appris (apprendre) : *temps composé, passé composé*

ont fait (faire) : *temps composé, passé composé*

parle (parler) : *temps simple, présent*

Fiche 32 (p. 352)

pressé**s** – parti**s** – laissé – allé**e** – blessé – gagné – attristé**e** – parti – agacé**s** – décidé**s**.

Fiche 35 (p. 356)

a. zéro → arabe / doigt → latin / physique → grec / planning → anglais / casino → italien.

b. rugby → 1888 / robot → 1924 / cacao → 1532 / zapper → 1986 / huile → 1260.

Fiche 36 (p. 358)

Famille de « chant » : chanteur – chantonner – déchanter.

Famille de « compter » : comptable – comptabiliser – comptabilité.

Famille de « conte » : raconter – conteur – conte.

Famille de « vent » : venteux – éventer – ventilateur.

Fiche 37 (p. 360)

1. un jardin (jardiner, jardinage) vert (verte) et brun (brune, brunâtre).
2. le code secret (secrète, secrètement).
3. un plat exquis (exquise).
4. un géant (géante) particulier (particulière, particulièrement).
5. le respect (respecter, respectueux).
6. compère (père) renard (renarde).

Fiche 38 (p. 362)

Antonymes : endroit – envers.

Homonymes : vert – ver – vers – verre – vair.

Synonyme de « pantoufle » : chaussure.

Synonymes de « tête en l'air » : étourdi – rêveur – oublieux.

Synonymes de « dit » : prononce – déclare.

Fiche 39 (p. 364)

1. (dans la) lune → Dans tes rêves.
2. réfléchit → Reflète.
3. de → Lieu d'où on part.
4. lune → Astre.
5. réfléchit → Pense intensément.
6. de → Qui appartient à.

Fiche 40 (p. 366)

1. un camion frigori**fique** → un camion qui produit du froid.
2. une exploitation agri**cole** → une exploitation de cultures ou d'élevage.
3. un somni**fère** → un élément qui procure le sommeil.
4. un pesti**cide** → un élément qui tue les parasites, virus ou animaux nuisibles (*pestis* en latin = fléau, épidémie, peste).
5. un séjour béné**fique** → un séjour qui fait du bien.

Fiche 41 (p. 368)

1. **pré**nommes. 2. **trans**perça.
3. **com**mettre / **im**pardonnable.
4. **extra**ordinaire / **sub**mergé.
5. **in**conscient / froid (*pas de préfixe*).
6. **mal**adroitement / **ré**chauffer.

Fiche 42 (p. 370)

1. admir**able**. 2. chaîn**ette** / médaill**on**.
3. rapide**ment** / terr**ible**. 4. dent**iste**.
5. mystér**ieux** / envoût**ant**.
6. grand (*pas de suffixe*) / pâl**ir**.

Table des illustrations

Pages de garde avant:

hg Digital image courtesy of the Getty's Open Content Program
hm ph © Akg-Images
hd ph © BnF, Paris
mg ph © Josse/Leemage
mm ph © Bridgeman Images
md ph © Akg-Images
bg ph © Granger/Bridgeman Images
bd © Adagp, Paris, 2021 – ph © Fine Art Images/Bridgeman Images

3-h Barbe-Bleue, de Jean-Pierre Kerloc'h et Sébastien Mourrain © Éditions Glénat 2007
3-mh ph © Léonard de Selva/Bridgeman Images
3-mb ph © Granger/Bridgeman Images
3-b Illustration de Julie Bernard pour Le livre des beautés minuscules, de Carl Norac, 2019 © Rue du monde
4 © Jean Perrochaud
5 ph © Archives Charmet/Bridgeman Images
6 ph © Andrew Shiva/Wikipedia/CC BY-SA 4.0
9-g © Éditions Gallimard
9-d © Copyright Sacrebleu Productions/Maybe Movies/2 Minutes/France 3 Cinéma/Nørlum
15 Illustration de Joseph Vernot, © Chocolat ! Jeunesse
17-1 Barbe-Bleue, de Jean-Pierre Kerloc'h et Sébastien Mourrain © Éditions Glénat 2007
17-2 © Lucienne Loyeux/DR – ph © BnF, Paris
17-3 ph © Hilary Morgan/Bridgeman Images
18-h Coll. Archives Hatier
18-m ph © G. Dagli Orti/De Agostini Picture Lib./Akg-Images
18-bg Coll. Musée Hans Christian Andersen, Odense
18-bd ph © De Agostini Picture Library/Akg-Images
19-h © Paul BENICHOU
19-b ph © Fototeca Gilardi/Akg-Images
21 ph © Akg-Images
23 © Lorenzo Mattotti
25 ph © Histopics/ullstein bild/Akg-Images
26 ph © Bridgeman Images
28 ph © Granger NYC/Rue des Archives
30 © Nord-Ouest Production - Studio O/DR
31-h ph © frozenstarro/stock.adobe.com
31-b © Dixit, un jeu de Jean-Louis Roubira, édité par Libellud et distribué par Asmodee. Illustrations : Marie Cardouat (DIXIT), Marie Cardouat et Piero (DIXIT ODYSSEY), Clément Lefèvre (DIXIT ORIGINS)
32-hg Praline Gay-Para, Aïcha et l'ogre © Didier Jeunesse
32-hd Roald Dahl, Sacrées sorcières, traduit par Marie-Raymond Farré © Gallimard Jeunesse, Folio Junior
32-bg Françoise Rachmühl, 15 récits de sorcières et de revenants © Flammarion (2012), « Avec l'aimable autorisation des éditions Flammarion »
32-bd Catherine Anne, *Ah la la ! Quelle histoire* © Actes Sud (2014, 2020)
34, 35 ph © Fabrice Mertens
37 ph © Mary Evans/Peter & Dawn Cope/The Estate of Charles Robinson (TM)/Pollinger Limited
39 ph © Hilary Morgan/Bridgeman Images
42 L'Ogrelet, de Suzanne Lebeau. © éditions Théâtrales, coll. « Théâtrales Jeunesse », 2003
43 © Vincent Aboucaya-Nagra Littoral/Cie 9Thermidor
44 à 46 © Jean Perrochaud
48 © Natacha Sautereau/Cie 9Thermidor
49 © Francis Buchet
51 ph © Fabienne Rappeneau
52 © Guillaume Laigle
54-1 ph © Droits réservés/Sita Productions
55-2 ph © GTG/Carole Parodi (Archives du Grand Théâtre de Genève)
55-3 ph © Barbara Spataro/Cie Aller-Retour Théâtre
56 ph © Josse/Leemage
57-h ph © Akg-Images
57-m ph © Selva/Leemage
57-b Coll. Archives Hatier
58 ph © Yannick Perrin
61 ph © Brigitte Enguerand/Divergence
63 ph © Droits réservés/Sita Productions
64 ph © Pascal Gely
66 ph © Droits réservés/Sita Productions
68-1 © Comédie Française (1990) captation Cameras Continentales
68-2 © Théâtre Nanterre-Amandiers (2007) coproduction Théâtre Vidy-Lausanne
71 ph © Pascal Gely
72 © Éditions Hatier
74 La belle histoire de Leuk-le-Lièvre © Edicef, Nouvelles Éditions Africaines du Sénégal
74 Sagesses et malices de Nasreddine, le fou qui était sage - tome 1 © Éditions Albin Michel
74 Les Fables de La Fontaine © CASTERMAN
74 Mes parents sont dans ma classe © Éditions L'École des Loisirs
74 Tout commence mal © Éditions Nathan
74 Mimsy Pocket et les enfants sans nom, ill. Erwann Surcouf, coll. Folio Junior © Gallimard Jeunesse
74 Le petit chat Miroir © Éditions L'École des Loisirs
74 Fantastic Mr Fox © 20th Century Fox Animation/DR – Coll. Christophel
77 ph © Barbara Spataro/Cie Aller-Retour Théâtre
80-1 © Adagp, Paris, 2021 – Coll. Kharbine-Tapabor
80-2 © Walt Disney Productions/DR – Coll. Christophel
80-3 © Walt Disney Pictures/Fairview Entertainment/DR – Coll. Christophel
81-4 © Bonne Pioche Cinéma/France 3 Cinéma/DR – Coll. Christophel
81-5 ph © Lebrecht History/Bridgeman Images
81-6 Coll. DOM/Kharbine-Tapabor
82 ph © BnF, Paris
83 Coll. Bibliothèques de Nancy
84 ph © BnF, Paris
86 ph © Léonard de Selva/Bridgeman Images
89 ph © Josse/Bridgeman Images
90 © Adagp, Paris, 2021
92 ph © Léonard de Selva/Bridgeman Images
93 ph © Bridgeman Images
94-hg © Éditions Larousse
94-hd © Éditions L'École des Loisirs
94-bg © Le Roman de Renart, coll. Fétiche © Gallimard Jeunesse
94-bd © Éditions L'École des Loisirs
95 © Tatiana/stock.adobe.com
97 ph © Archives Charmet/Bridgeman Images
101-3 Illustration de couverture Rémi Saillard © Gallimard Jeunesse
101-4 ph © Erich Lessing/Akg-Images
102-h ph © Tony Querrec/RMN-Grand Palais (musée du Louvre)
102-bg © Cryo Interactive/DR
102-bd ASTERIX®- OBELIX®- IDEFIX®/© 2021 LES EDITIONS ALBERT RENE/GOSCINNY - UDERZO
103 © Éditions Hatier
105 ph © Heritage Images/Fine Art Images/Akg-Images
107 ph © BnF, Paris
109 Digital image courtesy of the Getty's Open Content Program
111-h ph © Dennis Jarvis/Wikipedia/CC BY-SA 2.0
111-m ph © Look and Learn/Bridgeman Images
112-h Illustration de couverture Rémi Saillard © Gallimard Jeunesse
112-b ph © Look and Learn/Bridgeman Images
113 ph © Gianni Dagli Orti/Aurimages
114 Coll. The Smithsonian American Art Museum, Washington
116 ph © George Pachantouris/Getty Images
118 ph © Look and Learn/Bridgeman Images
121 Coll. Aberdeen Art Gallery and Museums
122 Les douze travaux d'Hercule © Lisez!
122 25 métamorphoses d'Ovide © Le Livre de Poche Jeunesse
122 Les Secrets de l'Olympe © AUZOU
122 Les petits Mythos © Bamboo Edition
122 O'Brother © Universal Pictures, Touchstone Pictures/DR
122 L'Odyssée de Pi © Rhythm & Hues, Fox 2000 Pictures/DR
123 ph © BnF, Paris
125 ph © Tony Querrec/RMN-Grand Palais (musée du Louvre)
128-1 ph © Hervé Lewandowski/RMN-Grand Palais (musée du Louvre)
128-2 ph © BnF, Paris
129-h ph © Hervé Lewandowski/RMN-Grand Palais (musée du Louvre)
129-b © DM7/stock.adobe.com
130 ph © Akg-Images
131 © Kazakova Maryia / stock.adobe.com
132-h ph © Erich Lessing/Akg-Images
132-b ph © Andrew Shiva/Wikipedia/CC BY-SA 4.0
134-h © J.K. Rowling, Harry Potter à l'école des sorciers, ill. Olly Moss, coll. Folio Junior © Gallimard Jeunesse
134-b ph © John Pavel/Getty Images
135 © T Studio/stock.adobe.com
136 ph © BnF, Paris
138-1 © 2021 Banco de México Diego Rivera Frida Kahlo Museums Trust, Mexico, D.F./Adagp, Paris – ph © Christie's Images/Bridgeman Images

138-2 ph © BnF, Paris
139-3 ph © Hervé Lewandowski / RMN-Grand Palais (musée du Louvre)
139-4 ph © BnF, Paris
140-h ph © Bridgeman Images
140-b ph © image BPK / BPK, Berlin, Dist. RMN-Grand Palais
141-h ph © Jean-Gilles Berizzi / RMN-Grand Palais (musée d'art et d'histoire du judaïsme)
141-b ph © Ann Ronan Pictures / Print Collector / Getty Images
143 ph © BnF, Paris
144 ph © FineArtImages / Leemage
146 ph © Akg-Images
149 ph © Erich Lessing / Akg-Images
151 ph © BnF, Paris
152 © Abraham Anghik Ruben / DR
154 Récits de la Bible, ill. Rémi Saillard, coll. Folio Junior Textes classiques © Gallimard Jeunesse
154 Contes et légendes : l'Égypte ancienne © Éditions Nathan
154 21 contes des origines de la Terre © Flammarion
154 Histoires comme ça © Le Livre de Poche Jeunesse
154 Mythologies © MILAN ÉDITIONS
154 18 contes de la naissance du monde © Flammarion
157 ph © BnF, Paris
160-1 ph © serebryannikov / stock.adobe.com
161-2 © Adagp, Paris, 2021 – ph © Fine Art Images / Bridgeman Images
161-3 ph © Patrice Cartier / Bridgeman Images
162 © Adagp, Paris, 2021
163 ph © Stéphane Maréchalle / RMN-Grand Palais (musée du Louvre)
165 © Adagp, Paris, 2021 – ph © Digital image, The Museum of Modern Art, New York / Scala, Florence
167 Coll. The Art Institute of Chicago, États-Unis
169 © Anneliese Everts / Bridgeman Images
172 © Éditions Gallimard
174 ph © Bendiks Westerink / Buiten-Beeld / Biosphoto
176 Chantefables et Chantefleurs © Lisez!
176 Carl Norac et Julie Bernard, Le Livre des beautés minuscules, 36 poèmes pour murmurer la beauté du monde © Rue du monde
176 L'atelier de poésie © CASTERMAN
176 Carnet du presque poète © Éditions de La Martinière
176 © Prima Linea Productions / Why Not Productions / Studio Ghibli / DR – Coll. Christophel
176 © 2003 Columbia Pictures / Jinks Cohen Company / The Zanuck Company / Tim Burton Productions / DR – Coll. Christophel
177 Illustration de Julie Bernard © Rue du monde
179 Illustration de Julie Bernard pour Le livre des beautés minuscules de Carl Norac, 2019 © Rue du monde
180 ph © Akg-Images
182-1 © Cinéfrance 1888 / Les Films du 24 / Umedia / DR – Coll. Christophel
183-2 © Gaumont / DR – Coll. Christophel
183-3 © Pathé Films / DR – Coll. Christophel
184 Illustrations de Brett Helquist © Nathan (2002)
185 Illustrations de Brett Helquist © Nathan (2009)
187 Deux ans de vacances, tome 01, de Frédéric Brémaud, Philippe Chanoinat et Hamo © Éditions Glénat / Vents d'Ouest, 2018
189 ph © Patrice Cartier / Bridgeman Images
191 © Universal Pictures / DR – Coll. Christophel
192-g © Heyday Films - StudioCanal / DR – Coll. Christophel
192-d © Warner Bros. / American Zoetrope / DR – Coll. Christophel
194, 196 Illustration de François Place © Éditions Gallimard Jeunesse
198 Les cousins Karlsson © Éditions Thierry Magnier
200 Le jardin secret © Archipoche
200 Deux ans de vacances © Le Livre de Poche
200 Tobie Lolness, ill. François Place, coll. Folio Junior © Gallimard Jeunesse
200 Les Misérables © Hachette Éducation
200 Sans Famille © Le Livre de Poche
200 Tout commence mal © Éditions Nathan
203 Affiche du film L'Extravagant Voyage du jeune et prodigieux T. S. Spivet réalisé par Jean-Pierre Jeunet, 2013 © Gaumont / DR – Coll. Christophel
206-1 Printed by permission of the Norman Rockwell Family Agency / Copyright © 1936 the Norman Rockwell Family Entities
207-2 ph © Bridgeman Images
207-3 © Produzioni Europee Associati / DR – Coll. Christophel
207-4 © International Cinema Corporation / Ciné Trail / DR – Coll. Christophel
208-h ph © Granger / Bridgeman Images
208-b Coll. Archives Hatier
209-hg ph © Encyclopaedia Britannica / UIG via Getty Images
209-hd Coll. Archives Hatier
209-b ph © The Print Collector / Alamy Stock Photo
210 Coll. Kharbine Tapabor
213 © 2011 Neue Schonhauser Filmpro / DR – Coll. Christophel
214 ph © Akg-Images
217 ph © Granger / Bridgeman Images
218 Les Aventures de Tom Sawyer © Éditions Magnard
220 Les Aventures de Tom Sawyer de Aya Shirosaki, d'après le roman de Mark Twain © Nobi Nobi (2015)
222 ph © icafreitas / iStockphoto / Getty Images
224 Les Derniers Géants © CASTERMAN
224 Le fabuleux voyage de Nils Holgersson © Glénat
224 Enfant de la jungle, ill. François Place, coll. Folio Junior © Gallimard Jeunesse
224 Akavak © Flammarion
224 Les Aventures de Huckleberry Finn, ill. Régis Lejonc, coll. Folio Junior Textes classiques © Gallimard Jeunesse
224 Seul sur la mer immense, ill. François Place, coll. Folio Junior © Gallimard Jeunesse
224 Lucky Luke © Lucky Comics
224 ph © Maybe Movies - Norlum - 2 Minutes Animation - France 3 Cinéma - 22D Music / DR – Coll. Christophel
226 ph © Selznick International Pictures / DR – Coll. Christophel
229 Johnny Whitaker dans le film musical Tom Sawyer réalisé par Don Taylor, 1973 – ph © Everett Collection / Aurimages
232-h ph © DR / Succession Saint Exupéry–d'Agay
232-m,b © Éditions Gallimard
233, 234 © Éditions Gallimard
235-g ph © DR / Succession Saint Exupéry–d'Agay
235-d Léon Werth et son fils Claude jouant aux dames dans les jardins de l'Hôtel Des Pavillons aux Petites Dalles (Seine inférieure), été 1936. Fonds Léon Werth, Issoudun (36), Médiathèque Albert-Camus, Centre de la Mémoire, don Sylvaine et Claude Werth, 2011.
236 © 1995 Pathé Films- Productions et Éditions Paul Lederman - TF1 Films Production
237, 238 © Éditions Gallimard
239 © LPPTV - Little Princess - ON Entertainment - Orange Studio - M6 Films / DR – Coll. Prod DB
241, 242 © Éditions Gallimard
242-h Antoine de Saint-Exupéry, Le Petit Prince, coll. Folio © Gallimard
243 © Éditions Gallimard Jeunesse
245 © Éditions Gallimard
246 à 254 © Copyright Sacrebleu Productions / Maybe Movies / 2 Minutes / France 3 Cinéma / Nørlum
256 ph © frozenstarro / stock.adobe.com
257 © Jean-Baptiste Monge
263 © Adagp, Paris, 2021 – ph © BnF, Paris
265 © Twentieth Century Fox Film Corporation / Chernin Entertainment / Scope Pictures / DR – Coll. Christophel
269 ph © BnF, Paris
275 ph © BnF, Paris
277 © Ghibli International / DR – Coll. Christophel
279 Coll. Jonas / Kharbine-Tapabor
280 ph © Artepics / Alamy Stock Photo
281 ph © Josse / Bridgeman Images
283 ph © Pascal Victor / ArtComPress / Bridgeman Images
287 ph © Getty Images
296 ph © Alfred Pasieka / Science Photo Library / Getty Images
299 ph © BnF, Paris
323 Coll. Archives Hatier
349 ph © Bridgeman Images
363 ph © Heritage Images / Fine Art Images / Akg-Images

IMPRIM'VERT®

Achevé d'imprimer en Italie par Stige
Dépôt légal 07710-2/01 - Juillet 2021

PAPIER À BASE DE FIBRES CERTIFIÉES

Hatier s'engage pour l'environnement en réduisant l'empreinte carbone de ses livres. Celle de cet exemplaire est de : 2.1 kg éq. CO_2
Rendez-vous sur www.hatier-durable.fr

Règles pour bien accorder

L'accord sujet-verbe

• Pour vérifier l'orthographe du verbe, cherche son sujet :

Les adolescents redoutent l'ennui.

sujet → 3e personne du pluriel ← verbe

Terminaisons

JE	→ souvent -s ou -e
	→ jamais de ~~-t~~
TU	→ -s
IL, ELLE	→ souvent -t
	→ jamais de ~~-s~~
NOUS	→ -ons
VOUS	→ -ez
ILS, ELLES	→ -ent
	→ jamais de ~~-s~~

L'accord dans le groupe nominal

• Pour vérifier les accords dans le groupe nominal, trace les balles d'accord :

le chat noir

la belle maison

les chemins enneigés

les fleurs épanouies

Accord du nom
Au pluriel → -s

Accord de l'adjectif
Au féminin → -e
Au pluriel → -s

Infinitif en *-er* ou participe passé en *-é* ?

• Pour orthographier correctement la fin d'une forme verbale en [é], remplace-la par un verbe du 2e ou du 3e groupe, par exemple *prendre* :

Les enfants veulent marcher. → …veulent prendre → Infinitif -er

Alicia est fatiguée. → …est prise → Participe passé -é (+ accord)

L'accord du participe passé

• Pour savoir comment accorder le participe passé, cherche l'auxiliaire :

Les fleurs sont fanées. → auxiliaire *être* → Accord avec le sujet « fleurs » → *fanées*.

Les fleurs ont fané. → auxiliaire *avoir* → Pas d'accord avec le sujet → *fané*.

Astuce « féminin » : **remplace** par ***pris***

les fleurs sont ***prises***
→ On entend le « e » du féminin.

les fleurs ont ***pris***
→ pas de « e » : on n'accorde pas.